AÇÃO CIVIL PÚBLICA
na Perspectiva dos Direitos Humanos

Fernanda P. Freitas Ferreira
Procuradora do Trabalho

1ª edição — 2001

2ª edição — 2008

CARLOS HENRIQUE BEZERRA LEITE

Juiz do TRT/ES. Ex-Procurador Regional do Trabalho. Professor Adjunto de Direitos Humanos e Direito Processual do Trabalho da UFES. Professor de Direitos Metaindividuais do Mestrando da FDV. Mestre e Doutor em Direito (PUC/SP). Titular da Cadeira 44 da Academia Nacional de Direito do Trabalho.

AÇÃO CIVIL PÚBLICA
na Perspectiva dos Direitos Humanos

2ª edição

EDITORA LTr
SÃO PAULO

Dados Internacionais de Catalogação na Publicação (CIP)
(Câmara Brasileira do Livro, SP, Brasil)

Leite, Carlos Henrique Bezerra

Açaõ civil pública na perspectiva dos direitos humanos / Carlos Henrique Bezerra Leite. — 2. ed. — São Paulo : LTr, 2008.

Bibliografia.

ISBN 978-85-361-0882-7

1. Ação civil 2. Direito do trabalho 3. Direito processual do trabalho 4. Jurisdição trabalhista 5. Ministério público I. Título.

08-04295 CDU-347.922:331

Índice para catálogo sistemático:

1. Ação civil pública : Processo trabalhista : Direito do trabalho 347.922:331

LTr

EDITORA LTDA.

Rua Apa, 165 — CEP 01201-904 — Fone (11) 3826-2788 — Fax (11) 3826-9180
São Paulo, SP — Brasil — www.ltr.com.br

LTr 3354.0 Junho, 2008

Dedico este livro:

À mulher amada, Jurema, e às adoradas filhas,
Laís e Letícia, pedaços de mim
que preenchem o todo de minha existência.

À memória de minha mãe, Juracy, exemplo de
generosidade e de amor ao próximo.

Ao meu pai, Juarez (in memoriam), *exemplo de*
otimismo e perseverança.

Agradecimentos

A Deus, fonte de luz que não se apaga.

Aos meus irmãos, Mara, Daniel e Juarezinho, por tudo.

Ao meu orientador, professor e Ministro *Pedro Paulo Teixeira Manus*, pela maneira sempre técnica e cordial com que conduziu a relação educativa em prol da ciência.

Aos professores *Renato Rua de Almeida, Paulo Sérgio João, Renan Lotufo, Paulo de Barros Carvalho* e *Haydée Roveratti*, pelas inesquecíveis lições na Pontifícia Universidade Católica de São Paulo.

À LTr Editora, seus bravos dirigentes e colaboradores, pela excelência dos produtos culturais oferecidos à comunidade juslaboralista.

Nota do Autor à 2ª Edição

O presente livro, com importantes alterações realizadas nesta segunda edição, é fruto de dissertação de mestrado[(1)] que defendemos na Pontifícia Universidade Católica de São Paulo, na qual tivemos a honra de receber a nota máxima, com direito a todos os créditos do doutorado. Fizeram parte da Banca Examinadora os eminentes professores *Pedro Paulo Teixeira Manus* (presidente e orientador), *Nelson Nery Junior* e *Paulo Sergio João*.

Trata-se de pesquisa que, a rigor, teve origem em 1998, quando iniciamos estudos sobre o Ministério Público do Trabalho[(2)]. A preocupação inicial era a de levar aos cultores do direito processual trabalhista a nova vocação dessa instituição, viabilizadora de sua legitimação, não apenas para a defesa dos interesses coletivos e difusos, mas, também, dos interesses individuais homogêneos, no campo das relações laborais.

Após a publicação do citado livro, verificamos o surgimento de novos trabalhos doutrinários, bem como de decisões judiciais, inclusive do STF, nos quais pudemos observar tratamentos metodológicos díspares para a temática relativa à tutela dos interesses metaindividuais, mormente dos individuais homogêneos.

Pode-se dizer, então, que esta obra tem por objeto central repensar criticamente, a partir das teorias dos direitos humanos e da cidadania, bem como do chamado movimento universal de acesso à Justiça, as principais correntes do pensamento jurídico que se ocupam da legitimação do Ministério Público e outros entes para promover a ação civil pública em defesa dos interesses metaindividuais.

O estudo revela a existência de inúmeros obstáculos técnicos, psicológicos e ideológicos que dificultam ou impedem o acesso efetivo de parcela considerável de trabalhadores ao Judiciário Trabalhista, seja por medo de perderem o emprego e de não conseguirem nova coloca-

(1) O título original da monografia é "A legitimação do Ministério Público do Trabalho para promover a ação civil pública em defesa dos interesses individuais homogêneos no direito processual do trabalho brasileiro".

(2) Carlos Henrique Bezerra Leite, *Ministério público do trabalho:* doutrina, jurisprudência e prática. 3. ed. São Paulo: LTr, 2006.

ção no mercado formal de trabalho e pela inércia ou despreparo técnico das organizações sindicais, seja pela mentalidade individualista liberal ou neoliberal que influenciou e continua influenciando a formação acadêmica de parte dos nossos cultores do direito, principalmente dos magistrados, o que implica não raras vezes uma aversão a um "pensar coletivo" nos domínios do direito processual e pela resistência injustificada em reconhecer e aplicar o novo sistema de acesso coletivo dos trabalhadores ao Poder Judiciário, por nós denominado "jurisdição trabalhista metaindividual", cuja operacionalidade depende da aplicação do sistema integrado por normas e princípios da Constituição de 1988, da Lei da Ação Civil Pública e do Código de Defesa do Consumidor no papel de fontes primárias em tema de proteção aos interesses difusos, coletivos *stricto sensu* e individuais homogêneos, restando à CLT e ao CPC o papel de fontes subsidiárias.

A pesquisa justifica-se, desse modo, pela relevância jurídica, social, econômica e política que atualmente representam os estudos sobre os interesses metaindividuais na seara do processo trabalhista, principalmente numa época em que a economia informal e o descumprimento generalizado das normas de proteção ao trabalho subordinado tendem a colocar em xeque a almejada estabilidade jurídica das relações emergentes dos conflitos entre o capital e o trabalho, com nefastas repercussões para a paz social e, porque não dizer, para o próprio Estado Democrático de Direito.

Na qualidade de "instituição permanente, essencial à função jurisdicional do Estado, incumbindo-lhe a defesa da ordem jurídica, do regime democrático e dos interesses sociais e individuais indisponíveis" (CF, art. 127), o Ministério Público avulta como representante da sociedade — e não mais do Governo —, atuando na defesa não apenas dos direitos difusos e coletivos, mas, também, dos interesses ou direitos individuais homogêneos dos trabalhadores, o que constitui, inegavelmente, tema novo e relevante tanto para o direito material e processual do trabalho, ante a copiosa quantidade de direitos sociais trabalhistas insculpidos na Constituição de 1988, quanto para o Direito das Relações de Consumo e o Direito Constitucional, especialmente por ser a ação civil pública um instituto de "Direito Constitucional Processual", traduzindo, antes, uma garantia fundamental, a despeito de não estar topologicamente prevista no Título II do Código Supremo.

Além disso, a pesquisa apresenta importância singular para o Direito Processual do Trabalho, em função do considerável número de ações civis públicas atualmente em trâmite na Justiça Especializada, com reflexos econômicos, sociais e políticos diretos e imediatos não apenas para trabalhadores e empregadores, mas também para o próprio Estado.

Parece-nos razoável afirmar que os problemas que ora se apresentam neste livro, a par de sua notória atualidade, possuem notas de relevância, que devem conter o que *Décio Vieira Salomon* denomina como uma questão científica[3], a saber: a) *relevância operativa*, pois é capaz de produzir novos conhecimentos destinados ao aperfeiçoamento dos cultores do direito em geral, tais como juízes, professores, advogados, sindicalistas, estudantes etc., e aos Membros do Ministério Público, em particular; b) *relevância contemporânea*, porquanto incontestável a preocupação do Estado e da sociedade como um todo com o crescente descumprimento voluntário dos direitos e garantias conferidos aos trabalhadores e os perigos que tal fato representa para a ordem econômica e social; c) *relevância humana*, na medida em que o Direito e os resultados das pesquisas jurídicas constituem instrumentos de aperfeiçoamento da organização da vida em sociedade e devem servir de sustentáculos à promoção da paz, do bem-estar e justiça sociais.

Afinal, as transformações ocorridas na ordem econômica mundial — a chamada globalização econômica — e a proliferação dos conflitos de massa entre as forças do capital e do trabalho estão a exigir a formação de uma nova mentalidade, calcada na proteção dos direitos humanos de terceira dimensão relativos aos trabalhadores, de forma a possibilitar-lhes o efetivo acesso não apenas ao aparelho Judiciário, mas, sobretudo, a uma ordem jurídica justa.

Carlos Henrique Bezerra Leite
<chbezerraleite@terra.com.br>

(3) *Como fazer uma monografia*, p. 139.

Sumário

Siglas e Abreviaturas

AA	—	Ação Anulatória
AI	—	Agravo de Instrumento
AC	—	Acre
AC	—	Apelação Cível
Ac. un.	—	Acórdão unânime
Ac.	—	Acórdão
ACC	—	Ação Civil Coletiva
ACP	—	Ação Civil Pública
ADCT	—	Ato das Disposições Constitucionais Transitórias
ADI	—	Ação Declaratória Incidental
ADIn	—	Ação Direta de Inconstitucionalidade
AGENCO	—	Cooperativa de Administração, Gerenciamento e Consultoria de Empreendimentos
AG-PET	—	Agravo de Petição
AgRg	—	Agravo Regimental
AG-SS	—	Agravo em Suspensão de Segurança
AIRR	—	Agravo de Instrumento em Recurso de Revista
Ajuris	—	Revista da Associação dos Juízes do Rio Grande do Sul
AM	—	Amazonas
Ampl.	—	ampliada
ANPT	—	Associação Nacional dos Procuradores do Trabalho
AP	—	Apreciação Prévia
APMP	—	Associação Paulista do Ministério Público
C.	—	Colendo
c.c.	—	combinado com
CAEMP	—	Confederação das Associações Estaduais do Ministério Público
Câm.	—	Câmara
CC	—	Código Civil
CCB	—	Código Civil Brasileiro
CCRMP	—	Câmara de Coordenação e Revisão do Ministério Público
CDC	—	Código de Defesa do Consumidor
CD-ROM	—	*Compact Disc ready-only memory*
CE	—	Constituição Estadual
CF	—	Constituição Federal
CGMP	—	Corregedoria-Geral do Ministério Público
Cia.	—	Companhia

cit. — citado
CNAP — Cooperativa Nacional de Profissionais Autônomos
Coment. — Comentado ou Comentários
Compl. — Complementar
CONAMP — Confederação Nacional do Ministério Público
Conv. — Convocado
Coord. — Coordenador
CP — Código Penal
CPB — Código Penal Brasileiro
CPC — Código de Processo Civil
CPP — Código de Processo Penal
CSMP — Conselho Superior do Ministério Público
CTN — Código Tributário Nacional
DC — Dissídio Coletivo
Dersa — Desenvolvimento Rodoviário S/A.
Des. — Desembargador
desig. — designado
dez. — dezembro
DF — Distrito Federal
DJ — Diário da Justiça
DJBA — Diário da Justiça da Bahia
DJE — Diário da Justiça do Estado
DJMG — Diário da Justiça de Minas Gerais
DJPR — Diário da Justiça do Paraná
DJRJ — Diário da Justiça do Rio de Janeiro
DJSG — Diário da Justiça de Santa Catarina
DJSP — Diário da Justiça de São Paulo
DL — Decreto-Lei
DOE — Diário Oficial do Estado
DOERN — Diário Oficial do Estado do Rio Grande do Norte
DOERS — Diário Oficial do Rio Grande do Sul
DOESP — Diário Oficial do Estado de São Paulo
DOU — Diário Oficial da União
EC — Emenda Constitucional
ECA — Estatuto da Criança e do Adolescente
Eg. — Egrégio(a)
em. — eminente
En. — Enunciado
EOAB — Estatuto da Ordem dos Advogados do Brasil
EREPS — Embargos de Divergência em Recurso Especial
ERR — Embargos em Recurso de Revista
et seq. — *et sequens*

FAT	—	Fundo de Amparo ao Trabalhador
FDV	—	Faculdade de Direito de Vitória
FGTS	—	Fundo de Garantia do Tempo de Serviço
gov.	—	governo
HC	—	*Habeas Corpus*
HD	—	*Habeas Data*
IBED	—	Instituto Brasileiro de estudos de Direito
Ibid.	—	*ibidem*
IC	—	Inquérito Civil
ICP	—	Inquérito Civil Público
Id.	—	*idem*
Inc.	—	inciso
JCJ	—	Junta de Conciliação e Julgamento
LACP	—	Lei da Ação Civil Pública
LAP	—	Lei da Ação Popular
LDP	—	Lei da Defensoria Pública
LOEMP	—	Lei Orgânica Estadual do Ministério Público
LOMAN	—	Lei Orgânica da Magistratura Nacional
LOMPU	—	Lei Orgânica do Ministério Público da União
LONMP	—	Lei Orgânica Nacional do Ministério Público
MC	—	Medida Cautelar
MI	—	Mandado de Injunção
MP	—	Medida Provisória
MPDF	—	Ministério Público do Distrito Federal e Territórios
MPE	—	Ministério Público Estadual
MPF	—	Ministério Público Federal
MPM	—	Ministério Público Militar
MPT	—	Ministério Público do Trabalho
MPU	—	Ministério Público da União
MS	—	Mandado de Segurança
NBR	—	Normas Brasileiras
NR	—	Norma Regulamentadora e Nova Redação
NRR	—	Norma Regulamentadora Rural
ns.	—	números
OAB	—	Ordem dos Advogados do Brasil
OE	—	Órgão Especial do Tribunal Superior do Trabalho
OIT	—	Organização Internacional do Trabalho
OJ	—	Orientação Jurisprudencial
OJ-SDC/TST	—	Orientação Jurisprudencial da Seção de Dissídios Coletivos do TST
OJ-SDI/TST	—	Orientação Jurisprudencial da Seção de Dissídios Individuais do TST
Op. cit.	—	*opere citato*

PGJ	—	Procuradoria-Geral de Justiça
PGR	—	Procuradoria-Geral da República
PGT	—	Procuradoria-Geral do Trabalho
Proc.	—	Processo
Prof.	—	professor
PRT	—	Procuradoria Regional do Trabalho
pub.	—	publicado
PUC/SP	—	Pontifícia Universidade de São Paulo
RDP	—	Revista de Direito Público
RE	—	Recurso Extraordinário
Recl.	—	Reclamação
Reg.	—	Região
Rel.	—	Relator
Relª	—	Relatora
RePro	—	Revista de Processo
REsp	—	Recurso Especial
rev.	—	Revista
RF	—	Revista Forense
RICSMP	—	Regimento Interno do Conselho Superior do Ministério Público
RJTJRS	—	Revista de Jurisprudência do Tribunal de Justiça do Rio Grande do Sul
RMPT	—	Revista do Ministério Público do Trabalho
RMS	—	Recurso em Mandado de Segurança
RO	—	Recurso Ordinário
ROAA	—	Recurso Ordinário em Ação Anulatória
ROMS	—	Recurso Ordinário em Mandado de Segurança
RPGR	—	Revista da Procuradoria-Geral da República
RR	—	Recurso de Revista
RR	—	Recurso de Revista
RS	—	Rio Grande do Sul
RSTJ	—	Revista do Superior Tribunal de Justiça
RT	—	Revista dos Tribunais
RTJ	—	Revista Trimestral de Jurisprudência
s.d.	—	sem data
s.d.p.	—	sem data de publicação
S/A	—	Sociedade Anônima
SBDI	—	Subseção de Dissídios Individuais
SC	—	Santa Catarina
SDC	—	Seção de Dissídios Coletivos do Tribunal Superior do Trabalho
SDI	—	Seção de Dissídios Individuais do Tribunal Superior do Trabalho
seç.	—	seção
SERMINAS	—	Serviços de Mina Ltda.

sr.	—	senhor
ss.	—	seguintes
STF	—	Supremo Tribunal Federal
STJ	—	Superior Tribunal de Justiça
T.	—	Turma
TAC	—	Termo de Ajustamento de Conduta
tb.	—	também
TCU	—	Tribunal de Contas da União
TJ	—	Tribunal de Justiça
TRF	—	Tribunal Regional Federal
TRT	—	Tribunal Regional do Trabalho
TSE	—	Tribunal Superior Eleitoral
TST	—	Tribunal Superior do Trabalho
UFES	—	Universidade Federal do Espírito Santo
UNIMED	—	Sociedade Cooperativa de Trabalho Médico Ltda. (nome fantasia)
v.	—	volume
v. Exa.	—	Vossa Excelência
v. g.	—	*verbi gratia*
v. u.	—	votação unânime

Introdução

Com a passagem do Estado Liberal para o Estado Social, os direitos sociais dos trabalhadores passaram a ser previstos em diversos textos constitucionais. Primeiro na Constituição mexicana de 1917. Dois anos depois, foi a vez da Alemanha, com a famosa Carta de Weimar. A partir de então, quase todos os ordenamentos jurídicos ocidentais passaram a inserir direitos e garantias trabalhistas no bojo de suas Constituições.

Seguindo tal diretriz, as Constituições brasileiras republicanas também instituíram inúmeros direitos sociais. Mas foi a Carta de 1988 que incluiu explicitamente os direitos sociais dos trabalhadores no elenco dos direitos fundamentais.

As transformações ocorridas na ordem econômica mundial nos últimos vinte anos e a proliferação dos conflitos de massa, mormente os que encontram residência entre as forças do capital e do trabalho, culminaram com o aparecimento de "novos direitos", que não se enquadram adequadamente na dicotomia clássica direito público-direito privado.

Esses novos direitos, também chamados de direitos fundamentais de terceira dimensão ou geração, direitos ou interesses metaindividuais, direitos transindividuais ou supra-individuais, passaram a exigir do Estado o reconhecimento da legitimação ativa *ad causam* das associações civis e a reestruturação de organizações estatais especializadas, munindo-as com instrumentos jurídicos destinados à promoção da defesa de tais direitos em diversos setores do edifício jurídico, principalmente no campo das relações de trabalho, tendo por fim precípuo a facilitação do acesso à justiça.

Entre as instituições estatais vocacionadas a tal relevante missão destaca-se, no ordenamento jurídico brasileiro, o Ministério Público do Trabalho, que passa, com isso, a ser, ao lado dos sindicatos profissionais, uma alavanca institucional na promoção de novas formas, diversas dos tradicionais dissídios coletivos e ações de cumprimento, de acesso coletivo dos trabalhadores à Justiça do Trabalho.

No elenco dos instrumentos jurídicos ofertados ao Ministério Público do Trabalho desponta "a ação civil pública, para a proteção do patrimônio público e social, do meio ambiente e de outros interesses difusos e coletivos" (CF, art. 129, III).

A bem ver, essa norma constitucional não aponta, expressamente, a ação civil pública para defesa dos direitos ou interesses individuais homogêneos, os quais só vieram a ser definidos com o advento do chamado Código de Defesa do Consumidor, de 1990, como os "decorrentes de origem comum" (art. 81, inciso III).

De outra parte, a Lei Complementar n. 75, de 20.5.93, no capítulo reservado especialmente ao Ministério Público do Trabalho, dispõe, literalmente, que a ele compete "promover a ação civil pública no âmbito da Justiça do Trabalho, para a defesa de interesses coletivos, quando desrespeitados os direitos sociais constitucionalmente garantidos" (art. 83, III). Vale dizer, esse dispositivo infraconstitucional é omisso tanto em relação aos direitos individuais homogêneos quanto aos difusos.

Essa omissão legislativa gerou, e vem gerando, acirradas discussões doutrinárias, com evidentes reflexos na jurisprudência, a respeito da legitimação do Ministério Público do Trabalho para promover a defesa, não apenas dos interesses ou direitos difusos, mas, sobretudo, dos individuais homogêneos.

Quanto aos difusos, há um certo consenso no sentido de que a sua defesa, pelo Ministério Público do Trabalho, encontra previsão expressa no art. 129, III, da Constituição, em função do que nenhuma norma infraconstitucional poderia restringir o que a norma ápice do ordenamento jurídico não o fez.

No que concerne à legitimação ministerial para promover a ação civil pública em defesa dos interesses individuais homogêneos, pode-se dizer que aí está o ponto nevrálgico da atuação do Ministério Público, como um todo, e do Ministério Público do Trabalho, em particular.

O problema central a ser enfrentado neste trabalho, portanto, pode ser assim formulado: se o art. 129, inciso III, da Constituição Federal só alude gramaticalmente aos interesses difusos e coletivos e se existe um dispositivo específico na Lei Orgânica do Ministério Público da União, que prevê a legitimação do Ministério Público do Trabalho apenas para defender os interesses coletivos, como estender tal legitimação aos interesses individuais homogêneos?

Com o escopo de satisfazer a indagação, que ora se impõe, dividiu-se este trabalho em oito capítulos.

O primeiro procura analisar, com base na teoria dos direitos humanos, a evolução histórica e dogmática dos direitos individuais aos direitos sociais e destes aos interesses ou direitos metaindividuais.

No segundo, cuida-se da tipologia dos interesses metaindividuais, examinando-se as características de cada uma de suas espécies, a saber: os interesses difusos, coletivos e individuais homogêneos. Aqui também se analisa a questão da existência dos interesses difusos, coletivos e individuais homogêneos nos domínios do Direito do Trabalho.

Segue-se o terceiro capítulo, que é dedicado à temática do acesso à Justiça e seu moderno significado, do sistema integrado que possibilita a acessibilidade dos trabalhadores à "jurisdição trabalhista metaindividual" e da globalização da economia e a massificação dos conflitos trabalhistas.

No capítulo quarto, são examinados os aspectos essenciais da ação civil pública no âmbito da Justiça do Trabalho, como conceito, objeto, natureza jurídica, aspectos gerais da legitimação *ad casuam,* competência, coisa juldada, etc.

No quinto capítulo, procura-se analisar, nos dois primeiros itens, os conceitos tradicionais de legitimidade ordinária e extraordinária (substituição processual) para, em seguida, verificar se tais conceitos podem ser aplicados em tema de legitimação ativa nas ações civis públicas destinadas à tutela dos interesses difusos e coletivos. Cuida-se, ainda, dos aspectos doutrinários e jurisprudenciais da legitimação do Ministério Público do Trabalho e dos sindicatos para promover ação civil pública em defesa dos interesses difusos e coletivos.

O sexto capítulo examina a ação de classe do direito norte-americano como fonte de inspiração da ação civil pública para a defesa dos interesses individuais homogêneos; a natureza jurídica da legitimação do Ministério Público quando atua em defesa de tais interesses; a questão da disponibilidade ou indisponibilidade dos interesses individuais homogêneos dos trabalhadores; as teorias existentes sobre a legitimação do Ministério Público, principalmente o do Trabalho e dos sindicatos para promover a ação civil pública em defesa desses interesses.

No sétimo capítulo, são analisadas outras espécies de ações que podem ser propostas na Justiça do Trabalho para defesa de interesses difusos, coletivos ou individuais homogêneos.

O oitavo capítulo trata dos aspectos gerais do inquérito civil e do termo de compromisso de ajustamento de conduta.

Por fim, resumem-se as principais conclusões lançadas ao longo do desenvolvimento do trabalho.

O método de abordagem é o empírico-indutivo, sendo que os métodos de procedimento são o histórico e o monográfico.

Utiliza-se, ainda, os métodos tradicionais de interpretação jurídica e o método da análise sociocrítica do Direito.

O universo deste trabalho cinge-se à ação civil pública no direito processual do trabalho, a partir de 5 de outubro de 1988, o que não impede, por certo, que as conclusões alcançadas possam ser, eventualmente, aplicáveis a outros setores do edifício jurídico, como a teoria geral do processo e o processo coletivo, bem como o Direito das Relações de Concurso e Direito Ambiental.

O presente trabalho tem a modesta pretensão de contribuir para o debate e, conseqüentemente, para a reflexão de todos os que lidam com o problema do acesso coletivo à justiça, na perspectiva dos direitos humanos.

Prefácio da 1ª Edição

A extraordinária incidência de conflitos decorrentes das relações entre empregados e empregadores gera problemas sérios à administração da Justiça do Trabalho, impedindo-a de dar pronta e eficaz resposta aos que buscam a solução de seus problemas na esfera judicial, como é sua obrigação.

Todos sabemos que a causa efetiva desse atravancamento do Poder Judiciário brasileiro encontra-se no equacionamento da questão econômica do país, que, por sua vez, decorre também de fatores políticos e econômicos externos.

Assim, não se tem a ilusão de que será possível solucionar a crise do Judiciário apenas com medidas internas de organização e funcionamento do aparelho judiciário e alterando as normas processuais e procedimentais.

Não obstante, é verdade que vivemos outros tempos, distantes da realidade da perspectiva individualista dos interesses e direitos das pessoas. Portanto, desta mesma perspectiva, é preciso que as normas processuais sejam adequadas à solução dos conflitos, o que demanda o reconhecimento efetivo das questões coletivas e a resposta processual aos conflitos delas decorrentes.

Com essa visão atual é que surge o livro "Ação civil pública — Nova jurisdição trabalhista metaindividual, legitimação do Ministério Público", de *Carlos Henrique Bezerra Leite*.

A obra, de extrema atualidade e de conteúdo excelente, ocupa-se inicialmente dos conceitos de direitos sociais e metaindividuais, para, a seguir, cuidar do novo sistema de acesso coletivo à justiça, encerrando aqui os conceitos fundamentais para a correta compreensão dos fenômenos decorrentes da sociedade de massa e da possibilidade real de acesso à justiça de forma a viabilizar a resposta que o Poder Judiciário deve aos cidadãos.

A seguir, cuida do Ministério Público, sob a perspectiva histórica, e ingressa no exame do Ministério Público do Trabalho, eixo central do livro, demonstrando a mudança qualitativa havida com a Instituição, a partir do art. 127 da Constituição Federal de 5 de outubro de 1988, deixando de ser um representante do Estado para ser um representante da sociedade, no dizer do próprio Autor.

Ocupa-se, afinal, da legitimação do Ministério Público do Trabalho, no âmbito da ação civil pública, para a defesa tanto de interesses difusos e coletivos, quanto individuais homogêneos.

Vê-se que se trata de obra de importância extraordinária para o momento em que vivemos, tratando tanto da atuação do Ministério Público do Trabalho na defesa efetiva da sociedade, quanto do exame de conceitos da maior relevância nos dias de hoje, que são os interesses difusos, coletivos e individuais homogêneos.

Mais do que nos dar lições sobre essas idéias, ocupa-se da demonstração da legitimação do Ministério Público do Trabalho nessas hipóteses, bem como da delicada questão da possibilidade de defesa judicial coletiva de interesses individuais homogêneos, no âmbito do direito processual do trabalho, assunto que tem sido alvo de lamentáveis equívocos tanto na doutrina quanto na jurisprudência do país.

A atualidade do tema, seu tratamento adequado e excelente qualidade têm a chancela da autoridade do Autor, pesquisador incansável e cultor do direito.

O Professor Universitário e Procurador Regional do Trabalho (atualmente, Juiz do TRT/ES), *Carlos Henrique Bezerra Leite,* é autor consagrado tanto no direito material quanto no direito processual do trabalho, já tendo publicado inúmeras obras, das quais destacamos seu "Ministério Público do Trabalho: doutrina, jurisprudência e prática", editado pela LTr Editora. Trata-se de manual de leitura obrigatória a todos que se ocupam do Direito do Trabalho e do Direito Processual do Trabalho, porque contém ensinamentos preciosos, de forma didática, de fácil leitura, com perspectivas atuais e a visão contemporânea de quem se preocupa com a correta prestação jurisdicional que o Estado deve dar a todos.

Este novo livro é fruto da dissertação de mestrado defendida com todo o brilhantismo por seu Autor, perante a Banca Examinadora da Pontifícia Universidade Católica de São Paulo, que tive a honra de presidir e integrada pelos Professores Doutores *Nelson Nery Junior* e *Paulo Sergio João.*

Carlos Henrique, além do trabalho precioso que produziu, defendeu-o com todo o brilhantismo, proporcionando a todos excelente aula, em razão do que obteve grau dez, com louvor.

Dedica-se agora à sua tese de doutorado, com todo afinco que o caracteriza e que nele constatei desde os primeiros contatos no programa de estudos Pós-graduados em Direito da PUC-SP; eu, na qualidade de professor do programa, e ele, aluno recém-chegado, mas que, desde logo, a todos cativou pelo seu interesse, pela sua cultura e por sua maneira simples e fraterna com todos os que se relaciona.

Perseverante e competente, hoje tenho o prazer de ser seu confrade na Academia Nacional de Direito do Trabalho, mais uma frente de trabalho na sua caminhada em busca da melhoria das condições de vida de todos os que vivem no nosso país.

Trata-se, pois, este novo livro, "Ação civil pública — Nova jurisdição trabalhista metaindividual, legitimação do Ministério Público", de obra da maior importância para o desenvolvimento, especialmente do Direito do Trabalho, que vem se somar às importantes contribuições que tem nos dado seu Autor.

Pedro Paulo Teixeira Manus
Ministro do Tribunal Superior do Trabalho.
Professor Livre Docente da PUC-SP.

"Para que o Poder Judiciário se justifique, diante da necessidade social da justiça célere e eficaz, é imprescindível que os próprios juízes sejam capazes de 'crescer', erguendo-se à altura dessas novas e permanentes aspirações, que saibam, portanto, tornar-se eles mesmos protetores dos novos direitos 'difusos', 'coletivos' e 'fragmentados', tão característicos e importantes da nossa civilização de massa, além dos tradicionais direitos individuais."

Mauro Cappelletti

Capítulo I

Dos Direitos Sociais aos Direitos Metaindividuais

1. As dimensões dos direitos humanos e o novo conceito de cidadania

Não é unívoco o conceito de direitos fundamentais, a começar pela variedade de expressões que geralmente são empregadas para designá-los, tais como: direitos naturais, direitos humanos, direitos do homem, direitos da pessoa humana, direitos individuais, direitos públicos subjetivos, liberdades fundamentais, liberdades públicas e direitos fundamentais.(1)

As expressões "direitos humanos" e "direitos do homem" são largamente utilizadas entre autores anglo-americanos e latinos.(2) O termo "direitos fundamentais" é empregado preferentemente pelos publicistas alemães.(3)

Adotando-se, para fins meramente didáticos, a expressão germânica "direitos fundamentais", empregada expressamente no Título II da Constituição brasileira de 1988, é possível dizer que a construção e a manutenção dos pressupostos elementares de uma vida na liberdade e na dignidade humana constituem os seus principais objetivos. E é essa vinculação essencial dos direitos fundamentais à liberdade e à dignidade humana, enquanto valores históricos e filosóficos, que nos conduzirá ao moderno significado de universalidade inerente a esses direitos como ideal da pessoa humana.(4)

---

(1) José Afonso da Silva, *Curso de direito constitucional positivo*, p. ~~161-164.~~ 175/179

(2) Entre nós, Flávia Piovesan, Carlos Weis, Antônio Augusto Cançado Trindade, Fábio Conder Comparato, Manoel Gonçalves Ferreira Filho e outros adotam o termo "direitos humanos"; Paulo Bonavides, Guilherme Braga Peña de Moraes, Cândido Furtado Maia Neto, Celso Ribeiro Bastos e outros adotam a expressão "direitos fundamentais". A Constituição brasileira de 1988, em seu Título II, emprega o termo "Dos Direitos e Garantias Fundamentais", o que talvez tenha levado José Afonso da Silva a adotar "direitos fundamentais do homem", embora esse autor reconheça que o termo ideal seria "direitos fundamentais da pessoa humana", tal como previsto expressamente no art. 17 da CF.

(3) Paulo Bonavides, *Curso de direito constitucional*, p. 514.

(4) *Id., ibid.*, p. 515. Sob essa perspectiva, pode-se dizer que as expressões "direitos humanos", "direitos fundamentais", "direitos da pessoa humana", "direitos do homem" e "direitos fundamentais da pessoa humana" são empregadas no mesmo sentido.

Há, no entanto, uma tradicional classificação doutrinária que identifica, com base em momentos sucessivos da História, três categorias distintas de direitos humanos,[5] a saber: os direitos humanos de primeira, de segunda e de terceira geração.

A primeira geração dos direitos humanos surgiu com as revoluções burguesas dos séculos XVII e XVIII. Esses direitos assentam-se no liberalismo clássico, encontrando, pois, inspiração no iluminismo racionalista, base do pensamento ocidental entre os séculos XVI e XIX. São também chamados de direitos individuais ou direitos de liberdade e têm por destinatários os indivíduos isoladamente considerados, e são oponíveis ao Estado. Os direitos civis e políticos constituem, portanto, os direitos humanos de primeira geração.

Segue-se a segunda geração dos direitos humanos: os direitos sociais, econômicos e culturais, não havendo exagero na afirmação de que os direitos sociais dominaram o século XX (e, provavelmente, dominarão o século em curso) do mesmo modo que os direitos da primeira geração dominaram o século XIX.

É voz corrente na doutrina que os direitos humanos de primeira geração são uma espécie de comando negativo (*status negativus*) imposto ao poder estatal, limitando a atuação deste em função das liberdades públicas asseguradas ao indivíduo; enquanto os direitos fundamentais de segunda geração impõem ao Estado uma prestação positiva (*status positivus*), no sentido de fazer algo de natureza social em favor do indivíduo. Dito de outro modo, o conteúdo dos direitos individuais repousa em um dever de não fazer por parte do Estado em prol de certos interesses ou direitos, como o direito à vida, à liberdade nos seus multifários aspectos (locomoção, expressão, religião, organização de grupos); ao passo que os direitos sociais constituem um dever de fazer, de contribuir, de ajudar por parte dos órgãos que compõem o Poder Público.[6]

A positivação desses direitos deu origem ao que se convencionou chamar de "Constitucionalismo Social", a demonstrar que os direitos humanos de primeira geração, quando do seu exercício, têm que cumprir uma função social.

Os direitos de segunda geração traduzem-se, portanto, em direitos de participação. Requerem, por isso, uma política pública que tenha por objeto, sobretudo, a garantia do efetivo exercício das con-

---

(5) *Id., ibid.*, mesma página.

(6) Carlos Henrique Bezerra Leite, *Constituição e direitos sociais dos trabalhadores*, p. 11.

dições materiais de existência de contingentes populacionais.(7) São direitos de igualdade substancial entre as espécies humanas. Inserem-se no rol dos direitos humanos de segunda geração os direitos sociais, culturais e econômicos, bem como os direitos coletivos ou de coletividades.

Os direitos humanos de terceira geração, também chamados de direitos de fraternidade ou de solidariedade, aparecem com a conscientização de que o mundo é dividido em nações desenvolvidas e subdesenvolvidas ou em fase de desenvolvimento. Decorrem, pois, da reflexão acerca de temas referentes ao desenvolvimento, à paz, ao meio ambiente, à comunicação e ao patrimônio comum da humanidade.(8)

Dotados de altíssima dose de humanismo e universalidade, os direitos de terceira geração não se destinam especificamente à proteção de um indivíduo, de um grupo de pessoas ou de um determinado Estado, pois os seus titulares são, via de regra, indeterminados. A rigor, seu destinatário, por excelência, é o próprio gênero humano, num momento expressivo de sua afirmação como valor supremo em termos existen-ciais.(9)

Além das três gerações dos direitos humanos já mencionadas, há ainda, segundo *Paulo Bonavides*,(10) uma quarta geração de direitos, que emerge da globalização política, tão necessária para amenizar os efeitos devastadores do neoliberalismo extraído da globalização econômica. "Globalizar direitos fundamentais equivale a universalizá-los no campo institucional."(11) São direitos de quarta geração o direito à democracia, à informação e ao pluralismo.

Essa classificação tradicional dos direitos humanos tem sido alvo de fundadas críticas,(12) em razão da não-correspondência entre as gerações dos direitos e o seu processo histórico de nascimento e desenvolvimento.

Com efeito, se a expressão "geração" induz a idéia de sucessão cronológica dos direitos, avulta o descompasso entre o direito interno de alguns países, nos quais a constitucionalização dos direitos sociais foi posterior à dos direitos civis e políticos, e o direito internacional, que teve na criação da Organização Internacional do Trabalho, em 1919, a institucionalização de diversas convenções que regulamen-

---

(7) Carlos Weis, *Direitos humanos contemporâneos*, p. 19.
(8) Paulo Bonavides, *op. cit.*, p. 523.
(9) *Id., ibid.*, mesma página.
(10) *Ibid.*, p. 524.
(11) *Ibid.*, mesma página.
(12) Carlos Weis, *op. cit.*, p. 40.

taram direitos sociais dos trabalhadores, bem antes da internacionalização dos direitos civis e políticos.

Além disso, não se pode olvidar que essa classificação ortodoxa, ao aduzir o *non facere* do Estado como característica dos direitos individuais e o *facere* como características dos direitos sociais, aflora-se insuficiente para explicar e tipificar alguns direitos sociais. O direito de greve, por exemplo, que nas modernas democracias é considerado um direito social dos trabalhadores, constitui, na verdade, um não fazer por parte do Estado, já que este simplesmente se limita a não impedir (*non facere*) o exercício do direito de um grupo de trabalhadores de suspender, temporariamente, a prestação de serviços a empregador.

Por outro lado, tem-se admitido que o termo "dimensão" poderia substituir, com vantagem lógica e qualitativa, o vocábulo "geração".(13) E essa substituição não se justifica apenas pelo preciosismo de que as gerações anteriores não desaparecem com o surgimento das mais novas, na medida em que o mais importante é que os direitos nascidos em uma geração, quando surgem em um dado ordenamento jurídico, assumem uma outra dimensão, pois os direitos de geração mais recentes tornam-se um pressuposto para entendê-los de forma mais adequada, o que propicia a sua melhor realização.(14)

Oportuno é o exemplo de *Willis Santiago Guerra Filho*, para quem

> "o direito individual de propriedade, num contexto em que se reconhece a segunda dimensão dos direitos fundamentais, só pode ser exercido observando-se sua função social, e com o aparecimento da terceira dimensão, observando-se igualmente sua função ambiental."(15)

A questão terminológica ora focalizada é extremamente importante, uma vez que os direitos de primeira, segunda e terceira dimensões se fundem, abrindo caminho para uma nova concepção de universalidade dos direitos humanos humanos,(16) cujas características básicas são a indivisibilidade e a interdependência.(17)

---

(13) Paulo Bonavides, *op. cit.*, p. 525.

(14) Willis Santiago Guerra Filho, *Direitos fundamentais, processo e princípio da proporcionalidade*, p. 13.

(15) *Ibid.*, mesma página.

(16) Paulo Bonavides, *op. cit.*, p. 526.

(17) Na Conferência Internacional de Teerã, em 1968, proclamou-se, no item 13: "Como os direitos humanos e as liberdades fundamentais são indivisíveis, a realização dos direitos civis e políticos, sem o gozo dos direitos econômicos, sociais e culturais, torna-se impossível". Igualmente, no item 5º, Parte I, da Declaração e Programa de Ação adotada pela Conferência Mundial sobre Direitos Humanos das Nações Unidas (Viena,

A concepção contemporânea dos direitos humanos imbrica, portanto, a liberdade (direitos civis e políticos), a igualdade (direitos sociais, econômicos e culturais) e a fraternidade ou solidariedade (direitos ou interesses metaindividuais) como valores indissociáveis, o que implica, por conseqüência, as características da universalidade, indivisibilidade, interdependência e complementaridade, que esses direitos assumem no âmbito do nosso ordenamento jurídico e do direito internacional.(18)

Pertinente, nesse passo, é a observação de *Carlos Weis*,(19) para quem a insistência na idéia das gerações de direitos como se fossem compartimentos estanques, além de consolidar a inexatidão da expressão em face da moderna concepção dos direitos humanos fundamentais, pode se prestar a justificar políticas públicas que não reconhecem a indivisibilidade da pessoa humana, geralmente em detrimento dos direitos sociais, econômicos e culturais ou dos direitos civis e políticos previstos nos tratados internacionais sobre direitos humanos.

Tudo o que foi dito até agora está a revelar que a temática dos direitos humanos está intimamente vinculada à teoria geral da cidadania.(20) E esta, por sua vez, encontra-se indissoluvelmente ligada ao ideal de preservação e respeito à dignidade da pessoa humana.

A cidadania, portanto, deixa de ser considerada simples emanação do direito subjetivo do indivíduo de participar dos negócios do Estado para se transformar na idéia que, por sua extensão, pela abertura inter-

---

1993), restou afirmado solenemente que: "Todos os direitos humanos são universais, indivisíveis, interdependentes e inter-relacionados."

(18) Os preâmbulos e os artigos 1º, 3º e 5º dos dois pactos internacionais sobre os direitos do homem são quase idênticos, pois exaltam a obrigação dos Estados de promover os direitos humanos, lembram ao indivíduo a responsabilidade de se empenhar na luta pela promoção e cumprimento desses direitos e reconhecem, de acordo com a Declaração Universal dos Direitos do Homem, que o ideal do ser humano livre no gozo das liberdades civil e política e liberto do terror e da miséria só pode ser alcançado quando estiverem criadas as condições que permitam a cada um desfrutar dos seus direitos civis e políticos, bem como dos seus direitos econômicos, sociais e culturais.

(19) Exemplo típico da negativa de implementação da indivisibilidade da dignidade da pessoa humana é o Programa Nacional de Direitos Humanos do Governo Brasileiro que, para eximir-se da efetiva proteção aos direitos sociais, parte da premissa absolutamente equivocada de que: "O fato de os direitos humanos em todas as suas gerações — a dos direitos civis e políticos, a dos direitos sociais, econômicos e culturais, e a dos direitos coletivos — serem indivisíveis não implica que, na definição de políticas específicas — dos direitos civis — o Governo deixe de contemplar de forma específica cada uma dessas outras dimensões" (Brasil. Leis. Documentação civil. *Política antidiscriminatória. Crimes de tortura. Declaração universal dos direitos humanos. Programa nacional de direitos humanos*, p. 65).

(20) José Alfredo de Oliveira Baracho, *Teoria geral da cidadania*: a plenitude da cidadania e as garantias constitucionais e processuais, p. 1-8.

disciplinar, pela conotação política que exibe e pela multiplicidade de suas dimensões, pode servir de sustentáculo para a superação das contradições e perplexidades que gravitam em torno de temas como liberdade e justiça social, igualdade e solidariedade, universalismo e nacionalismo, direitos fundamentais e direitos sociais e econômicos, nesta fase de transição para o século XXI.(21)

Referindo a passagem do Estado absoluto ao Estado de direito, *Bobbio* obtempera que é

> "com o nascimento do Estado de direito que ocorre a passagem final do ponto de vista do príncipe para o ponto de vista dos cidadãos. No Estado despótico, os indivíduos singulares só têm deveres e não direitos. No Estado absoluto, os indivíduos possuem, em relação ao soberano, direitos privados. No Estado de direito, o indivíduo tem, em face do Estado, não só direitos privados, mas também direitos públicos. O Estado de direito é o Estado dos cidadãos."(22)

A bem ver, pois, o conceito moderno de cidadania compreende os direitos fundamentais da pessoa humana, é dizer, os direitos civis e políticos, os direitos sociais, econômicos e culturais e os direitos coletivos *lato sensu*,(23) em constante tensão com as idéias de liberdade, de justiça política, social e econômica, de igualdade, de chances e de resultados, e de solidariedade, a que se vinculam.(24)

2. *Os direitos sociais dos trabalhadores como direitos humanos fundamentais*

Não é incorreto dizer que a origem dos direitos sociais se confunde com a própria história do direito do trabalho. E nesse sentido, *Mario de la Cueva* enaltece:

> "El derecho del trabajo nace cuando los hombres se dan cuenta del abismo que media entre la realidad social y sua regulación jurídica,

---

(21) Ricardo Lobo Torres, "A cidadania multidimensional na era dos direitos", p. 242-243. Para esse autor, cidadania define-se como "o pertencer à comunidade, que assegura ao homem a sua constelação de direitos e o seu quadro de deveres, só a análise ética e jurídica abre a possibilidade de compreensão desse complexo *status*. A cidadania já não está ligada à cidade nem ao Estado nacional, pois se afirma também no espaço internacional e supranacional. Apenas as idéias de direitos humanos e de justiça podem constituí-la no sentido ontológico" (*op. cit.*, p. 247).

(22) Norberto Bobbio, *A era dos direitos*, p. 61.

(23) Sobre os direitos coletivos *lato sensu*, que abrangem os difusos, os coletivos *stricto sensu* e os individuais homogêneos, voltaremos a falar mais adiante.

(24) Ricardo Lobo Torres, *op. cit.*, p. 254.

o bien, el derecho del trabajo nace cuando perciben los hombres que uno es el principio de la libre determinación de las acciones y otra cuestión distinta su efectividad social, o todavia, uno es el problema puramente psicológico de la livre determinación de las conductas y otro el problema de poder imponer la voluntad individual en las relaciones sociales; el régimen del contrato permitía imponer la voluntad del patrono, pero no la del trabajador."[25]

Os direitos sociais, ao lado dos econômicos e culturais, compõem o que *T. H. Marshall* denomina de cidadania social e econômica,[26] que, por sua vez, pode ser compreendida como uma nova dimensão da cidadania no campo do trabalho e do mercado.[27]

Não obstante a consideração expendida no item anterior, respeitante à relação de indivisibilidade e interdependência dos direitos fundamentais, o conceito dos direitos sociais ainda não encontra a desejável uniformidade entre os teóricos.

Aliás, a dificuldade não é apenas de ordem conceitual, mas, principalmente, de ordem operacional, porquanto, como bem aponta *Norberto Bobbio*,

> "o mais forte argumento adotado pelos reacionários de todos os países contra os direitos do homem, particularmente contra os direitos sociais, não é a sua falta de fundamento, mas a sua inexeqüibilidade. Quando se trata de enunciá-los, o acordo é obtido com relativa facilidade, independentemente do maior ou menor poder de convicção de seu fundamento absoluto; quando se trata de passar à ação, ainda que o fundamento seja inquestionável, começam as reservas e as oposições."[28]

Sem descuidar dos aspectos relativos à exeqüibilidade dos direitos sociais, mormente da relação que estes mantêm com os chamados direitos individuais homogêneos objeto desta investigação científica, colecionam-se alguns conceitos doutrinários atinentes aos direitos sociais.

José Afonso da Silva, que considera os direitos sociais como dimensão dos direitos fundamentais, salienta que eles

> "são prestações positivas, enunciadas em normas constitucionais, que possibilitam melhores condições de vida aos mais fracos, direitos que tendem a realizar a igualização de situações sociais desiguais. São, portanto, direitos que se conexionam com o direito

(25) Mario de la Cueva, *Derecho mexicano del trabajo*, p. 266-267.
(26) T. H. Marshall, *Cidadania, classe social e* status, p. 88.
(27) Ricardo Lobo Torres, *op. cit.*, p. 269.
(28) Norberto Bobbio, *A era dos direitos ...*, cit., p. 24.

de igualdade. Valem como pressupostos do gozo dos direitos individuais na medida em que criam condições materiais mais propícias ao auferimento da igualdade real, o que, por sua vez, proporciona condição mais compatível com o exercício efetivo da liberdade."[(29)]

Ressaltando o aspecto da igualdade, *Vicente Ráo* sublinha:

"O direito social designa o conjunto de regras que asseguram a igualdade das situações apesar das diferenças de fortunas, regras que socorrem os mais fracos, desarmam os mais poderosos ..."[(30)]

Pinto Ferreira, inspirando-se em *A. Svolos*, restringe os direitos sociais ao campo do Direito do Trabalho, sustentando que

> "a inclusão desses direitos sociais do trabalho diminui a dicotomia tradicional entre o direito público e o direito privado. Processa-se, então, uma marcha para a socialização do direito."[(31)]

Esse autor menciona que os direitos trabalhistas previstos no art. 7º e incisos da Constituição brasileira de 1988 são "direitos sociais e econômicos do trabalhador."[(32)]

Celso Ribeiro Bastos, por outro lado, faz distinção entre direitos sociais e direitos dos trabalhadores ao assinalar que:

> "Ao lado dos direitos individuais, que têm por característica fundamental a imposição de um não fazer ou abster-se do Estado, as modernas Constituições impõem aos Poderes Públicos a prestação de diversas atividades, visando o bem-estar e o pleno desenvolvimento da personalidade humana, sobretudo em momentos em que ela se mostra mais carente de recursos e tem menos possibilidade de conquistá-lo pelo seu trabalho. Pelos direitos sociais tornam-se deveres do Estado o assistir à velhice, aos desempregados, à infância, aos doentes, aos deficientes de toda a sorte etc. Não se devem confundir tais direitos com os dos trabalhadores, porque esses dizem respeito tão-somente àqueles que mantêm um vínculo de emprego."[(33)]

Em outra obra que escrevemos sobre o tema,[(34)] invocamos o art. 6º da Constituição brasileira de 1988 para dissentir dessa última posi-

---

(29) José Afonso da Silva, *Curso de direito constitucional positivo ...*, cit., p. 258.
(30) Vicente Ráo, *O direito e a vida dos direitos*, p. 155
(31) Pinto Ferreira, *Manual de direito constitucional*, p. 173.
(32) *Ibid.*, p. 174.
(33) Celso Ribeiro Bastos, *Curso de direito constitucional*, p. 259.
(34) Carlos Henrique Bezerra Leite, *Constituição e direitos sociais dos trabalhadores ...*, cit., p. 24-25.

ção doutrinária, uma vez que ali está dito, explicitamente, que os direitos trabalhistas também integram, ao lado da educação, saúde, lazer, segurança, previdência social, proteção à maternidade e à infância, assistência aos desamparados e moradia, o elenco dos direitos sociais.

De outra parte, não se pode ignorar que o "valor social do trabalho", na acepção mais ampla do termo, constitui postulado básico da dignidade da pessoa humana e corolário da própria cidadania (CF, art. 1º, II, III e IV), na medida em que é exatamente o trabalho produtivo que irá evitar, em última análise, que a pessoa humana venha a necessitar daquelas prestações estatais positivas mencionadas no trecho doutrinário acima transcrito.

Além disso, os direitos sociais trabalhistas são, em certa medida, destinados a outras espécies de trabalhadores, ainda que não sejam sujeitos de uma relação de emprego típica (empregados), como os trabalhadores avulsos, os domésticos, os temporários, os servidores públicos, etc.[35]

A par do problema conceitual, há outra cizânia doutrinária que pode ser resumida na seguinte pergunta: os direitos sociais dos trabalhadores são direitos fundamentais?

A resposta está a depender da concessão do legislador e, portanto, da previsão no ordenamento jurídico de cada Estado, já que, por não estarem, via de regra, revestidos do *status negativus*, não geram, por si sós, direitos às prestações positivas do Poder Público.[36]

A Constituição brasileira de 1988, alterando radicalmente a ideologia que foi observada nas Cartas anteriores, tradicionalmente individualistas e que, por tal razão, excluíam os direitos sociais do elenco dos direitos humanos, inseriu esses mesmos direitos (arts. 6º, 7º *usque* 11; 170 *usque* 232) no rol dos direitos e garantias fundamentais (Capítulo II do Título II da CF).[37] Daí a expressão Direitos Constitucionais Fundamentais, que se refere, sobretudo, consoante advertência de *Pinto Ferreira*,

> "a uma ideologia política de determinada ordem jurídica e a uma concepção da vida e do mundo histórico, designando, no Direito

---

(35) Aos trabalhadores domésticos (CF, art. 7º, parágrafo único), aos trabalhadores temporários (Lei n. 6.019/74), aos servidores públicos (CF, art. 39, § 3º) etc. não foram estendidos todos os direitos sociais trabalhistas. Cf. Carlos Henrique Bezerra Leite, *Constituição e direitos sociais dos trabalhadores ...*, cit., p. 27-48.

(36) Ricardo Lobo Torres, *op. cit.*, p. 279.

(37) É importante assinalar que o § 2º do art. 5º e o art. 7º, *caput*, da CF apontam no sentido de que o rol de direitos fundamentais não é *numerus clausus*. É o que convencionou chamar de princípio da não-tipicidade dos direitos fundamentais.

Positivo, o conjunto de prerrogativas que se concretizam para a garantia da convivência social digna, livre e igual da pessoa humana na estrutura e organização do Estado."(38)

Outra observação importante é feita por *José Afonso da Silva*, no sentido de que a atual Constituição brasileira exalta a integração harmônica das categorias dos direitos humanos fundamentais

> "mediante influências recíprocas, até porque os direitos individuais consubstanciados no seu art. 5º, estão contaminados de dimensão social, de tal sorte que a previsão dos direitos sociais (...) lhes quebra o formalismo e o sentido abstrato. Com isso, transita-se de uma democracia de conteúdo basicamente político-formal para a democracia social, se não de tendência socializante."(39)

No mesmo sentido, *Flávia Piovesan* assinala que o

> "texto de 1988 ainda inova ao alargar a dimensão dos direitos e garantias, incluindo no catálogo de direitos fundamentais não apenas os direitos civis e políticos, mas também os direitos sociais (ver Capítulo II do Título II da Carta de 1988). Trata-se da primeira Constituição brasileira a integrar, na declaração de direitos, os direitos sociais, tendo em vista que nas Constituições anteriores as normas relativas a estes direitos encontravam-se dispersas no âmbito da ordem econômica e social, não constando do título dedicado aos direitos e garantias. Nesta ótica, a Carta de 1988 acolhe o princípio da indivisibilidade e interdependência dos direitos humanos, pelo qual o valor da liberdade se conjuga ao valor da igualdade, não havendo como divorciar os direitos de liberdade dos direitos de igualdade."(40)

No que é seguida por *Luís Roberto Barroso*:

> "Modernamente, já não cabe indagar o caráter jurídico e, pois, a exigibilidade e acionabilidade dos direitos fundamentais, na sua tríplice tipologia. É puramente ideológica, e não científica, a resistência que ainda hoje se opõe à efetivação, por via coercitiva dos chamados direitos sociais. Também os direitos políticos e individuais enfrentaram, como se assinalou, a reação conservadora, até sua final consolidação. A afirmação dos direitos fundamentais como um todo, na sua exeqüibilidade plena, vem sendo positivada nas Cartas Políticas mais recentes, como se vê do art. 2º da Consti-

---

(38) *Op. cit.*, p. 52.
(39) *Curso de direito constitucional positivo*, cit., p. 168-169.
(40) *Direitos humanos e o direito constitucional internacional*, p. 55.

tuição portuguesa e do preâmbulo da Constituição brasileira, que proclama ser o país um Estado democrático destinado a assegurar o exercício dos direitos sociais e individuais."[41]

Na mesma esteira, assinala *Dorothee Susanne Rüdiger*:

> "Os direitos fundamentais, direitos civis e políticos e direitos econômicos e sociais deixam de ser direitos do cidadão para se tornarem direitos da humanidade."[42]

A bem ver, a atual Constituição brasileira encontra-se em perfeita sintonia com o Pacto Internacional dos Direitos Econômicos, Sociais e Culturais, aprovado na XXI Sessão da Assembléia Geral das Nações Unidas, em Nova York, a 19 de dezembro de 1966, o qual passou a fazer parte do direito positivo brasileiro a partir de 24 de abril de 1992.[43] Esse tratado internacional considera, em linhas gerais, que os direitos sociais, culturais e econômicos são inerentes à dignidade da pessoa humana e que o ideal do ser humano livre, liberto do temor e da miséria, só pode ser concretizado à medida em que se criem condições que permitam a cada um gozar de seus direitos econômicos, sociais e culturais, assim como de seus direitos civis e políticos.

A Constituição brasileira de 1988 é, pois, na sua essência, uma Constituição do Estado Social,[44] na medida em que preconiza, sob essa perspectiva, que os problemas atinentes a relações de poderes e exercício de direitos sejam examinados e solucionados tendo por norte os princípios e objetivos fundamentais positivados no seu Título I.

3. A Constituição brasileira de 1988 e a classificação dos direitos fundamentais sociais dos trabalhadores

Segundo magistério de *Pinto Ferreira*, analisando o atual texto constitucional brasileiro,

> "a classificação dos 'direitos fundamentais do homem' tanto pode ser buscada na doutrina como no ordenamento positivo das diversas Constituições. Cabe porém salientar de início que os Direitos civis e políticos constam geralmente nos livros e textos constitucio-

(41) *O direito constitucional e a efetividade de suas normas: limites e possibilidades da Constituição brasileira*, p. 106.

(42) "Globalização econômica, descentralização produtiva e direitos fundamentais dos trabalhadores", *in:* Tendências do direito do trabalho para a século XXI, p. 17-32.

(43) Vigente no Brasil desde 24.4.92: DL n. 226, de 12.12.91 (aprovação); D. n. 591, 6.7.92 (promulgação).

(44) Paulo Bonavides, *op. cit.*, p. 336.

nais do início do liberalismo, enquanto a doutrina e os textos constitucionais modernos referem-se aos direitos socioeconômicos."[45]

A Constituição brasileira de 1988 revela, assim, um traço inovador em relação às que lhe precederam. Em seu Título II, instituiu cinco espécies do gênero "direitos e garantias fundamentais", a saber: direitos e garantias individuais e coletivos; direitos sociais; direitos de nacionalidade; direitos políticos; e direitos relacionados à existência, organização e participação em partidos políticos.

Os direitos sociais, por sua vez, comportam diversas classificações. Entre elas, destaca-se a que emprega a interpretação gramatical da Constituição de 1988, agrupando os direitos sociais em cinco classes:[46]

a) direitos sociais relativos ao trabalhador;

b) direitos sociais relativos à seguridade, compreendendo os direitos à saúde, à previdência e à assistência social;

c) direitos sociais relativos à educação e à cultura;

d) direitos sociais relativos à família, à criança, ao adolescente e ao idoso;

e) direitos sociais relativos ao meio ambiente.

Uma outra classificação[47] leva em conta o homem produtor e o homem consumidor.

Assim, os direitos sociais do homem produtor são os previstos nos arts. 7º a 11 da Constituição, a saber: a liberdade de organização sindical, o direito de greve, o direito de celebrar acordos e convenções coletivas de trabalho visando à melhoria da sua condição social, o direito de participar na gestão da empresa e o direito de obter um emprego.

Já os direitos sociais do homem consumidor estão indicados no art. 6º da Constituição e desenvolvidos no Título da Ordem Social. São os seguintes: os direitos à saúde, à segurança social (segurança material), ao desenvolvimento intelectual, ao igual acesso das crianças e adultos à instrução, à formação profissional e à cultura e garantia ao desenvolvimento da família.

Inspirando-nos nos critérios acima alinhados, já escrevemos, em outra obra,[48] que os direitos sociais do homem produtor (trabalhador) podem ser classificados em:

---

(45) *Op. cit.*, p. 55-56.
(46) José Afonso da Silva, *Curso de direito constitucional positivo ...*, cit., p. 259.
(47) *Ibid.*, mesma página.
(48) Carlos Henrique Bezerra Leite, *Constituição e direitos sociais dos trabalhadores ...*, cit., p. 26.

a) direitos sociais trabalhistas individuais (CF, art. 7º);[49]

b) direitos sociais trabalhistas coletivos (CF, arts. 8º a 11).

Cumpre observar que, além da indivisibilidade e interdependência entre os direitos individuais e coletivos (CF, art. 5º) e os direitos sociais (CF, art. 6º), não se pode perder de vista que tais características são observáveis, por decorrência lógica, entre os diversos tipos de direitos sociais.

Eis, à guisa de exemplo, a fundamentação lógica e dogmática para que o direito ao meio ambiente do trabalho sadio (CF, arts. 200, VIII, e 225) e o direito à redução dos riscos inerentes ao trabalho por meio de normas de saúde, higiene e segurança (CF, art. 7º, XXII) sejam amalgamados juridicamente com vistas à valoração social do trabalho (CF, art. 1º, IV), à preservação da vida (CF, art. 5º) e ao respeito à dignidade da pessoa humana (CF, art. 1º, III).

4. *Os direitos ou interesses metaindividuais como direitos humanos*

O elenco dos direitos humanos modificou-se, e certamente continuará a se modificar, ao longo da história, mormente em função dos interesses e das necessidades, das classes no poder, dos meios disponíveis para a realização daqueles interesses, das transformações tecnológicas, etc.,[50] o que autoriza dizer que os direitos humanos não são absolutos, pois eles estão em constantes transformações, a depender não apenas do estágio de desenvolvimento socioeconômico, mas também do ordenamento jurídico de cada Estado.

Para corroborar essas afirmações e previsões, basta lembrar que o direito de propriedade *sacre et inviolable* submeteu-se a radicais limitações nos ordenamentos jurídicos contemporâneos. Do mesmo modo, os direitos sociais, sequer mencionados nas declarações do século XVIII, são, agora, inseridos solenemente nas declarações mais recentes.

---

(49) A rigor, os acordos e convenções coletivas (CF, art. 7º, XXVI) caracterizam-se como direitos sociais coletivos dos trabalhadores. Importa assinalar, por outro lado, que o art. 7º, *caput*, da CF, constitui verdadeira "norma de encerramento", na medida em que considera como sendo direitos sociais dos trabalhadores não apenas os expressamente mencionados, mas, também, "outros que visem à melhoria de sua condição so-cial", permitindo, assim, a ilação de que os direitos trabalhistas previstos na CLT e na legislação complementar foram recepcionados pela nova ordem constitucional na categoria de direitos sociais fundamentais.

(50) Norberto Bobbio, *A era dos direitos* ..., cit., p. 18.

Outra demonstração inequívoca da mutação do rol dos direitos humanos repousa no surgimento, no final do século XX, de duas importantes teorias, "matizadas pela noção comum da coletivização dos conflitos e pela preocupação em proteger interesses pulverizados pela sociedade ou por parcelas sociais."(51)

Com efeito, a evolução das duas primeiras dimensões dos direitos humanos enalteceu sua universalidade, indivisibilidade, interdependência e complementaridade, induzindo, com isso, o surgimento de novos direitos híbridos, decorrentes da superação da distinção absoluta entre direitos civis e políticos e direitos econômicos, sociais e culturais.

A fundamentalidade desses novos direitos híbridos é reconhecida em atenção à preocupação de todos os povos com a qualidade de vida, o desenvolvimento sustentado e integrado da pessoa humana e a preservação da natureza.

Além da teoria dos direitos humanos, desponta, hodiernamente, a teoria dos interesses metaindividuais que, propondo a superação da tradicional doutrina individualista, propiciou uma nova categorização de direitos e interesses, bem como a sua justiciabilidade, antes inimaginável.(52)

A natureza híbrida dos interesses difusos e coletivos decorre do fato de que, enquanto direitos humanos, possuem ora *status negativus*, por constituírem emanações dos direitos de liberdade, armando os cidadãos com instrumentos jurídicos necessários à proteção da natureza e da *res publica* contra as ações que lhes sejam prejudiciais; ora *status positivus*, uma vez que, por serem igualmente direitos de solidariedade, necessitam das intervenções positivas do Estado, seja no plano material, seja no processual.(53)

O caráter híbrido dos direitos metaindividuais não passou despercebido pela lente de *Mauro Cappelletti* que, desde a década de 70, já destacava a natureza difusa dos direitos à saúde, à segurança social, a não sofrer discriminação, etc., encontrados nas Constituições democráticas e em declarações internacionais dos direitos do homem.(54)

A teoria dos interesses metaindividuais surge, assim, em decorrência da preocupação da sociedade ocidental com a chamada "questão

(51) Carlos Weis, *op. cit.*, p. 123.
(52) *Id., ibid.,* mesma página.
(53) Ricardo Lobo Torres, *op. cit.*, p. 297-298.
(54) "Formazioni sociali e interessi di grupo davanti alla giustizia civile". *In: Rivista di Diritto Processuale*, 30/361-402, Pádua: CEDAM, 1975. Este trabalho foi traduzido para o português por Nélson Renato Palaia Ribeiro de Campos, *Repro* 5/128-159.

social", fruto da "sociedade de massa", na qual se verifica coexistirem inúmeras relações sociais, econômicas e políticas marcadas pelo desaparecimento da individualidade do ser humano, diante da padronização dos comportamentos e das regras correspondentes. Aliás, essas relações não mais se estabelecem entre indivíduos, mas entre grupos mais ou menos imprecisos de pessoas, cujos integrantes encontram-se em situações de fato e juridicamente idênticas.

Dados os pontos comuns das duas teorias, urge a integração e complementaridade entre ambas, de modo a prestigiar tanto o aspecto material, catalogando e consolidando os interesses metaindividuais no elenco dos direitos humanos, quanto ao aspecto processual, na medida em que se abrem espaços para a promoção da efetiva e adequada tutela jurisdicional desses novos direitos ou interesses.

Não seria errôneo dizer, pois, que o primeiro ponto de encontro das duas teorias emerge da transição do modelo de Estado Liberal clássico para o do *Welfare State*. Com isso, há a substituição do paradigma do ser humano abstratamente considerado, isto é, no aspecto da igualdade formal para o gozo das liberdades individuais, pela verificação e procura das reais condições de vida da pessoa humana, reveladoras de um estado de desigualdade substancial entre os homens, as classes e os grupos sociais.(55)

No ordenamento jurídico brasileiro, por exemplo, não se pode negar a possibilidade de perfeita integração entre as teorias dos direitos humanos fundamentais e dos interesses metaindividuais. Nesse sentido, observa *Carlos Weis:*

> "No caso dos direitos humanos, a classificação legal do art. 81 do Código de Defesa do Consumidor facilita o reconhecimento de direitos ou interesses transindividuais decorrentes do direito internacional, da Constituição Federal ou de normas inferiores, o que reforça a noção da eficácia dos direitos econômicos, sociais e culturais e dos direitos humanos globais e amplia as possibilidades de sua dedução em juízo. Para a teoria dos interesses difusos e coletivos a aproximação revela novas possibilidades de sua exploração, para outros ramos que não os já consagrados direitos do consumidor, meio ambiente (que igualmente integra os direitos humanos), etc."(56)

---

(55) Carlos Weis, *op. cit.,* p. 127.
(56) *Ibid.,* p. 123-124.

Torna-se, assim, factível a formulação de uma nova teoria, cujo objeto repousa na harmonização entre os direitos sociais e os interesses metaindividuais.(57)

(57) José Luis Bolzan de Morais, *Do direito social aos interesses transindividuais: o Estado e o direito na ordem contemporânea, passim*. Nesse sentido, é bem de ver, o art. 83, III, da LOMPU encampa, explicitamente, essa teoria, na medida em que consagra a ação civil pública trabalhista como instrumento de defesa dos interesses coletivos dos trabalhadores quando desrespeitados os seus direitos sociais constitucionalmente garantidos. Há, assim, uma nítida imbricação entre os interesses coletivos e os direitos sociais dos trabalhadores, sendo ambos tuteláveis processualmente por uma mesma ação coletiva.

Tipologia dos Direitos ou Interesses Metaindividuais

1. Palavra inicial

Antes de se examinar as espécies que compõem o gênero direitos ou interesses metaindividuais, algumas observações devem ser feitas para a exata compreensão da temática em apreço.

A primeira reside na asserção de que o fenômeno dos interesses metaindividuais não constitui novidade, porquanto já era conhecido no direito romano. As *actiones populares*, previstas no *Digesto 47, 23, 1*, embora ostentassem natureza de ações essencialmente privadas, destinavam-se, a rigor, à proteção dos interesses da sociedade.(1) Qualquer pessoa do povo possuía legitimação para propor a ação popular romana, porém o objetivo nela perseguido não era um direito correspondente ao do indivíduo isoladamente considerado, mas, sim, como membro de uma comunidade. Noutro falar, "o particular exercia o direito de ação popular não no nome do povo, e sim no seu próprio nome, no *interesse* do povo."(2)

A segunda repousa no problema terminológico dos vocábulos *direito* e *interesse*.

É quase sintomático que a palavra *direito* suscita em nossa mente a idéia dos *direitos subjetivos*, historicamente utilizados para designar os interesses juridicamente protegidos, cuja titularidade era atribuída apenas ao indivíduo. Daí a expressão *direito individual*, vinculada ao liberalismo, como já apontado no capítulo anterior.

Já a palavra *interesse*, seguindo a trilha da doutrina nacional, representa algo que interliga uma pessoa a um bem da vida, em virtude de um determinado valor que esse bem possa representar para aquela pessoa. A nota comum é sempre uma situação de vantagem, que

---

(1) Nelson Nery Junior, "O processo do trabalho e os direitos individuais homogêneos — um estudo sobre a ação civil pública trabalhista". *In: Revista LTr* 64-02/152.

(2) *Idem, A ação civil pública e a tutela jurisdicional dos interesses difusos*, p. 48.

faz exsurgir um interesse na posse ou fruição daquela situação.[(3)] Dito de outro modo, interesse

> "é a relação existente entre uma pessoa e um bem, na qual este se mostra capaz de satisfazer uma necessidade daquela. A etimologia latina da palavra é a chave para apreender o seu significado: 'inter' (entre) + 'esse' (ser) = 'interesse' (ser entre). Ou seja, o interesse é a ponte entre o sujeito e o bem, que os relaciona entre si, onde o sujeito busca aquilo que reputa ser um bem capaz de satisfazê-lo."[(4)]

Historicamente, portanto, há, entre direito e interesse, uma vinculação na qual à preponderância daquele se reflete uma negação deste. Vale dizer, a hegemonia do direito subjetivo implica a desqualificação do interesse como portador de alguma relevância jurídica.[(5)]

Não há negar, porém, que é com a passagem do Estado Liberal ao Estado Social e deste para o Estado Democrático de Direito que se observa uma profunda transformação nas relações sociais, econômicas, políticas e jurídicas em escala mundial, como resultado do surgimento dos conglomerados urbanos, das metrópoles, da explosão demográfica, da produção e do consumo de massa, do nascimento dos cartéis, da hipertrofia da intervenção do Estado na esfera social e econômica, dos meios de comunicação de massa, da *Internet*, da propaganda maciça. Tudo somado, redundou no reconhecimento do Estado de que não apenas os direitos, mas também os interesses deveriam ser igualmente protegidos.

Surgem, assim, os chamados interesses de massa, que passam a exigir do Estado a inserção, em seus ordenamentos,[(6)] de novos instrumentos jurídicos, diversos dos até então existentes, destinados a garanti-los.

Esse sistema de proteção alcançou, como se verá mais adiante, não apenas os *direitos*, mas, também, os *interesses metaindividuais*. De tal modo que, a clássica distinção entre *direitos* e *interesses*, pelo

---

(3) Rodolfo de Camargo Mancuso, *Interesses difusos: conceito e legitimação para agir*, p. 18.

(4) Ives Gandra da Silva Martins Filho, "O princípio ético do bem comum e a concepção jurídica do interesse público", *passim*.

(5) José Luis Bolzan de Morais, *op. cit.*, p. 109.

(6) Como é o caso do ordenamento jurídico brasileiro, consoante se infere dos arts. 5º, LXX, *b*, 8º, III, 127, 129, III e V, da CF/88; art. 1º, IV, da LACP; art. 81 do CDC. Em todos esses dispositivos, vê-se a inequívoca opção do legislador no sentido de afastar qualquer dúvida a respeito do mesmo valor atribuído tanto aos direitos como aos interesses metaindividuais.

menos no tocante aos "novos direitos", deixa de ter relevância para a dogmática jurídica.

Nesse sentido, *Kazuo Watanabe* afirma que os termos *direitos* e *interesses*, consubstanciados no art. 81 do CDC, foram utilizados como sinônimos, uma vez que estes assumem o mesmo *status* daqueles, "desaparecendo qualquer razão prática, e mesmo teórica, para a busca de uma diferenciação ontológica entre eles"(7), no que é seguido por *José dos Santos Carvalho Filho*, para quem a expressão "interesses", prevista nos textos legislativos do nosso sistema, há de ser entendida como "interesses juridicamente protegidos", sendo estes os "necessariamente integrantes do círculo relativo aos direitos subjetivos"(8). E esse último autor acrescenta: "Quando se fala, pois, em interesses difusos ou coletivos, dever-se-á conceber a noção de que se trata de direitos difusos ou coletivos."(9)

A terceira observação resulta da circunstância de que anteriormente à vigência da Lei n. 8.078, de 11.9.1990, que instituiu o chamado Código de Defesa do Consumidor brasileiro, não existia um consenso doutrinário acerca dos conceitos das expressões "interesses ou direitos difusos" e "interesses ou direitos coletivos",(10) o que levou o legislador do referido Código a dissipar a cizânia doutrinária(11) até então existente, na exata medida em que tomou partido em favor da positivação conceitual que lhe pareceu mais consentânea com a defesa judicial dos interesses transindividuais (difusos e coletivos). Além disso, positivou, de forma inédita e lacônica, o conceito de "interesses individuais homogêneos".

Pode-se dizer, assim, que os interesses ou direitos difusos, coletivos e individuais homogêneos são espécies do gênero "interesses metaindividuais",(12) também chamados de "coletivos *lato sensu*", transin-

---

(7) *Código brasileiro de defesa do consumidor: comentado pelos autores do anteprojeto*, p. 623.
(8) *Ação civil pública: comentários por artigo*, p. 30.
(9) *Id., ibid.*, mesma página.
(10) É importante assinalar que a doutrina italiana, à míngua de definição legal, não faz nítida distinção entre interesses difusos e coletivos, sendo certo que diversos autores utilizam as expressões como sinônimas, além de serem usadas de forma ambígua, com vários significados, como bem aponta Luiz Paulo da Silva Araújo Filho (*Ações coletivas: a tutela jurisdicional dos direitos individuais homogêneos*, p. 10-11).
(11) Antes mesmo da entrada em vigor da Lei n. 7.347/85, Camargo Ferraz, Milaré e Nery Junior (*A ação civil pública e a tutela jurisdicional dos interesses difusos*, p. 57) utilizavam, indiferentemente, como sinônimas, as expressões interesse "difuso", "coletivo", "de grupo", "meta" ou "supra-individual", embora reconhecessem, àquela época, a existência, em doutrina, de vozes respeitáveis, formulando distinção entre esses conceitos.
(12) José Carlos Barbosa Moreira, "Ação civil pública e programação da TV", p. 281.

dividuais[13] ou "supra-individuais", ou, ainda, numa perspectiva mais ampla, preconizada pela teoria dos direitos fundamentais, "novos direitos", "direitos globais", "direitos de fraternidade" ou "direitos humanos de terceira geração ou dimensão".[14]

Finalmente, a quarta observação pode ser atribuída a um artigo escrito por *Mauro Cappelletti*,[15] no qual ressalta que, em virtude das grandes transformações econômicas, políticas, culturais e sociais experimentadas nas duas últimas décadas do século XX, não é mais possível solucionar litígios de massa com base na velha concepção de que os bens jurídicos só podem pertencer exclusivamente ao direito público ou ao direito privado. A obra de *Cappelletti* tem, assim, o grande mérito de descortinar que entre o direito público e o privado existem outras categorias intermediárias que não se enquadram perfeitamente em nenhum desses dois ramos clássicos da ciência jurídica. Essa nova categoria é a que se analisa neste trabalho sob a denominação de direitos ou interesses metaindividuais.

Examinar-se-á, a seguir, as características materiais das espécies que compõem os interesses metaindividuais.

2. *Interesses difusos*

Os interesses difusos existem desde o momento em que o homem passou a viver em sociedade, uma vez que aqueles são conaturais a esta. É, porém, na sociedade contemporânea que eles passam a ter maior evidência.[16]

Já foi dito que o legislador brasileiro definiu os direitos ou interesses difusos, como sendo os "transindividuais, de natureza indivisível, de que sejam titulares pessoas indeterminadas e ligadas por circunstâncias de fato".[17] Para tanto, optou pela adoção de um *critério subjetivo*,

---

(13) A expressão "transindividuais" é atribuída expressamente aos direitos ou interesses difusos e coletivos, mas não aos individuais homogêneos. Daí a nossa preferência pelo termo "direitos ou interesses metaindividuais".

(14) Carlos Weis, *op. cit.*, p. 130-132.

(15) *"Formazioni sociali e interessi di grupo davanti alla giustizia civile", passim.*

(16) Antônio Augusto Mello de Camargo Ferraz, Édis Milaré e Nelson Nery Junior, *op. cit.*, p. 54. É importante assinalar que Márcio Flávio Mafra Leal (*Ações coletivas: história, teoria e prática*, p. 98) aponta que os direitos difusos "são produtos, em síntese, de movimentos sociais que emergiram na virada da década de 50 para 60, representados por mulheres e negros norte-americanos e, em menor escala política, na época, por ambientalistas e consumeristas".

(17) CDC, art. 81, parágrafo único, inciso I.

no que tange à indeterminação dos titulares e à inexistência entre eles de uma relação jurídica base, e de um *critério objetivo*, no que diz respeito à indivisibilidade do bem jurídico.[18]

Na lição de *Cappelletti*, os interesses difusos

> "são interesses fragmentados ou coletivos, tais como o direito ao ambiente saudável, ou à proteção do consumidor. O problema básico que eles apresentam — a razão de sua natureza difusa — é que, ou ninguém tem direito a corrigir a lesão a um interesse coletivo, ou o prêmio para qualquer indivíduo buscar essa correção é pequeno demais para induzi-lo a tentar uma ação."[19]

É importante lembrar, como já salientado, que a doutrina italiana não faz uma distinção nítida entre interesse difuso e coletivo. Mas, em nosso ordenamento jurídico, não há negar as inúmeras razões que justificam tal distinção, a começar pela diferenciação da eficácia da coisa julgada, como qualidade da sentença proferida em ação coletiva, que pode ser: *erga omnes*, quando cuidar de direitos ou interesses difusos (CDC, art. 103, I);[20] ou *ultra partes*, quando versar sobre direitos ou interesses coletivos (CDC, art. 103, II).

Segundo *Mancuso*,[21] os interesses difusos apresentam as seguintes características básicas: indeterminação dos sujeitos, indivisibilidade do objeto, intensa conflituosidade interna e duração efêmera, contingencial.

a) Indeterminação dos sujeitos

Deriva do fato de que não há, nos interesses difusos, um vínculo jurídico que una os sujeitos afetados por esses interesses, pois

> "eles se agregam ocasionalmente, em virtude de certas contingências, como o fato de habitarem certa região, de consumirem certo produto, de viverem numa certa comunidade, por comungarem pretensões semelhantes, por serem afetados pelo mesmo evento originário de obra humana ou da natureza, etc."[22]

---

(18) Kazuo Watanabe, *Código brasileiro de Defesa do Consumidor: comentado pelos autores do anteprojeto ...*, cit., p. 624.

(19) Mauro Cappelletti, *Acesso à justiça*, p. 26.

(20) A sentença proferida em ação coletiva que tenha por objeto a defesa de interesses individuais homogêneos também produz eficácia *erga omnes*, por força do art. 103, III, do CDC.

(21) Rodolfo de Camargo Mancuso, *Interesses difusos: conceito e legitimação para agir...*, cit., p. 79.

(22) *Id., ibid.*, p. 81.

b) Indivisibilidade do objeto

Verifica-se a indivisibilidade do objeto, porque os interesses difusos são insuscetíveis de partição em quotas atribuíveis a pessoas ou grupos preestabelecidos[23] ou, como prefere *Barbosa Moreira*, trata-se de uma

> "espécie de comunhão, tipificada pelo fato de que a satisfação de um só implica, por força, a satisfação de todos, assim como a lesão de um só constitui, *ipso facto*, lesão da inteira coletividade."[24]

c) Intensa litigiosidade interna

A característica da *intensa litigiosidade interna* (ou *conflitualità massima*, como prefere a doutrina italiana) decorre da circunstância de que os interesses difusos, embora estejam soltos, fluidos, desagregados, disseminados entre segmentos sociais, defluem de aglutinações contingenciais, geralmente contrapostas entre si.[25] Exemplifica-se com a possibilidade de desmembramento de um certo município em dois outros municípios: certamente haverá colisão de interesses difusos dos munícipes (sujeitos indeterminados ligados entre si por relação meramente fática) que almejam o desmembramento (bem jurídico indivisível) em contraste com os interesses difusos dos que o repugnam.

d) Duração efêmera

Por fim, a característica da *duração efêmera* dos interesses difusos é detectada não em função da inexistência, entre os seus titulares, de um vínculo jurídico básico, mas, ao revés, da existência de situações contingenciais, que são mutáveis como as situações de fato. Os interesses difusos, assim,

> "podem fenecer e desaparecer, acompanhando o declínio e a extinção dessas situações. Pela mesma razão, 'reaparecerão', mais adiante, quando ainda uma vez ressurgirem as mesmas causas fáticas anteriores."[26]

Outra característica dos interesses difusos decorre, segundo *Barbosa Moreira*, do seu *conteúdo não-patrimonial*. Ouçamos as palavras desse processualista:

---

(23) *Id., ibid.*, p. 83.

(24) José Carlos Barbosa Moreira, "A legitimação para a defesa dos direitos difusos no direito brasileiro", p. 1.

(25) Rodolfo de Camargo Mancuso, *Interesses difusos: conceito e legitimação para agir...*, cit., p. 85.

(26) *Id., ibid.*, p. 89.

"(...) 'interesses difusos' não raro se mostram insuscetíveis de redução a valores monetariamente expressos — característica com a qual se relaciona de maneira direta a insuficiência, a seu respeito, da 'tutela ressarcitória' (...) é inconcebível que se compense mediante simples prestação em dinheiro o prejuízo consistente, *v. g.*, na destruição da paisagem, na mutilação de monumentos históricos, na poluição do ambiente, etc."[27]

Dada a complexidade da identificação dos interesses difusos, alguns autores chegam a confundi-los com o próprio interesse público. Nós mesmos, em monografia datada de 1996, deixamos transparecer a existência de tal confusão, pois sustentávamos que a ação civil pública poderia ter por objeto a defesa dos interesses público, difuso, coletivo *stricto sensu*, individual indisponível e homogêneo.[28]

Cabe agora explicitar que o interesse público ao qual nos referíamos é o interesse público primário,[29] e não o interesse público secundário. Aquele, sim, é que se identifica com o interesse difuso; este, nem sempre.

Expliquemo-nos.

Se um governo de uma dada unidade da Federação anuncia que pretende celebrar um convênio para a construção de uma usina nuclear, dois interesses públicos fatalmente exsurgiriam: o da Administração, cujo escopo residiria, por exemplo, no aumento das receitas tributárias e o da sociedade, que é o de não ver seus integrantes expostos aos riscos de um acidente nuclear, o de proteger o meio ambiente, etc. Diz-se, assim, que o interesse público da sociedade é primário; o da administração, secundário.

Pode acontecer, porém, que, ao depois de instalada a usina nuclear, o governo sucessor, pressionado pela opinião pública, opte por desativá-la. Aqui os interesses públicos primário e secundário se fundiriam num só interesse, geral, social. Neste caso, o interesse público e o interesse difuso encontram-se, a um só tempo, numa linha cinzenta, tornando, a nosso ver, despicienda a distinção entre eles.[30]

---

(27) José Carlos Barbosa Moreira, "A ação popular do direito brasileiro como instrumento de tutela jurisdicional dos chamados interesses difusos", p. 7 e ss.

(28) Carlos Henrique Bezerra Leite, *Contratação ilegal de servidor público e ação civil pública trabalhista*, p. 39-40.

(29) A respeito da distinção entre interesses públicos primário e secundário, consultar Hugo Nigro Mazzilli, *A defesa dos interesses difusos em juízo*, p. 43 ss.

(30) Eis o motivo pelo qual Rodolfo de Camargo Mancuso, *Interesses difusos ...* cit., p. 32, sustenta que a tarefa de se tentar a separação rigorosa dos interesses social, geral e público não seria fadada a um bom termo, pois as diferenças entre eles seria tão sutil

Cumpre salientar que a tutela jurisdicional dos interesses ou direitos difusos, em função de sua própria natureza, deve ser feita molecularmente,[31] em benefício de todas as pessoas atingidas. Para tanto, basta apenas uma demanda coletiva, cuja sentença, nos termos do art. 103, I, do CDC fará coisa julgada *erga omnes*.

2.1. Interesses difusos no direito material do trabalho

É importante salientar, desde logo, que a definição legal de direito ou interesse difuso há de ser estendida a todas as situações que reclamem a aplicação conceitual dessa espécie de interesse metaindividual, e não apenas às lides de consumo.[32]

Assim, dada a inexistência de norma legal específica no direito material do trabalho que disponha conceitualmente sobre interesses difusos, impõe-se a aplicação analógica da regra inserta no art. 81, parágrafo único, inciso I, do CDC, que serve, portanto, de base conceitual a todas as relações metaindividuais em geral, aí compreendidas as relações metaindividuais de trabalho.

Alguns juslaboralistas, não obstante, insistem em negar a existência dos interesses difusos na seara trabalhista.[33] O principal argumento é o de que, no âmbito do direito do trabalho, já se sabe de antemão que dois são os sujeitos determinados, ou pelo menos determináveis, da relação jurídica correspondente: empregado e empregador (relação empregatícia individual) ou sindicato da categoria profissional e sindicato da categoria econômica[34] (relação coletiva categorial).

---

que, na prática, não haveria contribuição relevante para a problemática dos interesses metaindividuais. Ao revés, segundo Mancuso, tomando as expressões, referidas anteriormente, "basicamente, como sinônimas, chega-se a uma desejável concreção, evitando-se os inconvenientes de um excesso terminológico" (mesma página).

(31) A expressão é de Kazuo Watanabe, *Código brasileiro de Defesa do Consumidor*... cit., p. 626.

(32) Nelson Nery Junior e Rosa Maria Andrade Nery, *Código de processo civil comentado e legislação processual civil extravagante em vigor*, p. 1.864.

(33) Paulo Emílio Ribeiro de Vilhena ("Ação civil pública e a tutela do trabalhador", *in Revista TST*, vol. 66, n. 1, p. 41-60) chega a afirmar que se "a ação civil pública tem por fim resguardar a posição de empregados que vêm a ser até nomeados e individuados, o interesse que nela se tem por objeto deixa de ser 'difuso ou coletivo', transindividual ou metaindividual" (p. 55).

(34) Além da relação coletiva de trabalho entre os sindicatos das categorias profissional e econômica, pode também existir relação coletiva de trabalho entre um sindicato da categoria profissional e uma(s) empresa(s) isoladamente considerada(s). No primeiro caso, tem-se a convenção coletiva como instrumento tipificador da relação jurídica categorial (CLT, art. 611, *caput*); no segundo, o acordo coletivo (CLT, art. 611, § 1º).

Em outra obra,[35] procuramos demonstrar a inconsistência jurídica da referida tese. Para tanto, invocamos, naquela oportunidade, com apoio em *Antônio Álvares da Silva*,[36] o exemplo da greve deflagrada por sindicato profissional em atividade considerada essencial e inadiável, cuja paralisação total pudesse colocar em perigo iminente a sobrevivência, a saúde ou a segurança da população ou parte dela (Lei n. 7.783/89, art. 11, parágrafo único).

Observa-se, no exemplo dado, que o interesse difuso está caracterizado: pela indivisibilidade dos bens jurídicos protegidos (vida, saúde e segurança da população ou parte dela); pela indeterminação dos titulares ativos dos referidos bens (todos os destinatários de uma atividade essencial e inadiável têm direito à vida, à saúde e à segurança); pela inexistência de relação jurídica, ou pela existência de relação meramente fática, entre os titulares ativos, assim como entre estes e os obrigados à prestação de serviços indispensáveis ao atendimento das necessidades inadiáveis da comunidade, que são os sindicatos, os empregadores e os trabalhadores[37] (titulares passivos); pela intensa litigiosidade interna entre os membros da comunidade, uma vez que parcela da população poderá até apoiar a greve e outra parcela não apoiá-la.

Um outro exemplo de interesse difuso trabalhista manifesta-se quando a administração pública direta ou indireta de quaisquer dos Poderes promove a contratação de servidores para investidura em emprego público sem, no entanto, observar a regra constitucional do concurso público de provas ou de provas e títulos (CF, art. 37, I, II, § 2º). O interesse difuso, neste caso, caracteriza-se: por ser indivisível, pois a garantia constitucional de acesso aos cargos, empregos e funções públicas constitui um bem jurídico fruível por todos os brasileiros, ou estrangeiros residentes no País, que preencham os requisitos estabelecidos em lei; pela indeterminação dos titulares, é dizer, não é possível precisar os potenciais candidatos interessados no concurso para investidura nos empregos públicos irregularmente ocupados; pela inexistência de relação jurídica entre os potenciais candidatos ao certame público entre si e entre eles e a Administração, pois em ambos os

---

(35) Carlos Henrique Bezerra Leite, *Ministério Público do Trabalho: doutrina, jurisprudência e prática ...*, cit., 1998, p. 106.

(36) *Questões polêmicas de direito do trabalho*, p. 86.

(37) Diz o art. 11, *caput*, da Lei n. 7.783, de 28.6.89, *in verbis*: "Nos serviços ou atividades essenciais, os sindicatos, os empregadores e os trabalhadores ficam obrigados, de comum acordo, a garantir, durante a greve, a prestação de serviços indispensáveis ao atendimento das necessidades inadiáveis da comunidade".

casos as relações são meramente fáticas, circunstanciais;[38] pela *conflitualità massima* entre os potenciais candidatos ao concurso público, uma vez que os interesses entre eles são contrapostos, em função do reduzido número de empregos públicos ofertados pela Administração.

Percebe-se, desse modo, que é exatamente a ausência de um vínculo jurídico entre os potenciais candidatos ao certame público, assim como entre estes e a administração, que faz surgir, para os primeiros, o interesse difuso consubstanciado no princípio constitucional que garante a acessibilidade aos cargos, empregos e funções públicas a todos os brasileiros e estrangeiros que preencham os requisitos estabelecidos em lei (CF, art. 37, I).

3. Interesses coletivos

Os interesses ou direitos coletivos podem ser compreendidos em sentido amplo e em sentido estrito. No sentido amplo, confundem-se com o que internacionalmente se denomina *collective rights*, direitos de solidariedade ou direitos globais[38] e, sob essa perspectiva, abrangem todas as espécies de interesses metaindividuais, isto é, os difusos, os coletivos *stricto sensu* e os individuais homogêneos.[39] No sentido estrito, os interesses coletivos são, na dicção do art. 81, parágrafo único, inciso II, do CDC,

> "os transindividuais, de natureza indivisível, tendo como titular grupo, categoria ou classe de pessoas ligadas entre si ou com a parte contrária por uma relação jurídica base."

No dizer de *Celso Ribeiro Bastos*,

> "Os interesses coletivos dizem respeito ao homem socialmente vinculado e não ao homem isoladamente considerado. Colhem, pois, o homem não como simples pessoa física tomada à parte, mas sim como membro de grupos autônomos e juridicamente definidos, tais como o associado de um sindicato, o membro de uma família, o profissional vinculado a uma corporação, o acionista de uma grande sociedade anônima, o condômino de um edifício de apartamentos. Interesses coletivos seriam, pois, os interesses afectos a vários

---

(38) Carlos Henrique Bezerra Leite, *Ministério Público do Trabalho: doutrina, jurisprudência e prática* ..., cit., 1998, p. 106-107.

(39) Carlos Weis, *op. cit.*, p. 132.

(40) Hugo Nigro Mazzilli, *A defesa dos interesses difusos em juízo* ... cit., p. 46, ressalta que nesse sentido mais abrangente, "é que a Constituição referiu-se a *direitos* coletivos em seu Título II, ou a *interesses coletivos*, em seu art. 129, III...".

sujeitos não considerados individualmente, mas sim por sua qualidade de membro de comunidades menores ou grupos intercalares, situados entre o indivíduo e o Estado."(41)

Para *Jorge Eduardo de Sousa Maia*,

"o interesse coletivo não é simplesmente a aglutinação de interesses individuais. É muito mais. É o espírito coletivo organizado, despojado do sentimento individual que caracteriza o 'ideal' coletivo (...) O interesse coletivo está afeto ao homem socialmente organizado e não ao homem *uti singuli*. Concerne ao fim institucional da corporação, associação ou grupo intermediário."(42)

Vê-se, desse modo, que os interesses coletivos, por serem *transindividuais* e *de natureza indivisível*, não se confundem com a *soma* dos interesses individuais, mas a *síntese* desses interesses.(43) Constituem, portanto, a expressão de um interesse com natureza própria, fruto da proximidade entre os membros de um grupo social, vinculados entre si ou com terceiro, pressupondo "um mínimo de coesão, de organização, de estrutura".(44)

Obtempera *Watanabe* que a característica da organização

"certamente existirá apenas na primeira modalidade mencionada no texto legal, qual seja, os interesses e direitos pertinentes a grupo, categoria ou classe de pessoas ligadas entre si por uma relação jurídica-base, e não na segunda modalidade, que diz com os interesses ou direitos respeitantes a grupo, categoria ou classe de pessoas ligadas com a parte contrária por uma relação jurídica-base."(45)

E assevera que nas

"duas modalidades de interesses ou direitos 'coletivos', o traço que os diferencia dos interesses ou direitos 'difusos' é a determinabilidade das pessoas titulares, seja através da relação jurídica-base que as une (membros de uma associação de classe ou ainda acionistas de uma mesma sociedade), seja por meio do vínculo jurídico que as liga à parte contrária (contribuintes de um mesmo tributo, prestamistas de um mesmo sistema habitacional ou contra-

(41) *Curso de direito constitucional* ... cit., p. 251.
(42) "Os interesses difusos e a ação civil pública no âmbito das relações laborais", p. 1.044.
(43) Rodolfo de Camargo Mancuso, *Interesses difusos* ... cit., p. 48-50.
(44) *Id., ibid.*, p. 52.
(45) Kazuo Watanabe, *Código brasileiro de Defesa do Consumidor* ... cit., p. 628.

tantes de um segurador com o mesmo tipo de seguro, estudantes de uma mesma escola, etc.)."[46]

O objeto dos interesses coletivos, pois, a exemplo do que se dá com o dos interesses difusos, é indivisível, mas os seus titulares, embora tratados coletivamente, são determináveis, ou seja, são passíveis de identificação, uma vez que se encontram vinculados, entre si ou com a parte contrária, por meio de uma relação jurídica base.

Adverte *Watanabe* que essa

"relação jurídica base é preexistente à lesão ou ameaça de lesão do interesse ou direito do grupo, categoria ou classe de pessoas. Não a relação jurídica nascida da própria lesão ou da ameaça de lesão."[47]

Isso significa que não é a lesão em si que faz surgir a relação jurídica base. Ao revés, é a existência prévia do grupo, categoria ou classe de pessoas ligadas entre si ou com a parte contrária por meio de um vínculo jurídico básico que faz nascer para os integrantes desses agrupamentos sociais o interesse coletivo que os empolga a se defenderem da lesão ou ameaça a direito a eles outorgados enquanto integrantes do grupo, categoria ou classe.

Um exemplo de interesse coletivo seria o da classe de advogados a ter um representante junto aos tribunais, o chamado quinto constitucional. Com efeito, se a vaga destinada aos advogados estiver sendo ocupada por outro profissional do direito (juiz ou membro do MP), estará aí presente a *transindividualidade* (o interesse é abstratamente de toda a classe dos advogados, e não de um ou alguns advogados); a *indivisibilidade* (trata-se de um bem jurídico que não pode ser cindido, pois a lesão atinge indistintamente a todos os possíveis titulares); a *titularidade* que é da classe dos advogados, cujos integrantes estão ligados entre si por um *vínculo jurídico específico básico* (o Estatuto da OAB).

3.1. Interesses coletivos no direito material do trabalho

Não é incorreto dizer que o Direito do Trabalho foi o que primeiro ofereceu uma formulação conceitual para os interesses coletivos, porquanto é nesse compartimento do edifício jurídico que surgem as primeiras formas de organizações sociais: os sindicatos. Uma das carac-

(46) *Ibid.*, mesma página.
(47) *Ibid.*, p. 626.

terísticas dos sindicatos é que eles são "naturalmente, evocados pela idéia de interesses coletivos".[48]

A rigor, é o direito coletivo, como segmento[49] do Direito do Trabalho, que nos brinda com a noção de categoria, atualmente considerada, nos termos do art. 81, parágrafo único, inciso II, do CDC, uma das espécies de organização política, social, cultural e econômica entre pessoas juridicamente vinculadas entre si e guiadas por um objetivo comum.

A expressão "categoria" encontra-se positivada no nosso ordenamento jurídico, tanto no âmbito constitucional quanto infraconstitucional.[50] Mas foi o art. 511 da CLT que inaugurou o reconhecimento das associações para fins de estudo, defesa e coordenação dos interesses econômicos ou profissionais de todos os que, como empregadores, empregados, agentes ou trabalhadores autônomos ou profissionais liberais, exerçam, respectivamente, a mesma atividade ou profissão ou atividades ou profissões similares ou conexas, o que ensejou o conceito de categoria.

A leitura dos §§ 1º *usque* 3º do art. 511 da CLT revela que há três espécies do gênero categoria, a saber: a) categoria econômica;[51] b) categoria profissional;[52] c) categoria profissional diferenciada.[53]

Enaltecendo os limites de identidade, similaridade ou conexidade como norteadores das dimensões dentro das quais a categoria econômica ou profissional é homogênea, o legislador consolidado reconhece

---

(48) Rodolfo de Camargo Mancuso, *Interesses difusos: conceito e legitimação para agir*... cit., p. 58.

(49) Não compete examinar neste trabalho o problema da autonomia do direito coletivo do trabalho. Mas é importante ressaltar que alguns autores defendem a autonomia do direito coletivo do trabalho em relação ao próprio direito do trabalho. Para nós, o direito coletivo e o direito individual constituem segmentos do direito do trabalho (Cf. Carlos Henrique Bezerra Leite, *Curso de direito do trabalho*, p. 23-32, v. II).

(50) Na CF: art. 7º, parágrafo único, art. 8º, II, III e IV; na CLT: art. 511, §§ 1º, 2º, 3º e 4º, art. 611, §§ 1º e 2º; no CDC: art. 81, parágrafo único, II, art. 103, II (Obs.: a enumeração dos artigos não é exaustiva).

(51) "A solidariedade de interesses econômicos dos que empreendem atividades idênticas, similares ou conexas, constitui o vínculo social básico que se denomina categoria econômica" (§ 1º do art. 511 da CLT).

(52) "A similitude de condições de vida oriunda da profissão ou trabalho em comum, em situação de emprego na mesma atividade econômica ou em atividades econômicas similares ou conexas, compõe a expressão social elementar compreendida como categoria profissional" (§ 2º do art. 511 da CLT).

(53) "Categoria profissional diferenciada é a que se forma dos empregados que exerçam profissões ou funções diferenciadas por força de estatuto profissional especial ou em conseqüência de condições de vida singulares" (§ 3º do art. 511 da CLT).

que a associação entre os homens para fins econômicos ou profissionais constitui um direito natural.(54)

Sabe-se, todavia, que o art. 81, parágrafo único, inciso II, do CDC, ao conceituar "interesse coletivo", deixou em aberto o próprio conceito dos três elementos subjetivos que o compõem: "grupo, categoria *ou* classe de pessoas".

Será que o conectivo "ou" contido na norma jurídica em apreço torna sinônimos os termos "grupo", "categoria" e "classe"? Será que a existência conceitual de categoria no direito do trabalho exclui do seu âmbito de aplicação os conceitos de "grupo" ou "classe"?

O conceito legal de categoria já foi oferecido. Cabe, agora, buscar sua etimologia e significado, bem como dos vocábulos "grupo" e "classe".

"Categoria", substantivo feminino, do grego *kategoria*, significa "cada uma das classes em que se dividem as idéias ou os termos; classe; grupo; série; caráter; natureza; hierarquia; posição social".(55)

"Grupo", substantivo masculino, originário do germânico *Krupps* e do italiano *gruppo*, significa o "conjunto de objetos que se podem abranger com um lance de olhos; reunião de coisas que formam um todo; certo número de pessoas reunidas; pequena associação; ajuntamento".(56)

"Classe", substantivo feminino, do latim *classe*, significa

> "cada uma das divisões de um conjunto; grupo; categoria; (...) cada uma das grandes divisões de um reino; alunos de uma aula; (...) aula; ano de certos cursos; categoria social; conjunto de pessoas que exercem a mesma profissão: a classe médica, camada social, baseada na desigualdade e diversidade de condições entre os homens; categoria gramatical."(57)

Não obstante a similitude dos vocábulos, o que até certo ponto justifica o uso promíscuo dos mesmos, parece-nos factível distinguir, pelo menos para fins didáticos, que "classe" nos dá uma idéia mais ampla do que "categoria" e esta, por sua vez, mais ampla do que "grupo".

---

(54) Com efeito, dispõe o § 4º do art. 511 da CLT, *in verbis*: "Os limites de identidade, similaridade ou conexidade fixam as dimensões dentro das quais a categoria econômica ou profissional é homogênea e a associação é natural".
(55) Francisco Fernandes, Celso Pedro Luft e F. Marques Guimarães, *Dicionário brasileiro de língua portuguesa*, p. 211.
(56) *Id., ibid.*, p. 396.
(57) *Id., ibid.*, p. 229.

Do ponto de vista da lógica jurídica, adverte *Vilanova* que

"se a proposição deôntica primária e a proposição deôntica secundária são ambas válidas na proposição jurídica total, o conectivo ou é usado em sua função includente. Na função includente, os membros da alternativa podem coincidir em valência positiva. Diz que pelo menos uma das alternativas, não que somente uma, é válida (...) A validade simultânea dá-se no plano das normas. No plano dos fatos há excludência. Os fatos é que ora se incluem na primeira proposição normativa, ora se inserem na segunda proposição normativa... ."(58)

Descortina-se, assim, com apoio na lógica jurídica, que o conectivo "ou" previsto na norma em questão é usado em sua função includente, permitindo, desse modo, que sejam válidas tanto uma ou duas, quanto todas as três possibilidades de interesses coletivos. Vale dizer, embora possam ser isolada ou conjuntamente considerados, os três elementos subjetivos passam a compor, no seu conjunto, o conceito jurídico de interesses ou direitos coletivos. No mundo dos fatos, contudo, haverá um interesse coletivo do grupo, um interesse coletivo da categoria e um interesse coletivo da classe.

Nos domínios do direito material do trabalho, o conceito de "categoria" recebe um tratamento normativo autônomo e especial. Por tal razão, nesse setor especializado do Direito, o conceito jurídico de *interesse coletivo da categoria* é o estabelecido no art. 511 e seus parágrafos da CLT.

Por outro lado, em se tratando de *interesse coletivo de grupo* ou *interesse coletivo de classe*, à míngua de previsão conceitual normativa no direito material do trabalho, abre-se espaço para outras formulações conceituais espraiadas pelo ordenamento jurídico, desde que compatíveis com a índole tutelar desse ramo especializado da árvore jurídica (CLT, art. 8º, parágrafo único).

Exemplificando, se uma empresa X não paga, a nenhum dos empregados, o piso salarial fixado em acordo coletivo de trabalho da categoria profissional Y, estará lesando, de forma genérica, o *interesse coletivo* de todos os empregados integrantes da categoria profissional Y que trabalham na empresa X. Note-se que, neste exemplo, estão presentes todas as características do *interesse coletivo categorial:*

a) a *transindividualidade*, porquanto o piso salarial da categoria Y constitui direito de todos (e não de um ou alguns) os empregados

(58) Lourival Vilanova, *As estruturas lógicas e o sistema do direito positivo*, p. 134.

indistintamente considerados, desde que integrantes da categoria profissional Y que trabalham na empresa X;

b) a *indivisibilidade*, pois o valor do piso salarial não pode ser cindido, ou seja, é sempre o mesmo para todos os integrantes da categoria Y que trabalham na empresa X;

c) a *titularidade do interesse categorial*, uma vez que a categoria profissional, por constituir uma organização social distinta das demais, isto é, com vida própria e reconhecida pelo Estado, pode, por intermédio de seu órgão próprio (sindicato), celebrar acordo coletivo criador de normas coletivas (*in casu*, o piso salarial), mas, também, exigir juridicamente a sua observância pela parte contrária (empresa X);

d) a *relação jurídica base*, que é o vínculo, disciplinado pelo direito positivo, gerador do interesse comum (organizacional) existente entre os próprios membros da categoria profissional Y e entre estes e a empresa X (relação de emprego firmada entre os membros da categoria e a parte contrária).

Um exemplo de *interesse coletivo de grupo* é o dos trabalhadores da empresa Z de terem direito a um meio ambiente de trabalho em condições de salubridade e segurança. Se esse grupo de trabalhadores objetiva a eliminação dos riscos à vida, à saúde e à segurança, emerge aí o *interesse coletivo do grupo* (transindividual), de *natureza indivisível* (eliminando-se os riscos, todos serão beneficiados indistinta e simultaneamente), cujos *titulares* (o grupo dos trabalhadores da empresa Z) estão *ligados entre si* (empregados da mesma empresa) e *com a parte contrária* (empregador), por meio de uma *relação jurídica base* (vínculo organizacional, no primeiro caso, e relação empregatícia, no segundo).

4. Interesses individuais homogêneos

O critério analítico, didático e até exauriente, adotado pelo legislador ao conceituar os interesses (ou direitos) difusos e coletivos, não foi estendido aos interesses individuais homogêneos.

Com efeito, vaticina o art. 81, parágrafo único, inciso III, do CDC que os interesses ou direitos individuais homogêneos são simplesmente os "decorrentes de origem comum".

A lacônica conceituação legal rendeu, como era de se esperar, diversidade de posições na doutrina e na jurisprudência, residindo, aqui, seguramente, obstáculos ou barreiras técnicas e ideológicas,[59] que têm impedido ou dificultado a adequada tutela dessa espécie de interesse metaindividual, não apenas no direito processual civil, como, também, no direito processual do trabalho.

A questão da defesa processual dos interesses individuais homogêneos trabalhistas ou, mais especificadamente, o problema da legitimação ativa do Ministério Público para tutelar desses interesses por meio da ação civil pública será examinado no Capítulo VI deste trabalho.

Por enquanto, procuraremos analisar os diversos conceitos materiais de interesses ou direitos individuais homogêneos formulados pela doutrina nacional e, a partir deles, compreender a exata dimensão do problema da legitimação *ad causam* referido no parágrafo precedente. E para evitar eventuais equívocos a respeito do pensamento dos autores, julgamos conveniente transcrever literalmente alguns trechos doutrinários.

Façamos, antes, um breve estudo sobre o vocábulo homogêneo, que provém do grego *homogenés* [*homo* = igual + *genes* = raça], e quer dizer do mesmo gênero ou da mesma natureza que outro por ter a mesma origem; idêntico no seu todo; cujos elementos se unem, se amalgamam bem entre si; idêntico, análogo.[60]

Transplantando a expressão "interesses ou direitos individuais homogêneos" para a linguagem do Direito, a doutrina formula inúmeros conceitos.

Para *Hugo Nigro Mazzilli:*

> "Os interesses individuais homogêneos, para o CDC, são aqueles de grupo, categoria ou classe de pessoas determinadas ou determináveis, que compartilhem prejuízos divisíveis, de origem comum, ou seja, oriundos das mesmas circunstâncias de fato (...) Mas, em sentido lato, os interesses individuais homogêneos não deixam de ser também interesses coletivos (...) Como exemplo de interesses individuais homogêneos, suponhamos os compradores dos veículos produzidos com o mesmo defeito de série. Sem dúvida, há uma

---

(59) A observação foi feita por Nelson Nery Junior na palestra "Balanço dos 15 Anos de Ação Civil Pública" que proferiu no Seminário "15 Anos de Ação Civil Pública — Polêmicas e Controvérsias — Evolução Legislativa e Tendências Jurisprudenciais", realizado nos dias 13, 14, 20 e 21 de junho/2000, na Federação das Indústrias do Estado de São Paulo-FIESP.

(60) "Dicionário Universal da Língua Portuguesa". Disponível em: <*http://www.priberam.pt/dlpo*>. Acesso em: 10 out. 2000.

relação jurídica comum subjacente entre os consumidores, mas o que os liga no prejuízo sofrido não é a relação jurídica em si (como ocorre quando se trata de interesses coletivos), mas sim é antes o fato de que compraram carros do mesmo lote produzido como defeito de série (interesses individuais homogêneos)".[61]

Não nos parece, *data venia*, que os titulares[62] dos direitos ou interesses individuais homogêneos sejam os mesmos dos direitos ou interesses coletivos *stricto sensu*, pois os interesses do grupo, da classe ou da categoria são transindividuais e indivisíveis por natureza. Já os interesses individuais homogêneos não são materialmente transindividuais, embora processualmente o sejam, isto é, os interesses individuais homogêneos são metaindividuais apenas na forma empregada para a sua defesa em juízo.

Além disso, os interesses individuais homogêneos são sempre divisíveis, pois as reparações decorrentes da lesão (ou lesões) sofrida pelos seus titulares são apuradas ou apuráveis individualmente; enquanto os interesses coletivos *stricto sensu*, é dizer, os interesses da categoria, classe ou grupo são sempre indivisíveis.

Rodolfo de Camargo Mancuso também não concorda que os titulares dos direitos ou interesses individuais homogêneos sejam os mesmos dos coletivos *stricto sensu*, pois, segundo ele, os individuais homogêneos

> "não são coletivos na sua essência, nem no modo como são exercidos, mas, apenas, apresentam certa uniformidade, pela circunstância de que seus titulares encontram-se em certas situações ou enquadrados em certos segmentos sociais, que lhes confere coesão, aglutinação suficiente para destacá-los da massa de interesses isoladamente considerados."[63]

Adverte o ilustre professor da faculdade de direito do Largo de São Francisco que os

> "difusos e os coletivos apresentam certas características que não se encontram nos individuais homogêneos, a começar pela circunstância elementar de que aqueles dois primeiros representam segmentos do universo coletivo, propriamente dito, ao passo que estes

---

(61) *A defesa dos interesses difusos em juízo* ... cit., p. 47-48.
(62) Não se devem confundir titulares do direito material (os lesados, as vítimas, os trabalhadores, os consumidores, etc.) com os titulares do direito processual (os legitimados *ad causam*) arrolados nos arts. 5º da LACP e 82 do CDC.
(63) *Comentários ao Código de Defesa do Consumidor*, p. 278-279.

últimos, muito ao contrário (não se percam pelo nome...) são individuais."(64)

E conclui, afirmando que

> "não fosse a recente inovação legislativa, sinalizando a conveniência da limitação ao número dos litisconsortes facultativos, quando muito numerosos (litisconsórcio multitudinário ou *monstrum*: CPC, art. 46, parágrafo único, redação da Lei n. 8.952/94), e a essa modalidade poderiam ser reconduzidas as hipóteses enquadráveis no inciso III do art. 81 do CDC."(65)

Nery Junior e *Rosa Nery*, não obstante prefiram o termo "direitos" a "interesses", igualmente consideram que os interesses individuais homogêneos são

> "os direitos individuais cujo titular é perfeitamente identificável e cujo objeto é divisível e cindível. O que caracteriza um direito individual comum como homogêneo é sua origem comum. A grande novidade trazida pelo CDC no particular foi permitir que esses direitos individuais pudessem ser defendidos coletivamente em juízo."(66)

Dissentem, todavia, da conclusão a que chega *Mancuso*, quando este sustenta a existência de identidade entre os interesses individuais homogêneos e a formação litisconsorcial ativa. Para tanto, os professores da Pontifícia Universidade Católica de São Paulo advertem:

> "Não se trata de pluralidade subjetiva de demandas (litisconsórcio), mas de uma única demanda, coletiva, objetivando a tutela dos titulares dos direitos individuais homogêneos."(67)

Não há confundir, ao que nos parece, defesa coletiva de interesses individuais homogêneos com defesa individualizada de direitos subjetivos. Naquela, a *legitimatio ad causam* é conferida a entes ou instituições juridicamente coletivos (Estado e suas descentralizações, Ministério Público, associações civis), sendo certo que a sentença respectiva, no caso de procedência do pedido, fará coisa julgada *erga omnes* (CDC, art. 103, III); ao passo que nesta a ação é proposta pelos próprios titulares dos direitos subjetivos e a sentença, que dirime esse conflito intersubjetivo, tanto no caso de procedência quanto no de improcedência do pedido, fará coisa julgada *inter omnes* (CPC, art. 472).

---

(64) Rodolfo de Camargo Mancuso, "Sobre a legitimação do Ministério Público em matéria de interesses individuais homogêneos", p. 438.
(65) *Ibid.*, p. 440.
(66) Nelson Nery Junior e Rosa Maria Andrade Nery, *Código de processo civil comentado...*, cit., p. 1.864, verbete III: 13.
(67) *Ibid.*, mesma página.

Os interesses individuais homogêneos, portanto, são genuinamente individuais com causa comum que afeta, embora de modo diverso e com conseqüências distintas para cada uma delas, um número específico de pessoas.(68)

A distinção entre o interesse individual homogêneo e o individual simples repousa na existência, no primeiro, de uma origem comum, que atinge diversas pessoas de forma homogênea, é dizer, são diversas afetações individuais, particulares, originárias de uma mesma causa, as quais deixam os prejudicados em uma mesma situação, sem embargo de poderem expor pretensões com conteúdo e extensões distintos.(69)

A defesa coletiva de direitos ou interesses individuais homogêneos encerra, na verdade, a projeção de um mecanismo que propicia a facilidade do acesso à Justiça(70) e, também, de economia processual, porquanto permite que se aglutinem numa única demanda (coletiva) pretensões diversas originadas de uma causa idêntica. São, por isso, no dizer de *Bolzan de Morais*,

> "interesses individuais que buscam satisfação jurídica por via de remédio processual único dada a sua homogeneidade causal. Há, aqui, um *plus* no tocante à causalidade que os afasta do interesse estritamente individualizado, mas que não permite sua inclusão no rol dos interesses transindividuais em sentido estrito."(71)

Destacando o aspecto que confere o caráter metaindividual do interesse individual homogêneo, *Mancuso* assinala:

> "O que se passa é que os difusos e coletivos são metaindividuais na sua essência e na forma judicial em que são exercidos; ao passo que os individuais homogêneos apenas são metaindividuais na forma judicial em que podem ser exercidos".(72)

Sintetizando, os interesses difusos e coletivos são, material e processualmente, metaindividuais; enquanto os individuais homogêneos,

---

(68) José Luis Bolzan de Morais, *op. cit.,* p. 121.
(69) *Id., ibid.,* mesma página.
(70) O problema do acesso à Justiça será examinado no Capítulo III.
(71) José Luis Bolzan de Morais, *op. cit.,* p. 122.
(72) *Ibid.,* p. 439. No mesmo sentido, *Teori Albino Zavascki* ("Defesa de direitos coletivos e defesa coletiva de direitos", p. 29-30) assinala que "é preciso que não se confunda defesa de direitos coletivos (e difusos) com defesa coletiva de direitos (individuais). Direito coletivo é direito transindividual (= sem titular determinado) e indivisível. Pode ser difuso ou coletivo, *stricto sensu*. Já os direitos individuais homogêneos são, na verdade, simplesmente direitos subjetivos individuais. A qualificação de homogêneos não desvirtua essa sua natureza, mas simplesmente os relaciona a outros direitos indivi-duais assemelhados, permitindo a defesa coletiva de todos eles".

em razão de serem provenientes de uma causa comum que atinge uniformemente a todos os lesados, são metaindividuais apenas para fins de tutela judicial coletiva.[73]

É importante destacar que a expressão "origem comum" não significa, necessariamente, que os interesses individuais homogêneos estejam sempre submetidos a uma unidade factual e temporal.[74] Dito de outro modo, a lesão a interesses individuais homogêneos pode ocorrer repetidas vezes num largo espaço de tempo e em vários lugares sem que isso desnature a homogeneidade ínsita a essa espécie de interesse metaindividual.

Sob esse prisma, autores há que ampliam o conceito de "origem comum", para abranger "coisas, interesses, direitos que advêm da mesma 'fonte', seja ela uma 'fonte' jurídica (quando existe uma relação jurídica de qualquer espécie. Ex.: relação jurídica tributária) ou fática, na forma do que acontece com os interesses difusos".[75]

4.1. Interesses individuais homogêneos no direito material do trabalho

Cumpre registrar, inicialmente, que já chegamos a sustentar,[76] acompanhando *Ives Gandra da Silva Martins Filho*,[77] que a definição dada pelo CDC aos interesses ou direitos coletivos e individuais homogêneos seria dispensável no âmbito do direito laboral, pois acreditávamos que o conceito de interesses coletivos, em virtude da existência da chamada ação de cumprimento (CLT, art. 872 e seu parágrafo único), albergaria implicitamente o dos individuais homogêneos.

---

(73) É o que dispõe o art. 81 do CDC, ao preceituar que a "defesa do consumidor e das vítimas poderá ser exercida em juízo individualmente, ou a título coletivo". E o parágrafo único, ao estabelecer que a "defesa coletiva será exercida quando se tratar de: I — interesses ou direitos difusos (...); II — interesses ou direitos coletivos (...); III — interesses ou direitos individuais homogêneos, assim entendidos os decorrentes de origem comum".

(74) Kazuo Watanabe, *Código brasileiro de Defesa do Consumidor ...* cit., p. 629.

(75) Paulo Valério Dal Pai Moraes, "O Ministério Público e a legitimidade para a defesa dos interesses coletivos decorrentes de questões tributárias de massa", p. 145. Destarte, "os interesses individuais homogêneos tanto podem estar presentes em situações que, *também*, envolvem interesses difusos como em que existam interesses coletivos *stricto sensu*, ou ainda pode a mesma 'ocorrência' conter os *três interesses acumulados*" (mesma página).

(76) Carlos Henrique Bezerra Leite, *Ministério Público do Trabalho: doutrina, jurisprudência e prática ...* cit., p. 107-108.

(77) *Processo coletivo do trabalho*, p. 159-160.

Hoje, reconhecemos que o simples fato de a ação de cumprimento poder ser ajuizada tanto pelo sindicato, em substituição processual dos seus associados, quanto pelos próprios empregados (ação individual ou plúrima), não significa, como sustenta *Martins Filho*,(78) que sempre estará aí presente o interesse coletivo a ser defendido em juízo por meio daquela ação. A rigor, a ação de cumprimento pode conter tanto postulação individual homogênea quanto coletiva *stricto sensu*, como veremos mais adiante.(79)

É preciso sublinhar, consoante lição de *Pedro Paulo Teixeira Manus*,

> "que os conceitos utilizados no processo do trabalho, quanto aos vários institutos de natureza processual, são os mesmos que temos no processo civil, daí porque não há fundamento para querer adulterar referidos conceitos, com a falsa idéia de que a realidade processual trabalhista, por ser diversa daquela processual comum, assim exigiria."(80)

Com percuciência, o ilustre magistrado e professor da Pontifícia Universidade Católica de São Paulo nos convida à seguinte reflexão:

> "Há, em muitas situações, isso sim, necessidade de adaptação de certo instituto do processo comum ao processo do trabalho, em obediência aos estritos termos do art. 769 da Consolidação das Leis do Trabalho, já referido. Mas não há fundamento para se adulterar o conceito, o que constitui sério equívoco."(81)

Reparado o equívoco, não mais hesitamos em admitir que, não apenas as definições de interesses difusos e coletivos,(82) mas, também, a sintética definição de interesses individuais homogêneos, insertas, respectivamente, nos incisos I, II e III do parágrafo único do art. 81 do CDC, desde que não tenham tratamento normativo específico (e expresso) na legislação material ou processual trabalhista,(83) são perfeitamente aplicáveis a esses setores especiais do ordenamento jurídico brasileiro.

---

(78) *Ibid*, mesma página.
(79) Ver item 5 deste Capítulo e subitem 5.2. do subseqüente.
(80) "Substituição processual no processo do trabalho", p. 243.
(81) *Ibid*., mesma página.
(82) À exceção do conceito de categoria, como vimos no item 3.1. *supra*.
(83) Até a presente data, a pesquisa revelou que não há lei, de natureza estritamente trabalhista, que disponha sobre conceitos de interesses difusos, coletivos ou individuais homogêneos, o que impõe a aplicação conjunta do art. 8º, parágrafo único, da CLT ("O direito comum será fonte subsidiária do direito do trabalho, naquilo que não for incompatível com os princípios fundamentais deste") e do art. 769 do mesmo diploma legal ("Nos casos omissos, o direito processual comum será fonte subsidiária do direito processual do trabalho, exceto naquilo em que for incompatível com as normas deste Título").

Assim, admitida a definição do CDC para os interesses individuais homogêneos trabalhistas, surge o seguinte problema: será que ela pode ser empregada também para interpretar a expressão "interesses individuais da categoria", constante do inciso III do art. 8º da CF?(84)

A resposta não encontra a desejável unidade doutrinária, já que é possível identificar pelo menos três correntes distintas que procuram interpretar o preceptivo em causa.

A primeira defende que não há qualquer relação entre o dispositivo constitucional em apreço e os interesses individuais homogêneos.

O item I, do Enunciado n. 310 do TST (cancelado pela Res. n. 119/2003, DJU 1º.10.2003), encampava essa tese restritiva, uma vez que mencionava, solenemente, que o art. 8º, III, da CF "não assegura a substituição processual",(85) o que implicava dizer, por via reflexa, que, na esteira do entendimento daquela Corte, os interesses individuais da categoria (CF, art. 8º, III) seriam distintos dos interesses individuais homogêneos (CDC, art. 81, III).

O problema é que se é exatamente por meio da substituição processual que é feita a defesa coletiva dos interesses individuais homogêneos, como não identificar essa espécie de interesse metaindividual com os interesses individuais da categoria?

A segunda sustenta que a expressão "interesses individuais da categoria" alcança, indistintamente, todos os interesses individuais tradicionais, isto é, os interesses de todos os membros da categoria representada pelo correspondente sindicato, independentemente de serem homogêneos ou de terem origem comum.

Campos Batalha, um dos mais ardorosos defensores dessa teoria, assinala:

> "Portanto não paira dúvida de que o sindicato pode atuar como substituto processual dos empregados abrangidos pela categoria profissional, em dissídios individuais ... ."(86)

---

(84) Diz o art. 8º, inciso III, da CF, *in verbis*: "Art. 8º É livre a associação profissional ou sindical, observado o seguinte: (...) III — ao sindicato cabe a defesa dos direitos e interesses coletivos ou individuais da categoria, inclusive em questões judiciais ou administrativas."

(85) Estamos aqui cuidando dos aspectos materiais dos direitos individuais homogêneos. No cap. V, item 2, trataremos da legitimação extraordinária e substituição processual.

(86) Wilson de Souza Campos Batalha, *Direito processual das coletividades e dos grupos*, p. 43.

Finalmente, a terceira corrente, à qual nos filiamos, considera que o conceito de interesses individuais homogêneos abarca o de interesses individuais da categoria.(87)

Com efeito, é cediço que quando a Constituição não conceitua determinado instituto por ela mesma criado, *in casu*, os "interesses individuais da categoria", cabe primeiramente ao intérprete buscar no ordenamento jurídico a norma que possa propiciar a aplicabilidade do preceito constitucional. Mas para desempenhar tal tarefa não poderá se descuidar das palavras contidas no próprio texto. Não lhe será lícito, por exemplo, ignorar a literalidade da expressão "direitos ou interesses coletivos individuais da categoria", contida no inciso III do art. 8º da CF, ou estabelecer uma separação radical entre os interesses individuais propriamente ditos dos integrantes da categoria e os interesses da própria categoria ou parte dela.

Não se pode perder de vista, igualmente, que, quando da promulgação da Carta Magna de 1988, não existia, no nosso direito positivo, a definição legal dos interesses individuais homogêneos, o que só foi possível a partir da Lei n. 8.078, de 11.9.1990, que instituiu o CDC.

De tal arte, parece-nos razoável que a expressão "direitos ou interesses individuais da categoria" (CF, art. 8º, III) deva ser entendida como "direitos ou interesses individuais homogêneos dos integrantes da categoria" representada pelo sindicato, porque decorrentes de uma mesma causalidade comum surgida no âmbito e no interesse da própria categoria.

---

(87) Pedro Paulo Teixeira Manus, "Substituição processual no processo do trabalho" ... cit., p. 241. Segundo esse autor, "... o direito de um empregado individualmente considerado, ou de um grupo de empregados, ou mesmo de todos os empregados, mas sempre considerados concretamente pertencentes a cada um, significa cogitar de direitos individuais homogêneos e nunca de direitos coletivos". E, mais adiante, invocando a hierarquia do art. 8º, III, da CF sobre o art. 6º do CPC, concluiu que, "em matéria trabalhista o sindicato tem legitimidade processual para agir na condição de substituto dos integrantes da categoria (...) o próprio art. 8º da norma constitucional é que se constitui na autorização expressa por lei do direito do sindicato pleitear, em nome próprio, direito alheio" (p. 248). Nesse sentido, colhe-se a seguinte ementa: "SUBSTITUIÇÃO PROCESSUAL — LEGITIMIDADE — DEFESA DE INTERESSES INDIVIDUAIS HOMOGÊNEOS COMUNS A TODA A CATEGORIA PROFISSIONAL — Legítima é a substituição processual de que tratam a CF (art. 8º, inc. III) e a Lei n. 8.073/90, quando o substituto reside em Juízo objetivando a defesa de interesses individuais homogêneos, comuns a toda uma categoria profissional, isto é, quando a pretensão deduzida encerra direito decorrente de origem comum, cuja identidade personaliza os diversos titulares substituídos, preservando-os como verdadeiros sujeitos do direito material, e conferindo ao substituto a qualidade de parte apenas no sentido processual é o exemplo espelhado pelo Enunciado n. 310, item IV do C. TST" (TRT 9ª R. — RO n. 9.197/93 — 2ª T. — Ac. 17.498/94 — Relª Juíza Teresinha Salete Adamshuk — DJPR 10.11.1994).

Esse é também o pensamento de *Ronaldo Lopes Leal*, para quem "os direitos e interesses individuais previstos no art. 8º, inciso III, da Constituição são homogêneos, porque só podem ser os decorrentes de origem comum, na medida em que da 'categoria'. São aqueles direitos e interesses de que são titulares trabalhadores enquanto indivíduos, mas todos se originam da mesma lesão (ou ameaça) a um direito ou interesse geral. Vale dizer: ou toda a categoria está sofrendo a mesma lesão que se faz sentir na esfera jurídica de cada um e de todos ou a lesão fatalmente irá atingir os indivíduos, integrantes da categoria, que se postarem na mesma situação de fato. Por exemplo, o regulamento de empresa que muda e atinge a todos indiscriminadamente no mesmo momento; ou que muda e atinge só aos que precisam dispor do direito em determinadas situações, como a doença, a aposentadoria, etc."(88)

5. *Critério metodológico para identificar os interesses ou direitos metaindividuais*

Outro problema que tem dificultado a adequada tutela jurisdicional dos interesses metaindividuais decorre da existência de diversas posições da doutrina e da jurisprudência acerca da identificação precisa das três espécies que os compõem, o que levou *Nelson Nery Junior* a apontar

> "o engano em que vem incorrendo a doutrina ao pretender classificar o direito segundo a matéria genérica, dizendo, por exemplo, que meio ambiente é direito difuso, consumidor é coletivo, etc."(89)

Para esse ilustre processualista, a identificação de um direito ou interesse em difuso, coletivo ou individual homogêneo há de levar em conta o tipo de pretensão deduzida em juízo. E exemplifica que o

---

(88) Ronaldo Lopes Leal, "A substituição processual do art. 8º, III, da Constituição Federal — aplicação ao processo do trabalho das normas de procedimento das Leis ns. 7.347/85 e 8.078/90 (Código de Defesa do Consumidor)", p. 17. A bem ver, contudo, os exemplos apresentados por esse autor podem ser coletivos ou individuais homogêneos. Também entendem que os interesses individuais da categoria (CF, art. 8º, III) são os interesses individuais homogêneos tratados no CDC (art. 81, III): Francisco Antônio de Oliveira, *Ação civil pública: enfoques trabalhistas*, p. 221; Salvador Franco de Lima Laurino, "A aplicação do procedimento do Código de Defesa do Consumidor na tutela dos interesses individuais homogêneos no processo do trabalho", *passim*; Celso Antonio Pacheco Fiorillo, *Os sindicatos e a defesa dos interesses difusos no direito processual civil brasileiro*, p. 47-48; José Nilton Ferreira Pandelot, "Enunciado n. 310 do TST", p. 218.

(89) *Princípios do processo civil na Constituição Federal*, p. 114.

"mesmo fato pode dar ensejo à pretensão difusa, coletiva e individual. O acidente com o Bateau Mouche IV, que teve lugar no Rio de Janeiro no final de 1988, poderia abrir oportunidade para a propositura de ação individual por uma das vítimas do evento pelos prejuízos que sofreu (direito individual), ação de indenização em favor de todas as vítimas ajuizada por entidade associativa (direito individual homogêneo), ação de obrigação de fazer movida por associação das empresas de turismo que têm interesse na manutenção da boa imagem desse setor na economia (direito coletivo), bem como ação ajuizada pelo Ministério Público, em favor da vida e segurança das pessoas, para que seja interditada a embarcação a fim de se evitarem novos acidentes (direito difuso). Em suma, o tipo de pretensão é que classifica um direito ou interesse como difuso, coletivo ou individual."[(90)]

A tal critério metodológico opõe-se *José Roberto dos Santos Bedaque*,[(91)] acusando-o de "extremamente processualista", pois, no entender desse autor, não é o tipo de tutela que determina o direito material, e sim, "o tipo de direito que determina a espécie de tutela", porquanto, se assim não fosse, inexistiriam direitos transindividuais fora do processo.

Parece-nos demasiadamente severa, *data venia*, a crítica ora focalizada, mas reconhecemos que ela tem o grande mérito de chamar a atenção dos juristas e dos operadores do direito para a complexa temática dos interesses metaindividuais.

Não se pode rotular a proposta metodológica do professor *Nery Junior* de "extremamente processualista", uma vez que ela decorre

---

(90) *Ibid.*, p. 115. Na seara trabalhista, Nelson Nery Junior lembra que "a ação coletiva destinada a obrigar a empresa a colocar dispositivos de segurança em suas máquinas, para evitar acidentes do trabalho (ação de obrigação de fazer — meio ambiente do trabalho), pode ser ou pode envolver pretensão de direito difuso ou coletivo, pois esses dispositivos de segurança poderão melhorar as condições de trabalho, beneficiando todo o grupo de trabalhadores da empresa (direito coletivo), ao mesmo tempo em que reduziria o custo do produto final para o consumidor, indeterminado e indeterminável (direito difuso). O direito que têm os trabalhadores a determinado reajuste salarial legal, que não foi implementado pelo empregador, pode ser buscado em juízo por meio de ação coletiva. Dependendo da especificidade do pedido, pode caracterizar-se ou como *direito coletivo* (a conduta da empresa foi ilegal e o grupo dos trabalhadores de toda a empresa tem direito ao reajuste), ou como *direito individual homogêneo* (a omissão ilegal da empresa — que é o fato comum do qual se originaram os direitos dos trabalhadores — fez nascer para cada um de seus trabalhadores o direito individual de reajuste salarial, divisível, pois cada um deles tem parcela certa para receber em atraso)" ("O processo do trabalho e os direitos individuais homogêneos — um estudo sobre a ação civil pública trabalhista". *In: Revista LTr* 64-02/155).

(91) *Direito e processo*, p. 34-35.

diretamente da conceituação estampada nos incisos I e II do parágrafo único do art. 81 do CDC, os quais não oferecem satisfatoriamente uma clara diferenciação entre interesses difusos e coletivos, já que ambos são caracterizados pela *indivisibilidade* do bem jurídico que constitui objeto da ação coletiva.(92)

De outra parte, não se pode olvidar que o próprio parágrafo único do preceptivo em causa adota, como ponto de partida para a conceituação legal dos interesses metaindividuais, um critério nitidamente processual ("A defesa coletiva será exercida quando..."). E é exatamente por essa razão que *Teresa Arruda Alvim Wambier* adverte que existe

> "um conceito misto, calcado sobre elementos de direito material e de direito processual. São direitos indivisíveis — e esta é uma característica do direto em si mesmo — e pertencem a mais de uma pessoa. Por isso, só podem ser defendidos coletivamente, ou seja, por meio de ações que se tornam coletivas por causa do modo como se coloca, com relação a elas, a problemática da legitimidade. Estas duas últimas características parecem ser, pelo menos predominantemente, processuais."(93)

Kazuo Watanabe também acentua que a correta distinção entre os interesses difusos e coletivos depende da correta fixação do objeto litigioso do processo, é dizer, da adequada fixação do pedido e da causa de pedir, pois esses

> "dados, como é cediço, têm superlativa importância na correta determinação do legitimado passivo para a ação, bem assim para a correta fixação da abrangência da demanda, e ainda para se saber com exatidão se, no caso concreto, ocorre mera conexidade entre as diversas ações coletivas ou, ao contrário, se trata de caso de litispendência ou até mesmo de coisa julgada a obstar o prosseguimento das ações posteriores."(94)

---

(92) Ver Elton Venturi, *Execução da tutela coletiva*, p. 74, para quem é "metodologicamente irrepreensível que se verifique a espécie de direito transindividual, em cada caso concreto, de acordo com a natureza da tutela jurídica pretendida, pois somente esta será capaz de revelá-la. Ademais, com isso não se está a sugerir que os direitos difusos e coletivos sejam direitos de natureza processual, ou que inexistam fora do processo, pois, em atenção ao aspecto negativo do princípio da instrumentalidade do processo 'ele não é um fim em si mesmo e não deve, na prática cotidiana, ser guindado à condição de fonte geradora de direitos' (...) À evidência, os chamados direitos transindividuais possuem natureza substancial e preexistem a eventual processo que almeje sua tutela, mas sua 'especialização' em difuso ou coletivo somente será possível a partir da definição da amplitude do caráter da indivisibilidade que lhes é inerente, que se realiza através da dedução da pretensão jurisdicional pelos entes legitimados à sua defesa".

(93) "Apontamentos sobre as ações coletivas", RePro 75/276.

(94) *Código brasileiro de Defesa do Consumidor*... cit., p. 630.

Enaltecendo a necessidade do critério processual para identificar o direito material almejado na demanda coletiva, *Watanabe* clarifica:

> "Nessa análise dos elementos objetivos da ação, é particularmente importante saber com que fundamento e em que termos é postulada a tutela jurisdicional, pois, qualquer que seja a colocação feita pelo autor, podemos estar diante de uma autêntica demanda coletiva para tutela de interesses ou direitos 'difusos' ou 'coletivos', de natureza transindividual e indivisível, ou senão a hipótese poderá ser de tutela de interesses individuais, com a incorreta denominação de 'demanda coletiva' (eventualmente poderá tratar-se de tutela coletiva de interesses individuais 'homogêneos')."(95)

E arremata, com inteira precisão, advertindo que é

> "na transposição do conflito de interesse do plano extraprocessual para o processual e na formulação do pedido de provimento jurisdicional, que são cometidos vários equívocos. A tutela de interesses 'coletivos' tem sido tratada, por vezes, como tutela de interesses ou direitos 'individuais homogêneos', e a de interesses ou direitos 'coletivos', que por definição legal são de natureza indivisível, tem sido limitada a um determinado segmento geográfico da sociedade, com uma inadmissível atomização de interesses ou direitos de natureza indivisível".(96)

Na mesma fileira, *Ada Pellegrini Grinover*(97) assinala que o importante para fins de tutela jurisdicional é o que o autor da demanda coletiva traz para o processo, isto é, o seu objeto litigioso. Este, por sua vez, "limita-se à parcela de lide sociológica submetida à Justiça. Só a lide 'processualizada' interessa ao Poder Judiciário."(98)

Essas considerações também são aplicáveis na esfera do Direito do Trabalho, porquanto um mesmo fato (ou ato) trabalhista pode desencadear lesões a direitos ou interesses difusos, coletivos ou individuais homogêneos, surgindo a ação coletiva como meio apto e eficaz para proteção dos mesmos.

Cita-se o exemplo das contratações de servidores públicos, pelo regime da CLT, sem que tenham logrado aprovação prévia em concurso público, como exige o art. 37, inciso II, § 2º, da CF. Esse mesmo ato da Administração pode dar ensejo ao ajuizamento de demanda coletiva com:

---

(95) *Ibid.*, p. 632.
(96) *Ibid.*, p. 634.
(97) *A marcha do processo*, p. 26.
(98) *Ibid.*, mesma página.

a) *pretensão difusa* — promovida pelo Ministério Público do Trabalho em defesa da massa indeterminada dos potenciais candidatos lesados ou ameaçados de lesão no seu direito de participarem do certame público. Ao mesmo tempo, o *Parquet* Laboral estará resguardando os princípios constitucionais da legalidade, moralidade, impessoalidade, publicidade, da eficiência e, principalmente, do acesso igualitário aos empregos públicos;

b) *pretensão coletiva* stricto sensu — promovida pelo Ministério Público do Trabalho, visando à declaração de nulidade de todos os contratos de trabalho do grupo de servidores ilegalmente contratados, pois estes estão ligados com a parte contrária (Administração Pública) por meio de uma relação jurídica base (relação de emprego), embora eivada, *in casu*, de nulidade absoluta. A declaração genérica de nulidade de todos os contratos celebrados ao arrepio da *Lex Legum* é, em si, indivisível;

c) *pretensão individual homogênea* — proposta pelo sindicato da categoria profissional, objetivando à defesa dos servidores irregularmente contratados (e perfeitamente identificados), para que continuem nos respectivos empregos até que o concurso público seja realizado. Embora a pretensão seja uniforme e com causa comum, não há negar que os interesses em "jogo" são divisíveis, uma vez que alguns "servidores" podem pretender a extinção da relação viciada; outros, a sua manutenção.

Poderíamos, ainda à guisa de exemplo, mencionar a hipótese do empregador rural que adota a prática de utilizar trabalhadores condições análogas à de escravo (CPB, art. 149). Neste caso, poderia MPT ajuizar ação civil pública com:

a) *pretensão difusa* — em defesa dos interesses da massa indeterminada dos potenciais trabalhadores da empresa, como pedido de tutela inibitória para que o empregador se abstenha de contratar trabalhadores em condições degradantes, a fim de evitar lesão aos direitos dos futuros trabalhadores;

b) *pretensão coletiva* — em defesa dos interesses do grupo (parcela da categoria) dos trabalhadores da empresa rural, para se declarar o enquadramento do empregador como empresa rural, compelindo-o a cumprir as Normas Regulamentadoras Rurais — NRR, de observância obrigatória, nos termos do art. 13 da Lei n. 5.889/73;

c) *pretensão individual homogênea* — em defesa dos direitos sociais dos trabalhadores identificados, objetivando a condenação genérica (CDC, art. 95) do empregador rural ao pagamento das verbas rescisórias, horas extras, adicionais de insalubridade etc.

Capítulo III

O Moderno Sistema de Acesso Coletivo à Justiça

1. Acesso à Justiça e sua moderna significação

O chamado movimento universal de "acesso à justiça" pode ser objeto de pesquisa nos diversos compartimentos das ciências sociais, mas é na ciência do direito e no direito positivo de muitos países que ele assume um novo enfoque teórico,[1] com o qual se repudia o formalismo jurídico — enquanto sistema que identifica o direito sob a perspectiva exclusivamente normativa — e se preconiza a inserção de outros componentes reais, como os sujeitos, as instituições e os processos, tudo em sintonia com a realidade e o contexto social.[2]

Esse novo enfoque teórico do acesso à justiça espelha, portanto, a transmudação de uma concepção *unidimensional*, calcada no formalismo jurídico, para uma concepção *tridimensional* do direito, que leva em consideração não apenas a norma jurídica em si, mas também os fatos e os valores que a permeiam.[3]

---

(1) Mauro Cappelletti, "Os métodos alternativos de solução de conflitos no quadro do movimento universal de acesso à justiça", *RF* 326, p. 121.

(2) *Id., ibid.*, mesma página.

(3) Quanto a esse aspecto, merece destaque a teoria tridimensional de *Miguel Reale*, para quem é preciso "reconhecer-se a essencialidade dos princípios éticos, o que explica o freqüente apelo que se volta a fazer a idéias como a de eqüidade, probidade, boa-fé, etc., a fim de captar-se a vida social na totalidade de suas significações para o homem situado *em razão de suas circunstâncias*". "Nesse contexto" — prossegue esse notável jusfilósofo — "parece-me lícito afirmar que o tridimensionalismo jurídico tem o mérito de evitar a redução da Ciência do Direito a uma vaga Axiologia Jurídica, pelo reconhecimento de que não são menos relevantes os aspectos inerentes ao plano dos fatos ou à ordenação das normas, o que implica, penso eu, uma compreensão dialética e complementar dos três fatores operantes na unidade dinâmica da experiência jurídica. Adotada essa posição, o problema da 'concreção jurídica' adquire mais seguros pressupostos metodológicos, permitindo-nos apreciar, de maneira complementar, a interdisciplinaridade das diversas pesquisas relativas à realidade jurídica, sob os prismas distintos da Filosofia do Direito, da Sociologia Jurídica, da Ciência do Direito, da Etnologia Jurídica, etc. A compreensão unitária e orgânica dessas perspectivas implica o reconhecimento de que, não obstante a alta relevância dos estudos lógico-lingüísticos, tudo somado, o que há de essencial no Direito é o problema de seu conteúdo existencial" (*Teoria tridimensional do direito*, prefácio à 2ª edição, p. XV).

O problema do acesso à Justiça também pode ser compreendido nos sentidos *geral*, *restrito* e *integral*.

No *sentido geral*, o termo "acesso à Justiça" é concebido como sinônimo de *justiça social*[(4)], isto é, corresponde à própria concretização do ideal universal de justiça. Atribui-se ao *Papa Pio XI* a utilização primeira da expressão "justiça social" como

> "idéia de que todo ser humano tem direito a sua parte nos bens materiais existentes e produzidos, e que sua repetição deve ser pautada pelas normas do bem comum, uma vez que a realidade estava a demonstrar que as riquezas eram inconvenientemente repartidas, pois um pequeno número de ricos concentravam os bens diante de uma multidão de miseráveis."[(5)]

Essa noção passou a ser incorporada, inicialmente, nas Encíclicas *Quadragesimo Anno*, de 15 de maio de 1931, e *Divini Redemporis*, de 19 de março de 1937. As demais encíclicas que se seguiram adotaram expressamente a locução "justiça social". Diversos documentos, livros, teses, programas partidários e, em alguns ordenamentos jurídicos[(6)], leis constitucionais e ordinárias utilizam largamente a expressão "justiça social" como se existisse um consenso semântico e universal.

O certo, porém, é que justiça social "é uma categoria jurídico-político-sociológica sobre a qual não há, ainda, um compartilhar comum".[(7)] De toda sorte, há uma clara e forte relação entre o objeto da justiça social e a questão social. Desde a *Rerum Novarum*, praticamente em toda doutrina social da Igreja o problema do trabalho humano foi considerado a chave da questão social.[(8)]

No *sentido restrito*, a expressão é utilizada no aspecto dogmático de acesso à tutela jurisidicional, isto é, uma garantia para que

---

(4) Do latim *justitia*. O adjetivo *social* surge no séc. XIX, com o recrudescimento das crises socioeconômicas, marcando bem seu caráter antiindividualista. Na verdade, porém, desde Platão e Aristóteles a idéia de justiça já se confundia com a de justiça social. Os gregos não empregavam o adjetivo social à idéia de justiça, porque aquele era inerente a esta.

(5) Josiane Rose Petry Veronese, *Interesses difusos e direitos da criança e do adolescente*, p. 25-26.

(6) O art. 193 da CF dispõe textualmente: "A ordem social tem como base o primado do trabalho, e como objetivo o bem-estar e a justiça sociais".

(7) César Luiz Pasold, *Função social do Estado contemporâneo*, p. 72.

(8) As modificações objetivas que o trabalho humano sofreu ao longo dos tempos, principalmente as anomalias observadas no século XVIII, deram origem à chamada "questão operária" ou "questão proletária", o que culminou com o surgimento de um grande movimento de solidariedade entre os trabalhadores, como reação à exploração do homem pelo capital.

todos tenham direito de ajuizar ação perante o Poder Judiciário. Sob esse prisma, o acesso à justiça insere-se no universo formalístico e específico do processo, como instrumento de composição de litígios pela via judicial.

Finalmente, no *sentido integral*, o acesso à justiça assume caráter mais consentâneo, não apenas com a teoria dos direitos fundamentais, mas, também, com os escopos jurídicos, políticos e sociais do processo. Seria, então, o próprio

> "acesso ao Direito, vale dizer, a uma ordem jurídica justa (= inimiga dos desequilíbrios e destituída de presunção de igualdade), conhecida (= social e individualmente reconhecida) e implementável (= efetiva), contemplando e combinando, a um só tempo, um rol apropriado de direitos, acesso aos tribunais, acesso aos mecanismos alternativos (principalmente os preventivos), estando os sujeitos titulares plenamente conscientes de seus direitos e habilitados, material e psicologicamente, a exercê-los, mediante superação das barreiras objetivas e subjetivas (...) e, nessa última acepção dilatada que acesso à justiça significa acesso ao poder."[9]

Mauro Cappelletti e *Bryant Garth*,[10] em obra que se tornou clássica, esclarecem que o problema do acesso à justiça — no *sentido integral*, ressaltamos — pode ser visualizado por meio de três "ondas". A *primeira onda* cuida de assegurar a assistência judiciária aos pobres; a *segunda onda*[11], também cognominada de coletivização do processo, propugna uma adequada representação dos interesses coletivos *lato sensu*, que abrangem os interesses difusos, coletivos (*stricto sensu*) e individuais homogêneos; a *terceira onda* — também chamada pelos referidos autores de "enfoque do acesso à Justiça" — é mais abrangente, porque nela reside uma enorme gama de fatores a serem analisados para melhor aperfeiçoamento da solução dos conflitos. É nessa última onda que surgem novos mecanismos judiciais que visam, sobretudo, à

---

(9) *Antonio Herman V. Benjamin*, "A insurreição da aldeia global contra o processo civil clássico — Apontamentos sobre a opressão e a libertação judiciais do meio ambiente e do consumidor", p. 74-75. Cumpre destacar que a expressão *acesso ao poder* é empregada por esse autor como um dos objetivos do movimento dos consumidores ("consumerismo") e dos ambientalistas ("ambientalismo") que, insatisfeitos com sua posição de vulnerabilidade e hipossuficiência no mercado e diante das grandes empresas poluidoras, intentam obter, nas chamadas sociedades (supostamente) pluralistas, uma parcela do poder político.

(10) Mauro Cappelletti e Bryant Garth, *Acesso à Justiça, passim.*

(11) Essa segunda onda é também denominada por Mauro Cappelletti de "*obstáculo organizacional* no movimento de acesso à justiça" ("Os métodos alternativos de solução dos conflitos no quadro do movimento universal de acesso à justiça" ... cit., p. 122).

celeridade do processo, como os juizados especiais de pequenas causas, a antecipação de tutela, o procedimento sumaríssimo; além de outros institutos alternativos extrajudiciais, como a arbitragem, a mediação, a conciliação, o termo de compromisso de ajuste de conduta firmado perante o Ministério Público, etc.

A bem ver, porém, o problema do acesso à justiça também foi estudado por *Enrique Véscovi*, para quem:

> "La moderna teoría general del proceso se plantea toda la problemática derivada de las nuevas condiciones de la sociedad, las cuales, naturalmente, tienen influencia sobre el derecho y la justicia. En nuestra época se ha planteado, quizá con mayor énfasis, el problema de la dificultad del acceso a la justicia para ciertas personas. Decimos con mayor énfasis, por cuanto ese problema es tan viejo como el de la propia sociedad, el derecho y la justicia".(12)

Vê-se, assim, que a nova concepção de acesso à justiça passa, *a fortiori*, pela imperiosa necessidade de se estudar a ciência jurídica processual e seu objeto num contexto político, social e econômico, o que exige do jurista e do operador do direito o recurso constante a outras ciências, inclusive a estatística, que lhe possibilitarão uma melhor reflexão sobre a expansão e a complexidade dos novos litígios para, a partir daí, buscar alternativas de solução desses conflitos.(13)

Como bem observa *Francisco Barros Dias*, parafraseando *Kazuo Watanabe*, acesso à Justiça deve significar não apenas o *"acesso a um processo justo, o acesso ao devido processo legal"*(14), mas também a garantia de acesso

> "a uma Justiça imparcial; a uma Justiça igual, contraditória, dialética, cooperatória, que ponha à disposição das partes todos os instrumentos e os meios necessários que lhes possibilitem, concre-

---

(12) *Teoría general del proceso*, p. 319.

(13) Luiz Guilherme Marinoni, *Novas linhas do processo civil*, p. 24-25. No mesmo sentido, Mauro Cappelletti: "O papel da ciência jurídica, aliás, o papel dos operadores do direito em geral, torna-se assim mais complexo, porém igualmente muito mais fascinante e realístico. Para exemplicar, ele não se cinge a descrever as normas, formas e procedimentos aplicáveis aos atos de instauração de um processo judicial ou de interposição de um recurso; deve também levar em consideração os *custos* a suportar, o *tempo* necessário, as *dificuldades* (inclusive as psicológicas) a superar, os *benefícios* a obter etc." ("Os métodos alternativos de solução de conflitos no quadro do movimento universal de acesso à justiça" ... cit., p. 122).

(14) Francisco Barros Dias, "Processo de conhecimento e acesso à justiça (tutela antecipatória)", p. 212.

tamente, sustentarem suas razões, produzirem suas provas, influírem sobre a formação do convencimento do Juiz."[15]

No sentido integral, acesso à justiça significa também acesso à informação e à orientação jurídica, e a todos os meios alternativos de composição de conflitos, pois o acesso à ordem jurídica justa é, antes de tudo, uma questão de cidadania. Trata-se da participação de todos na gestão do bem comum por meio do processo, criando o chamado "paradigma da cidadania responsável. Responsável pela sua história, a do país, a da coletividade. Nascido de uma necessidade que trouxe à consciência da modernidade o sentido democrático do discurso, ou seja, o desejo instituinte de tomar a palavra, e ser escutado. É necessário, portanto, que também a jurisdição seja pensada com vários escopos, possibilitando o surgir do processo como instrumento de realização do poder que tem vários fins."[16]

Revelando a experiência do direito canadense, *Nicole L'Heureux*[17] salienta que uma das soluções preconizadas nos últimos anos foi a de priorizar a melhora de facilidades de acesso ao poder judiciário, mediante duas idéias fundamentais: um sistema que seja acessível a todos e um sistema que produza resultados individual e socialmente justos. Esse autor indica que as ações coletivas e o juizado de pequenas causas foram criados para atingir esses objetivos.

Tendo em vista os objetivos específicos da presente obra, interessa-nos o enfoque da "segunda onda" ou "obstáculo organizacional" de acesso à justiça referido por *Cappelletti*, é dizer, aquele que estuda os sistemas e institutos jurídicos de promoção da defesa judicial coletiva dos interesses ou direitos metaindividuais.

2. O sistema integrado (CF/LACP/CDC/LOMPU) de acesso coletivo à justiça e à nova "jurisdição trabalhista metaindividual"

O problema do acesso coletivo à justiça tem sido objeto de estudos em diversos países, sendo possível identificar três sistemas que apresentam diferentes soluções:[18]

a) o *publicista*, no qual a legitimação para defender os interesses metaindividuais é confiada a órgãos públicos, tais como o Ministério

(15) *Ibid.*, mesma página.
(16) *Ibid.*, mesma página.
(17) "Acesso eficaz à justiça: juizado de pequenas causas e ações coletivas", p. 6.
(18) Enrique Véscovi, "La participación de la sociedad civil en el proceso. La defensa del interés colectivo y difuso. Las nuevas formas de legitimación", p. 168-175.

Público francês,[19] o *Ombudsman* dos países escandinavos, a *Prokouratoura* russa e o *Attorney General* anglo-americano;

b) o *privatista*, que confere a legitimação para defender tais interesses à iniciativa dos particulares, é dizer, dos próprios indivíduos. É o sistema adotado na *relator action* e nas *class actions* dos países da *common law;*

c) o *associacionista*, que é fundado no reconhecimento da capacidade dos grupos sociais ou associações privadas para representar, em juízo, os interesses públicos ou metaindividuais. Tal sistema é o que conta com um número crescente de adeptos e tem sido adotado na maioria dos países do continente europeu e em alguns países latino-americanos. No início, restrito a matérias decorrentes de conflitos de trabalho; atualmente, ampliado para matérias concernentes à proteção do meio ambiente, consumidor, patrimônio social e cultural etc.

O direito brasileiro, segundo nos parece, adotou solução eclética, na medida em que harmonizou os três sistemas já mencionados. E isso porque, no nosso ordenamento, a legitimação *ad causam* em tema de interesses metaindividuais é conferida:

a) aos *órgãos públicos* (com destaque para o Ministério Público), nas ações civis públicas ou coletivas destinadas à defesa de interesses difusos, coletivos e individuais homogêneos;

b) às *associações civis*, nas mesmas condições conferidas ao Ministério Público para a promoção das ações coletivas;

c) ao *cidadão*, na ação popular que tenha por escopo a defesa do patrimônio público, histórico e cultural e da moralidade administrativa.

A bem ver, o problema do acesso à Justiça ganhou nova dimensão a partir da Constituição Federal de 1988 que, inovando substancialmente em relação à Carta que lhe antecedeu, catalogou os princípios da inafastabilidade do controle jurisdicional[20] e do devido processo legal no rol dos direitos e garantias fundamentais, especificamente, no capítulo concernente aos direitos e deveres individuais e coletivos.[21]

---

(19) Segundo *Enrique Véscovi* (*ibid.*, p. 169), esta solução é também adotada na maioria dos países latino-americanos.

(20) Também chamado de *princípio da proteção judiciária* (José Afonso da Silva, *Curso de direito constitucional positivo* ... cit., p. 376), *princípio da indeclinabilidade da jurisdição, princípio da demanda* ou *princípio do direito de ação* (Nelson Nery Junior, *Código de processo civil comentado ... cit.*, p. 90-91).

(21) Diz o art. 5º, inciso XXXV, da CF: "a lei não excluirá da apreciação do Poder Judiciário lesão ou ameaça a direito". A Constituição brasileira de 1969, em seu art. 153,

Amplia-se, então, no plano mais elevado do nosso ordenamento, o conceito jurídico de acesso ao Poder Judiciário, não somente para a tutela jurisdicional na hipótese de lesão, mas, também, na de ameaça a direito. E mais, a expressão "direito", embora esteja gramaticalmente empregada no singular, comporta interpretação extensiva e sistemática, isto é, abarca tanto os "direitos" como os "interesses"(22), quer sejam "individuais", quer sejam "coletivos" *lato sensu*.(23)

Não é incorreto afirmar, pois, que esses dois princípios constitucionais — indeclinabilidade da jurisdição (CF, art. 5º, XXXV) e devido processo legal (CF, art. 5º, incisos LIV e LV) — servem de aporte à temática do efetivo acesso, tanto individual quanto coletivo, ao Poder Judiciário brasileiro.

Nesse passo, e considerando a existência de diversas normas constitucionais e infraconstitucionais criadoras de direitos e garantias metaindividuais, bem como a atual tendência legislativa em ampliar e regular a proteção desses "novos direitos", salta aos olhos que o ortodoxo modelo liberal-individualista, inspirador do CPC e da CLT (Título X, Capítulo III), mostra-se inválido, insuficiente, inadequado e ineficaz para solucionar os novos conflitos civis e trabalhistas de massa, pois como adverte *Marcelo Abelha Rodrigues*,

> "tratar-se-ia de, por certo, se assim fosse, uma hedionda forma de inconstitucionalidade, na medida em que impede o acesso efetivo à justiça e fere, em todos os sentidos, o direito processual do devido processo legal. Isto porque, falar-se em devido processo legal, em sede de direitos coletivos *lato sensu*, é, inexoravelmente, fazer

§ 3º, dispunha: "A lei não poderá excluir da apreciação do Poder Judiciário qualquer lesão a direito individual."

(22) É despicienda a distinção entre direito e interesse, como já vimos no item 1 do capítulo II *supra*. Mesmo porque, alguns remédios constitucionais têm por objeto a defesa tanto de direitos como de interesses, como é o caso, *v. g.*, do mandado de segurança, que protege direito individual (CF, art. 5º, LXIX) ou interesses coletivos (*idem*, art. 5º, LXX, *b*); do mandado de injunção, que protege direitos e liberdades (*idem*, art. 5º, LXXI); da ação civil pública, que protege interesses difusos e coletivos, além de outros coletivamente considerados (*idem*, art. 129, III); da legitimação dos sindicatos para defenderem judicialmente direitos e interesses individuais ou coletivos da categoria (*idem*, art. 8º, III).

(23) Cf. José Afonso da Silva, *Curso de direito constitucional positivo* ... cit., p. 178-179. No mesmo sentido, Nelson Nery Junior: "Em redação mais técnica do que a do art. 153, § 4º, da CF de 1969, que dizia lesão de direito 'individual', o novo texto consagrou o princípio da inafastabilidade do controle jurisdicional, também conhecido como princípio do direito de ação. Isto quer dizer que todos têm acesso à justiça para postular tutela jurisdicional preventiva ou reparatória relativamente a um direito. Estão aqui contemplados não só os direitos individuais, como também os difusos e coletivos" (*Princípios do processo civil na Constituição Federal* ... cit., p. 91).

menção ao sistema integrado de tutela processual trazido pelo CDC (Lei n. 8.078/90) e LACP (Lei n. 7.347/85)."(24)

Esse moderno sistema integrado de acesso coletivo à justiça é implementado por aplicação direta de normas jurídicas da CF (arts. 5º, XXXV, 129, III), da LACP, do CDC (Título III) e, por aplicação subsidiária, das normas do CPC, desde que estas não sejam incompatíveis com aquelas.

Alguns processualistas apelidaram esse novo sistema de "jurisdição civil coletiva",(25) o que implica dizer que, atualmente, a "jurisdição civil"(26) abrange *dois sistemas*: o da *tutela jurisdicional individual*, regido basicamente pelo CPC, e o da *tutela jurisdicional coletiva* (ou "*jurisdição civil coletiva*"), disciplinado, em linhas gerais, pelo sistema integrado de normas contidas na CF, na LACP, no CDC e, subsidiariamente, no CPC.

Com relação ao direito processual do trabalho, pode-se inferir que, com a promulgação da CF, de 1988, do CDC, de 1990, e, mais tarde, da LOMPU,(27) de 1993, a "*jurisdição trabalhista*" passou a ser constituída de *três sistemas*:

---

(24) Marcelo Abelha Rodrigues, *Elementos de direito processual civil*, p. 73.

(25) Celso Antonio Pacheco Fiorillo, *Curso de direito ambiental brasileiro*, p. 218, sublinha que "falar em devido processo legal em sede de direitos coletivos *lato sensu* é fazer menção à aplicação de um outro plexo de normas e não do tradicional Código de Processo Civil, sob pena de assim violarmos a Constituição, impedindo o efetivo acesso à justiça. Esse outro plexo de normas inova o ordenamento jurídico, instituindo o que passaremos a chamar de *jurisdição civil coletiva*. Esta é *formada* basicamente por dois diplomas legais: o CDC (Lei n. 8.078/90) e a LACP (Lei n. 7.347/85)". No mesmo sentido, Marcelo Abelha Rodrigues, *op. cit.*, p. 111-112. Esse autor reconhece, com razão, que embora a jurisdição seja una, é possível distinguir, para fins meramente didáticos, a "jurisdição civil coletiva", disciplinadora do "conjunto de regras processuais que devem ser aprioristicamente utilizadas na tutela processual coletiva", da tradicional jurisdição civil individual. Ada Pellegrini Grinover, Antonio Carlos de Araújo Cintra e Cândido Rangel Dinamarco, também exaltam a unidade da jurisdição, mas admitem que devido a problemas relacionados à distribuição da "massa de processos" entre "Justiças", bem como a critérios para essa distribuição (que são, em rigor, matérias concernentes à problemática da competência) é possível falar em espécies de jurisdição, como a jurisdição civil e penal, a jurisdição comum e especial, jurisdição de direito e de eqüidade, etc. (*Teoria geral do processo*, p. 122-127).

(26) Nelson Nery Junior salienta que: "Como lei geral do processo não penal no Brasil, o CPC aplica-se subsidiariamente às ações coletivas. Quando se fala em processo civil coletivo, portanto, deve-se ter em consideração as normas constitucionais sobre o tema (*v. g.* CF art. 5º XXI, XXXII, LXX, LXXIII), a LACP, o CDC 81/104 (parte processual) e, por derradeiro, a aplicação subsidiária do CPC" ("O processo do trabalho e os direitos individuais homogêneos — um estudo sobre a ação civil pública trabalhista", *Revista LTr* 64-02/153).

(27) Antes da LOMPU (LC n. 75/93), cujo art. 83, III, prevê expressamente a competência da Justiça do Trabalho para a ação civil pública trabalhista, havia acirradas discussões

a) o *primeiro*, que passaremos a chamar de *jurisdição trabalhista individual*, é destinado aos tradicionais "dissídios individuais" utilizados para solução das reclamações (*rectius*, ações) individuais ou plúrimas.(28) Seu processamento é regulado pelo Título X, Capítulo III, da CLT e, subsidiariamente, pelo CPC, a teor do art. 769 consolidado;

b) o *segundo*, doravante denominado *jurisdição trabalhista normativa*, é voltado para os *dissídios coletivos de interesses*, nos quais se busca, por intermédio do *Poder Normativo* exercido originalmente pelos Tribunais do Trabalho (CF, art. 114, § 2º), a criação de normas trabalhistas aplicáveis às partes figurantes do "dissídio coletivo" e seus representados. Seu processamento é regulado pelo Título X, Capítulo IV, da CLT e, subsidiariamente, o CPC, por força da regra contida no mencionado art. 769 do texto obreiro;

c) o *terceiro* e último sistema(29), aqui cognominado de *jurisdição trabalhista metaindividual*, é vocacionado, basicamente, à *tutela preventiva e reparatória dos direitos ou interesses metaindividuais*, que são os difusos, os coletivos e os individuais homogêneos.

O exercício da jurisdição trabalhista metaindividual é feito, basicamente, pela aplicação direta e simultânea de normas jurídicas da CF (arts. 129, III e IX; 8º, III e 114), da LOMPU (LC n. 75/93, artigos 83, III; 84, *caput*, e 6º, VII, *a* e *b*), da LACP (Lei n. 7.347/85) e pelo Título III do CDC (Lei n. 8.078/90), restando à CLT e ao CPC o papel de diplomas legais subsidiários.

Na jurisdição trabalhista metaindividual, diferentemente da jurisdição trabalhista normativa, não há criação de normas, e sim aplicação, pela Justiça do Trabalho, do direito (ou interesse) preexistente.

---

sobre o cabimento dessa espécie de ação coletiva no âmbito do processo do trabalho. Daí a inexpressiva utilização do CDC, não obstante o disposto no art. 21 da LACP, nesse ramo especializado do Judiciário pátrio.

(28) Ou simplesmente litisconsórcio ativo, como veremos no Capítulo VII, item 4.

(29) Em outro escrito de nossa autoria, já alertávamos que: "Com a vigência da Constituição de 1988, do CDC, que deu nova redação ao art. 1º, inciso IV da LACP, alargando o espectro tutelar da ação civil pública, e da LOMPU (Lei Complementar n. 75/93, art. 83, III c.c. art. 6º, VII, *a* e *d*), que acabou com a antiga polêmica a respeito da competência da Justiça do Trabalho para a referida ação coletiva, não há mais dúvida de que a jurisdição trabalhista passa a abarcar um *terceiro sistema*, que é o vocacionado à *tutela preventiva e reparatória dos direitos ou interesses metaindividuais*, a saber: os difusos, os coletivos *stricto sensu* e os individuais homogêneos. O fundamento desse novo sistema de acesso coletivo ao judiciário trabalhista repousa nos princípios constitucionais da indeclinabilidade da jurisdição (CF, art. 5º, XXXV) e do devido processo legal (*idem*, incisos LIV e LV)..." (Carlos Henrique Bezerra Leite, "Tendências do direito processual do trabalho e a tutela dos interesses difusos", p. 228).

A expressão "jurisdição trabalhista metaindividual" é aqui empregada para diferenciá-la do tradicional sistema trabalhista de solução de conflitos coletivos de interesses, consubstanciado no exercício do Poder Normativo e historicamente utilizado, como já apontado, para a criação de normas coletivas de trabalho aplicáveis no âmbito das categorias profissional e econômica, representadas pelos entes que figuram na relação jurídica processual deduzida em juízo.

Para tornar efetiva a garantia constitucional de acesso dos trabalhadores a essa nova *jurisdição trabalhista metaindividual* é condição necessária a *aplicação apriorística* do novo sistema normativo de tutela coletiva integrado pela aplicação direta das normas contidas na CF, LOMPU, LACP e pelo Título III do CDC. Noutro falar, somente na hipótese de lacuna desse novo sistema coletivo de acesso à justiça (CF — LOMPU — LACP — CDC) ou se algumas de suas disposições forem incompatíveis com os princípios peculiares do processo do trabalho, aí, sim, poderá o juiz do trabalho socorrer-se da aplicação subsidiária da CLT, do CPC e de outros diplomas normativos processuais pertinentes.[30]

Não é exagerado afirmar, portanto, que em tema de proteção a direitos ou interesses metaindividuais (difusos, coletivos *stricto sensu* e individuais homogêneos), à míngua de disciplinamento legislativo próprio e específico no direito processual do trabalho, opera-se uma inversão da regra clássica do art. 769 da CLT.[31] E isso decorre, como já frisamos alhures, do novo enfoque do acesso coletivo à justiça, consubstanciado nos princípios da indeclinabilidade da jurisdição e do *due process of law*, que estão desenhados no rol dos direitos e garantias fundamentais na Constituição Federal.

Pode até parecer canhestra aos juslaboralistas e aos operadores do direito laboral a aplicação supletória da CLT nos conflitos submetidos à cognição da Justiça do Trabalho. Mas é preciso insistir: em matéria de interesses ou direitos difusos, coletivos *stricto sensu* e individuais homogêneos, dada a inexistência de legislação trabalhista específica, principalmente pelo fato de que o "velho" dissídio coletivo de interesses revela-se absolutamente inadequado para tutelar esses "novos

(30) Reformulamos, assim, a posição que assumimos anteriormente quando sustentávamos que a aplicação subsidiária, *in casu*, seria da LACP, do CDC (Título III), da LOMPU, da LONMP (cf. Carlos Henrique Bezerra Leite, *Ministério Público do Trabalho* ... cit., p. 104).

(31) Diz o art. 769 da CLT, *in verbis*: "Nos casos omissos, o direito processual comum será fonte subsidiária do direito processual do trabalho, exceto naquilo que for incompatível com as normas deste Título."

direitos", a *jurisdição trabalhista metaindividual* é a única capaz de assegurar a adequada e efetiva tutela constitucional a esses novos direitos ou interesses. Mesmo porque se sabe que o único dispositivo legal a tratar dos interesses metaindividuais trabalhistas é o art. 83, inciso III, da LOMPU e, ainda assim, ele só cuida da competência da Justiça do Trabalho e da legitimação do Ministério Público do Trabalho para promover a ação civil pública, o que deixa patente a inadequação, e por que não dizer a invalidade da atual legislação laboral em tema de proteção judicial aos interesses difusos, coletivos *stricto sensu* e individuais homogêneos.

Poder-se-ia, por outro lado, objetar a aplicação desse novo sistema integrado (CF, LOMPU, LACP, CDC) no processo do trabalho, com base no próprio CDC que, em seu art. 3º, § 2º, *in fine*, exclui do conceito de "serviço" as "atividades decorrentes das relações de caráter trabalhista". Todavia, a finalidade ontológica desse dispositivo é apenas conceituar "serviço" para fins de caracterizar o fornecedor, ou seja, ele diz respeito apenas às relações de caráter material, nada dispondo sobre relações processuais de caráter coletivo previstas no Título III (parte processual) do CDC.(32)

Aliás, *de lege lata*, como já ressaltado no capítulo anterior, o conceito de interesses ou direitos difusos, coletivos e individuais homogêneos só é encontrado no Título III do CDC, especificamente, no parágrafo único do art. 81 deste diploma legal.

Ademais, dada a competência da Justiça do Trabalho para conhecer e julgar a ação civil pública, *ex vi* do disposto no art. 83, III, da LOMPU, implica reconhecer que, à míngua de legislação especial disciplinadora deste tipo de demanda coletiva na "jurisdição trabalhista", as disposições contidas na LACP e na parte processual do CDC são inteiramente aplicáveis a este tipo de ação coletiva. Tanto é assim que o art. 21 da LACP determina expressamente:

---

(32) Segundo Nelson Nery Junior ("O processo do trabalho e os direitos individuais homogêneos — um estudo sobre a ação civil pública trabalhista", *Revista LTr* 64-02/153), "não só o Título III do CDC (arts. 81/104) se aplica às ações coletivas *tout court*, mas o sistema processual do CDC como um todo, já que *lex dixit minus quam voluit*. Por exemplo, o princípio da facilitação da defesa dos titulares do direito transindividual (ou dos titulares do direito de ação coletiva) em juízo, do qual a inversão do ônus da prova é espécie (CDC, art. 6º, VIII), é perfeitamente aplicável a toda ação coletiva. Como princípio geral, não se encontra na parte especial do Título III do CDC. É induvidoso, entretanto, que se aplica às ações coletivas". No mesmo sentido: Rodolfo de Camargo Mancuso, "Ação civil pública trabalhista: análise de alguns pontos controvertidos", *passim*; Jorge Pinheiro Castelo, *O direito processual do trabalho na moderna teoria geral do processo*, p. 358-360; Hugo Nigro Mazzilli, *A defesa dos interesses difusos em juízo* ... cit., *passim*.

"Aplicam-se à defesa dos direitos e interesses difusos, coletivos e individuais, no que for cabível, os dispositivos do Título III da Lei n. 8.078, de 11 de setembro de 1990, que instituiu o Código de Defesa do Consumidor."(33)

E o art. 90 do CDC, por sua vez, manda aplicar:

"às ações previstas neste Título as normas do Código de Processo Civil e da Lei n. 7.347, de 24 de julho de 1985, inclusive no que respeita ao inquérito civil, naquilo que não contrariar suas disposições."

Ora, se é a própria LACP que, como único diploma legal a dispor sobre o cabimento da ação civil pública na Justiça do Trabalho, determina a aplicação da parte processual do CDC (Título III), é irrecusável que ambos formam, como expõe *Kazuo Watanabe:*

"A mais perfeita interação entre o Código e a Lei n. 7.347, de 24.7.85, está estabelecida nos arts. 90 e 110 *usque* 117, de sorte que estão incorporados ao sistema de defesa do consumidor (e a defesa coletiva do trabalhador, acrescentamos) as inovações introduzidas pela referida lei especial, da mesma forma que todos os avanços do Código são também aplicáveis ao sistema de tutela de direitos criado pela Lei n. 7.347."(34)

Daí a observação de *Nelson Nery Junior*, quando afirma ser

"razoável, pois, que a LACP mande aplicar às ações coletivas e individuais a parte processual do CDC, naquilo que for cabível. De conseqüência, não é de estranhar-se a invocação de dispositivos processuais do Código de Defesa do Consumidor em ações trabalhistas, ambientais, tributárias, na defesa de índios, de idosos, etc."(35)

---

(33) Nelson Nery Junior, "O processo do trabalho e os direitos individuais homogêneos...," cit., mesma página, acentua que a parte processual do CDC tem uma ultra-eficácia dada pelo art. 21 da LACP. A razão lógica dessa ultra-eficácia é explicada pelo fato de a LACP ser insuficiente para sistematizar o processo e o procedimento das ações coletivas para a defesa dos direitos difusos e coletivos em juízo, como, por exemplo, ao tratar da coisa julgada, no art. 16, cuida apenas de um interesse, o difuso, e nada alude aos interesses coletivos e individuais homogêneos. Aliás, os interesses individuais homogêneos somente passaram a ser objeto da ação civil pública por força do art. 117, que acrescentou o art. 21 à LACP. A tutela da obrigação de fazer e não fazer, com execução específica, bem como a ação inibitória (CDC, arts. 35 e 84) são outros exemplos de lacuna da LACP.

(34) *Código brasileiro de Defesa do Consumidor*... cit., p. 616.

(35) Nelson Nery Junior, "O processo do trabalho e os direitos individuais homogêneos ..." cit., p. 153.

Por isso, leciona esse consagrado processualista,

> "é que não se pode ajuizar ação coletiva, nem defender-se em ação coletiva, tampouco decidir ação coletiva sem levar-se em conta todo o complexo normativo do processo civil coletivo."(36)

No mesmo sentido é o pensamento de *Ada Pellegrini Grinover*, para quem

> "os dispositivos processuais do Código se aplicam, no que couber, a todas as ações em defesa de interesses difusos, coletivos, ou individuais homogêneos, coletivamente tratados."(37)

Essa ilustre processualista observa que, em função da coisa julgada coletiva constante do CDC, os dispositivos processuais do CDC, pelo menos até a edição de disposições específicas que venham a disciplinar diversamente a matéria, são aplicáveis a toda e qualquer ação coletiva.(38) E exemplifica com a coisa julgada na ação coletiva intentada pelo sindicato (CF, art. 8º, III), ainda sem assento próprio na legislação trabalhista específica, que deverá reger-se pelo estatuído no Cap. IV do Título III do Código; as ações promovidas por associações (CF, art. 5º, XXI); as ações propostas por entidades de proteção aos índios, em prol de seus interesses coletivamente considerados.(39)

Numa palavra, a não-aplicação desse novo sistema integrado para a tutela dos interesses ou direitos metaindividuais trabalhistas importa violação:

a) às normas que estabelecem a competência da Justiça do Trabalho e a legitimidade do Ministério Público do Trabalho para a ação civil pública trabalhista(40) (LOMPU, art. 83, III, c.c. art. 6º, VII, *a* e *b*);

---

(36) *Ibid.*, p. 154.

(37) *Código brasileiro de Defesa do Consumidor: comentado pelos autores do anteprojeto*, p. 717.

(38) Ada Pellegrini Grinover, *ibid.*, mesma página.

(39) *Ibid.*, mesma página.

(40) Exemplifique-se com o seguinte julgado do Pretório Excelso: "COMPETÊNCIA AÇÃO CIVIL PÚBLICA — CONDIÇÕES DE TRABALHO. Tendo a ação civil pública como causas de pedir disposições trabalhistas e pedidos voltados à preservação do meio ambiente do trabalho e, portanto, aos interesses dos empregados, a competência para julgá-la é da Justiça do Trabalho" (STF, RE n. 206.220/MG, 2ª T., rel. Min. Marco Aurélio, j. 16.3.1999, DJ 17.9.1999, p. 58). No mesmo sentido: "Ação Civil Pública. Justiça do Trabalho. Competência. É competente esta Justiça Especializada para apreciar e julgar ação civil pública ajuizada pelo Ministério Público do Trabalho, na defesa dos interesses coletivos e difusos do trabalhador menor, na forma estatuída nos arts. 114, da Constituição

b) às disposições processuais da LACP e do Título III do CDC;

c) aos princípios constitucionais que asseguram o acesso (coletivo) dos trabalhadores à Justiça do Trabalho.

É óbvio que a implementação da jurisdição trabalhista metaindividual requer uma nova postura de todos os que lidam com esse segmento especializado do direito processual. É preciso que as inteligências tenham como norte a efetivação do acesso — individual e coletivo — dos trabalhadores, não apenas ao aparelho judiciário e à democratização das suas decisões, mas, sobretudo, a uma ordem jurídica justa. Para tanto, é condição necessária a formação de uma nova mentalidade,(41) que culmine com uma autêntica transformação cultural não apenas dos juslaboralistas, juízes e procuradores do trabalho, mas, também dos sindicalistas. A efetivação do acesso coletivo à justiça exige, sobretudo, um "pensar coletivo", que seja consentâneo com a nova ordem jurídica, política, econômica e social implantada em nosso sistema a partir da Carta Magna de 1988.

3. A globalização da economia e a massificação dos conflitos trabalhistas

O mundo desenvolvido, ou em vias de desenvolvimento, experimentou nas últimas duas décadas uma verdadeira revolução científica e tecnológica, o que redundou num processo de globalização em escala e em intensidade sem precedentes. Esse processo, que ainda não se completou, mas tende a ser irreversível, permite o deslocamento rápido, barato e maciço de mercadorias, serviços, capitais e trabalhadores. Grandes mercados regionais se tornaram possíveis e pode-se pensar, num futuro próximo, no surgimento de um único mercado planetário de bens e de trabalho.(42)

Com o rápido avanço tecnológico, mormente a partir do invento do *chip*, e o desenvolvimento dos meios de comunicação, especialmente da *Internet*, a globalização adquire dimensão não só econômica, mas também política, social e ideológica, uma vez que, por meio dela, vislumbra-se o surgimento de uma nova concepção do capitalismo, e, nes-

---

Federal e 83, III, da Lei Complementar n. 75/93" (TRT — 2ª Reg. — 6ª T., RO n. 02980566840, Ac. n. 20000356616, relª Juíza Maria Aparecida Duenhas, DOESP 28.7.2000).

(41) Kazuo Watanabe, *Código brasileiro de defesa do consumidor: comentado pelos autores do anteprojeto*... cit., p. 610-611.

(42) Arion Sayão Romita, *Globalização da economia e direito do trabalho*, p. 28.

se sentido, a globalização tem repercutido dentro e fora da empresa, razão pela qual alguns chegam a dizer que estamos vivendo a era pós-industrial.(43)

Entre as causas desse fenômeno, destacam-se: o extraordinário desenvolvimento da tecnologia aplicada, a explosão demográfica, a produção em grande escala, o desenvolvimento econômico seguido da globalização.(44)

Tudo isso tem levado à opinião corrente de que, tanto no plano das idéias e das teorias científicas ou filosóficas, como no plano das relações econômico-sociais, a globalização trouxe como conseqüência o aparecimento de modelos de vida e de comportamento cada vez mais uniformes ou uniformizantes,(45) desencadeando, assim, o rebento de outro fenômeno, qual seja, o da "massificação social", de que fala *Mauro Cappelletti*,(46) ou da "multiplicação dos direitos", referida por *Norberto Bobbio*.(47)

Uma das características básicas dessa nova sociedade pós-industrial emerge da transformação da economia. Ontem, baseada em relações interindividuais. Hoje, fundada num modelo em que a produção, a distribuição e o consumo se tornaram "fenômenos de massa".(48)

Paralelamente à massificação dos meios de produção e de distribuição, nos quais o trabalho humano avulta imprescindível, multiplicaram-se não só os direitos sociais dos trabalhadores,(49) mas, também, os problemas socioeconômicos do mundo do trabalho, como o desemprego em todas as suas manifestações; a exclusão social; o aviltamento dos salários; o descumprimento generalizado da legislação trabalhista; o crescimento do trabalho informal; a flexibilização *in pejus* (ou desregulamentação); a automação; a terceirização; as discriminações de toda ordem, por motivo de idade, de opção sexual, de estado civil, de raça; a exploração

---

(43) Carlos Henrique Bezerra Leite, *Curso de direito do trabalho*, p. 173-174.

(44) Eduardo Gabriel Saad, "Temas trabalhistas: equiparação salarial e grupo econômico, ação civil pública e o Ministério Público do Trabalho", p. 841

(45) Miguel Reale, *O estado democrático de direito e o conflito das ideologias*, p. 69.

(46) Mauro Cappelletti, *Acesso à justiça* ... cit., *passim*.

(47) Norberto Bobbio, *A era dos direitos* ... cit., p. 68-69.

(48) Mauro Cappelletti, "Os métodos alternativos de solução de conflitos no quadro do movimento universal de acesso à justiça ..." cit., p. 122.

(49) Só para se ter uma idéia, o art. 7º da CF/88 contempla mais de trinta direitos trabalhistas na categoria de direitos sociais fundamentais, além de outros que visem à melhoria da condição social dos trabalhadores.

do trabalho infanto-juvenil; o descuido reiterado com o meio ambiente de trabalho, etc.

Diante desses inúmeros problemas, o trabalhador isolado apresenta-se fragilizado, isto é, incapaz de vindicar efetivamente seus direitos sociais, mesmo porque nos países em que não há um sistema adequado de proteção da relação de emprego contra dispensas arbitrária ou sem justa causa, como é o caso do Brasil,[50] há sempre o fundado receio de que o ajuizamento de uma demanda individual pelo trabalhador, durante a vigência do contrato de trabalho, implica, via de regra, a perda do emprego.

Sob essa perspectiva, pois, a situação do trabalhador passa a ser comparada à do consumidor de produto produzido em cadeia e distribuído em grandes quantidades, pois

> "quando o desequilíbrio das relações de trabalho e das relações de consumo atingem níveis máximos de tolerância e se tornam efetivos que a eles sucumbe a dignidade humana, a reação consiste em criar uma nova ordem, consentânea com a desigualdade real entre os dois sujeitos dessas relações jurídicas."[51]

Ciente de que o direito processual tradicional (civil e trabalhista), que é pautado no liberalismo individualista do século XIX, mostrava-se insuficiente e inadequado para solucionar esses novos conflitos de *massa*, o legislador brasileiro, preocupando-se com a instrumentalidade substancial e com a questão da efetividade do processo, assumiu uma posição de vanguarda, digna de encômios. Para tanto, criou novos instrumentos jurídicos e aperfeiçoou os já existentes, além de estruturar (e reestruturar) instituições especialmente destinadas à promoção do acesso coletivo de grandes contingentes humanos a um moderno sistema integrado de tutela jurisdicional dos direitos ou interesses metaindividuais.

---

(50) A Convenção n. 158 da OIT dispõe sobre a proteção da relação empregatícia não apenas contra a despedida arbitrária ou sem justa causa, como também as despedidas coletivas. O Brasil ratificou a Convenção n. 158 pelo Decreto Presidencial n. 1.855, de 10.4.96, e, antes que ela completasse um ano, o governo brasileiro, em 20.11.96, enviou ofício ao Diretor-Geral da OIT denunciando a Convenção em foco. Por outro lado, o inciso I do art. 7º da CF que também protege a relação de emprego nos moldes preconizados pela referida Convenção, ainda está a depender de edição de lei complementar. Em suma, até que seja editada essa norma infraconstitucional, pode-se dizer que no Brasil não há, em regra, um sistema de proteção eficaz da manutenção da relação empregatícia.

(51) Marilena Indira Winter, "Proteção jurídica do hipossuficiente no direito do trabalho e no direito do consumidor", p. 461.

No direito processual do trabalho, também houve alguns avanços significativos. Reconheceu-se ao Ministério Público do Trabalho a função de promover ação civil pública e ampliou-se a legitimação dos sindicatos para defender os interesses individuais e coletivos da categoria em questões judiciais e administrativas, permitindo-se, assim, novas formas de acesso coletivo dos trabalhadores ao aparelho judiciário.(52)

(52) Segundo *Ronaldo Curado Fleury*: "Não há dúvida da necessidade de se buscar novas formas de acelerar a prestação judicial, eis que o processo visto apenas como uma lide individual, é, há muito, reconhecidamente ineficaz. Nesta busca, a tendência natural é a massificação das relações processuais, ou seja, se procura conferir às decisões judiciais a maior abrangência possível, com relação aos jurisdicionados beneficiados" ("A massificação do processo trabalhista", p. 37).

Capítulo IV

A Ação Civil Pública no Processo do Trabalho

1. Origem e evolução

No elenco dos novos instrumentos jurídicos brasileiros destinados à defesa dos interesses metaindividuais e à facilitação do acesso coletivo ao Judiciário, destaca-se a ação civil pública.(1)

Como bem observa *Édis Milaré*:

> "Numa sociedade como essa — uma sociedade de massa — há que existir igualmente um processo civil de massa. A 'socialização' do processo é um fenômeno que, embora não recente, só de poucos anos para cá ganhou contornos mais acentuados, falando-se mesmo em normas processuais que, pelo seu alcance na liberalização dos mecanismos de legitimação *ad causam* vão além dos avanços verificados nos países socialistas. 'Tudo é público e qualquer pessoa pode tutelar direitos' (...) A ação civil pública insere-se nesse quadro de grande democratização do processo (...) e num contexto daquilo que, modernamente, vem sendo chamado de 'teoria da implementação', atingindo, no direito brasileiro, características peculiares e inovadoras. De fato, os direitos conferidos no plano material só fazem sentido quando o ordenamento jurídico coloca nas mãos de seus titulares ou de seus representantes ideológicos (Ministério Público, associações etc.) mecanismos efetivos para seu exercício. Essa a missão da ação civil pública."(2)

---

(1) Celso Antonio Pacheco Fiorillo apresenta uma síntese histórica sobre o surgimento da ação civil pública no direito positivo brasileiro ("A ação civil pública e a defesa dos direitos constitucionais difusos", p. 163-172).

(2) *Ação civil pública: Lei n. 7.347/85 — reminiscências e reflexões após dez anos de aplicação*, p. 231-232. Registra-se que o texto foi parafraseado de Mauro Cappelletti e Bryant G. Garth, "Introduction policies, trends and ideas in civil procedure", *in Civil procedure, international encyclopedia of comparative law,* Boston: Martinus Nijhoff Publishers, v. 16, 1987, p. 66.

Prevista, inicialmente, na Lei Complementar n. 40, de 14.12.81, cujo art. 3º, inciso III, vaticinava: "São funções institucionais do Ministério Público:... III — promover a ação civil pública, nos termos da lei." Era, pois, uma ação exclusiva do Ministério Público.(3)

Em 24 de julho de 1985, o legislador brasileiro, influenciado por processualistas de primeira linha(4) que o sensibilizaram acerca da necessidade de se dar tratamento normativo aos chamados direitos difusos, editou a Lei n. 7.347, também conhecida por Lei da Ação Civil Pública ou pela sigla LACP.

De acordo com a redação original da LACP, o objeto dessa ação especial residia apenas na reparação de danos causados ao meio ambiente, ao consumidor, a bens e direitos de valor artístico, estético, histórico, turístico e paisagístico.(5)

Com a promulgação da Constituição Federal, em 5 de outubro de 1988, a ação civil pública foi guindada à categoria de garantia instrumental fundamental,(6) ampliando-se consideravelmente o seu objeto não apenas para a reparação de danos causados ao meio ambiente, ao consumidor e aos bens referidos no parágrafo anterior, mas também para "a proteção do patrimônio público e social" e "de outros interesses difusos e coletivos" (CF, art. 129, III). Houve, assim, uma "recepção qualificada"(7) do instituto pela Constituição, que o tornou "imune à volubilidade do legislador ordinário".(8)

---

(3) Nelson Nery Junior, em artigo anterior à Lei n. 7.347/85, sustentava que "somente quando o órgão legitimado a agir for o Ministério Público é que se configurará hipótese de ação civil pública" ("A ação civil pública", *Repro* 31/225).

(4) Integraram a comissão que elaborou o anteprojeto de lei que resultou na LACP: Ada Pellegrini Grinover, Cândido Rangel Dinamarco, Kazuo Watanabe e Waldemar Mariz de Oliveira Jr. Esse anteprojeto contou, ainda, com a colaboração de alguns membros do Ministério Público de São Paulo, como Édis Milaré, Nelson Nery Junior e Antônio Augusto Mello de Camargo Ferraz. Nelson Nery Junior ressalta, contudo, que quem "primeiro escreveu no Brasil sobre a defesa dos interesses difusos em juízo foi o Prof. Waldemar Mariz de Oliveira Junior (PUC-SP) ("Tutela jurisdicional dos interesses difusos", *in: Estudos sobre o Amanhã* (Ano 2000), caderno 2, SP, 1978)." (*Código de processo civil comentado* ... cit., p. 1.503, nota 1).

(5) O projeto aprovado no Congresso Nacional e encaminhado à sanção presidencial alargava, no inciso IV do art. 1º, o âmbito da ação civil pública para "qualquer outro interesse difuso ou coletivo", mas este inciso recebeu veto que foi mantido pelo Poder Legislativo.

(6) Segundo Celso Ribeiro Bastos: "Apesar de a ação civil pública não estar prevista no capítulo dedicado aos direitos e garantias fundamentais, não deixa de constituir-se em uma das garantias instrumentais dos direitos constitucionalmente assegurados" (*Curso de direito constitucional*... cit., p. 252).

(7) José Carlos Barbosa Moreira, *Temas de direito processual civil*, p. 244-245.

(8) *Ibid.*, p. 245.

A partir da Carta de 1988, portanto, já havia permissão para o manejo da ação civil pública no âmbito da Justiça do Trabalho, pois o art. 128, inciso I, da CF, não fez — e realmente não faz — qualquer distinção entre os "ramos" do Ministério Público, que estão legitimados a promover a ação civil pública.[9]

Sobreveio o Código de Defesa do Consumidor (Lei n. 8.078, de 11.9.90), cujo art. 110 acrescentou o inciso IV ao art. 1º, da Lei n. 7.347/85, restabelecendo, assim, um dos objetivos previstos originariamente no anteprojeto da LACP: a proteção de "qualquer outro interesse difuso ou coletivo".

Mesmo diante da perfeita sintonia entre o CDC (arts. 90 e 110 *usque* 117) e a LACP (art. 21), formando ambos, sem nenhuma ressalva quanto aos órgãos jurisdicionais encarregados de conhecer e julgar a ação civil pública, um sistema integrado[10] de proteção a quaisquer interesses metaindividuais, o certo é que, na prática, foi inexpressiva, durante esse período, a utilização da ação civil pública na Justiça do Trabalho.

Somente a partir de 20 de maio de 1993, quando entrou em vigor a Lei Complementar n. 75, também chamada de Lei Orgânica do Ministério Público da União — LOMPU, é que a doutrina e a jurisprudência juslaboralistas, por força do seu art. 83, inciso III,[11] passaram a admitir a ação civil pública trabalhista, mesmo assim com diversas restrições de ordem processual, tais como: competência funcional, que seria, a exemplo dos dissídios coletivos, originária dos tribunais; *legitimatio ad causam* do Ministério Público — objeto central deste trabalho —, que seria apenas para defender interesses coletivos *stricto sensu* etc.

---

(9) Nesse sentido: Ives Gandra da Silva Martins Filho, "A defesa dos interesses difusos e coletivos da sociedade", p. 13-14; Arion Sayão Romita, *Sindicalismo, economia, estado democrático: estudos*, p. 238-239; Nelson Nazar, "Novas ações judiciais da procuradoria da justiça do trabalho — Ministério Público do Trabalho ..." cit., p. 206-246. É importante ressaltar que esses dois autores mencionavam apenas a CF e a LACP, sem fazer qualquer referência ao CDC. Em sentido contrário: Lélia Guimarães Carvalho Ribeiro (*Procuradoria da justiça do trabalho — ação civil pública*, p. 274-276), para quem seria imprescindível a existência de lei específica dando competência à Justiça do Trabalho para conhecer e julgar ação civil pública.

(10) Ver item 2 do Capítulo III.

(11) Diz o art. 83, III, da LOMPU: "Art. 83. Compete ao Ministério Público do Trabalho o exercício das seguintes atribuições junto aos órgãos da Justiça do Trabalho: (...) promover a ação civil pública no âmbito da Justiça do Trabalho, para a defesa de interesses coletivos, quando desrespeitados os direitos sociais constitucionalmente garantidos."

2. Denominação

Muitas discussões há a respeito da denominação "ação civil pública".[12]

A rigor, toda ação, como instituto de direito (público) processual, é pública. Aliás, à luz da moderna teoria geral do direito processual, a ação é considerada um instituto de direito público. É, pois, pleonástica a expressão "ação pública", na medida em que qualquer ação, no sentido técnico, é sempre pública.

O emprego da expressão "civil pública" deveu-se ao fato histórico de ter sido ela uma ação que versava sobre matéria exclusivamente privada, mas promovida por um órgão do Poder Público. Em outras palavras, dava-se o nome de "ação civil pública" àquela cuja legitimação para agir era atribuída legalmente a um órgão do Poder Público, especificamente, o Ministério Público. Era o que previa, aliás, o art. 3º, inciso III, da LC n. 40/81.[13]

A partir do momento em que o Ministério Público deixa de ser o titular exclusivo das ações coletivas destinadas à defesa dos interesses metaindividuais (LACP, art. 5º), a discussão terminológica a respeito da ação civil pública perde importância teórica e prática, já que a Constituição Federal (art. 129, § 1º) permite que tais interesses possam ser defendidos, concorrentemente, por outros entes coletivos, de direito público ou privado, a saber: a União, os Estados, o Distrito Federal e os Municípios, os órgãos da administração pública direta e indireta, as associações civis.[14]

---

(12) *Piero Calamandrei* lecionava que a "ação é sempre pública no processo penal (...) Mas se a ação pública é típica do processo penal, não se deve crer que seja igualmente típica do processo civil a ação privada: com efeito, se na maior parte dos casos a jurisdição civil se confia ao estímulo do interesse individual, existem, por outro lado, também no processo civil, casos, cada vez mais numerosos, de *ação pública*, nos quais o órgão agente não é o particular, senão o Ministério Público" (*Direito processual civil*, p. 221).

(13) Antes da LACP, *Nelson Nery Junior* sustentava que quando "se fala em ação pública e ação privada, não se leva em conta o direito de ação em si mesmo considerado, mas sim a qualidade da parte legitimada a agir. Logo, se o legitimado a propor a ação for órgão do Poder Público, podemos dizer que a ação a ser por ele proposta chama-se 'pública'; se o legitimado a agir for pessoa (ou personalidade judiciária) que não pertença ao Poder Público, a ação será privada. É importante notar que, ainda que se trate de direito material exclusivamente privado, se o legitimado a agir for órgão público, estaremos diante de uma ação civil pública" ("A ação civil pública", *RePro* 31, p. 225).

(14) Márcio Flávio Mafra Leal, *op. cit.*, p. 187-188. Ver arts. 82 do CDC e 5º da LACP.

Destarte, o critério determinante para a denominação da ação civil pública deixa de ser apenas *subjetivo*, passando a ser, também, *objetivo*. O *critério subjetivo* emerge do fato de que há taxatividade legal em relação ao rol dos legitimados para agir em tema de ação civil pública, ou seja, se o autor desse tipo especial de ação não for um daqueles explicitamente arrolados na lei, não será o caso de ação civil pública; já o *critério objetivo* decorre da matéria deduzida no bojo da ação, que há de ser, forçosamente, de caráter metaindividual (individual homogêneo, coletivo ou difuso).

Outro problema terminológico corrente é o da utilização do termo "ação coletiva" como sinônimo de "ação civil pública".(15)

Parece-nos, *data venia*, que há excesso de formalismo, no particular. O apego ao *nomen iuris* da ação é, pelo menos do ponto de vista da operacionalização do direito, questão de somenos importância, já que o nosso sistema processual adota o conhecido apotegma *da mihi factum et dabo tibi ius*.(16)

Além disso, a partir da vigência do CDC (art. 82) — que forma um sistema integrado com a LACP para a defesa de *quaisquer interesses difusos, coletivos* ou individuais homogêneos — passaram a ser "admissíveis todas as espécies de ações capazes de propiciar sua adequada e efetiva tutela".

Por outro lado, não há mais limitação ao *tipo de ação*, para que as entidades enumeradas nos arts. 5º da LACP e 82 do CDC possam propor ação civil pública ou ação coletiva para a defesa, em juízo, dos direitos ou interesses difusos, coletivos e individuais homogêneos.(17)

Não se pode, pois, acoimar de promíscuo o uso do termo "ação coletiva" em lugar de "ação civil pública" e vice-versa.(18)

Reconhecemos, porém, que, para fins didáticos, é possível esboçar uma classificação doutrinária das diversas ações coletivas, a fim de que elas possam ser estudadas separadamente.

---

(15) Alguns utilizam o termo ação civil pública apenas para a defesa de interesses difusos e coletivos e ação coletiva para a defesa dos interesses individuais homogêneos; outros sustentam que ação civil pública é a proposta pelo MP, e ação coletiva é a proposta por outro co-legitimado.

(16) Numa tradução livre: dá-me o fato, dar-te-ei o direito a ser aplicado.

(17) Nelson Nery Junior, *Código de processo civil comentado...* cit., p. 1.504, nota 9.

(18) Nesse sentido: Nelson Nery Junior, *Código de processo civil comentado ...* cit., *passim*; Celso Antonio Pacheco Fiorillo, *Curso de direito ambiental brasileiro*, cit., p. 254-255; Patrícia Miranda Pizzol, *Liquidação nas ações coletivas*, p. 81 ss.; Elton Venturi, *op. cit.*, p. 41 ss.; Sandra Maria da Costa Ressel e José Aparecido dos Santos,"Ações coletivas e o Código de Defesa do Consumidor", p. 607.

3. Conceito

É muito comum confundir o conceito com a definição de um dado instituto, mas há uma diferença muito grande: *conceito* é uma palavra que tem um conteúdo genérico; *definição* é a delimitação deste conteúdo pela enumeração dos seus elementos. Em linguagem científica, conceito é um objeto intelectual de natureza lógica e não sensível.(19)

Derivado de *conceptus*, de *concipere* (conceber, ter idéia, considerar), o conceito serve, na terminologia jurídica, para indicar o sentido, a interpretação, a significação que se tem das coisas, dos fatos e das palavras.(20)

Pode-se dizer, assim, que, à luz da Ciência do Direito, conceito é a idéia, que se expressa mediante palavras, de um dado instituto jurídico; já a definição é o significado dessas palavras.

Essa digressão é necessária para que se possa trazer à coleção os diversos conceitos formulados pela doutrina a respeito da ação civil pública.

Para uns, ela é o "direito expresso em lei de fazer atuar, na esfera civil, em defesa do interesse público, a função jurisdicional".(21)

Há quem conceitue a ação civil pública como

> "instrumento processual adequado para reprimir ou impedir danos ao meio ambiente, ao consumidor, a bens e direitos de valor artístico, histórico, turístico e paisagístico e por infrações da ordem econômica."(22)

Esses conceitos, *venia permissa*, são insuficientes para traduzir, com precisão, a idéia, a noção, dessa espécie de demanda. No primeiro caso, a proposta conceitual mostra-se demasiadamente ampla, uma vez que, conforme já foi visto,(23) interesse público e interesses metaindividuais são categorias distintas.

A segunda formulação conceitual, ao revés, apresenta-se extremamente restritiva, porquanto despreza "patrimônio público e social" e "ou-

---

(19) Goffredo Telles Júnior, *Curso de lógica formal, passim.*
(20) De Plácido e Silva, *Vocabulário jurídico*, p. 484.
(21) Édis Milaré, *A ação civil pública: Lei n. 7.347/85 — reminiscências e reflexões após dez anos de aplicação* ... cit., p. 235.
(22) Hely Lopes Meirelles, *Mandado de segurança, ação popular, ação civil pública, mandado de injunção,* "habeas data", p. 142.
(23) Ver Cap. II, item 2.

tros interesses difusos e coletivos", categorias que foram introduzidas com a nova ordem constitucional brasileira (CF, art. 129, III).

Considerando os elementos legitimidade, objeto e coisa julgada como características indispensáveis às ações coletivas, *Antonio Gidi* conceitua a ação coletiva como

> "a ação proposta por um legitimado autônomo (*legitimidade*), em defesa de um direito coletivamente considerado (*objeto*), cuja imutabilidade do comando da sentença atingirá uma comunidade ou coletividade (*coisa julgada*)."[24]

Pensamos que a conceituação deste tipo especial (e não excepcional[25]) de demanda não pode deixar de levar em conta o seu novo perfil constitucional e a sua destinação precípua, qual seja, a de proteger quaisquer interesses coletivos *lato sensu*.

Com o escopo de oferecer modesta contribuição para o adequado estudo da matéria, parece-nos factível propor que a *ação civil pública é o meio (a), constitucionalmente assegurado (b) ao Ministério Público, ao*

(24) *Coisa julgada e litispendência em ações coletivas*, p. 16.

(25) Especial não se confunde com excepcional, pois como bem aponta Estêvão Mallet: "É muito comum encontrar entre excelentes autores, a afirmação de que a ação civil pública, em geral, é um instrumento excepcional. É derrogatória do direito comum, amplia de modo excepcional a legitimação para agir, quebra os princípios consolidados como o da eficácia, o da imutabilidade, o da coisa julgada apenas no âmbito das partes, etc. Essa afirmação, em verdade, evidencia uma resistência muito grande às tutelas processuais transubjetivas ou multisubjetivas e um preconceito a essas formas de tutela, preconceito que encontra seu ápice no art. 6º do Código de Processo Civil (...) Isso até se pode aceitar, em uma sociedade individualista, particularizada, em que as relações jurídicas efetivamente são fracionadas e independentes, tal qual a sociedade do século XIX. Mas querer aplicar essa mesma solução numa sociedade de massa, pluralista, em que um ato atinge não um sujeito, mas uma infinidade de sujeitos, é algo muito difícil de compreender e de aceitar, mais ainda quando se evidencia a dificuldade que existe para a tutela de determinados direitos, em face da condição particular do litigante. Essa é uma observação que justifica, por exemplo, a solução do CDC — porque o consumidor é considerado um litigante, do ponto de vista concreto, mais fragilizado do que o grande produtor, o grande industrial, o grande empresário. Se isso vale no campo das relações de consumo, no campo das relações de trabalho é indiscutível e tem um valor redobrado, porque existe um dado que não existe no caso da relação de consumo, que é a subordinação do empregado; subordinação cujos desdobramentos, na verdade, a doutrina não levou às suas últimas conseqüências, no que toca à tutela processual dos direitos (...) É por isso que não podemos aceitar a idéia de que a ação civil pública é um instrumento excepcional, derrogatório do direito comum, como todos os corolários que daí se tiram; ou seja, deve ser interpretado restritivamente, só se aplica nos casos previstos em lei, etc. Pelo contrário, eu considero que — interpretando o art. 5º da Constituição como garantia não do acesso formal ao Judiciário, mas do acesso efetivo — a ação civil pública é um dos desdobramentos dessa garantia, para tornar efetivo esse direito. Não como uma mera promessa, vaga, do constituinte, que não se cumpre no plano real" ("Ação civil pública", p. 20).

Estado ou a outros entes coletivos autorizados por lei (c), para promover a defesa judicial (d) dos interesses ou direitos metaindividuais (e).

a) *É o meio,* aqui empregado no sentido de garantia, de instrumento, que propicia o acesso à tutla jurisdicional;

b) *constitucionalmente assegurado,* porque a ação civil pública encontra-se catalogada expressamente na Constituição Federal (art. 129, III), e isso é de extrema importância, uma vez que ela não poderá ser eliminada de nosso ordenamento por norma infraconstitucional. Aliás, nem por Emenda Constitucional, pois, ao lado do MS Coletivo e da Ação Popular, é uma cláusula pétrea;

c) *ao Ministério Público, ao Estado ou a outros entes coletivos autorizados por lei,* pois a *legitimatio ad causam* em tema de ação civil pública decorre de expressa previsão na Constituição Federal (art. 129, III e § 1º) ou na lei (LACP, art. 5º; CDC, art. 82);

d) *para promoverem a defesa judicial,* porquanto a ação civil pública é concebida sob a perspectiva da função promocional do Estado contemporâneo, que cria novas técnicas de encorajamento para que sejam defendidos os interesses sociais, propiciando-lhes uma adequada tutela jurisdicional. Nesse sentido, leciona *Norberto Bobbio*:

> "Nelle costituzioni liberali classiche la funzione principale dello stato appare essere quella di tutelare (o garantire); nelle costituzioni post-liberali, accanto alla funzione della tutela o della garanzia, appare sempre più frequentemente quella di promuovere (...) I nostri studiosi di diritto costituzionale hanno ormai da tempo richiamato l'attenzione sulla contrapposizione tra misure autoritative e coercitive e misure di stimolo o d'incentivazione: questa contraposizione coglie bene il passaggio all'uso sempre più frequente delle tecniche d'incoraggiamento, su cui intendiamo richiamare l'attenzione in queste pagine."(26)

e) *dos interesses ou direitos metaindividuais,* expressões juridicamente sinônimas que exprimem o gênero de que são espécies os interesses ou direitos difusos, coletivos e individuais homogêneos. Com efeito, a expressão "e de outros interesses difusos e coletivos", previs-

---

(26) Norberto Bobbio, *Dalla struttura alla funzione: nuovi studi di teoria del diritto,* p. 25. Numa tradução livre: "Nas constituições liberais clássicas a função principal do Estado parece ser a de tutelar (ou de garantir); nas constituições pós-liberais, ao lado da função de proteção ou de garantia, parece mais e mais freqüentemente aquela função de promover (...) Nossos constitucionalistas têm agora voltado a atenção para o contraste entre medidas autoritárias e coercitivas e medidas de estímulo ou de impulsão: esta contraposição recolhe bem a passagem ao uso mais e mais freqüente das técnicas de encorajamento, sobre a qual dedicamos nossa atenção nestas páginas".

ta no art. 129, inciso III, da CF, comporta interpretação extensiva, isto é, permite ao legislador infraconstitucional catalogar outros interesses, de natureza metaindividual, que considerar socialmente relevantes, como é o caso dos individuais homogêneos.

O conceito ora formulado pode ser transplantado para a ação civil pública conferida ao Ministério Público do Trabalho, desde que acresça no seu objeto a defesa *dos interesses metaindividuais decorrentes das relações jurídicas de trabalho.*

4. Cabimento

Conforme salientado, desde 5 de outubro de 1988, data da promulgação da Carta Magna Central, já existia permissão para o ajuizamento da ação civil pública no âmbito da Justiça do Trabalho, principalmente a partir do CDC (em 1990), que aperfeiçoou, de forma integrada com a LACP, o sistema de acesso coletivo à tutela jurisdicional.

É, contudo, com a Lei Complementar n. 75, de 20.5.93 — também conhecida por LOMPU —, que esse instrumento de defesa coletiva de direitos metaindividuais passou a ser efetivamente utilizado na Justiça especializada, dada a expressa previsão de seu cabimento[27] no art. 83, inciso III, da referida norma legal, que dispõe, *in verbis:*

> "Art. 83. Compete ao Ministério Público do Trabalho o exercício das seguintes atribuições junto aos órgãos da Justiça do Trabalho:
>
> (...) III — promover a ação civil pública no âmbito da Justiça do Trabalho, para a defesa de interesses coletivos, quando desrespeitados os direitos sociais constitucionalmente garantidos."

Como a norma anteriormente transcrita refere apenas os "interesses coletivos" relativos aos "direitos socialmente garantidos", surgem três perguntas inevitáveis: será cabível a ação civil pública, no âmbito da Justiça Laboral, que tenha por objeto a defesa dos direitos ou interesses difusos? E dos individuais homogêneos? Será que a ação civil pública trabalhista é diversa da prevista na LACP?

---

(27) Não obstante a literalidade do art. 83, III, da LOMPU, *Paulo Emílio Ribeiro de Vilhena* (*op. cit.*, p. 42) advoga: "Dificilmente se poderá compaginar a inserção da ação civil pública na esfera do Direito do Trabalho tal como se acha hoje estruturado e tal como organizou e legitimou as diversas formas e escalas de tutela dos interesses nele aglutinados e por ele disciplinados (CF, art. 129, n. III, de que degenerativamente se apropriou o art. 83, n. III, da Lei Complementar n. 75/93) sem que se tenha, antes, uma idéia o mais nítida possível do quadro em que foi elaborada e implantada, até nossos dias, essa disciplina jurídica como idéia e ação."

Com relação às duas primeiras perguntas, responde-se positivamente. Isso porque, como é cediço, não existe norma jurídica, por mais clara que possa parecer, que não comporte interpretação, principalmente no caso do direito brasileiro, que recebeu forte influência da teoria pura(28) e da teoria do ordenamento jurídico.(29) Vale dizer, as normas que compõem o sistema jurídico pátrio, que têm na Constituição a norma ápice da pirâmide normativa, não se encontram isoladas; antes se interligam a outras normas, compondo todas a unidade(30) e a coerência(31) do ordenamento jurídico.

Destarte, o art. 83, inciso III, da LOMPU há de ser interpretado em sintonia com o art. 129, inciso III, da CF, que não deixa margem de dúvida quanto à aplicação da ACP não apenas para a defesa do patrimônio público e social e do meio ambiente, mas, também, para a proteção "de outros interesses difusos e coletivos".

Em nível constitucional, outrossim, é lícita a interpretação extensiva e sistemática dos arts. 129, III e IX, e 127 da CF, no sentido de alargar o espectro da ação civil pública para a defesa dos interesses sociais, individuais indisponíveis e homogêneos.(32)

---

(28) Hans Kelsen, *Teoria pura do direito*, *passim*.

(29) Norberto Bobbio, *Teoria do ordenamento jurídico*, *passim*.

(30) *Ibid.*, p. 37 ss.

(31) *Ibid.*, p. 71 ss.

(32) A Eg. Seção Especializada em Dissídios Coletivos do TST extinguiu, sem resolução de mérito, um processo que veiculava ação civil pública intentada pelo Ministério Público do Trabalho, com base no art. 267, VI, CPC, sob o seguinte fundamento: "ART. 83, ITEM III, DA LEI COMPLEMENTAR N. 75, DE 20.5.93 — CONSTITUCIONALIDADE — A constitucionalidade do art. 83, III, da Lei Complementar n. 75/93 repousa no art. 129, item III, da Carta Magna, que incluiu a ação civil pública entre as funções institucionais do Ministério Público da União, observadas as lindes ditadas por outras disposições constitucionais (§ 2º do art. 114, por exemplo) e pela Lei Complementar n. 75/93. AÇÃO CIVIL PÚBLICA — CABIMENTO — LEGITIMIDADE DO MINISTÉRIO PÚBLICO — Cabível a ação apenas em defesa de interesses coletivos, sem intuito reparatório, mas de preservação da ordem jurídica, quando desrespeitados direitos de trabalhadores e empregadores constitucionalmente garantidos (art. 83, item III, da Lei Complementar n. 75/93), desde que o desrespeito traga, ainda que recôndito, o germe da inquietação pública (artigos 1º, III e IV, XX, XXI E XXII, 6º, 7º, 8º, 9º 10 e 11, da Constituição da República). Processo extinto com base no art. 267, VI, do Código de Processo Civil" (TST, ACP n. 92.867/93.1, Ac. SDC 400/94, de 18.4.1994, rel. Min. Manoel Mendes de Freitas, DJU 20.5.94). É importante registrar o equívoco, *data venia*, existente no referido acórdão, uma vez que nele invocou-se o art. 129, III, da CF para afastar a alegação de inconstitucionalidade do art. 83, III, da LOMPU, mas, de maneira parcialmente contraditória, restringiu-se o cabimento da ação civil pública trabalhista à hipótese única de desrespeito aos interesses coletivos dos trabalhadores. É de se registrar, por outro lado, que a Medida Provisória n. 2.180-33, de 28.6.2001 (DOU 29.6.2001), dispõe, no seu art. 6º, que deu nova redação ao art. 1º da LACP, acrescentando-lhe o parágrafo único, assim redigido: "Não será cabível ação civil pública para

Daí a necessidade de se adequar a interpretação da norma hierarquicamente inferior à previsão constitucional. Não é preciso declarar a inconstitucionalidade do inciso III do art. 83 da LOMPU, sendo suficiente, *in casu*, interpretá-lo conforme a Constituição.(33)

Ademais, a norma de encerramento contida no art. 84, *caput*, da LOMPU, complementa o rol de atribuições do Ministério Público do Trabalho, nos seguintes termos: "Incumbe ao Ministério Público do Trabalho, no âmbito de suas atribuições, exercer as funções institucionais previstas nos Capítulos I, II, III e IV do Título I ..."

No Título I, Capítulo II (arts. 6º *usque* 8º), da LOMPU estão os "instrumentos de atuação" de todos os ramos do MPU — que abrange, por força do art. 128, inciso I, da CF, o MPF, o MPT, o MPM e o MPDF —, dentre os quais a ação civil pública.

Com efeito, vaticina o art. 6º, inciso VII, da LOMPU:

"Art. 6º Compete ao Ministério Público da União:

(...) VII — promover o inquérito civil e a ação civil pública para:

a) a proteção dos direitos constitucionais;

b) a proteção do patrimônio público e social, do meio ambiente, dos bens e direitos de valor artístico, estético, histórico, turístico e paisagístico;

c) a proteção dos interesses individuais indisponíveis, difusos e coletivos, relativos às comunidades indígenas, à família, à criança, ao adolescente, ao idoso, às minorias étnicas e ao consumidor;

d) outros interesses individuais indisponíveis, homogêneos, sociais, difusos e coletivos."

---

veicular pretensões que envolvam tributos, contribuições previdenciárias, o Fundo de Garantia do Tempo de Serviço — FGTS ou outros fundos de natureza institucional cujos beneficiários podem ser individualmente determinados".

(33) Diz *Paulo Bonavides* que a "interpretação das leis 'conforme a Constituição', se já não tomou foros de método autônomo na hermenêutica contemporânea, constitui fora de dúvida um princípio largamente consagrado em vários sistemas constitucionais. Decorre em primeiro lugar da natureza rígida das Constituições, da hierarquia das normas constitucionais — de onde promana o reconhecimento da superioridade da norma constitucional — e enfim do caráter de unidade que a ordem jurídica necessariamente ostenta. Em rigor, não se trata de um princípio de interpretação da Constituição, mas de um princípio de interpretação da lei ordinária de acordo com a Constituição. Método especial de interpretação, floresceu basicamente durante os últimos tempos à sombra dos arestos da Corte constitucional de Karls, na Alemanha, que o perfilho decididamente, sem embargo das contradições de sua jurisprudência a esse respeito. A *Verfassungskounforme Auslegung*, consoante decorre de explicitação feita por aquele Tribunal, significa na essência que nenhuma lei será declarada inconstitucional quando comportar uma interpretação 'em harmonia com a Constituição' e, ao ser assim interpretada, conservar o seu sentido ou significado" (*op. cit.*, p. 474).

Pertinente, nesse passo, é a observação de *Sandra Lia Simón*, para quem a

> "redação do art. 83, III, de tal lei foi extremamente infeliz e, até mesmo, contraditória. Primeiro, porque os direitos sociais dos cidadãos, incluindo-se os trabalhadores, encontram-se elencados no art. 6º, CF, e podem assumir a (feição, acrescentamos) difusa. Segundo, porque em última instância, todo direito difuso poderá sempre ser visto como uma 'pequena causa', mas o que se busca, na verdade, é um provimento jurisdicional efetivo, que alcance de uma só vez todas as 'pequenas causas', garantindo-se o acesso à justiça e a efetividade do provimento jurisdicional. Referido dispositivo legal, entretanto, não é inconstitucional, porque deve ser interpretado sem perder-se de vista os arts. 127 e 129, CF, e considerando-se os demais dispositivos do diploma legal onde encontra-se inserido, pois o art. 6º, VII, da mesma lei complementar reza que — também sem diferenciar os diversos ramos — compete ao Ministério Público da União promover o inquérito civil público e a ação civil pública para a proteção dos direitos constitucionais, do meio ambiente e de outros interesses individuais indisponíveis, homogêneos, sociais, difusos e coletivos."[34]

No que concerne à terceira pergunta, convém registrar que num julgado da Eg. SDC do TST restou assentado no voto vencedor do ministro relator que as ações civis públicas

> "previstas nas Leis ns. 7.347/85 e 7.913/89 estão voltadas para situações bem diferentes da Ação Civil Pública de que cogita o art. 83, item III, da Lei Complementar n. 75/93 (...) A ACP aproxima-se muito do Dissídio Coletivo de Natureza Jurídica, já que não visa nunca ao estabelecimento de 'Normas e Condições de Trabalho' (...) A ACP do Ministério Público do Trabalho, por conseguinte ficou com seu campo delimitado à infringência de disposições constitucionais referentes a empregados e empregadores...[35]".

Esse entendimento, *data maxima venia*, é equivocado, na medida em que ignora a existência do já mencionado sistema integrado (CF, LOMPU, LACP e CDC) de acesso coletivo dos trabalhadores à Justiça do Trabalho,[36] que é o único, dada a inexistência de legislação especí-

---

(34) "A legitimidade do Ministério Público do Trabalho para a propositura de ação civil pública", p. 144-145.

(35) TST, ACP n. 92.867/93.1, Ac. SDC 400/94, de 18.4.1994, rel. Min. Manoel Mendes de Freitas, *DJU* 20.5.94.

(36) A esse novo sistema atribuímos o nome de "jurisdição trabalhista metaindividual". Ver item 2 *supra*.

fica em matéria laboral, capaz de propiciar a adequada e efetiva tutela, via ação civil pública trabalhista, de qualquer interesse ou direito metaindividual dos trabalhadores.(37)

5. Objeto e natureza jurídica

A leitura isolada das primeiras normas da LACP pode levar à conclusão apressada de que o fim único da ação civil pública é responsabilizar qualquer pessoa física ou jurídica, de direito público ou privado, por danos morais ou patrimoniais causados ao meio ambiente, ao consumidor, a bens e direitos de valor estético, artístico, histórico, paisagístico ou a qualquer outro interesse difuso ou coletivo (Lei n. 7.347/85, art. 1º), podendo "ter por objeto a condenação em dinheiro ou o cumprimento de obrigação de fazer ou não fazer" (art. 3º). Nessa ordem, seria factível afirmar que, abstraindo-se o conceito genérico de que toda ação possui conteúdo declaratório, a ação civil pública visaria, em linha de princípio, a um provimento jurisdicional de natureza condenatória.

Ocorre que, consoante já ressaltado, a ação civil pública foi guindada à categoria de garantia fundamental dos direitos ou interesses metaindividuais. Esse seu novo perfil leva em conta não apenas a "reparação", mas, acima de tudo a "proteção" daqueles importantes interesses (CF, art. 129, III).

O vocábulo "proteção" tem significado amplo, nele compreendendo a prevenção e a reparação, como o fez, de forma explícita, o art. 25, IV, *a*, da Lei Orgânica do Ministério Público (Lei n. 8.625/93 — ou simplesmente LONMP).(38)

Não se pode olvidar, no entanto, que o art. 21 da Lei n. 7.347/85, com redação dada pelo art. 117 do CDC, manda aplicar

> "à defesa dos direitos e interesses difusos, coletivos e individuais, no que for cabível, os dispositivos do Título III da Lei que instituiu o Código de Defesa do Consumidor."

Entre as normas que integram o Título III do CDC está a prevista no seu art. 83, que diz:

> "Para a defesa dos direitos e interesses protegidos por este Código são admissíveis todas as espécies de ações capazes de propiciar sua adequada e efetiva tutela."

---

(37) Conforme já salientado nos itens 1, 2 e 3 *supra*.

(38) Carlos Henrique Bezerra Leite, *Ministério Público do Trabalho* ... cit., p. 102.

Assiste, pois, razão a *Hugo Nigro Mazzilli*, quando faz a seguinte observação:

"Em tese, são admissíveis quaisquer ações civis públicas ou coletivas, pois à LACP aplicam-se subsidiariamente o CDC ou o CPC. Cabem ações condenatórias, cautelares, de execução, meramente declaratórias ou constitutivas. Como exemplos, afigure-se a necessidade de reparar ou impedir um dano (ação condenatória ou cautelar satisfativa), ou de declarar nulo (ação declaratória) ou anular (ação constitutiva negativa) um ato lesivo ao patrimônio público ou ao meio ambiente. (...) Combinados os arts. 83 e 110 do CDC com o art. 21 da LACP, permite-se agora aos co-legitimados à ação civil pública ou coletiva defendam qualquer interesse difuso, coletivo ou individual homogêneo, com qualquer rito, objeto ou pedido."(39)

Idêntico é o pensamento de *Nelson Nery Junior*, para quem a

"LACP, em sua edição original, em 1985, previa apenas a possibilidade de serem ajuizadas ação de responsabilidade civil para reparação dos danos causados aos direitos por ela protegidos, ação de execução da sentença condenatória, ação de obrigação de fazer ou não fazer, bem como eventual ação cautelar antecedente ou incidente. Com o advento do CDC, o âmbito de abrangência da LACP foi ampliado, de sorte que podem ser propostas todas e quaisquer ações para a tutela dos direitos protegidos pela LACP (CDC 83, 90; LACP 21). Assim, hoje é possível, *v.g.*, a propositura de ação de anulação de contrato administrativo lesivo ao meio ambiente (*Nery*, CDC Coment., 663). São admissíveis as ações constitucionais, como por exemplo o mandado de segurança e o mandado de injunção. Não há mais limitação ao tipo de ação, para que as entidades enumeradas na LACP 5º e CDC 82 estejam legitimadas à propositura da ACP para a defesa, em juízo, dos direitos difusos, coletivos e individuais homogêneos."(40)

As considerações acima são perfeitamente adaptáveis à ação civil pública proposta no âmbito da Justiça do Trabalho, na medida em que também nesse domínio ela pode ter caráter preventivo ou reparatório, condenatório, constitutivo, declaratório ou mandamental, sendo certo que seu objeto será sempre a proteção de qualquer interesse difuso, coletivo ou individual homogêneo.

---

(39) *A defesa dos interesses difusos em juízo* ..., cit., 9. ed., p. 67.

(40) *Código de processo civil comentado* ..., p. 1.504, nota 9. No mesmo sentido, Rodolfo de Camargo Mancuso, *Ação civil pública: em defesa do meio ambiente, patrimônio cultural e dos consumidores* ..., cit., p. 35. Em sentido contrário: José dos Santos Carvalho Filho, para quem a ação civil pública é, em regra, de natureza condenatória, salvo na hipótese prevista no art. 25 da LONMP, que permite a ação constitutiva ou meramente declaratória (*op. cit.*, p. 53-56).

A única condição para a sua adequada utilização no processo do trabalho é que a matéria nela tratada tenha conteúdo trabalhista, pois somente assim poderá adequar-se à moldura do art. 114 da CF, que trata da competência da Justiça do Trabalho.[41]

6. Legitimação ad causam

A legitimação do MP para a ACP não impede a de terceiros, nas mesmas hipóteses, segundo o disposto na CF e na lei. É o que diz o § 1º do art. 129 da CF.

Vale dizer, em se tratando de ACP, a legitimação ativa *ad causam* emerge da aplicação conjunta da CF (art. 129, III, e seu parágrafo), da LACP (art. 5º), do CDC (art. 82), da LOMPU (art. 6º, VII)[42] e LONMP (art. 25, IV). Isso significa, em síntese, que são legitimados para a ação:

a) o Ministério Público (da União e dos Estados, art. 128 da CF);

b) a União, os Estados, o Distrito Federal e os Municípios;

c) as entidades e órgãos da Administração Pública, direta ou indireta, ainda que sem personalidade jurídica, especificamente destinados à defesa dos interesses metaindividuais;

d) a Defensoria Pública (Lei n. 11.448/2007);

e) o Conselho Federal da OAB (Lei n. 8.906/94, art. 54, XIV);

f) as associações[43] legalmente constituídas há pelo menos um ano e que incluam entre seus fins institucionais a defesa dos interesses metaindividuais, podendo, no entanto, o requisito da pré-constituição ser dispensado pelo juiz, quando haja manifesto interesse

---

(41) O que delimita, em regra, a competência da Justiça do Trabalho é o pedido e a causa de pedir contidos na ACP. Vale dizer, a matéria veiculada na ACP deve emergir das relações de trabalho. Nesse sentido, o STF já decidiu, por exemplo, que compete à Justiça do Trabalho apreciar e julgar ACP promovida pelo MPT em matéria de meio ambiente do trabalho: "COMPETÊNCIA. AÇÃO CIVIL PÚBLICA — CONDIÇÕES DE TRABALHO. Tendo a ação civil pública como causa de pedir disposições trabalhistas e pedidos voltados à preservação do meio ambiente do trabalho e, portanto, aos interesses dos empregados, a competência para julgá-la é da Justiça do Trabalho" (RE n. 206.220-1, Rel. Min. Marco Aurélio, 2ª Turma, 16.3.1999, *in Informativo STF* n. 142, março/99). No mesmo sentido, a Súmula n. 736 do STF. Sobre competência da Justiça do Trabalho, consulte-se LEITE, Carlos Henrique Bezerra. *Curso de direito processual do trabalho*. 6. ed. São Paulo: LTr, 2008.

(42) A legitimação do MPT para a ACP no processo do trabalho está prevista no art. 83, III, da LOMPU.

(43) Associações civis constituem o gênero do qual são espécies as associações cooperativas, os sindicatos, etc. Logo, os sindicatos são legitimados concorrentemente com o MPT para promover a ACP em defesa de qualquer interesse metaindividual.

social evidenciado pela dimensão ou característica do dano, ou pela relevância do bem jurídico a ser protegido.

Plasma-se, assim, que o nosso ordenamento adotou critério *numerus clausus* em tema legitimação ativa para a ACP.

Tal não se dá, porém, em relação à legitimação passiva, porquanto qualquer pessoa, física ou jurídica, de direito público ou privado, poderá ser ré ou co-ré, assistente simples ou litisconsorcial do demandado na ACP.[44]

Adiantamos, desde logo, que, na ACP promovida para tutelar interesses ou direitos metaindividuais, o autor da demanda poderá agir tanto na qualidade de legitimado autônomo para a condução do processo quanto na de substituto processual. No primeiro caso ele atua em defesa dos interesses ou direitos difusos ou coletivos;[45] no segundo, dos direitos ou interesses individuais homogêneos.[46]

Em virtude da importância do tema da *legitimatio ad causam*, voltaremos a estudá-lo, com maior profundidade, nos V e VI Capítulos.

7. Competência

7.1. Competência em razão da matéria e da pessoa

Como é sabido, a competência em razão da matéria é fixada por dois elementos contidos na petição inicial, quais sejam: a causa de pedir e o pedido.

Nesse sentido: Nelson Nery Junior, *Código de processo civil comentado ...*, cit., p. 1.866; Kazuo Watanabe, *Código brasileiro de Defesa do Consumidor: comentado pelos autores do anteprojeto* ..., cit., p. 642; Celso Antonio Pacheco Fiorillo, *Curso de direito ambiental brasileiro ...*, cit., p. 232. Em sentido contrário: Ives Gandra da Silva Martins Filho, "Ação civil pública e ação civil coletiva", p. 1450; Márcio Túlio Viana, "Interesses difusos na justiça do trabalho", p. 184. Para esses dois últimos, a norma inscrita no inciso III do art. 8º da CF reduz a legitimação sindical à defesa dos interesses categoriais, portanto, coletivos. Há, inclusive, autores que não admitem sequer a legitimação dos sindicatos para propor ACP no âmbito da Justiça do Trabalho, entre eles: Paulo Emílio Ribeiro de Vilhena, "Ação civil pública e tutela do trabalhador...", cit., p. 47; Aroldo Plínio Gonçalves, "A ação civil pública na justiça do trabalho", *in: Revista LTr* 58-10/1128; Eduardo Gabriel Saad, "A ação civil pública na justiça do trabalho", p. 410. Vêem-se, pois, que as acirradas divergências e variáveis em torno do problema alusivo à legitimação sindical para promover a ACP no processo do trabalho exigem uma outra pesquisa científica, o que refoge aos estreitos limites desta monografia.

(44) Hugo Nigro Mazzilli, *A defesa dos interesses difusos em juízo* ..., cit., p. 215 ss.

(45) Por força da aplicação conjunta da CF (art. 129, III), da LACP (*in totum*), do CDC (arts. 81 *usque* 90; 103 e 104) e da LOMPU (arts. 83, III, e 84 c.c. 6º, VII, *d*).

(46) Em consonância com o disposto na CF (arts. 127, *caput*, e 129, IX), na LACP (art. 21), no CDC (arts. 81 *usque* 100; 103 e 104), na LOMPU (arts. 83, III, e 84 c.c. 6º, VII, *d*) e, subsidiariamente, no CPC (art. 6º).

A causa de pedir, por sua vez, compreende a causa de pedir remota e a causa de pedir próxima. A primeira finca-se na própria relação jurídica de emprego; já a outra, na alegação do autor de inadimplemento, pelo réu, da obrigação ou dever legal ou contratual emergente daquela relação.

O pedido, de outra parte, há de ser considerado sob os aspectos mediato e imediato. Neste, o autor almeja uma providência jurisdicional, de maneira única e determinada (ex.: a condenação do réu na obrigação de fazer, de dar etc.). Naquele, a pretensão autoral reside na entrega do bem da vida, na composição ou na recomposição da relação jurídica e/ou na declaração de certeza ou incerteza a respeito dessa mesma relação, quando se cuida, respectivamente, de ações condenatória, constitutiva ou declaratória.

Na ação civil pública trabalhista, a causa de pedir remota, a exemplo do que ocorre com o dissídio individual comum, repousa na relação de emprego ou na relação de trabalho (art. 114 da CF), sendo certo que a causa de pedir próxima decorre, diferentemente daquele, da afetação de direitos coletivamente considerados, cuja defesa constitui missão institucional do Ministério Público do Trabalho, consoante se infere da dicção do inciso III do art. 83 da Lei Complementar n. 75, de 20.5.93, ou dos sindicatos (CF, arts. 129, III, § 1º, c/c. art. 8º, III).

Para estabelecer a competência em razão da matéria e da pessoa, basta que o autor, *in casu* o Ministério Público do Trabalho ou o sindicato, decline, na inicial, que está atuando na defesa de interesses ou direitos coletivamente considerados decorrentes da relação de emprego (ou de trabalho) e formule pedido (ver item 13 adiante) de conteúdo declaratório, constitutivo, condenatório mandamental ou executivo *latu sensu*.

7.2. Competência funcional e territorial

Há controvérsia a respeito da competência funcional para conhecer e julgar a ação civil pública na esfera trabalhista.

Alguns autores, como *Ives Gandra da Silva Martins Filho*[47] e *Emmanuel Teófilo Furtado*[48], entendem que, por ter a Ação Civil Pública feição de dissídio coletivo, a competência funcional ou hierárquica originária seria dos Tribunais Regionais do Trabalho ou do Tribunal

(47) *Processo coletivo do trabalho* ... cit., p. 167-168.
(48) *In Revista LTr* 59-04/503.

Superior do Trabalho, conforme abrangência da lesão à ordem jurídico-trabalhista.

Embora reconheçamos a autoridade dos referidos juslaboristas, preferimos adotar entendimento segundo o qual a competência funcional para a ação civil pública é dos órgãos de primeiro grau de jurisdição trabalhista (antes Juntas de Conciliação e Julgamento; atualmente, Varas do Trabalho), uma vez que:

a) a sentença na Ação Civil Pública é, via de regra, de natureza condenatória, já que se trata de "ação de responsabilidade por danos morais e patrimoniais causados" a bens ou interesses metaindividuais (LACP, art. 1º, *caput*), sendo certo que tal ação "poderá ter por objeto a condenação em dinheiro ou o cumprimento de obrigação de fazer ou não fazer" (LACP, art. 3º).

b) a competência territorial da Vara do Trabalho é determinada, salvo exceções expressamente previstas, pelo local de prestação do serviço;

c) há previsão legal expressa no art. 2º da Lei n. 7.347/85, aplicável subsidiariamente à espécie.

Expliquemo-nos.

Embora sejam coletivos *lato sensu* os interesses ou direitos defendidos na ACP, não se pode negar a natureza jurídica primordialmente condenatória deste tipo de ação, já que, em linha de princípio, objetiva uma condenação em obrigação de fazer ou não fazer, sem prejuízo, é claro, da aplicação de *astreinte*, pelo descumprimento da ordem judicial (Lei n. 7.347/85, art. 11).

Ora, pretender fixar a competência funcional originária do Tribunal para a ação civil pública sob a equivocada premissa de ter ela feição de dissídio coletivo (no qual há conflitos de interesses, e não de direitos), seria o mesmo que admitir, *ad argumentandum tantum*, a existência de sentença normativa de natureza condenatória, o que não se mostra juridicamente possível, tendo em vista a regra expressa no art. 114, § 2º, da CF/88.

A competência territorial das Varas do Trabalho é, via de regra, determinada pelo local da prestação do serviço do empregado (local do fato), como se deduz do disposto no art. 651 consolidado.

Finalmente, e este argumento é definitivo, o art. 2º da Lei n. 7.347/85 disciplina textualmente:

> "As ações previstas nesta Lei serão propostas *no foro do local onde ocorrer o dano, cujo juízo terá competência funcional* para processar e julgar a causa." (sem ênfase no original)

Dois foram os critérios de competência utilizados concomitantemente pelo legislador:

a) territorial (local onde ocorrer o dano); e

b) funcional (o juiz da comarca ou da base territorial da JCJ), donde se conclui, com *Rodolfo de Camargo Mancuso* que, ante

> "esses dados, se esmaece o impacto causado à primeira leitura do art. 2º da Lei n. 7.347/85, onde, como se disse, o legislador aproximou critérios que, ordinariamente, conduzem a competências de natureza diversa. Seja porque aí se seguiu a regra de competência territorial especial (CPC, art. 100, V, *a*); seja porque a própria letra da lei é no sentido de que o juiz 'terá competência funcional para processar e julgar a causa', não padece dúvida de que, no caso, se trata de competência absoluta, com as conseqüências daí decorrentes: não se prorroga; não depende de exceção para ser conhecida; pode ser declarada de ofício em qualquer tempo e grau de jurisdição e mesmo em ação rescisória (CPC, art. 485, II). Aliás, esclarece a Exposição de Motivos do anteprojeto ao depois convertido na Lei n. 7.347/85: '... as causas serão aforadas no lugar onde o dano se verificou ou onde deverá verificar-se. Deu-se à competência a natureza absoluta, já que funcional, a fim de não permitir a eleição de foro ou a sua derrogação pela não-apresentação de exceção declinatória. Esse critério convém ao interesse público existente naquelas causas(49)'."

Oportuno trazer à liça alguns arestos jurisprudenciais nos quais restou inquestionável a competência funcional da Vara do Trabalho.

O Eg. TRT da 4ª Região, apreciando Recurso Ordinário assim decidiu (embora não conste expressamente da ementa a questão alusiva à competência funcional, o certo é que aquela Corte "manteve" a r. sentença proferida pela Vara do Trabalho):

> "(...) A Justiça do Trabalho é competente para analisar se está ocorrendo intermediação de mão-de-obra, eis que é matéria eminentemente trabalhista..." (TRT — 4ª Reg., RO n. 14.676/92, 5ª T., Rel. Juiz Ciro Castilho Machado, DORS 14.11.94, *in* Revista Síntese Trabalhista, 68, fev./95, p. 56/64).

Em outra oportunidade, a mesma Corte assim decidiu:

> "AÇÃO CIVIL PÚBLICA. COMPETÊNCIA. A competência originária para processar e julgar a ação civil pública no âmbito da Justiça do Trabalho

---

(49) *Ação civil pública: em defesa do meio ambiente, patrimônio cultural e dos consumidores.* 3. ed. rev. e ampl. São Paulo: Revista dos Tribunais, 1994, p. 42.

é das Juntas de Conciliação e Julgamento (atualmente Varas do Trabalho) e não dos Tribunais. Inteligência do art. 93, inciso II, da Lei n. 8.078/90, c.c. art. 21 da Lei n. 7.347/85" (TRT — 4ª Reg., RO 95.024594.1, 5ª T., Rel. Juiz André Avelino Ribeiro Neto, DORS 13.1.97).

O Eg. TRT de Campinas-SP, ao julgar recurso ordinário aviado contra sentença que declarou a incompetência da Justiça Civil Pública para a ação civil pública, deixou assentado que:

"AÇÃO CIVIL PÚBLICA. NORMAS DE HIGIENE E SEGURANÇA. COMPETÊNCIA. A Justiça do Trabalho é competente para conhecer e julgar ação civil pública, proposta pelo Ministério Público do Trabalho, quando o objeto da ação for norma de higiene e segurança não observada pela empresa. Seu não-cumprimento fere o caráter sinalagmático da relação contratual." (TRT — 15ª Reg., RO n. 7.905/93.9, Rel. Juíza Eliana Felippe Toledo, *in* Revista do Ministério Público do Trabalho n. 7, mar./94, p. 150)

Colhe-se, ainda, do dispositivo do referido acórdão o seguinte:

"(...) Diante do exposto, conheço do recurso voluntário e da remessa *ex officio*, rejeitando as preliminares argüidas em contra-razões, *e dando provimento ao recurso para o fim de considerar a Justiça do Trabalho competente para o conhecimento e julgamento da causa, determinando o retorno dos autos ao órgão de origem para prosseguimento, nos termos da fundamentação.*" (p. 152 — sem ênfase no original)

O Eg. TRT da 17ª Região adota idêntico entendimento:

"EMENTA: 1. COMPETÊNCIA. Inegavelmente, é competente esta Justiça para a Ação Civil Pública e, funcionalmente, as JCJs, já que a Lei n. 7.347/85 assim o dispõe. 2. NULIDADE. Em que pese a ausência do MP no primeiro grau, a Lei Complementar n. 75/93 estabelece a intervenção obrigatória do Ministério Público em todos os feitos no segundo grau de jurisdição da Justiça do Trabalho, quando a parte for pessoa jurídica de direito público, o que ocorre neste processo, estando suprida a irregularidade argüida. 3. LEGITIMIDADE ATIVA. Havendo lesão patronal genérica a direitos trabalhistas, devidamente documentada, em relação a considerável número de empregados, tem o sindicato legitimidade para agir. 4. INTERESSE. A lesão a direitos transindividuais de natureza indivisível da categoria, com resistência do Estado, demonstra o interesse de agir, bem como a utilidade do meio processual escolhido. Por outro lado, não se pode dizer que se inserem nos direitos exercitáveis via ação civil pública aqueles que dizem respeito a pagamento de dias parados em função de greve, bem como as indenizações por rescisão do contrato de trabalho, eis que a sentença proferida em sede da ação em causa tem destinação abstrata, não tendo a natureza condenatória abrangente como a conferida pelo Colegiado *a quo*. Ausente, portanto, o interesse, extingue-se o processo, sem apreciação do mérito em relação aos itens *supra*. 5. ART. 37, IX, DA CF/88. Na lição do Prof. *Bandeira de Mello*, a contratação temporária, como se depreende da linguagem do art. 37,

IX, visa a atender eventualidades, a situações imprevistas, emergenciais, que devem ser socorridas de imediato, de modo que, instada pela necessidade temporária de excepcional interesse público, a Administração, para acudir a isto, tem de suprir-se de servidores sem delongas, independentemente de concurso. Mas o Estado utiliza-se de tal expediente normalmente, esquecendo-se de que tem permissão da Carta Maior para contratação nos casos e condições ali previstas, sendo aquelas realizadas sem concurso, uma burla clara e ostensiva à norma constitucional. Sentença que se mantém." (TRT — 17ª Reg., RO n. 03114/94, Ac. n. 5.809/94, j. 27.10.94, DOES 19.12.94, Rel. Juíza Maria Francisca dos Santos Lacerda)

"INCOMPETÊNCIA FUNCIONAL DA JCJ. AÇÃO CIVIL PÚBLICA. PRESSUPOSTOS PROCESSUAIS. LEGITIMIDADE E INTERESSE DE AGIR. COMPENSAÇÃO BANCÁRIA. TERCEIRIZAÇÃO. Incompetência funcional da JCJ. A matéria nada tem a ver com dissídio coletivo. Ação Civil Pública cujo julgamento é da competência da JCJ, para evitar terceirização de atividade bancária e não criar novas condições de trabalho. Prefacial que é rejeitada. Pressupostos processuais. Desnecessário à entidade sindical, em sede de ação civil pública, obter prévio assentimento de todos e cada um dos membros da categoria. Legitimidade e interesse de agir. Há legitimidade e interesse em face das alegações da inicial. Compensação bancária. Terceirização. Trata-se a atividade de compensação de atividade tipicamente bancária. Não é atividade-meio, como bem apontado na decisão de piso. Embora seja atividade especial dentro do banco não é atividade especializada. Cuida-se de proteger aos que já estão empregados o direito à manutenção de seu emprego e, também, o emprego bancário de outros tantos que ver-se-iam dele privados, trabalhando no banco, mas submetidos a disciplina jurídica diversa dos bancários, pela terceirização. Recurso a que se nega provimento." (TRT — 17ª R., RO n. 3.470/95, Ac. 2.503/96, Rel. Juiz Gerson Fernando da Sylveira Novais, DO 14.5.96)

"AÇÃO CIVIL PÚBLICA. COMPETÊNCIA DA JUSTIÇA DO TRABALHO. Ação Civil Pública. Competência da Justiça do Trabalho. Competência funcional da Junta de Conciliação e Julgamento (atualmente, Vara do Trabalho) — Equivocado o entendimento no sentido de que a ação civil pública se presta a criar novas normas, instituindo novas conquistas ou condições de trabalho. O fato de se prestar à defesa de direitos coletivos não implica na criação de normas ou condições novas. Assim, competente a Junta de Conciliação (atualmente, Vara do Trabalho) para apreciar e julgar a ação." (TRT — 17ª R., RO n. 4.097/95, Ac. 2.789/96, Rel. Juiz Marcello Maciel Mancilha, DO 31.5.96)

A competência para apreciar e julgar a ação civil pública no âmbito da Justiça do Trabalho é, portanto, originariamente das Varas do Trabalho do local onde ocorreu — ou poderá ocorrer — a lesão perpetrada à ordem jurídica ou aos interesses difusos, coletivos *stricto sensu* ou individuais homogêneos, a teor do art. 2º da Lei n. 7.347/85 combinado com o art. 93 da Lei n. 8.078/90, ambos aplicados subsidiariamente ao processo do trabalho, por força dos arts. 8º e 769 da Consolidação das Leis do Trabalho.

Cumpre destacar que chegamos a admitir a possibilidade de a competência originária ser dos Tribunais Regionais ou do Tribunal Superior do Trabalho, conforme a abrangência da lesão(50). Todavia, após meticuloso e aprofundado estudo, evoluímos nosso entendimento para a direção que aponta no sentido de que *competente funcionalmente para conhecer e julgar ação civil pública são os órgãos de primeira instância trabalhista, isto é, as Varas do Trabalho*. Jamais os Tribunais Regionais ou o Tribunal Superior do Trabalho.

O próprio TST, por meio da SBDI-2, pacificou a controvérsia, como se vê do seguinte julgado:

> "Ementa: AÇÃO CIVIL PÚBLICA. ESTAGIÁRIOS. DESVIO DE FINALIDADE. A Ação Civil Pública é de natureza ordinária e individual, pois envolve a aplicação da legislação existente, o que implica dizer que, como qualquer ação ordinária, o órgão competente para apreciá-la originariamente é, em virtude do critério da hierarquia, a Junta de Conciliação e Julgamento (atualmente, Vara do Trabalho). Não pode ser invocado, como causa de modificação da competência, o fato de a ação ter sido ajuizada contra empresa de âmbito nacional ou a circunstância de o inquérito civil público ter sido instaurado a pedido de federação de âmbito nacional, abrangendo atividades e relações desenvolvidas nas circunscrições dos vinte e quatro Tribunais Regionais do Trabalho, haja vista que objetivo da presente ação é a estipulação de uma obrigação de não fazer a ser imposta à Divisão Administrativa da CEF, que tem por sede a cidade de Brasília. Nesse sentido tem-se que a causa de pedir direta é a orientação administrativa da CEF de utilizar o estagiário como mão-de-obra substitutiva dos empregados regulares. Destarte, a regra de competência hierárquica a ser observada por analogia não está no âmbito da competência específica da Justiça do Trabalho, em especial a estabelecida no art. 2º, I, *a*, da Lei n. 7.701, de 21.12.88, senão a que está no art. 93 da Lei n. 8.078/90 (Código de Defesa do Consumidor, que declara, ressalvando a competência da Justiça Federal, competir à Justiça local do foro do lugar da ocorrência do dano, quando de âmbito local, e, no foro da Capital do Estado ou no do Distrito Federal, para os danos de âmbito regional ou nacional). Parecem decisivas mais duas circunstâncias: primeira, o ato contra o qual se dirige a Ação Civil Pública não foi praticado pelas Superintendências Regionais da Caixa, senão pela sua Divisão Administrativa Nacional, com sede nesta Capital Federal. Assim, o comando sentencioso que porventura for emitido atingirá o próprio ato originário das supostas lesões à ordem jurídica laboral e aos interesses coletivos dos estagiários, e difusos daqueles que, integrantes da sociedade, são candidatos aos

(50) Carlos Henrique Bezerra Leite, *Contratação ilegal de servidor público e ação civil pública trabalhista.* Belo Horizonte: RTM, 1996, p. 53.

postos efetivos ora ocupados pelos estagiários. Segunda, é de extrema inconveniência que o primeiro grau de jurisdição seja o órgão de cúpula do Tribunal Superior do Trabalho, retirando das partes as oportunidades recursais, com o sacrifício, inclusive, do princípio do duplo grau de jurisdição. Deve-se realçar, finalmente, que a competência do TST em matéria de dissídio coletivo resultou de imperativos lógicos e materiais de natureza diversa. Com efeito, não se poderia atribuir a qualquer Tribunal Regional do País o julgamento de dissídios coletivos cuja abrangência fosse superior à jurisdição territorial do TRT, sob pena de não-abrangência, por inteiro, da lide coletiva. Ação Civil Pública em que se declara a incompetência do Tribunal Superior do Trabalho para apreciar o feito." (TST, ACP n.154.931/94.8, Ac. unânime da SBDI-2, n. 881/96, Rel. Min. Ronaldo Leal)

No mesmo sentido:

"AÇÃO CIVIL PÚBLICA. COMPETÊNCIA FUNCIONAL. VARA DO TRABALHO. A ação civil pública é de natureza ordinária e individual, pois envolve a aplicação de legislação existente, o que implica dizer que quem tem competência para apreciá-la originariamente é, em virtude do critério da hierarquia, a Vara do Trabalho. Considerando que não há na Justiça do Trabalho lei que regule a ação civil pública, aplica-se por analogia a Lei n. 8.078/90 (Código de Defesa do Consumidor), cujo art. 93 declara, ressalvando a competência da Justiça Federal, que o foro é o do lugar em que ocorreu o dano, quando o dano é de âmbito local, e da capital do estado ou do Distrito Federal quando o dano é de âmbito regional ou nacional. Assim, a 1ª Vara do Trabalho de Jundiaí/SP é competente para apreciar e julgar a presente ação. Acresça-se que a Lei n. 7.347/85 (ação civil pública), com a redação da Medida Provisória n. 1.570-5/97, convertida na Lei n. 9.494, de 10 de setembro de 1997, não alterou a competência originária na hipótese de apreciação de lesões a interesses coletivos de uma mesma categoria. O legislador apenas se refere aos limites subjetivos da coisa julgada, destacando que, após ser conhecida e julgada a causa coletiva com observância das regras determinadoras da competência, a sentença civil terá eficácia e autoridade *erga omnes*." (TST, ACP n. 754.436/2001.0, SBDI-2, rel. Min. RONALDO LEAL, DJU 15.3.2002)

"MANDADO DE SEGURANÇA. COMPETÊNCIA DA JUSTIÇA DO TRABALHO. AÇÃO CIVIL PÚBLICA. MEDIDA LIMINAR. CONTRIBUIÇÃO CONFEDERATIVA. 1. Mandado de segurança contra liminar concedida em ação civil pública proposta pelo Ministério Público do Trabalho, mediante a qual se suspendeu a cobrança de contribuição confederativa de associados e de não associados, instituída em assembléia sindical. Alegação do Impetrante de que faleceria competência à Justiça do Trabalho para a ação civil pública. Acórdão regional concessivo da segurança para cassar a liminar, sob o fundamento de incompetência funcional do juízo de primeiro grau de jurisdição para julgar a ação civil pública. 2. Irrecusável a competência da Justiça do Trabalho para instruir e julgar a ação civil pública "trabalhista", ajuizada pelo Ministério Público do Trabalho, objetivando resguardar interesses difusos e interesses coletivos dos trabalhadores empregados. Exegese do art. 114, 2ª parte, da CF/88, conjugado com a Lei Complementar n. 75/93 (art. 83, *caput* e inc. III). 3. Transcende da competência funcional originária dos Tribunais do Trabalho a ação civil pública "trabalhista", constituindo causa afeta à competência inicial das Varas do Trabalho, pois não guarda identidade plena com o dissídio coletivo, nem é autorizado reconhecer-se dita competência mediante analogia. Precedentes do Supremo Tribunal Federal (STF, RE n. 206220-1-MG, rel. Min. Marco Aurélio) e do Tribunal Superior do Trabalho. 4. Sindicato de categoria profissional não é titular de direito líquido e certo à cassação de liminar que suspende a cobrança de contribuição confederativa atentatória ao direito de livre associação e sindicalização, constitucionalmente assegurados, em manifesta contrariedade ao Precedente Normativo n. 119 da SDC/TST. 5. Recurso ordinário do Ministério Público a que se dá provimento para denegar a segurança, restabelecendo a medida liminar em ação civil pública, que suspendeu a exigibilidade da contribuição confederativa." (TST, ROMS n. 458.254/98, SBDI-2, Min. João Oreste Dalazen, DJU 10.8.2001, p. 446)

"AÇÃO CIVIL PÚBLICA. COMPETÊNCIA. SUPRESSÃO DE PAGAMENTO DE GRATIFICAÇÃO SEMESTRAL. CLÁUSULA DE CONVENÇÃO COLETIVA DE TRABALHO. Segundo o art. 2º da Lei n. 7.347/85, a competência funcional para processar e julgar as ações civis públicas é do juízo do local onde ocorreu o dano. A alteração introduzida no art. 16 da mencionada Lei não cuidou de competência, mas dos limites subjetivos da coisa julgada. E a competência é do juiz de primeiro grau, pois não há como se cogitar de competência presumida, ela sempre decorre da lei ou da Constituição. Declina-se da competência deste Tribunal para a 28ª Vara do Trabalho de São Paulo-SP." (TST, ACP n. 548.420/99, SBDI-2, Min. José Luciano de Castilho Pereira, DJU de 1º.6.2001, p. 472)

Assim, parece-nos irrecusável a *competência material* da Justiça do Trabalho e a *competência funcional* das Varas do Trabalho para processar e julgar Ação Civil Pública.

7.2.1. A Lei n. 9.494/97 e a questão da competência

Cabe sublinhar, contudo, que o Sr. Presidente da República editou e reeditou várias vezes — a Medida Provisória n. 1.570, finalmente convolada na Lei n. 9.494, de 10.9.97 (DOU de 11.9.97), cujo art. 2º deu nova redação ao art. 16 da Lei n. 7.347/85, restringindo o alcance da coisa julgada emergente da sentença proferida em ação civil pública aos limites da base territorial do juízo ou Junta (atualmente, Vara do Trabalho) que a prolatou.

Comentando os efeitos deletérios da referida Medida Provisória (atualmente Lei n. 9.494/97) para a ação civil pública, principalmente na seara trabalhista, a redação da Revista LTr trouxe à baila as seguintes reflexões:

> "A Medida Provisória n. 1.570/97 introduziu dispositivo na Lei da Ação Civil Pública (Lei n. 7.347/85, art. 16) que limita à competência territorial do órgão prolator a abrangência da sentença prolatada nessa modalidade processual. Ora, a natureza própria da ação civil pública é de meio de defesa de direitos coletivos, cuja abrangência será maior ou menor, conforme a dimensão da lesão ocorrida. Na seara trabalhista, as lesões de abrangência nacional ou regional teriam provimentos jurisdicionais de caráter transcendente à base territorial da Junta de Conciliação e Julgamento (atualmente, Vara do Trabalho) que prolatou a sentença, consistente em comando obrigacional dirigido à direção da empresa ou sindicato que desrespeita a ordem jurídica, no sentido de cessar com o procedimento lesivo. Se a abrangência da sentença tiver limite inferior à dimensão, da lesão, a ação civil pública se desnatura, passando a ação para a defesa de direitos individuais, ainda que plúrimos, pois seriam precisas tantas ações quantas fossem as filiais da empresa em todo o País ou Estado.
>
> Diante de tal quadro de perplexidade trazido pela medida provisória, duas posturas se colocam como possibilidade de compatibilização da norma específica com o sistema mais abrangente: a) atribuir aos órgãos colegiados de 2º e 3º graus (TRTs e TST) a competência originária nessas ações (já que a nova redação do art. 16 fala em 'órgão prolator' da sentença, sem defini-lo; ou b) considerar que o acréscimo redacional não trouxe efetiva alteração no sistema (ainda que pretendesse fazê-lo), já que, pela natureza da ação, sua sentença não tem limite territorial (a lesão é que fixa o limite da sentença). Assim, quando se fala em competência territorial, estar-se-ia referindo exclusivamente ao ajuizamento da ação na Junta (atualmente, Vara do Trabalho) competente, de acordo com o art. 93 da Lei n. 8.078/90: capital do Estado, para as lesões de caráter regional, e no Distrito Federal, para as lesões de âmbito nacional.
>
> Não se pode, no entanto, esquecer a matriz da ação civil pública, que é uma das hipóteses de defesa de interesses difusos pela ação

popular (Lei n. 7.347/85, art. 1º). Ora, o que se viu no recente caso da privatização da Cia. Vale do Rio Doce foi a proliferação de ações populares, com liminares concedidas em todo o território nacional, em nítida falha do sistema, por não concentrar o poder decisório inicial numa única esfera de jurisdição (ainda que seja a do juiz singular). Daí se ter cogitado da 'reserva de competência' para apreciação de questões de caráter nacional aos tribunais superiores. Talvez tal solução possa ser reproposta diante da alteração no ordenamento jurídico promovido pela nova medida provisória, cogitando-se em alçar aos TRTs e TST a apreciação originária da ação civil pública."(51)

A nosso sentir, a alteração introduzida no art. 16 da LACP em nada modifica a abrangência da eficácia *erga omnes* da sentença proferida em sede de ação civil pública.

A rigor, a razão política que animou o legislador foi, não há dúvida, o de centralizar a competência para o aforamento da ação civil num único órgão judicial, evitando-se, com isso, a proliferação de ações em juízos diversos, com possibilidade de decisões as mais variadas, o que provocaria — o que de fato aconteceu no "caso" da desestatização da Cia. Vale do Rio Doce — evidente desgaste para a ordem e a segurança jurídica que o sistema deve proporcionar à sociedade.

Reforça este entendimento o fato de não ter a Lei n. 9.494/97 introduzido qualquer alteração no Código de Defesa do Consumidor — CDC, sendo este diploma aplicável, por força do art. 21 da LACP, a todas as espécies de tutela de interesses difusos, coletivos e individuais homogêneos.

Vale dizer, a LACP e a parte processual do CDC (Título III) formam um sistema integrado de tutela jurisdicional de todas as espécies do gênero interesses metaindividuais.

É exatamente esse sistema integrado de acesso coletivo ao Judiciário que impõe o tratamento uniforme a respeito da competência para a ação civil pública em defesa de qualquer interesse metaindividual.

Nesse passo, giza o art. 93 do CDC, aplicável subsidiariamente à espécie:

> "Ressalvada a competência da justiça federal, *é competente para a causa a justiça local:*

---

(51) *Revista LTr* 61-05/582.

I — *no foro do lugar onde ocorreu ou deva ocorrer o dano, quando de âmbito local;*

II — *no foro da Capital do Estado ou no do Distrito Federal, para os danos de âmbito nacional ou regional, aplicando-se as regras do Código de Processo Civil aos casos de competência concorrente."* (grifos nossos)

Assim, se a lesão perpetrada aos direitos ou interesses difusos, coletivos ou individuais homogêneos extrapolar a base territorial de uma Vara do Trabalho, competente para a ação civil pública trabalhista será uma das Varas do Trabalho da Capital do Estado. Se a lesão ultrapassar o âmbito de jurisdição de um Estado (ou de Tribunal Regional do Trabalho), a competência material e funcional deslocar-se-á para uma das Varas do Trabalho do Distrito Federal.

Colhe-se, a propósito, o magistério de *Ada Pellegrini Grinover*, para quem

"o art. 93 do CDC, embora inserido no capítulo atinente às 'ações coletivas em defesa de interesses individuais homogêneos,' rege todo e qualquer processo coletivo,(52) estendendo-se à ações em defesa de interesses difusos e coletivos. Não há como não se utilizar, aqui, o método integrativo, destinado ao preenchimento da lacuna da lei, tanto pela interpretação extensiva (extensiva pelo significado da norma) quanto pela analogia (extensiva da intenção do legislador)."(53)

Convém lembrar, a título de arremate, que as causas trabalhistas são sempre julgadas pela Justiça do Trabalho, ainda que haja interesse da União e seus entes descentralizados (CF, art. 109, I).

8. A Orientação Jurisprudencial n. 130 da SBDI-2/TST

Reconhecendo que não há na Justiça do Trabalho lei que regule a ação civil pública, o TST vem aplicando, por analogia, a Lei n. 8.078/90 (Código de Defesa do Consumidor), cujo art. 93 declara, ressalvando a competência da Justiça Federal, que o foro é o do lugar em que ocorreu o dano, quando o dano é de âmbito local, é da capital do estado ou do Distrito Federal quando o dano é de âmbito regional ou nacional.

---

(52) Ressalvamos, é claro, o dissídio coletivo previsto nos arts. 856 *usque* 875 da CLT, que possui tratamento legislativo específico e distinto dos demais processos coletivos abarcados pelo sistema integrado da LACP e CDC.

(53) *Código de defesa do consumidor comentado pelos autores do anteprojeto*, p. 725.

Com esse entendimento da SBDI-2/TST, em 4 de maio de 2004, editou a OJ n. 130, que dispõe, *in verbis*:

"AÇÃO CIVIL PÚBLICA. COMPETÊNCIA TERRITORIAL. EXTENSÃO DO DANO CAUSADO OU A SER REPARADO. APLICAÇÃO ANALÓGICA DO ART. 93 DO CÓDIGO DE DEFESA DO CONSUMIDOR. Para a fixação da competência territorial em sede de ação civil pública, cumpre tomar em conta a extensão do dano causado ou a ser reparado, pautando-se pela incidência analógica do art. 93 do Código de Defesa do Consumidor. Assim, se a extensão do dano a ser reparado limitar-se ao âmbito regional, a competência é de uma das Varas do Trabalho da Capital do Estado; se for de âmbito supra-regional ou nacional, o foro é o do Distrito Federal."

Tal verbete foi objeto de profundos debates no seio do MPT, tendo a Procuradora-Geral, *Sandra Lia Simón*, de forma democrática e demonstrando elevado compromisso com a operacionalidade da ACP, acolhido a tese majoritária dos membros da Instituição.

Essa tese majoritária foi transplantada para o ofício que encaminhou ao Presidente do TST solicitando a alteração da referida OJ, cujo teor pedimos vênia para transcrever:

"Exmo. Sr. Ministro Presidente do Tribunal Superior do Trabalho,

Cumprimentando-o cordialmente, dirijo-me a V. Exa. para ponderar a necessidade de cancelamento ou revisão do entendimento consubstanciado na Orientação Jurisprudencial n. 130 da Eg. Subseção Especializada em Dissídios Individuais II, pelos motivos que passo a expor.

A. COMPROMISSO DA JURISPRUDÊNCIA DO TRIBUNAL SUPERIOR DO TRABALHO COM A MODERNIZAÇÃO DO PROCESSO

Esse Egrégio Tribunal Superior do Trabalho tem pautado a edição e a revisão dos seus enunciados e verbetes de orientação jurisprudencial, que cuidam de matéria processual, pelos atuais reclamos da moderna processualística, de amplo acesso à jurisdição, simplificação e modernização dos procedimentos e garantia da tutela mais efetiva.

Exemplos marcantes da sobredita linha de atuação dessa Corte, colhidos do permanente e louvável esforço de atualização e aperfeiçoamento da sua jurisprudência, podem ser facilmente indicados, como nos cancelamentos do Enunciado n. 310 (substituição processual pelo sindicato); das OJs ns. 13 e 14 da SDC (legitimação da entidade sindical) e, mais recentemente, da OJ n. 320 da SDI-1 (sistema de protocolo integrado).

Em tal contexto é que merece ser repensada a edição da Orientação Jurisprudencial n. 130 da Subseção II da Seção de Dissídios Individuais (DJU de 4.5.2004), versando o tormentoso tema da fixação da competência territorial em sede de ação civil pública, a qual, ao recomendar a incidência analógica, na Justiça do Trabalho, do art. 93 do Código de Defesa do Consumidor, dele extraindo conclusão no sentido da inexistência de foros com competências concorrentes, para o julgamento de pedidos que visem à reparação de danos de âmbito regional, supra-regional ou nacional, com a devida vênia, não adotou a interpretação que melhor se amolda à estrutura dessa Justiça Especializada; aos princípios que identificam o processo respectivo e à finalidade legal de facilitar o acesso ao Judiciário e propiciar a célere efetivação da tutela jurisdicional, com o resguardo ao direito de ampla defesa do réu.

Com efeito, tem-se que o entendimento consubstanciado na referida orientação jurisprudencial, em ordem a facilitar a reflexão sobre o tema, pode ser dividido em duas partes. A primeira enuncia o dispositivo legal a ser aplicado, por analogia, na disciplina da questão: 'Para a fixação da competência territorial em sede de ação civil pública, cumpre tomar em conta a extensão do dano causado ou a ser reparado, pautando-se pela incidência analógica do art. 93 do Código de Defesa do Consumidor.'Enquanto a segunda parte fixa a compreensão que se extraiu do indigitado dispositivo: 'Assim, se a extensão do dano a ser reparado limitar-se ao âmbito regional, a competência é de uma das Varas do Trabalho da Capital do Estado; se for de âmbito supra-regional ou nacional, o foro é do Distrito Federal.'

B. DA MAIOR ADEQUAÇÃO AO PROCESSO DO TRABALHO DO CRITÉRIO ADOTADO PELO ART. 2º DA LEI DA AÇÃO CIVIL PÚBLICA DO QUE DAQUELE ADOTADO PELO ART. 93 DO CÓDIGO DE DEFESA DO CONSUMIDOR

Pois bem, da análise dos precedentes que lastrearam a edição da orientação jurisprudencial em debate (ACP 754.436/2001, Min. Ronaldo Lopes Leal, DJ de 15.3.2002; ACP 652.115/2000, Min. Ronaldo Lopes Leal, DJ de 19.4.2002; ACP 92.867/1993, Min. João Oreste Dalazen, DJ de 22.11.2002; CC 30.655/2002-000-00-00.2, Min. José Simpliciano, DJ de 6.2.2004), não há como deixar de registrar, de início, que três deles consubstanciam declinação, de ofício, da competência funcional para o julgamento de ação civil pública, por parte desse Egrégio TST (a ACP 754.436/2001 e a ACP 652.115/2000 foram remetidas pelas varas do trabalho em que propostas a esse Egrégio TST; e a ACP 92.827/1993 foi proposta originariamente nessa Egrégia Corte).

Tal circunstância merece ser posta em relevo, para salientar que, ao menos nos três precedentes referidos, dos quatro que lastrearam a edição da orientação jurisprudencial, esse Egrégio TST não estava a se debruçar especificamente sobre controvérsia atinente à competência territorial para o julgamento da ação civil pública, tendo presente todos os desdobramentos e hesitações que o tema pode gerar, senão que o feriu de forma circunstancial, após o exame da controvérsia tocante à competência funcional originária dos tribunais, esta sim aparelhada pelo expresso entendimento contrário das Varas remetentes ou da inicial.

Isso certamente explica a constatação de que tais precedentes apresentam exaustiva e irrespondível fundamentação voltada para o afastamento da tese, que já prevaleceu nessa Corte, da competência originária dos tribunais para o julgamento de ação civil pública, na Justiça do Trabalho; e minudenciam, igualmente, de forma irrespondível, tese merecedora da edição de orientação jurisprudencial ou enunciado específico, tocante à ineficácia — por contradizer o sistema de normas em que se acha insculpido o art. 16 da Lei n. 7.347/85 e negar a própria natureza da ação civil pública — da pretensa limitação territorial da eficácia da decisão prolatada na ação civil pública, introduzida pela Lei n. 9.494/97 (MP n. 1.570/97).

No que toca à determinação de aplicação analógica do art. 93 do Código de Defesa do Consumidor, os precedentes, sem se aprofundarem, com a devida vênia, no exame dos múltiplos aspectos envolvidos, indicam que o socorro àquele método passou pela compreensão de que a inexistência de norma específica, no processo trabalhista, impunha a aplicação do art. 769 da CLT, atraindo a incidência do art. 2º da Lei da Ação Civil Pública (Lei n. 7.347/85) e, por força do art. 21 desta mesma lei, do art. 93, incisos I e II, do Código de Defesa do Consumidor (Lei n. 8.078/90).

Resta patente, portanto, em se tratando de aplicação analógica, que a opção pelo art. 93 do CDC, para disciplinar a tutela dos interesses metaindividuais trabalhistas, há que demonstrar dupla adequação. Primeiro ao processo do trabalho (art. 769 da CLT) e, concomitantemente, à disciplina da ação civil pública (art. 21 da Lei n. 7.347/85), merecendo ser abandonada, sempre que outra regra pertinente de fixação de competência, melhor se desincumbir de tal mister, atendendo com maior excelência às peculiaridades da jurisdição trabalhista.

Neste passo, parece não restar dúvidas que a aplicação subsidiária ao processo do trabalho, do art. 2º da Lei da Ação Civil Pública, guarda respeito ao art. 769 da CLT, haja vista que, como salienta a precedência em exame, geralmente o local do dano é também o local da prestação de serviço, critério eleito pela CLT para a fixação da competência para o julgamento pela Vara do Trabalho da ação individual (art. 651 da CLT), sendo que as exceções constantes dos §§ 1º, 2º e 3º perseguem a facilitação do acesso do trabalhador à justiça.

De fato, a aplicação analógica do art. 2º e parágrafo único da Lei n. 7.347/85, com a fixação da competência para o julgamento da ação civil pública referente às relações de trabalho, da Vara do Trabalho do local do dano, que primeiro receber a ação, sem se perquirir da extensão territorial daquele dano (nacional, supra-regional, regional ou local), se mostra absolutamente adequada ao processo do trabalho, presente a acertada opção jurisprudencial desse Egrégio TST de não admitir a competência originária dos Tribunais e nem a fragmentação das demandas coletivas, que decorreria, irremediavelmente, da admissão da suposta limitação territorial da eficácia da decisão proferida na ação civil pública.

A fixação da competência pelo local do dano, na forma preconizada pelo art. 2º da Lei n. 7.347/85, também tem o condão de facilitar o exercício pelo réu do direito à ampla defesa e ao contraditório, assegurados no art. 5º, LV, da Constituição Federal, na medida em que garante que o processamento do feito se dará sempre em local onde a empresa exerça ou tenha exercido alguma atividade.

Por isso é que a opção subseqüentemente adotada pela Orientação Jurisprudencial n. 130/SDI-2, no sentido da aplicação da regra do art. 93, incisos I e II, do Código de Defesa do Consumidor — a qual, disciplinando a tutela dos direitos individuais homogêneos nas relações de consumo, baliza a competência territorial pela extensão do dano — com a devida vênia, não parece a mais acertada. Primeiro, por alimentar novas questões sobre o tema, dificultando o acesso ao judiciário, o exercício do direito de ampla defesa, a efetividade da tutela dos interesses metaindividuais, bem como a concretização da cláusula do moderno devido processo legal, consubstanciado no art. 5º, inciso LIV, da Constituição Federal e caracterizado por procedimento que se adapte à relação jurídica de direito material controvertida. E segundo, por não se mostrar em sintonia com a evolução jurisprudencial dessa Egrégia Corte, revelada, no tema, pelo abandono da tese da competência originária dos tribunais e pela incisiva negação da limitação territorial da eficácia da decisão proferida, que se tentou impingir, por intermédio de canhestra alteração legislativa.

Realmente, tem-se que a compatibilidade da disciplina do referido art. 93 com a Lei da Ação Civil Pública, não é ponto pacífico na seara do próprio processo civil, havendo os que defendem a sua aplicação restrita ao âmbito da tutela dos interesses individuais homogêneos; muito embora se reconheça majoritária a corrente que sustenta a possibilidade de integração das duas regras, utilizando-se, contudo, para isso, de exegese (existência de competência concorrente para os danos de âmbito regional e nacional) contrária à adotada pela OJ n. 130/SDI-2 (existência de foro único quando a ação se referir a tais danos).

O que se percebe com clareza é que a gênese da instituição daquelas regras de competência teve em mira decididamente a organização da Justiça Comum, fato referendado pela ressalva quanto à competência da Justiça Federal, constante expressamente do texto respectivo, o que explica a sua ínfima aptidão para garantir o acesso e a efetividade da tutela dos interesses metaindividuais, nessa Justiça Federal Especializada.

A firme jurisprudência desse Egrégio TST, no que tange à inexistência de limitação territorial dos efeitos da decisão prolatada em ação civil pública, revelada pelos próprios precedentes da orientação jurisprudencial em questão, aliada ao critério de fixação de competência previsto no art. 2º e parágrafo único da Lei da Ação Civil Pública, se mostram suficientes a assegurar o ágil processamento da ação civil pública na Jurisdição Trabalhista, dispensando o apelo aos controvertidos conceitos do art. 93 do Código de Defesa do Consumidor, cuja aplicação não traz benefício de monta à tutela dos interesses em questão, propiciando, ao revés, a desnecessária concentração de causas em determinadas varas trabalhistas, distantes do local em que se concretizou o conflito de interesses, dificultando a atuação de ambas as partes e do próprio magistrado.

Com efeito, o referendo ao critério previsto no multicitado art. 93 traz, logo de início, o claro inconveniente de tornar complexa a solução de questão que, pela só aplicação do disposto no art. 2º e parágrafo único da Lei da Ação Civil Pública, se tornaria muito mais simples.

Tendo sempre presente a lição desse Egrégio TST — no sentido de que a decisão proferida produz efeitos *erga omnes* e *ultra partes* em qualquer lugar do território nacional em que as partes estejam —, força é concluir que a opção consistente em estabelecer, como o faz o referido art. 2º e seu parágrafo único da Lei da Ação Civil Pública, que, na hipótese de o dano ocorrer em várias localidades, será competente aquele juiz que primeiro receber a ação, entre os vários juízes com jurisdição nos diversos locais da ofensa; tem o potencial de causar bem menos transtornos ao processo do que a opção pelo art. 93 do Código de Defesa do Consumidor, posto em reclamar indicação precisa e preliminar, da efetiva extensão do dano (revelada pela causa de pedir ou por esta e pela extensão do pedido ou pedidos? Revelada pela inicial ou efetivamente provada no decorrer do processo?), para enquadrá-lo na gradação do art. 93 do Código de Defesa do Consumidor e identificar o foro competente.

Note-se, quanto aos dois últimos aspectos, que, como visto, a própria OJ n. 130/SDI-2, na sua segunda parte, já adianta a opção interpretativa sobre os conceitos envolvidos, criando a gradação atinente ao dano supra-regional e optando pela ausência de foros concorrentes, relativamente aos danos regionais (Varas da Capital do Estado), supra-regionais e nacionais (Distrito Federal).

Não obstante — ainda que sejam olvidadas as críticas dos que sustentam como mais acertada a interpretação em sentido contrário (concorrência do foro do Distrito Federal e das Capitais dos Estados para o dano nacional e supra-regional e dos foros dos locais do dano, para o dano regional), que prevalece no Egrégio Superior Tribunal de Justiça e que será referida mais adiante —, o certo é que o comando da primeira parte da OJ n. 130/SDI-2, mesmo assim, é apto a potencializar uma série de indesejadas questões, a partir da verificação de que o seu texto, bem como os precedentes que o lastrearam, não se referem, específica e claramente, sobre hipóteses pertinentes às peculiaridades da estrutura do Judiciário Trabalhista, tocante a possuir dois Tribunais Regionais do Trabalho no Estado de São Paulo (2ª e 15ª Regiões) e quatro Tribunais Regionais do Trabalho com competência sobre mais de um estado da federação (10ª Região — DF e TO; 8ª Região — PA e AP; 11ª Região — AM e RR; 14ª Região — RO e AC), podendo alimentar incisivas divergências sobre o alcance de muitos de seus conceitos (Foro da capital ou da sede do TRT, no caso do Estado de São Paulo? Dano regional ou supra-regional quando se estender por municípios de mais de um estado subordinado a um único TRT?).

Assinale-se que as múltiplas dificuldades que a aplicação analógica à Justiça do Trabalho do disposto no art. 93, incisos I e II, do Código de Defesa do Consumidor pode gerar se reflete nos próprios precedentes da OJ em debate, nos quais se detecta, por exemplo a ACP-754.436/

2001, por força da qual restou fixada a competência da Vara do Trabalho de Jundiaí-SP (mediante declinação de ofício da competência do TST e conseqüente devolução dos autos para a Vara que os havia remetido), para julgar ação civil pública na qual o Ministério Público postulava a reparação de danos causados por cooperativa de trabalho, em vários municípios do país, tendo restado consignado que:

'(...) Assim, a 1ª Vara do Trabalho de Jundiaí é competente para apreciar e julgar a presente ação civil pública. Quanto ao fato de o autor invocar a prática de lesões a direitos dos trabalhadores, verificada em diversos municípios, em jurisdições de outras Varas, a questão é de cumulação de ações (art. 292 do CPC), uma vez que a ação foi ajuizada contra vários réus (COOPERATIVA DE TRABALHO MULTIPROFISSIONAL DE LUCÉLIA COSERGE, seus atuais diretores, WILSON LOPES MARQUES, ATALIBA TERÊNCIO E JOÃO BARROQUELO, BANCO DO BRASIL S/A, IRMÃOS CAMPOY LTDA., EPITUBOS LTDA., MARCON LTDA., COOPERATIVA AGRÁRIA DE CAFEICULTORES DA ZONA DE LUCÉLIA CAZOLA E APM EE PROF. TAIEKA T. GIMENES), a fim de serem respeitados os direitos exclusivos dos cooperados contratados por cada uma das empresas.

Não pode ser invocado, portanto, como causa de modificação da competência, o fato de a ação ter sido ajuizada contra dez réus, que estão domiciliados em cidades distintas, ou a circunstância de o autor invocar a prática de lesões a direitos dos trabalhadores em diversos municípios do Estado de São Paulo, Mato Grosso e Minas Gerais, haja vista que o objetivo da presente ação é estipular obrigação de não fazer, a ser imposta a cada uma das empresas. Nesse sentido, tem-se que a causa de pedir direta advém do fato de cada empresa agir como mera intermediadora de mão-de-obra.

Duas circunstâncias devem, ainda, ser destacadas: primeira, os atos contra os quais se dirige a ação civil pública não foram praticados por administrações regionais de uma mesma empresa, senão pela agência de Jundiaí/SP, no caso do Banco do Brasil S/A, e pelas administrações locais de empresas distintas, com sede nos municípios de Jundiaí, Presidente Prudente, São Paulo, Araras, Guarulhos, São Bernardo do Campo, Ibiúna, Campo Grande, Uberlândia, Uberaba, Belo Horizonte, Ituiutaba e Ipatinga. Assim, o comando que porventura for emitido atingirá o próprio ato originário das supostas lesões à ordem jurídica laboral e aos interesses coletivos dos cooperados. Segunda, é de extrema inconveniência que o primeiro grau de jurisdição seja o órgão de cúpula do Tribunal Superior do Trabalho (...).'

Foi, portanto, considerada reparação de dano local, postulação no sentido de proibir a comprovada contratação de mão-de-obra, intermediada por cooperativa tida por irregular, por parte de empresas sediadas em várias cidades de diversos estados; enquanto, por exemplo, o precedente CC-30.655/2002-000-00-000.2 considera reparação de dano nacional, a prática de atos discriminatórios flagrada nos Estados do Paraná e São Paulo, quando o pedido, no sentido da abstenção da prática de tais atos, pretender resguardar os empregados da empresa que prestem serviços nos diversos pontos de trabalho no território brasileiro.

Vale lembrar, mais uma vez, que os precedentes da referida OJ n. 130/SDI-2, foram erigidos a partir, basicamente, da apreciação de ações civis públicas propostas no TST ou a ele remetidas (há um único conflito de competência, cujo voto se reporta aos demais precedentes). Tal fato, como visto, evidencia que a tese central referida é a da incompetência originária dos tribunais para a apreciação de ação civil pública, não se verificando, com a devida vênia, a existência de precedentes, tirados em conflitos de competência, em quantidade que justificasse a edição de orientação jurisprudencial abrangendo tese que disciplina hipóteses fáticas tão variadas, que, por isso mesmo, ainda não foram enfrentadas pela jurisprudência desse Egrégio Pretório, em extensão que favorecesse reflexão mais aprofundada.

Impende, ademais, registrar, em ordem a evidenciar a maior excelência da opção pela incidência, na Justiça do Trabalho, do art. 2º da Lei de Ação Civil Pública sobre o art. 93 do Código de Defesa do Consumidor, a incisiva orientação administrativa desse Egrégio TST, no sentido da opção pelo combate ao trabalho escravo, degradante e infantil, concretizada mediante a priorização da instalação das novas Varas do Trabalho, criadas por recente diploma legal, em rincões de mais difícil acesso, onde se verifique a possibilidade de constatação dessas graves violações aos Direitos Humanos, tantas vezes, evitadas ou reparadas, por força da tutela coletiva.

Dita interiorização da jurisdição trabalhista, reclamada pela sociedade civil, como instrumento de garantia dos direitos dos trabalhadores, também repercute decisivamente na reestruturação do Ministério Público do Trabalho, consoante se constata com a recente criação de Ofícios fora das capitais onde localizadas as Procuradorias Regionais do Trabalho.

O não afastamento do processamento e julgamento da ação civil pública, de local em que tenha se verificado o dano ou a ameaça de dano, por outro lado, favorece o exercício da ampla defesa pelo réu, haja vista que evita o seu deslocamento para localidades (Capital do Estado ou Distrito Federal), nas quais a empresa pode nunca ter possuído sede ou filial, ou mesmo ter exercido qualquer atividade.

Destarte, a constatação, por exemplo, de dano decorrente da imposição de trabalho escravo ou degradante, por empresa que atue em dois municípios, um no Estado do Pará e o outro no Estado do Tocantins, a qual poderia, pela regra do art. 2º da Lei da Ação Civil Pública, supedanear postulação a ser julgada em qualquer um dos dois foros, em que constatada a prática ilegal, teria que ser proposta, a teor da OJ n. 130/SDI-2, no Distrito Federal (ou, como querem outros intérpretes do art. 93, na capital de um daqueles Estados). Com isto, cairia por terra, com a devida vênia, não só o escopo legal de facilitar o acesso à tutela jurisdicional coletiva e o exercício da ampla defesa, propiciando maior agilidade e segurança na coleta de provas e respeitando a maior aptidão cognoscitiva e decisória do magistrado de um dos locais atingidos pela lesão, em relação aos juízes de locais em que não se verificou o dano; como também restaria desrespeitada a própria estrutura legal do Judiciário Trabalhista, decididamente vocacionada a aproximar o magistrado da realidade social circundante, desde a previsão constitucional da existência de pelo menos um TRT por Estado da Federação, até a atual criação e instalação de novas Varas do Trabalho direcionadas ao combate de danos afeitos à tutela coletiva, em locais de premente tensão social.

A atribuição à Vara do local do dano, que primeiro receber a ação, e não à Vara sediada no Distrito Federal, da competência para o julgamento da ação civil pública, como recomendado pelo art. 2º da Lei da Ação Civil Pública, em casos que tais, por outro lado, reforça a proximidade da presença do Poder Judiciário Trabalhista, trazendo à comunidade um maior sentimento de segurança.

Resulta evidenciada, portanto, a maior compatibilidade com o processo do trabalho, da norma inserida no art. 2º da Lei da Ação Civil Pública, merecendo pronto cancelamento, com a devida vênia, a OJ n. 130/SDI-2, a qual, a partir de precedência que não esgota o tema, consigna opção pela aplicação analógica do art. 93 do Código de Defesa do Consumidor, norma de controvertida exegese, que dificulta o acesso à jurisdição e à tutela dos interesses metaindividuais, na seara trabalhista, trazendo obstáculos, ainda, ao exercício do direito ao contraditório e à ampla defesa.

Ademais, tem-se que a adoção, por esse Egrégio TST, da compreensão de que a competência em questão é absoluta, permitindo ser declinada de ofício e questionada até mesmo pela propositura de ação rescisória — após, portanto, ter transitado em julgado a decisão concessiva da tutela coletiva —, evidencia o inconveniente da adoção da aplicação analógica, na Justiça do Trabalho, do dispositivo recomendado pela OJ n. 130/SDI-2, fato que se mostra a gerar interpretações controvertidas que enfraquecem a segurança jurídica que deve permear o dispositivo judicial que tutela direito trabalhista.

Por fim, as hesitações e perplexidades que a aplicação analógica do controvertido art. 93 do Código de Defesa do Consumidor, ao variado, dinâmico e mutante universo das relações de trabalho pode gerar, deixam antever o risco de restrição da utilização do amplo âmbito da tutela coletiva, pelos autores co-legitimados, que encontrarão dificuldades no exercício do direito constitucional de ação (art. 5º, inciso XXXV, da Constituição Federal) pelo simples fato de se situarem geograficamente em localidade distinta da Capital dos Estados ou do Distrito Federal.

C. INTERPRETAÇÃO DO ARTIGO 93 DO CÓDIGO DE DEFESA DO CONSUMIDOR INSCULPIDA NA SEGUNDA PARTE DA OJ N. 130/SDI-2

De qualquer sorte, ainda que esse Egrégio TST convenha em manter a orientação guerreada, relativamente à aplicação analógica do art. 93, verifica-se que a interpretação que dele extraiu e fez consignar na segunda parte da OJ n. 130/SDI-2, no nosso entender, não é a que melhor atende aos cânones do amplo acesso e maior eficácia da tutela coletiva, estando a merecer revisão.

É que, desde a sua concepção gramatical (o legislador utilizou a conjunção alternativa 'ou' para ligar as expressões 'foro da Capital do Estado' e 'Distrito Federal' e para ligar as expressões 'danos de âmbito nacional' e 'regional', ao tempo em que ordenou os vocábulos numa ordem seqüencial que não permite, sem a respectiva alteração, o estabelecimento da pretendida correlação lógica entre as expressões 'Distrito Federal' e 'danos de âmbito nacional' e 'foro da Capital do Estado' e 'dano regional') o art. 93 do Código de Defesa do Consumidor está a indicar a existência de uma competência concorrente entre os foros do Distrito Federal e das Capitais dos Estados, para os danos de âmbito regional e nacional.

Aliás, a conciliação da regra do art. 2º da Lei da Ação Civil Pública, com o disposto no art. 93 do Código de Defesa do Consumidor, encarecida pela precedência da OJ n. 130/SDI-2, só é possível em se admitindo que a existência de foros concorrentes é prevista não apenas para os danos que alcancem todo o território nacional e para os que alcancem regiões localizadas em mais de um estado, mas também para os danos que alcancem mais de uma localidade, situada no território de um mesmo Estado, haja vista a previsão de regra expressa sobre prevenção, inscrita em ambos os dispositivos (parágrafo único do art. 2º da Lei da Ação Civil Pública e parte final do inciso II do art. 93 do Código de Defesa do Consumidor).

Assim, quando, em sua parte final, a OJ n. 130/SDI-2 preconiza a existência de foros exclusivos, asseverando que: 'se a extensão do dano a ser reparado limitar-se ao âmbito regional, a competência é de uma das Varas do Trabalho da Capital do Estado; se for de âmbito supra-regional ou nacional, o foro é do Distrito Federal', uma vez mais, com a devida vênia, não adota a interpretação que mais se afeiçoa à finalidade legal — que, em se tratando de direitos trabalhistas, há que se ter por robustecida, para que se justifique a aplicação analógica debatida — de amplo acesso das coletividades ao Judiciário Trabalhista, assegurando-se a mais célere e eficaz tutela aos direitos lesionados, com o resguardo do direito do réu ao exercício da ampla defesa, colocando-se aquém de precedência do Egrégio STJ, extraída de questões cíveis:

'COMPETÊNCIA. AÇÃO CIVIL PÚBICA. DEFESA DE CONSUMIDORES. INTERPRETAÇÃO DO ART. 93, II, DO CÓDIGO DE DEFESA DO CONSUMIDOR. DANO DE ÂMBITO NACIONAL.

Em se tratando de ação civil coletiva para o combate de dano de âmbito nacional, a competência não é exclusiva do foro do Distrito Federal.

Competência do Juízo de Direito da Vara Especializada na Defesa do Consumidor de Vitória/ES.' (CC n. 26.842, Rel. Min. César Asfor Rocha, DJU de 5.8.2002)

'CONFLITO DE COMPETÊNCIA. AÇÃO CIVIL COETIVA. CÓDIGO DO CONSUMIDOR, ART. 93, II. A ação civil coletiva deve ser processada e julgada no foro da capital do Estado ou no do Distrito Federal, se o dano tiver âmbito nacional ou regional; votos vencidos no sentido de que, sendo o dano de âmbito nacional, competente seria o foro do Distrito Federal. Conflito conhecido para declarar competente o Primeiro Tribunal de Alçada Civil do Estado de São Paulo.' (CC 17.532/DF, Rel. Min. Ari Pargendler, DJU de 5.2.2001)

'CONFLITO DE COMPETÊNCIA. AÇÃO CIVIL PÚBLICA. CÓDIGO DE DEFESA DO CONSUMIDOR.

1. Interpretando o artigo 93, inciso II, do Código de Defesa do Consumidor, já se manifestou esta Corte no sentido de que não há exclusividade do foro do Distrito Federal para o julgamento de ação civil pública de âmbito nacional. Isto porque o referido artigo ao se referir à Capital do Estado e ao Distrito Federal invoca competências territoriais concorrentes, devendo ser analisada a questão estando a Capital do Estado e o Distrito Federal em planos iguais, sem conotação específica para o Distrito Federal.

2. Conflito conhecido para declarar a competência do Primeiro Tribunal de Alçada Civil do Estado de São Paulo para prosseguir no julgamento do feito.' (CC n. 17.533, Rel. Min. Carlo Alberto Menezes Direito, DJU de 30.10.2000)

A opção pela tese da existência de foro único, adotada pela OJ n. 130/SDI-2, ao permitir que a ação civil pública seja julgada por Vara do Trabalho de localidade diversa e, muitas vezes, distante, das localidades onde ocorreram ou podem ocorrer as lesões aos direitos coletivos (sentido amplo) dos trabalhadores, traz a lume, novamente, o absoluto divórcio existente entre a referida concepção interpretativa e os cânones do sistema oral, tão caros ao processo do trabalho, que já se vislumbram, como visto, no próprio arcabouço normativo que disciplina a estrutura e organização da Justiça do Trabalho, dificultando, ao concentrar a jurisdição em locais alheios aos fatos lesivos e aos jurisdicionados atingidos, o rápido e eficaz acesso à tutela jurisdicional, seja por parte do autor, seja por parte do réu, finalidade primeira do referido instituto.

Assim, a se confirmar o entendimento inscrito na OJ n. 130/SDI-2, no quanto pugna pela aplicação analógica do art. 93 do Código de Defesa do Consumidor, com a devida vênia há que se alterar, ainda assim, a interpretação a ele conferida, em ordem a fixar entendimento que, ao menos, assegure a competência concorrente, estabelecendo-se, quando nada, que:

a) se a extensão do dano a ser reparado limitar-se ao âmbito local (assim entendido aquele que abrange a jurisdição de uma única Vara, ou de duas ou mais Varas localizadas em um único Estado), a ação civil pública poderá ser ajuizada em qualquer uma das Varas do Trabalho dos Municípios envolvidos, fixando-se a competência pela prevenção;

b) se a extensão do dano for de âmbito regional (assim considerado aquele que abrange a jurisdição de duas ou mais Varas localizadas em diferentes Estados ou no Distrito Federal), ou de âmbito nacional (assim considerado o que envolve todos ou quase todos os Estados do

País), a ação civil pública poderá ser ajuizada em uma das Varas do Trabalho da Capital de qualquer um dos Estados envolvidos ou no Distrito Federal, fixando-se a competência, igualmente, pela prevenção ou

c) considerando-se as peculiaridades da organização da Justiça do Trabalho, para a hipótese suscitada no item anterior (danos de âmbito regional ou nacional), a ação civil pública poderá ser ajuizada em uma das Varas do Trabalho do Município que sediar Tribunal Regional do Trabalho e, para aqueles Estados que não possuem TRT, a ACP poderá ser ajuizada em uma das Varas do Trabalho da Capital.

D. CONCLUSÃO

Verifica-se, portanto, dos precedentes que nortearam a edição da Orientação Jurisprudencial n. 130/SDI-2, que a jurisprudência desse Egrégio TST já se acha pacificada em relação ao acatamento da tese de ser da competência das Varas do Trabalho o julgamento em primeira instância da ação civil pública, tendo reconhecido a importância da tutela coletiva dos direitos trabalhistas, ao defender a tese que pugna pela inexistência de limitação territorial da eficácia da decisão proferida em ação civil pública.

Não obstante, dita jurisprudência ainda não se apresenta suficientemente robustecida, seja pelo reduzido número de casos apreciados, seja pela multiplicidade de questões subjacentes não apreciadas, para amparar a edição de orientação jurisprudencial tendente a disciplinar, de modo tão abrangente e definitivo, questão de tão relevante importância, qual a competência territorial para o julgamento da ação civil pública nessa Justiça do Trabalho.

Além disso, a opção revelada pela orientação jurisprudencial em tela — no sentido de desprezar a regra geral do art. 2º da Lei da Ação Civil Pública, para prestigiar a aplicação analógica dos controvertidos conceitos introduzidos pelo art. 93 do Código de Defesa do Consumidor, deles extraindo conclusão direcionada à fixação de foro único para os danos que se estendam por mais de um Estado (Distrito Federal) ou por mais de uma localidade de um mesmo Estado (Capital do Estado) — traz mais dificuldades do que facilidades à efetivação da tutela coletiva, impedindo, por outro lado, que a jurisprudência dessa Corte — que tem sido de tanta valia para a construção de disciplina da ação civil pública, que seja consentânea com as peculiaridades do processo e da jurisdição trabalhista, com a concretização da cláusula do moderno devido processo legal (art. 5º, inciso LIV, da Constituição Federal) — possa continuar a evoluir, no particular, amparada em bases mais sólidas, a partir da apreciação mais repetida e aprofundada de casos concretos.

Assim, resulta oportuna a reavaliação da edição da OJ n. 130/SDI-2, ora requerida, em ordem a que seja determinado o seu cancelamento, ou, quando nada, a revisão do seu texto para adotar solução mais consentânea com o disposto no art. 2º e parágrafo único da Lei da Ação Civil Pública, afastando-se a incidência analógica do controvertido art. 93 do Código de Defesa do Consumidor ou atribuindo-lhe interpretação que resguarde a competência concorrente dos foros de qualquer das localidades alcançadas pela extensão do dano causado ou a ser reparado.

Colocando-me, desde já, à inteira disposição de V. Exa. para os esclarecimentos que se fizerem necessários, aproveito a oportunidade para renovar votos de elevado apreço e distinta consideração.

SANDRA LIA SIMÓN — Procuradora-Geral do Trabalho."

De nossa parte, não sustentamos o cancelamento da OJ n. 130, e sim a sua adequação ao moderno sistema da LACP/CDC, de modo a permitir a competência concorrente, não apenas para a ação de conhecimento, como também, e principalmente, para a liquidação e a execução do julgado.

Destarte, para facilitar o acesso à Justiça é preciso, antes, verificar o tipo de interesse metaindividual veiculado na ação civil pública, pois o *sistema da liquidação* da sentença observará *dois subsistemas*.(54)

O primeiro subsistema é destinado à *tutela dos interesses difusos e coletivos*, cuja liquidação se dá exclusivamente pelos autores coletivos da demanda cognitiva, sendo competente o juízo que proferiu a sentença condenatória. Já o segundo subsistema destina-se à *proteção dos interesses individuais homogêneos,* cuja liquidação dar-se-á, preferencialmente, a título individual e residualmente, isto é, em caso de inexistência ou inexpressividade de liquidações individuais em relação à gravidade do dano genérico reconhecida na sentença, a título coletivo. Tratando-se de liquidação a título individual, o liquidante pode promover a liquidação e a execução no foro do seu domicílio, anexando apenas à petição inicial a certidão de trânsito em julgado da sentença. Em se cuidando de liquidação coletiva, a competência será do juízo que proferiu a sentença cognitiva condenatória.

9. *Litisconsórcio ou assistência?*

Diz o art. 5º, §§ 1º a 4º, da Lei n. 7.347/85, *in verbis:*

"A ação principal e a cautelar poderão ser propostas pelo Ministério Público, pela União, pelos Estados e Municípios. Poderão também ser propostas por autarquia, empresa pública, fundação, sociedade de economia mista ou por associação que:

I — esteja constituída há pelo menos um ano, nos termos da lei civil;

---

(54) Carlos Henrique Bezerra Leite, *Liquidação na ação civil pública: o processo e a efetividade dos direitos humanos — enfoques civis e trabalhistas*. São Paulo: LTr, 2004, p. 128-130 e 186-191.

II — inclua entre suas finalidades institucionais a proteção ao meio ambiente, ao consumidor, à ordem econômica, à livre concorrência, ou ao patrimônio artístico, estético, histórico, turístico e paisagístico.

§ 1º O Ministério Público, se não intervier no processo como parte, atuará obrigatoriamente como fiscal da lei.

§ 2º Fica facultado ao Poder Público e a outras associações legitimadas nos termos deste artigo habilitar-se como litisconsortes de qualquer das partes.

§ 3º Em caso de desistência infundada ou abandono da ação por associação legitimada, o Ministério Público ou outro legitimado assumirá a titularidade ativa.

§ 4º O requisito da pré-constituição poderá ser dispensado pelo juiz, quando haja manifesto interesse social evidenciado pela dimensão ou característica do dano, ou pela relevância do bem jurídico a ser protegido."

Acertada é a observação de *Hugo Nigro Mazzilli:*

"É concorrente, autônoma e disjuntiva a legitimação ativa para as ações civis públicas ou coletivas em defesa de interesses difusos, coletivos e individuais homogêneos. Cada um dos legitimados pode propor a ação, litisconsorciando-se com outros ou fazendo-o isoladamente.

Ao contrário da área penal, no campo civil o Ministério Público não pode ter legitimação exclusiva.

Nas ações civis públicas ou coletivas, o interesse de agir do Ministério Público é presumido; já as pessoas jurídicas de direito público interno e os demais legitimados devem demonstrar em concreto o interesse."(55)

A leitura perfunctória do § 2º *supra* poderia induzir o intérprete a restringir a formação litisconsorcial posterior ao ajuizamento da ação civil pública.

O ilustre membro do *Parquet* paulista refere, porém, que o preceito em questão

"aplica-se a quaisquer co-legitimados e não apenas às entidades públicas e às associações.

Se co-legitimado ingressa em ação já proposta por outro, cabe distinguir: a) se ele adita a inicial para alterar ou ampliar o objeto do processo, haverá litisconsórcio ulterior; b) se o pedido continua o mesmo, não há litisconsórcio e sim assistência litisconsorcial."(56)

---

(55) *A defesa dos interesses difusos em juízo* ... cit., p. 78-79.

(56) *Ibid.*, p. 81.

Ressalte-se que outras pessoas — físicas ou jurídicas — não figurantes do rol *numerus clausus* do art. 5º da Lei n. 7.347/85 não poderão ser litisconsortes ativos na ação civil pública. Por óbvio, se não podem figurar no pólo ativo da ação também não poderão fazê-lo na condição de litisconsortes.

De outro giro, o Código de Defesa do Consumidor admite que, nas ações coletivas em defesa de interesses individuais homogêneos, a pessoa lesada poderá intervir no feito como "litisconsorte" e se beneficiar dos efeitos da coisa julgada (art. 103, § 2º).

A nosso sentir, a expressão "litisconsorte" não foi utilizada com boa técnica pelo legislador. Melhor seria falar em "assistência", do tipo simples, uma vez que o litisconsórcio ativo somente pode ser efetivado entre os titulares da ação civil pública. Ora, se o indivíduo não pode ser parte ativa no processo de conhecimento, neste tipo especial de ação, parece-nos que ele também não pode nela figurar como litisconsorte. Logo, não poderá aditar a petição inicial, mas poderá sofrer os efeitos prejudiciais da *res judicata* se intervier na qualidade de assistente, como demonstraremos mais adiante.

9.1. Litisconsórcio entre os Ministérios Públicos

A LACP admite, ainda, nos termos do § 5º do art. 5º da LACP, o litisconsórcio facultativo (expressão pleonástica, pois todos os casos previstos no art. 5º da LACP são do tipo facultativo) entre os "Ministérios Públicos da União, do Distrito Federal e dos Estados".

Sabe-se que o Ministério Público da União, como já apontado, é integrado pelos Ministérios Públicos Federal, do Trabalho, Militar e do Distrito Federal e Territórios. O problema maior a ser enfrentado reside, *in casu*, na ausência de legitimidade do Ministério Público do Trabalho para atuar na Justiça Comum (federal ou estadual) ou dos Ministérios Públicos Federal, Militar, do Distrito Federal e dos Estados para atuar na Justiça do Trabalho.

Cabe aqui ressaltar que chegamos a defender que, em função de o Ministério Público do Trabalho exercer o seu ofício perante a Justiça Especializada, não poderia o *Parquet* Trabalhista ingressar no campo de atuação do Ministério Público que oficia perante a Justiça Comum e vice-versa. Sustentávamos, ainda, que os princípios da unidade e da indivisibilidade diriam respeito unicamente aos órgãos do mesmo ramo do Ministério Público.

Alteramos radicalmente essa posição. E isto porque evoluímos nosso pensamento para, com arrimo na interpretação conforme a Constituição do § 5º do art. 5º da Lei n. 7.347/85, refletir que a divisão entre os Ministérios Públicos não é orgânica, mas, tão-somente, administrativa. É dizer, a unidade e a indivisibilidade, como princípios constitucionais explícitos que fundamentam todas as formas de atuação do Ministério Público brasileiro, não podem sofrer interpretação restritiva.

Assim, se o MPT ajuíza ação civil pública na Justiça Comum, federal ou estadual, não há falar em ilegitimidade ativa *ad causam*. Igualmente, se o MPF ou MPE afora ação coletiva na Justiça do Trabalho.

Eventuais conflitos de atribuições ocorreriam apenas no âmbito administrativo, isto é, *interna corporis*, sem qualquer repercussão para o processo. Afinal, não se pode relegar ao oblívio a função promocional dos Ministérios Públicos, que passam a ser alavancas de promoção do acesso à Justiça e a todos os órgãos do Poder Judiciário. Disso resulta que é perfeitamente válida a formação litisconsorcial ativa entre o Ministério Público Federal, o Ministério Público dos Estados, o Ministério Público Militar e o Ministério Público do Trabalho.

Além disso, não há qualquer óbice para que um Ministério Público intervenha como assistente, simples ou litisconsorcial, em processo no qual figure outro órgão do *Parquet*, pois ambos terão sempre lídimo interesse jurídico em que a instituição ministerial, pouco importando o campo de sua atuação, saia vencedora na ação.

10. Desistência da ação

É importante ressaltar que desistência da ação não se confunde com renúncia do direito sobre o qual se funda a ação. No primeiro caso, acolhida a desistência, o juiz extinguirá o processo sem resolução de mérito, o que não impede que o mesmo autor venha a juízo propor a mesma ação, pois aqui há a formação apenas da coisa julgada formal. No segundo caso, acolhida a renúncia, o juiz extinguirá o processo com resolução de mérito, o que implicará formação da coisa julgada material, impedindo que o autor, a menos que desconstitua a *res judicata* em ação própria (ação rescisória), proponha ação idêntica à extinta na primeira relação processual.

Em caso de desistência infundada ou abandono da ação civil pública por associação legitimada, vaticina o § 3º do art. 5º da LACP, que "o Ministério Público ou outro legitimado assumirá a titularidade ativa". Daí a importância da atuação do Ministério Público como *custos legis* nesta espécie de ação coletiva.

E se o Ministério Público desistir ou abandonar a ação civil pública?

Temos que o Ministério Público, por defender interesses ou direitos sociais, não poderá, em princípio, desistir da ação civil pública. Se o fizer, o juiz, antes de homologá-la, deverá oficiar ao Conselho Superior da instituição, a exemplo do que ocorre quando o órgão do Ministério Público determina o arquivamento de inquérito civil. Essa providência é compatível com a defesa do interesse público e extremamente útil à sociedade, pois tem o fim específico de evitar pressões exógenas ao processo que possam eventualmente favorecer o réu na ação civil pública e frustrar a garantia constitucional de acesso coletivo à Justiça.

Quanto à renúncia ao direito sobre que se funda a ação civil pública, cremos que o Ministério Público jamais poderá fazê-lo, pois a decisão que homologar a renúncia implicará formação de coisa julgada oponível *erga omnes* ou *ultra partes*. É o que deflui do art. 103, I, II e III, do CDC.

11. Interesse processual

Dentre os legitimados para a ação civil pública, apenas o Ministério Público detém interesse de agir presumido. É dizer, se a lei lhe confere legitimidade para ajuizar (atuação como parte) ou nela intervir (atuação como *custos legis*), não há dúvida de que já deixou implícito o seu interesse processual.

Correta, nesse passo, a observação de *Nelson Nery Junior:*

"Assim, sempre que se estiver diante de uma ação coletiva, estará aí presente o interesse social, que legitima a intervenção e a ação em juízo do Ministério Público (CF, art. 127 *caput* e 129, IX).

De conseqüência, toda e qualquer norma legal conferindo legitimidade ao Ministério Público (CF, art. 129, IX) para ajuizar ação coletiva será constitucional porque é função institucional do *Parquet* a defesa do interesse social (CF, art. 127 *caput*)."[57]

No mesmo sentido leciona *Salvatore Satta:*

"O interesse do Ministério Público é expresso pela própria norma que lhe consentiu ou impôs a ação."[58]

---

(57) "O Ministério Público e as ações coletivas", *in Ação civil pública: Lei n. 7.347/85 — reminiscências e reflexões após dez anos de aplicação*. São Paulo: Revista dos Tribunais, 1995, p. 366.

(58) *Diritto processuale civile.* Padova: CEDAM, 1967, v. I, n. 45, *apud* Hugo Nigro Mazzilli, *A defesa dos interesses difusos em juízo* ... cit., p. 92.

Sabe-se que o interesse processual é identificado pela presença concomitante da necessidade, utilidade e adequação.

Não haveria necessidade, por exemplo, na ACP se já existir TAC — Termo de Compromisso de Ajustamento de Conduta, versando sobre os mesmos fatos que impliquem lesão aos direitos metaindividuais. Não haveria utilidade da ACP se o pedido for de tal modo genérico que torne inútil a prestação jurisdicional, como é o caso do pedido para que o réu "cumpra as NRs do Ministério do Trabalho e Emprego, sem especificar qual delas e quais os fatos que tipificam o seu descumprimento. A adequação decorre do tipo de provimento judicial solicitado à luz do "bem da vida" lesado ou ameaçado de lesão. Assim, a ACP seria inadequada para reivindicar aumento salarial para a categoria, pois tal postulação somente pode ser apreciada em dissídio coletivo.

Quanto aos demais legitimados para a ação civil pública o interesse processual não se presume, isto é, há de ser demonstrado em juízo. Exige-se, pois, dos demais co-legitimados a pertinência temática entre os seus fins institucionais e o interesse jurídico defendido na ação coletiva.

Na ação civil pública trabalhista, portanto, para demonstrar seu interesse processual o sindicato deverá instruir a petição inicial com o estatuto social da agremiação, no qual reste demonstrada a pertinência temática entre os seus fins institucionais e o objeto da ação civil pública proposta, sob pena de não restar caracterizado o seu interesse de agir, o que leva à extinção do processo sem resolução do mérito, a teor do inciso VI do art. 267 do CPC aplicado subsidiariamente à espécie (LACP, art. 21, c/c art. 90 do CDC). É bem verdade que quando se tratar de tutela de interesse coletivo da categoria, o próprio nome do sindicato pode ensejar a presunção *juris tantum* do seu interesse processual (CF, art. 8º, III).

12. A petição inicial

A petição inicial da ação civil pública na Justiça do Trabalho deverá ser sempre escrita e assinada por advogado, quando ajuizada por sindicato (ou outro co-legitimado), ou por Membro do Ministério Público do Trabalho.

E isto porque, não se tratando de reclamação trabalhista comum, mas de ação constitucional especial cuja legitimidade, como já apontado, não pertence ao trabalhador ou ao empregador isoladamente considerados, não há lugar, aqui, para o *jus postulandi* das próprias partes (CLT, art. 791).

Dessa forma, cremos que a petição inicial da ação civil pública trabalhista deverá harmonizar os requisitos exigidos pelo art. 840, § 1º, da CLT, aos previstos no art. 282 do CPC.

A petição inicial, portanto, deverá conter:

a) a autoridade judiciária a que é dirigida

Sempre o Juiz do Trabalho da Vara do Trabalho ou o Juiz de Direito investido na jurisdição trabalhista, uma vez que a competência originária para apreciar e julgar ação civil pública no âmbito da Justiça do Trabalho é dos órgãos de primeira instância; nunca dos tribunais.

A petição deve ser dirigida ao Juiz do Trabalho da Vara do Trabalho do local onde ocorreu o dano, o qual será competente material e funcionalmente para apreciar e julgar a ação civil pública.

b) o nome das partes devidamente qualificadas

Sendo autor o Ministério Público do Trabalho, não há necessidade de sua qualificação. Mas é imprescindível a qualificação completa do réu, sendo recomendável a indicação do CEP, já que a notificação citatória é feita, em regra, por via postal.

c) o fato e os fundamentos jurídicos do pedido

Na reclamação trabalhista escrita, basta uma breve exposição dos fatos de que resulte o dissídio entre o empregado e o empregador. Na ação civil pública exige-se que o autor descreva os fatos e decline os fundamentos jurídicos do pedido.

O autor da ação civil pública deverá, além de narrar os fatos, indicar o tipo de direitos ou interesses que está a defender, a saber: difusos, coletivos e/ou individuais homogêneos. Este requisito é indispensável, a fim de que se possa aferir a legitimidade *ad causam* e identificar eventual litispendência ou coisa julgada.

d) o pedido com suas especificações

O pedido deve ser certo e determinado, sendo, porém, lícito ao autor formular pedido genérico nas hipóteses previstas nos incisos I, II e III do art. 286 do CPC. No tópico específico adiante, falaremos com mais detalhes sobre o pedido na ação civil pública trabalhista.

e) o valor da causa

O valor da causa não é requisito essencial para a petição inicial da reclamação trabalhista.

Também não o é para a da ação civil pública proposta na Justiça Especializada.

Aliás, a atribuição do valor da causa no processo laboral tem por escopo apenas estabelecer o procedimento a ser adotado (Lei n. 5.584/70, art. 2º): *sumário* (causas de alçada), se igual ou inferior a dois salários mínimos, não caberá recurso, salvo se este versar sobre matéria constitucional, caso em que caberá recurso extraordinário para o Supremo Tribunal Federal; *sumaríssimo,* nas causas em que o autor formular pedido líquido superior a dois salários mínimos até o limite de quarenta salários mínimos (CLT, art. 852-A), *ordinário*, se o valor atribuído ou fixado pelo juiz for superior a quarenta salários mínimos.

Como na ação civil pública se visa tutelar interesses coletivos *lato sensu*, o procedimento deverá ser o ordinário independentemente do valor da causa.

f) as provas com que o autor pretende demonstrar a verdade dos fatos alegados

Em consonância com o art. 841 da CLT, a audiência trabalhista deverá ser una, isto é, todos os atos deverão ser concentrados numa mesma sessão, em obediência aos princípios da imediatidade e concentração.

Nesse sentido, o art. 845 do mesmo texto obreiro preceitua que as partes deverão comparecer à audiência acompanhadas de suas testemunhas e demais provas.

O art. 787 consolidado, paradoxalmente, determina que a parte anexe à petição inicial os documentos que servem de sustentáculo para as suas alegações.

A realidade fática, porém, está a demonstrar que raramente os juízes do trabalho adotam a audiência una, mesmo porque a apresentação de um documento por uma parte em audiência abre a possibilidade da contraprova, o que é permitido pelo art. 845 da CLT.

Ademais, dificilmente o autor, geralmente o trabalhador, dispõe de documentos para provar os fatos alegados na inicial.

Quando a ação civil pública é ajuizada pelo Ministério Público do Trabalho a petição inicial é, geralmente, instruída com cópia do inquérito civil ou do procedimento investigatório, o que torna desnecessária, em princípio, a produção de outras provas.

g) o requerimento para a citação do réu

Não há na CLT exigência para o requerimento de citação.

Trata-se de mais uma das hipóteses em que vige o princípio inquisitivo ou inquisitório, uma vez que a notificação/citatória do réu constitui ato do escrivão ou diretor de secretaria, a teor do art. 841 da CLT.

Se assim é, cremos que na ação civil pública trabalhista também não há necessidade de requerimento expresso para a citação do réu.

13. O pedido

O art. 3º da Lei n. 7.347/85 dispõe textualmente:

> "A ação civil poderá ter por objeto a condenação em dinheiro ou o cumprimento da obrigação de fazer ou não fazer."

Não obstante a literalidade do preceptivo em causa, não há, em doutrina, uniformidade acerca da natureza do pedido na ação civil pública.

Hugo Nigro Mazzilli[59] e *Nelson Nery Junior*[60] proclamam que, com o advento do Código de Defesa do Consumidor, inexiste sistema de taxatividade para defesa de interesses difusos, coletivos e individuais homogêneos, podendo estes ser defendidos por meio de ações condenatórias, constitutivas ou meramente declaratórias.

Rodolfo de Camargo Mancuso segue a trilha dos autores acima citados, embora advirta que esse

> "largo espectro não encerra, porém, o risco de ser conferida extensão exagerada ao objeto da ação civil pública, porque, de um lado,

(59) *A defesa dos interesses difusos em juízo ...*, cit., p. 100.
(60) *Código de Processo Civil e legislação processual civil extravagante em vigor.* São Paulo: Revista dos Tribunais, 1994, nota ao art. 1º da Lei n. 7.347/85, *apud* Rodolfo de Camargo Mancuso, *Ação civil pública: em defesa do meio ambiente, patrimônio cultural e dos consumidores.* 4. ed. rev. e ampl. São Paulo: Revista dos Tribunais, 1996, p. 35.

o interesse objetivado — mesmo no caso dos individuais homogêneos — sempre estará sendo tratado em sua *dimensão coletiva* (significativo, nesse ponto, o parágrafo único do art. 81 do CDC); de outro lado, é lícito supor que sempre há de preexistir a relevância do interesse para a sociedade civil, embora esse quesito possa apresentar diversa gradação e mesmo, no caso dos individuais homogêneos, derivar da conveniência do trato processual coletivo, mormente agora com as restrições à formação do litisconsórcio ativo facultativo 'multitudinário' (CPC, parágrafo único do art. 46, acrescentado pela Lei n. 8.952, de 13.12.94)."(61)

José dos Santos Carvalho Filho assevera que na ação civil pública "a providência alvitrada pelo autor é de conteúdo condenatório, seja para condenar o réu a pagamento em dinheiro, seja para obrigá-lo ao cumprimento de obrigação de fazer ou não fazer."(62)

Admite este último autor, entretanto, que, com o advento da Lei n. 8.625/93 (art. 25, IV, *b*), poderá ser formulado, exclusiva e excepcionalmente, pelo Ministério Público pedido de caráter constitutivo.

Não há negar que o objeto das ações civis em geral é o próprio pedido, que pode ser classificado em simples, cumulado, alternativo, eventual, subsidiário etc.

É possível também classificar o pedido em:

a) *imediato*, que diz respeito à providência jurisdicional vindicada, isto é, sentença condenatória, declaratória, constitutiva, ou mesmo uma providência executiva, cautelar ou preventiva;

b) *mediato*, que concerne à utilidade que se pretende obter por meio da sentença, ou seja, o bem material ou imaterial intentado pelo autor da ação, como o recebimento de um crédito trabalhista, a anotação da CTPS, o depósito do FGTS etc.

Como a ação civil pública visa à responsabilização de qualquer pessoa física ou jurídica, de direito público ou privado, por danos causados ao meio ambiente, ao consumidor, a bens e direitos de valor estético, artístico, histórico, paisagístico ou a *qualquer outro interesse difuso ou coletivo* (Lei n. 7.347/85, art. 1º), objetivando sua "condenação em dinheiro ou o cumprimento de obrigação de fazer ou não fazer" (art. 3º), não há dúvida de que, abstraindo-se o conceito genérico de que toda

(61) *Ação civil pública: em defesa do meio ambiente* ... cit.
(62) *Ação civil pública: comentários por artigo.* Rio de Janeiro: Freitas Bastos, 1995, p. 45-60.

ação possui conteúdo declaratório, trata-se, em princípio, de uma ação com *pedido imediato de natureza condenatória*.

Importa referir, nesse passo, que o art. 11 da LACP reforça tal assertiva, ao dispor que na "ação que tenha por objeto o cumprimento de obrigação de fazer, ou não fazer, o juiz determinará o cumprimento da prestação da atividade devida ou a cessação da atividade nociva, sob pena de execução específica, ou de cominação de multa diária, se esta for suficiente ou compatível, independentemente de requerimento do autor".

Lembra, com razão, *Rodolfo de Camargo Mancuso* que o

> "objeto da ação, nessa hipótese, terá natureza predominantemente *cominatória*, com a feição do art. 287 do CPC: se o autor pedir a condenação do réu a abster-se da prática de algum ato, a tolerar alguma atividade, ou a prestar fato que não possa ser realizado por terceiro, constará da petição inicial a cominação da pena pecuniária, para o caso de descumprimento da sentença."(63)

Nada impede, contudo, que o pedido inscrito em ação civil pública seja de anulação (desconstitutiva ou constitutiva negativa) ou declaração de nulidade (declaratória) de atos lesivos a direitos ou interesses difusos, de acordo com o que estabelece expressamente o art. 25, IV, *b*, da Lei n. 8.625/93 (Lei Orgânica Nacional do Ministério Público)(64), segundo o qual cabe ao Ministério Público (dos Estados, ressaltamos)

> "promover o inquérito civil e a ação civil pública, na forma da lei:
>
> a) para a proteção, prevenção e reparação dos danos causados ao meio ambiente, ao consumidor, aos bens e direitos de valor artístico, estético, histórico, turístico e paisagístico, e a outros interesses difusos, coletivos e individuais indisponíveis e homogêneos;
>
> b) *para a anulação ou declaração de nulidade de atos lesivos ao patrimônio público ou à moralidade administrativa do Estado ou de Município, de suas administrações indiretas ou fundacionais ou de entidades privadas de que participem.*" (sem ênfase no original)

A migração dos instrumentos legais acima citados para os domínios do processo do trabalho autoriza a conclusão de que o pedido na ação

---

(63) *Ação civil pública: em defesa do meio ambiente...* cit., p. 27-28.

(64) Ada Pellegrini Grinover, com razão, adverte que esse dispositivo traduz, em essência, modalidade da Ação Popular, cuja legitimidade é atribuída ao Ministério Público. "Uma nova modalidade de legitimação à ação popular. Possibilidade de conexão, continência e litispendência", *in Ação civil pública: Lei n. 7.347/85 — reminiscências e reflexões após dez anos de aplicação*. Nelson Nery Junior (coord.). São Paulo: Revista dos Tribunais, 1995, p. 23-27.

civil pública trabalhista terá, em regra, natureza condenatória (obrigação de fazer ou não fazer), podendo ser cumulado com preceito cominatório (multa ou *astreinte*) no caso de descumprimento da liminar ou da sentença, independentemente de requerimento do autor.

Admite-se, também, pedido de natureza declaratória ou constitutiva, quando a ação, ajuizada pelo Ministério Público do Trabalho, tenha por objeto, *v. g.*, a anulação ou declaração de nulidade de contratações de servidores investidos em empregos públicos sem terem logrado aprovação prévia em concurso público de provas ou de provas e títulos (CF, art. 37, II). Neste caso, é facultado ao autor cumular pedido de conteúdo constitutivo ou declaratório (anulação ou declaração de nulidade do ato admissional do servidor) com pedido de conteúdo condenatório (obrigação de não fazer), visando a que a Administração se abstenha de realizar novas contratações sem a observância do referido preceito constitucional.

O pedido na ação civil pública, por força do Código de Defesa do Consumidor (art. 83), aplicado de forma integrada à espécie (LACP, art. 21), deve assegurar a adequada e efetiva tutela dos direitos e interesses difusos, coletivos e individuais homogêneos. Por esta razão, sobretudo para não frustrar a *mens legis*, o pedido na ação civil pública poderá ter conteúdo condenatório, mandamental, executivo *lato sensu,* constitutivo e/ou declaratório.

Nesse passo, cumpre assinalar que alteramos nosso entendimento anterior que residia na interpretação restritiva do art. 3º da LACP, para não admitir como objeto exclusivo da ação civil pública a condenação em dinheiro. Todavia, melhor refletindo sobre o que dispõe o art. 21 da LACP combinado com o art. 91 do CDC, passamos a admitir a formulação de pedido genérico em defesa dos interesses individuais homogêneos. Neste caso, em sendo procedente o pedido, a condenação será genérica, fixando a responsabilidade do réu pelos danos causados (*an debeatur*), cabendo, posteriormente, a liquidação e a execução do julgado, fixando os prejuízos individualmente sofridos (*quantum debeatur*).

Ora, se entre os danos causados pelo réu aos interesses individuais homogêneos dos trabalhadores estão, geralmente, o não-pagamento das verbas trabalhistas com expressão econômica e monetária, tais como salário mínimo, FGTS, aviso prévio, horas extras, adicionais etc., parece-nos irrecusável a possibilidade de a ação civil pública trabalhista conter pedido de condenação exclusivamente em dinheiro.

A Lei n. 7.347/85 permite, ainda, dois pedidos com características de provimento acautelatório. O primeiro pode ser feito em sede de ação cautelar, propriamente dita, ou seja, em processo distinto (art. 4º). O que se visa, neste caso, é assegurar o resultado útil do processo dito principal. O segundo pode ser formulado nos próprios autos da ação civil pública, independentemente do ajuizamento de ação cautelar (art. 12). A liminar pretendida aqui é de conteúdo satisfativo e antecipatório da tutela de mérito, semelhante às liminares no mandado de segurança e nas ações possessórias.

13.1. Pedido de indenização por danos morais coletivos

Vaticina o art. 1º, *caput*, inciso IV, da LACP, *in verbis:*

> "Art. 1º Regem-se pelas disposições desta Lei, sem prejuízo da ação popular, as ações de responsabilidade por danos morais e patrimoniais causadas:
>
> (...) a IV — a qualquer outro interesse difuso ou coletivo."[(65)]

A interpretação sistemática dessa norma com o art. 3º da mesma lei, autoriza a ilação de que a ação civil pública pode conter pedido de indenização por danos morais coletivos cumulativamente (ou não) com danos patrimoniais[(66)] e ensejar sentença genérica que condene o réu a indenizar tais danos[(67)], inclusive os de natureza traba-

---

(65) O *caput* com nova redação dada pela Lei n. 8.884, de 11.6.1994 e o inciso IV acrescentado pela Lei n. 8.078, de 11.9.1990, DOU 12.9.1990 e renumerado pela Lei n. 10.257, de 10.7.2001, DOU 11.7.2001.

(66) V. Súmula n. 37 do STJ.

(67) No tocante à justibilidade do dano moral difuso através de ação civil pública, colhe-se a seguinte ementa: "AÇÃO CIVIL PÚBLICA. LEGITIMIDADE. MINISTÉRIO PÚBLICO. DANO AO ERÁRIO PÚBLICO. 1. Ausência de prequestionamento que induz ao não-conhecimento do recurso. 2. A matéria constitucional é insuscetível de apreciação pelo STJ. 3. O Ministério Público é parte legítima para promover Ação Civil Pública visando ao ressarcimento de dano ao erário público. 4. O Ministério Público, por força do art. 129, III, da CF/88, é legitimado a promover qualquer espécie de ação na defesa do patrimônio público social, não se limitando à ação de reparação de danos. Destarte, nas hipóteses em que não atua na condição de autor, deve intervir como *custos legis* (LACP, art. 5º, § 1º; CDC, art. 92; ECA, art. 202 e LAP, art. 9º). 5. A carta de 1988, ao evidenciar a importância da cidadania no controle dos atos da administração, com a eleição dos valores imateriais do art. 37, da CF como tuteláveis judicialmente, coadjuvados por uma série de instrumentos processuais de defesa dos interesses transindividuais, criou um microssistema de tutela de interesses difusos referentes à probidade da administração pública, nele encartando-se a Ação Popular, a Ação Civil Pública e o Mandado de Segurança Coletivo, como instrumentos concorrentes na defesa desses direitos eclipsados por cláusulas pétreas. 6. Em conseqüência, legitima-se o Ministério Público a toda e qualquer demanda que vise à defesa do patrimônio público sob o ângulo material (perdas e danos) ou imaterial (lesão à moralidade). 7. A nova ordem constitucional erigiu um autêntico 'concurso de ações' entre os instrumentos de tutela dos interesses tran-

lhista, por força da cláusula de encerramento contida no art. 21 da LACP.[(68)]

A responsabilidade por danos causados está diretamente ligada a ato culposo ou doloso. Todo aquele que de forma alguma causar dano a alguém deverá indenizar na proporção do dano causado.

Assiste razão a *Nelson Nery Junior*[(69)] ao afirmar que a "aferição do *quantum* indenizatório nas ações coletivas com a finalidade de reparação de dano difuso ou coletivo é questão de difícil solução", razão pela qual sugere "os critérios de arbitramento ou de fixação da indenização com base no valor do lucro obtido pelo causador do dano com sua atividade."

---

sindividuais e, *a fortiori*, legitimou o Ministério Público para o manejo dos mesmos. 8. A lógica jurídica sugere que legitimar-se o Ministério Público como o mais perfeito órgão intermediário entre o Estado e a sociedade para todas as demandas transindividuais e interditar-lhe a iniciativa da Ação Popular, revela *contraditio in terminis*. 9. Interpretação histórica justifica a posição do MP como legitimado subsidiário do autor na Ação Popular quando desistente o cidadão, porquanto à época de sua edição, valorizava-se o *parquet* como guardião da lei, entrevendo-se conflitante a posição de parte e de *custos legis*. 10. Hodiernamente, após a constatação da importância e dos inconvenientes da legitimação isolada do cidadão, não há mais lugar para o veto da *legitimatio ad causam* do MP para a Ação Popular, a Ação Civil Pública ou o Mandado de Segurança coletivo. 11. Os interesses mencionados na LACP acaso se encontrem sob iminência de lesão por ato abusivo da autoridade podem ser tutelados pelo *mandamus* coletivo. 12. No mesmo sentido, se a lesividade ou a ilegalidade do ato administrativo atingem o interesse difuso, passível é a propositura da Ação Civil Pública fazendo as vezes de uma Ação Popular multilegitimária. 13. As modernas leis de tutela dos interesses difusos completam a definição dos interesses que protegem. Assim é que a LAP define o patrimônio e a LACP dilargou-o, abarcando áreas antes deixadas ao desabrigo, como o patrimônio histórico, estético, moral, etc. 14. A moralidade administrativa e seus desvios, com conseqüências patrimoniais para o erário público enquadram-se na categoria dos interesses difusos, habilitando o Ministério Público a demandar em juízo acerca dos mesmos. 15. O STJ já sedimentou o entendimento no sentido de que o julgamento antecipado da lide, não implica cerceamento de defesa, se desnecessária a instrução probatória, máxime a consistente na oitiva de testemunhas. *In casu*, os fatos relevantes foram amplamente demonstrados mediante prova documental conclusiva. Releva notar, por oportuno, que a não-produção de provas deveu-se por culpa exclusiva da Recorrente, que, instada a se manifestar sobre a documentação, quedou-se inerte, muito embora a *causa petendi* tenha sido elucidada pela prova documental existente nos autos e insindicável nesta via (Súmula n. 7). 16. Recurso Especial parcialmente conhecido e improvido" (STJ-RESP 401964-RO, DJU 11.11.2002, p. 155, ac. 1ª T., rel. Min. Lujiz Fux).

(68) Sobre dano moral coletivo no âmbito das relações laborais, recomenda-se a leitura do magnífico artigo de Xisto Tiago de Medeiros Neto, *Dano moral coletivo: fundamentos e características*. 2. ed. 2007, *passim*. Nele, o autor aborda aspectos civis, consumeristas, ambientalistas e trabalhistas, trazendo luzes para tema novo e que exige um "novo pensar" dos operadores jurídicos de nosso país.

(69) *Código de processo civil comentado...*, 4. ed. p. 1.513.

É preciso, antes de tudo, buscar o conceito de dano moral coletivo para, ao depois, fornecer os elementos para a sua aferição.

Dano moral coletivo, segundo *Carlos Alberto Bittar Filho*,

> "é a injusta lesão da esfera moral de uma dada comunidade, ou seja, é a violação antijurídica de um determinado círculo de valores coletivos (...). Quando se fala em dano moral coletivo, está-se fazendo menção ao fato de que o patrimônio valorativo de uma certa comunidade (maior ou menor), idealmente considerada, foi agredido de uma maneira absolutamente injustificável do ponto de vista jurídico (...) Como se dá na seara do dano moral individual, aqui também não há que se cogitar de prova de culpa, devendo-se responsabilizar o agente pelo simples fato da violação..."(70)

Sob o enfoque do dano ambiental, *José Rubens Morato Leite*, salientando que a personalidade, em sua acepção difusa, pode ser suscetível de dano moral (ou extrapatrimonial), assinala, com inteira propriedade, que o

> "dano extrapatrimonial coletivo não tem mais como embasamento a dor sofrida pela pessoa física, mas sim valores que afetam negativamente a coletividade, como é o caso da lesão imaterial ambiental. Constata-se que a necessidade da imposição do dano extrapatrimonial é imperiosa, pois, em muitos casos, será impossível o ressarcimento patrimonial, e a imposição do dano extrapatrimonial ambiental funcionará como uma alternativa válida da certeza da sanção civil do agente, em face da lesão ao patrimônio ambiental coletivo."(71)

Na esfera laboral, colhe-se o magistério de *Manoel Jorge e Silva Neto*, no sentido de que

> "quanto ao dano moral difuso e coletivo, esclareça-se, de logo, que fenômeno interessante ocorreu no momento da consolidação do Estado de Direito Social — substitutivo do modelo liberal — individualista das sociedades políticas predominantes até início do século XX: a coletivização dos direitos, o prestígio conferido aos direitos sociais como forma de obstar o ímpeto de movimentos sociais à feição da Revolução Russa de 1917, não foi acompanhada da respectiva coletivização do processo."(72)

---

(70) Do dano moral coletivo no atual contexto jurídico brasileiro, *in Revista Direito do Consumidor*, n. 12, out./dez. 1994, p. 55.

(71) *Dano ambiental: do individual ao coletivo extrapatrimonial*, p. 371.

(72) *Responsabilidade civil por dano moral difuso e coletivo na justiça do trabalho*, p. 112. Ressalte-se que se o STF já reconheceu a competência da Justiça do Trabalho

E mais adiante adverte:

"Nos dias atuais, o natural desenvolvimento da teoria referente aos interesses supraindividuais (no caso, os difusos e coletivos, visto que os individuais homogêneos admitem proteção por via de ação individual) conduz à reparabilidade por ofensa ao patrimônio moral de interesses da ordem. Com efeito, não se pode recusar que a sociedade possui um patrimônio moral que, uma vez atingido, enseja, ato-contínuo, a sua indenização, mesmo sabendo-se que os indivíduos integrantes da comunidade cujo interesse difuso fora desrespeitado não podem se apresentar como beneficiários do valor devido a título de dano moral, o que desnatura a essência do interesse metaindividual; por isso que, no âmbito da Justiça do Trabalho, toda e qualquer indenização por ofensa a interesse difuso e coletivo, ainda que relacionada ao prejuízo moral, deve ser revertida em favor do Fundo de Amparo ao Trabalhador — FAT, conforme o prevê o art. 11, V, da Lei n. 7.998/90."(73)

Esse mesmo autor, em cuidadosa análise, aponta as hipóteses em que poderiam ocorrer danos morais difusos e coletivos no âmbito laboral, por: ofensa à intimidade, como nos casos de revistas íntimas vexatórias; transgressão à vida privada dos trabalhadores; ofensa à imagem dos trabalhadores; ofensa à honra dos trabalhadores; violação à liberdade sexual.(74)

Nos acrescentaríamos, ainda, a possibilidade de danos morais difusos ou coletivos por violação à liberdade de ir e vir dos trabalhadores. Trata-se, talvez, da forma mais odiosa de lesão à dignidade da pessoa humana, lamentavelmente ainda existente no seio de nossa sociedade: a chaga do trabalho em condições de escravidão.(75)

---

para processar e julgar ação individual versando dano moral oriundo a relação de emprego (RE 238.737-SP, rel. Min. Sepúlveda Pertence, j. 17.11.1998), parece-nos que, por interpretação lógica, também a reconhecerá para a ação civil pública que verse dano moral a interesses difusos ou coletivos decorrentes das relações laborais.

(73) Manoel Jorge e Silva Neto, *op. cit.*, p. 112-113.

(74) *Ibid.*, p. 113-121.

(75) Tamanha é a gravidade do problema, mormente na zona rural, que o Ministério Público do Trabalho instituiu uma Comissão Nacional de Erradicação do Trabalho Escravo. Segundo levantamento feito até o mês de março de 2003, o Ministério Público do Trabalho participou de 48 operações de fiscalização com o Grupo Móvel de Combate ao Trabalho Escravo do Ministério do Trabalho e Emprego. Possui 284 Procedimentos Administrativos em andamento e outros 210 foram arquivados. Firmou 101 Termos de Compromisso de Ajustamento de Conduta e impetrou sete Ações de Execução de Título Extrajudicial (TCAC). Ingressou com 42 Ações Civis Públicas, nove Ações Civis Coletivas, uma Ação Cautelar, 12 Reclamações Trabalhistas e uma Ação Anulatória. Qualquer pessoa que queira denunciar essa prática irrepugnável é só acessar o *site*: http://www.pgt.mpt.gov.br/escravo/coord/index.html>

Com base em tais premissas, pode-se passar às modalidades de reparação do dano moral difuso ou coletivo.

Segundo *Xisto Tiago de Medeiros Neto*[76], são modalidades de reparação do dano moral transindividual: a prestação *in natura*, a prestação pecuniária ou outras formas alternativas.[77]

Nos estreitos limites desta epígrafe, interessa-nos a segunda modalidade, a saber: a prestação pecuniária.

Pondera *Xisto Tiago de Medeiros Neto* que, tratando-se

> "de reparação em dinheiro, deverá o valor ser arbitrado pelo juiz, à luz da eqüidade e do bom senso, observando-se em sua fixação o princípio pedagógico, ao agregar-se valor hábil a dissuadir outras condutas danosas, nos moldes dos *punitive* ou *exemplary damages* praticados nos países de *common law*. Dessa maneira, objetiva-se estabelecer a nota da exemplaridade da imposição pecuniária em relação à sociedade, sancionando o lesante e desestimulando outros comportamentos assemelhados."[78]

Essa sugestão, é bem de ver, está a exigir que o juiz ao proferir a sentença condenatória do processo cognitivo já "arbitre", desde logo, o valor exato da condenação em dinheiro. Neste caso, nada haveria a ser liquidado, pois o juiz, em julgamento por eqüidade, já fixaria na sentença o *quantum* debeatur.[79]

O problema é que, não raro, para se chegar à quantificação do valor reparatório, é preciso levar em conta, cumulativamente, a extensão, a gravidade e a repercussão da ofensa, além do grau de culpa do ofensor e a intensidade do efeito negativo sofrido pela coletividade, o que, convenhamos, nem sempre mostra-se factível ao juiz sem o auxílio de um *expert*.

Daí por que concordamos com *José Rubens Morato Leite*, para quem,

---

(76) *Dano moral coletivo: fundamentos e características*, p. 106-110.

(77) Essas outras formas alternativas ocorrem quanto o ofensor não dispuser de patrimônio suficiente para a efetiva reparação pecuniária pelos danos morais coletivos ou difusos a que fora condenado, podendo o juiz, em tais casos, estabelecer sanções ou cominações não pecuniárias, como a prestação de serviços à comunidade ou o cerceamento de alguns direitos.

(78) *Dano moral coletivo: fundamentos e características*, p. 106.

(79) Nesse sentido, embora sob o enfoque do dano moral individual, consultar a magnífica monografia de Rodolfo Pamplona Filho, cujo título é: "O dano moral na relação de emprego", p. 124.

"não havendo critérios legais seguros para se aferir o *quantum* indenizatório do dano extrapatrimonial, deve o julgador, observadas as circunstâncias do caso concreto, utilizar-se do arbitramento para fixar o valor da condenação."(80)

É importante salientar, para encerrar este tópico, que o novel Código Civil passou a disciplinar, no art. 946, *in verbis*:

"Se a obrigação for indeterminada, e não houver na lei ou no contrato disposição fixando a indenização devida pelo inadimplente, apurar-se-á o valor das perdas e danos na forma que a lei processual determinar."(81)

Com isso, não há mais a determnação legal no sentido de que, inexistindo norma contratual ou legal regulando a espécie, seja obrigatória a liquidação por arbitramento.

Confere-se, assim, maiores poderes ao juiz(82) para, no caso concreto, em se tratando de ação civil pública destinada à reparação por danos morais perpetrados aos interesses difusos ou coletivos trabalhistas, fixar o *quantum* dos danos morais coletivos ou optar entre as três formas de liquidação de sentença cabíveis no processo do trabalho (cálculo, arbitramento ou artigos).(83)

14. Tutelas de urgência

14.1. A cognição nas tutelas diferenciadas

Já advertia *Chiovenda* que "na medida do que for praticamente possível o processo deve proporcionar a quem tem um direito tudo aquilo e precisamente aquilo que ele tem o direito de receber."(84)

---

(80) *Dano extrapatrimonial ou moral ambiental e sua perspectiva no direito brasileiro*, p. 449-450. No mesmo sentido, colhe-se a seguinte ementa: "DANO MORAL. ARBITRAMENTO. A intervenção do Superior Tribunal de Justiça no arbitramento do dano moral só se dá por exceção, quando o *quantum* fixado na instância ordinária for irrisório ou abusivo. Recurso especial não conhecido (STJ-RESP 437176-SP, rel. Min. Ari Pargendler, ac. 3ª T., DJU 10.3.2003, p. 194).

(81) Esse novo dispositivo alterou, a nosso ver, a antiga regra do art. 1.553 do Código Civil de 1916, que assim dispunha: "Nos casos não previstos neste Capítulo, far-se-à por arbitramento a liquidação."

(82) No processo do trabalho, em que sobressai o princípio inquisitivo, vaticina o art. 765 da CLT, *in verbis*: "Os juízos e tribunais do trabalho terão ampla liberdade na direção do processo e velarão pelo andamento rápido das causas, podendo determinar qualquer diligência necessária ao esclarecimento delas."

(83) Sobre o tema, recomendo a leitura do seguinte livro: LEITE, Carlos Henrique Bezerra. *Liquidação na ação civil pública*. São Paulo: LTr, 2003.

(84) *Apud* José Marcelo Vigliar Menezes, *Ação civil pública*, p. 63.

Recepcionando o ensinamento do mestre peninsular, podemos dizer que o nosso sistema de direito processual prevê para cada tipo de situação de direito processual ou material tutela jurisdicional *adequada*. A rigor, o que torna tal tutela em diferenciada é, na verdade, o *procedimento* a ser adotado em cada caso.

Com razão *José Roberto dos Santos Bedaque*, ao lecionar:

"Quanto mais tivermos procedimentos adequados às especificidades da tutela pleiteada, mais próximos estaremos da justiça substancial, isto é, mais o direito processual se aproxima do direito material, com vista a assegurar, com eficiência, a efetividade deste. Embora instrumento, o processo constitui importantíssimo fator no desenvolvimento das relações substanciais."(85)

Kazuo Watanabe(86) já lembrava que a cognição, como ato de inteligência do magistrado, desenvolve-se em dois planos distintos: o *horizontal* (correspondente à sua amplitude) e o *vertical* (relacionado à sua profundidade).

No plano vertical, a cognição pode ser *sumária* ou *exauriente*, desde que implique solução parcial ou definitiva dos conflitos, sendo certo que somente esta última subespécie poderá propiciar à decisão judicial a característica da coisa julgada material.

Já no plano horizontal, temos que a cognição de *extensão plena* ou de *extensão limitada*, à luz do exame das questões concernentes aos pressupostos processuais, condições da ação e mérito, seja realizada sem restrições, com a aplicação plena do contraditório, da ampla defesa, com total dilação probatória.

Na concessão das tutelas jurisdicionais diferenciadas, portanto, ocorre a união de cognições horizontais e verticais, tendo em vista a abrangência que elas possuem.

14.2. Fundamentos da tutela de urgência

A tutela de urgência encontra fundamentos nos planos constitucional e infraconstitucional.

No rol dos direitos e garantias fundamentais que habitam o art. 5º da Constituição da República colhemos normas principiológicas (XXXV e LIV) que visam propiciar o acesso à justiça nos casos de lesão ou

---

(85) *Direito e processo: influência do direito material sobre o processo*, p. 68.
(86) *Cognição no processo civil*, p. 58 *et seq*.

ameaça a direitos (ou interesses individuais, sociais, difusos ou coletivos) e as que asseguram o devido processo legal (individual ou metaindividual).

Por força da EC n. 45/2004, outro princípio (art. 5º, LXXVIII) passou integrar o elenco dos direitos fundamentais, a saber: o que assegura a todos, no âmbito judicial e administrativo, "a razoável duração do processo e os meios que garantam a celeridade de sua tramitação".

Destarte, se a ação civil pública é uma garantia constitucionalmente assegurada ao Ministério Público e a outros entes coletivos (CF, art. 129, III, § 1º) para a promoção da defesa dos interesses metaindividuais, pode-se dizer que a tutela de urgência nela veiculada (ou no processo cautelar correspondente) encontra fundamento no princípio da máxima efetividade das normas constitucionais, o que exige do intérprete e aplicador do direito dar-lhe rendimento processual máximo.(87)

No plano infraconstitucional, o fundamento da tutela de urgência em ação civil pública encontra residência nos arts. 4º e 11 da Lei n. 7.347/85, que tratam, respectivamente, da tutela de urgência cautelar ou tutela de urgência antecipatória de mérito.

Com efeito, diz o art. 4º da Lei n. 7.347/85, com redação dada pela Lei n. 10.257, de 10.7.2001 (DOU 11.7.2001), *in verbis*:

> "Poderá ser ajuizada ação cautelar para os fins desta Lei, objetivando, inclusive, evitar o dano ao meio ambiente, ao consumidor, à ordem urbanística ou aos bens e direitos de valor artístico, estético, histórico, turístico e paisagístico (VETADO). (NR)"(88)

Já o art. 12 da referida lei, permite ao juiz "conceder mandado liminar, com ou sem justificação prévia, em decisão sujeita a agravo".

Vê-se, pois, que a tutela de urgência visa tornar imune o processo (instrumento) ou o seu conteúdo (direito material) dos efeitos danosos que o tempo causa à tempestiva prestação jurisdicional.

Pode-se dizer, portanto, que a tutela de urgência corresponde a um conjunto de técnicas processuais que devem ser prontas e rápidas, sob pena de se tornarem inúteis.(89)

---

(87) Iara de Toledo Fernandes. "Tutela de urgência na ação civil pública. *In:* Rodrigo Mazzei; Rita Dias Nolasco, *Processo civil coletivo*. São Paulo: Quartier Latin, 2005, p. 351.

(88) Nota: Assim dispunha o artigo alterado: "Art. 4º Poderá ser ajuizada ação cautelar para os fins desta Lei, objetivando, inclusive, evitar o dano ao meio ambiente, ao consumidor, aos bens e direitos de valor artístico, estético, histórico, turístico e paisagístico (vetado)."

(89) Marcelo Abelha Rodrigues, *Ação civil pública e meio ambiente*, p. 150.

14.3. Tutelas de urgência em ação civil pública

Há, pois, duas modalidades de tutela de urgência expressamente previstas na LACP (Lei de Ação Civil Pública).

A primeira pode ser implementada por meio de medidas cautelares no bojo de ação cautelar (LACP, art. 4º).

Já a segunda espécie de tutela de urgência é feita por intermédio de medida liminar (LACP, art. 12), que é uma espécie de provimento antecipatório de mérito.

Os pontos comuns entre ambas são, basicamente, a sumariedade cognitiva, a provisoriedade da tutela e a urgência de sua expedição.

Procuraremos doravante esboçar os pontos distintivos entre essas duas modalidades de tutela de urgência.

14.3.1. Tutela de urgência cautelar

É imperioso advertir, de início, que o art. 4º da Lei n. 7.347/85, com redação dada pela Lei n. 10.257, de 10.7.2001, há de ser interpretado extensiva e não literalmente.

Com efeito, a ação civil pública cautelar (e a tutela de urgência nela postulada) tem por objetivo não apenas *evitar dano* ao meio ambiente, ao consumidor, à ordem urbanística ou aos bens e direitos de valor artístico, estético, histórico, turístico e paisagístico, mas, também, a qualquer outro interesse difuso, coletivo ou individual homogêneo.

A assertiva decorre não apenas da previsão inserta no art. 129, III, da CF, que recepcionou quantitativa e qualitativamente o objeto da ação civil pública, e do inciso IV do art. 1º da LACP, como também pela aplicação da regra de abertura do art. 21 da própria LACP.

Outra advertência importante repousa na necessidade de interpretação extensiva, sistemática e teleológica do art. 83, III, da Lei Complementar n. 75/93, também chamada de LOMPU — Lei Orgânica do Ministério Público da União, cuja literalidade conduziria o intérprete menos atento à ilação de que somente os direitos sociais constitucionalmente assegurados seriam tutelados pela ação civil pública no âmbito da Justiça do Trabalho.

Na verdade, tal norma há de adequar-se ao sistema de acesso metaindividual à justiça, propiciando, assim, a máxima efetividade das normas constitucionais, como já sublinhamos no item 2 *supra*.

Em suma, a tutela de urgência cautelar tem por escopo evitar dano a quaisquer interesses difusos, coletivos ou individuais homogêneos que constituem (ou constituirão) objeto de proteção em outro processo coletivo.

Para a concessão da tutela de urgência cautelar é preciso a existência de uma ação cautelar, que poderá ser preparatória ou incidental à ação civil pública, cabendo ao autor demonstrar os requisitos do *fumus boni iuris* e do *periculum in mora*, por aplicação subsidiária do processo cautelar do CPC (arts. 796 *et seq.*) autorizada pelo art. 19 da LACP.

A tutela de urgência cautelar visa, portanto, assegurar, em sede de ação cautelar, o resultado prático do processo instaurado pela ação civil pública, dita principal.

É o que se infere do art. 5º da LACP (com redação dada pela Lei n. 8.884, de 11.6.1994), segundo o qual a

> "ação principal e a cautelar poderão ser propostas pelo Ministério Público, pela União, pelos Estados e Municípios. Poderão também ser propostas por autarquia, empresa pública, fundação, sociedade de economia mista ou por associação que: I — esteja constituída há pelo menos 1 (um) ano, nos termos da lei civil; II — inclua entre suas finalidades institucionais a proteção ao meio ambiente, ao consumidor, à ordem econômica, à livre concorrência, ou ao patrimônio artístico, estético, histórico, turístico e paisagístico."

Nos sítios do processo do trabalho, têm legitimidade *ad causam* para ajuizar a ação cautelar e requerer tutela de urgência cautelar em defesa dos interesses metaindividuais dos trabalhadores o MPT e os sindicatos, sendo que quanto a estes, a nosso ver, não há obrigatoriedade de atendimento aos requisitos dos incisos I e II do art. 5º da LACP, tendo em vista o disposto no § 1º do art. 129 e no inciso III do art. 8º, ambos da CF.

14.3.2. Tutela de urgência antecipatória

A tutela antecipada, quando concedida, proporciona antes da decisão definitiva e no mesmo processo em que é solicitada o próprio bem da vida afirmado pelo autor na petição inicial.

Não se há de confundir natureza jurídica do ato antecipador da tutela com a natureza jurídica da própria tutela. Aquela leva em conta os tipos de atos, ou melhor, provimentos que o juiz pode proferir no processo, segundo a dicção do art. 162 do CPC, a saber: sentença, decisão interlocutória e despachos. Esta guarda relação com a classificação da sentença à luz da providência jurisdicional solicitada pelo autor na petição inicial.

No primeiro caso, parece não haver grandes divergências a respeito da tipificação de decisão interlocutória do ato judicial que antecipa a tutela. Tanto é assim que o art. 12 da LACP prescreve que "poderá o juiz conceder mandado liminar, com ou sem justificação prévia, em decisão sujeita a agravo". Ora, nem a sentença, muito menos os despachos, podem ser objeto dessa modalidade recursal. Daí por que não hesitamos em dizer que a decisão que impõe ao juiz o poder-dever de conceder o "mandado liminar" nas ações coletivas é tipicamente interlocutória.

Sabe-se que no processo do trabalho as decisões interlocutórias não são recorríveis de imediato, razão pela qual a parte que suporta os efeitos da tutela antecipada prevista no art. 12 da LACP deverá aguardar a decisão final para poder manifestar sua irresignação contra aquele ato decisório. Disso resulta que, em situações excepcionais nas quais a decisão antecipatória possa traduzir violação a direito líquido e certo, poderá a parte, em tese, impetrar mandado de segurança. Diz-se a parte, porquanto o *mandamus* poderá ser manejado pelo autor ou pelo réu, tanto da decisão que concede como da que denega a antecipação da tutela.

No segundo caso, isto é, quando se trata de enquadrar a tutela antecipada contida no art. 12 da LACP no tipo de processo, não há uniformidade entre os autores. Para uns seria cautelar[(90)] e, segundo alguns, do tipo satisfativa. Outros sustentam sua feição executiva. Há, ainda, os que advogam seu caráter mandamental.

Pensamos que de cautelar não se trata, uma vez que o objetivo do processo cautelar é assegurar o resultado útil do processo dito principal (de conhecimento ou de execução). Ademais, se é satisfativa não pode ser concebida como cautelar, o que encerraria uma *contraditio in terminis*.

Também não nos parece que tenha natureza executiva, *tout court*, pois a execução pressupõe um provimento judicial não sujeito à retratação.

Afigura-se-nos, portanto, que as liminares previstas no art. 12 da LACP e no art. 84, § 3º, do CDC possuem natureza satisfativa, porquanto antecipam a tutela definitiva[(91)]. Dito de outro modo, as tutelas ante-

(90) Estêvão Mallet, *Antecipação de tutela no processo do trabalho*, p. 49.
(91) Carlos Henrique Bezerra Leite, *Ministério público do trabalho: doutrina, jurisprudência e prática*, p. 139-140.

cipadas encerram provimento judicial híbrido com eficácia mandamental ou executiva *lato sensu*.

Dissemos híbrido, porque a "liminar é uma providência de cunho emergencial, expedida também (em convergência às medidas cautelares) com o fundamental propósito de salvaguardar a eficácia da futura decisão definitiva"[92], mas possui um caráter executivo *lato sensu* e mandamental, na medida em que há a entrega, embora precária, do bem da vida vindicado no bojo dos próprios autos do processo a que se refere.

Esse é também o pensamento de *Marcelo Abelha Rodrigues*, no sentido de que a

> "natureza jurídica da tutela antecipatória é de provimento judicial com eficácia mandamental ou executiva *lato sensu*. Isto porque permite, a um só tempo, não só a entrega antecipada e provisória do próprio mérito ou seus efeitos, como também a efetivação imediata desta tutela. Justamente porque é dada com base na urgência e na busca da efetividade, é um mister que exista, sempre que possível, a imediata satisfação do efeito fático de mérito antecipado. Exatamente por isso, por via da tutela antecipada dos efeitos de mérito, o juiz emite um provimento que deverá ser imediatamente cumprido pelo réu, ou, em contrapartida, que, se não for cumprido por ele, admite que seja feito às suas expensas."[93]

O modo de efetivação da tutela antecipada é tema que merece algumas palavras. Sem sombra de dúvida, a finalidade da obtenção da tutela antecipada é a realização no mundo dos fatos de efeitos que seriam advindos com a própria tutela concedida ao final. Portanto, sua finalidade é justamente de antecipar, provisoriamente, a execução dos efeitos do provimento que seria concedido ao final. Execução aqui deve ser entendida em sentido amplo, compreendendo não só a idéia de execução forçada, mas também, inclusive, os casos de execução imprópria dos provimentos declaratórios e constitutivos. Portanto, melhor que tomássemos a palavra *execução* no sentido de eficácia.[94]

14.3.2.1. Importância e conteúdo da tutela de urgência antecipatória

Em se tratando de ações destinadas à defesa de interesses difusos, coletivos e individuais homogêneos dois aspectos devem ser salientados.

(92) Sérgio Ferraz, *Provimentos antecipatórios na ação civil pública*, p. 455.
(93) *Elementos de direito processual civil*, v. 2, p. 57.
(94) Marcelo Abelha Rodrigues, *Elementos de direito processual civil*, v. 2, p. 57-58. Idêntico é o entendimento de Nelson Nery Junior, *Código de processo civil comentado*, p. 748.

O primeiro, diz respeito à importância dos direitos e interesses tutelados e às conseqüências nefastas que um provimento jurisdicional tardio pode proporcionar a esses interesses, já que não raro os danos são irreparáveis ou de difícil reparação.

Disso resulta que a liminar prevista no art. 12 da LACP deve conter, primordialmente, autêntica tutela antecipatória específica, isto é, aquela que tem por objeto o cumprimento adiantado de uma obrigação de fazer ou não fazer, porquanto parece-nos razoável a ilação de que o autor da ação coletiva deve perseguir, com a antecipação da tutela, o retorno, ainda que provisório, ao *statu quo ante* da situação que deu ensejo ao ajuizamento da demanda. Somente na hipótese em que isso não seja possível, aí sim, abre-se a possibilidade da opção pelo pleito reparatório. Chegamos a essa conclusão pela interpretação sistemática dos arts. 11 e 12 da LACP e 84, §§ 1º e 3º, do CDC, uma vez que não nos parece razoável que a liminar seja concedida apenas com base no *caput* do art. 12 da LACP, o qual nada alude a respeito dos requisitos imprescindíveis à concessão da tutela antecipatória.

O segundo aspecto guarda pertinência com o conteúdo do pedido antecipatório. É que na liminar cautelar não há (salvo nas chamadas cautelares satisfativas) necessidade de identidade entre o pedido e o bem da vida almejado no processo principal. Já na antecipação da tutela inserta no art. 12 da LACP (e art. 84, § 3º, do CDC), a liminar deve equivaler ao julgamento provisório de procedência de um, alguns ou todos os pedidos contidos na petição inicial da ação coletiva.

14.3.2.2. Requisitos para a concessão da tutela de urgência antecipatória

O art. 12 da LACP não faz qualquer alusão aos requisitos que possibilitam a concessão do "mandado liminar", "não bastasse isso, possibilitou que, ainda quando configurados os pressupostos que por construção jurisprudencial-doutrinária se vier a eleger, sua concessão repouse em avaliação discricionária (...) em vez de fazê-la um dever do juiz (como ocorre no mandado de segurança".[95]

Alguns autores, à falta de previsão expressa no art. 12 da LACP, sustentam que os requisitos exigidos para a liminar nas ações coletivas devem ser similares aos da liminar do MS.[96] Outros advogam que os

(95) Sérgio Ferraz, *op. cit.*, p. 455.
(96) Sérgio Ferraz, *op. cit.,* mesma página.

requisitos para a concessão da liminar da ACP são os que constam do art. 84, § 3º, do CDC.[97] Há, ainda, os que invocam as disposições dos arts. 273 e 461 do CPC.[98] Existem, finalmente, os que defendem a autonomia do art. 12 da LACP, ficando a concessão do "mandado" liminar ao "prudente arbítrio" do juiz.[99]

Já ressaltamos em linhas pretéritas que, com o advento da Lei n. 8.078/90, a tutela dos interesses metaindividuais passou a contar com um sistema integrado que deu origem à chamada "jurisdição civil coletiva."[100] Disso resulta que tanto a tutela definitiva como a tutela antecipada, em tema de interesses metaindividuais, devem seguir, sistematicamente, as prescrições dos arts. 11 e 12 da LACP e art. 84, § 3º, do CDC.

Nesse passo, sublinha *Nelson Nery Junior:*

> "Consoante autoriza o CDC 84 § 3º, aplicável à ACP proposta com base na LACP por força da LACP 21, pode o juiz conceder liminarmente a tutela de mérito, sempre que for relevante o fundamento da demanda e houver justificado receio da ineficácia do provimento jurisdicional, se concedido a final. A concessão liminar da tutela de mérito pode ser feita com ou sem justificação prévia, *inaudita altera parte* ou com a ouvida do réu."[101]

Na mesma linha, lecionam *Celso Antonio Pacheco Fiorillo, Marcelo Abelha Rodrigues* e *Rosa Maria Nery:*

> "Dentro do sistema da Jurisdição Civil Coletiva (LACP + CDC) para as ações coletivas destinadas à defesa de direitos *coletivos lato sensu*, é possível a concessão tanto de liminar cautelar quanto antecipatória do mérito. Chegamos a essa insofismática conclusão pelos diversos mecanismos postos à disposição dos jurisdicionados. No art. 12 da LACP temos a regra geral para a concessão da liminar antecipatória do direito, onde se faz mister o preenchimento dos requisitos do *periculum in mora* e *fumus boni juris*. Também se configura como liminar antecipatória do direito aquela prevista no art. 84, § 3º, do CDC (ações que tenham por objeto o cumprimento de obrigação de fazer e não fazer), possuindo como requisitos os mesmos mencionados no art. 12 da LACP. Também há a possibilidade de concessão de liminar antecipatória do direito no sistema da jurisdição civil

---

(97) Nelson Nery Junior, *Código de processo civil comentado*, p. 1.530.
(98) Jorge Pinheiro Castelo, *Tutela antecipada no processo do trabalho*, v. II, p. 249-254.
(99) Manoel Antonio Teixeira Filho, *Ação civil pública*, p. 33.
(100) Celso Antônio Fiorillo, *Direito processual ambiental brasileiro*, p. 98-114.
(101) Nelson Nery Junior, *op. cit.*, p. 1.530.

coletivo, tendo por base o art. 273 do Código de Processo Civil. Entretanto, como no inciso I do art. 273 do Código de Processo Civil o grau de cognição para convencimento do juiz (*provas inequívocas para que se convença da verossimilhança da alegação*) é mais vertical que o previsto no sistema da jurisdição civil coletiva, sendo, pois, mais dificultoso para o requerente convencer o magistrado a conceder a medida, temos que somente com base no inciso II deste mesmo artigo (*fique caracterizado o abuso do direito de defesa ou o manifesto propósito protelatório do réu*) é que será possível a concessão da liminar antecipatória do mérito."(102)

Os requisitos para a concessão da tutela antecipada nas ações coletivas *lato sensu* são, portanto, os constantes do art. 84, § 3º, do CDC, ou seja: a) relevância do fundamento da demanda (*fumus boni iuris*); e b) justificado receio de ineficácia do provimento final (*periculum in mora*).

Em outros termos, em sede de demanda coletiva, não é permitido ao juiz(103), para antecipar a tutela de mérito, exigir o cumprimento dos seguintes requisitos insertos no art. 273 do CPC: a) requerimento expresso do autor (*caput*); b) prova inequívoca para convencimento da verossimilhança da alegação do autor (*idem*); c) fundado receio de dano irreparável ou de difícil reparação (inciso I); d) que não haja perigo de irreversibilidade do provimento antecipado (§ 2º).

Poderá o juiz, no entanto, antecipar a tutela meritória na hipótese do inciso II do art. 273 do CPC (a chamada tutela de evidência), uma vez que, neste caso, há omissão tanto da LACP como do CDC a respeito do abuso do direito de defesa ou manifesto propósito protelatório do réu, sendo perfeitamente compatível a aplicação subsidiária do CPC, mesmo porque o comportamento deplorável do réu, *in casu*, macula a própria imagem do Poder Judiciário e a dignidade da administração da justiça, o que revela a conexão entre o preceptivo em causa e a litigância de má-fé, prevista no art. 17 do CPC.

Resumindo, os arts. 273 e 461 do CPC, que sofrem influência marcante da concepção individualista do direito, só poderão ser aplicados subsidiariamente (LACP, art. 19), isto é, em caso de lacuna e desde que com isso não haja contrariedade, de alguma forma, dos princípios e nor-

(102) Celso Antonio Pacheco Fiorillo, *Direito processual ambiental brasileiro*, p. 134-135.

(103) O art. 90 do CDC manda aplicar as normas da LACP e do CDC "naquilo que não contrariar suas disposições". Logo, não pode o juiz exigir algo diverso do constante no sistema integrado da jurisdição coletiva (LACP+ CDC).

mas que compõem o sistema integrado (LACP e CDC) de proteção aos interesses metaindividuais.

14.3.2.3. Tutela de urgência antecipatória exofficio

Quanto à possibilidade de antecipação de tutela *ex officio* nas ações coletivas, duas correntes se apresentam.

A primeira, capitaneada por *Sérgio Ferraz*[(104)], não a admite, pois o fato de o art. 12 da LACP mencionar que é lícito ao juiz "conceder" a tutela antecipada, já deixa implícito que há pedido do autor em tal sentido, diferentemente do que se dá com a liminar do mandado de segurança, no qual o juiz "ordenará" que se suspenda o ato que deu motivo ao pedido (Lei n. 1.533/51, art. 7º, II).

A segunda, à qual nos filiamos, sustenta que não há vedação legal para a concessão da tutela antecipada, independentemente de pedido expresso do autor[(105)].

Ressalte-se, inicialmente, que os dispositivos que autorizam a liminar na LACP e no CDC não exigem, ao contrário da tutela antecipada do art. 273 do CPC, o requerimento do autor. E nem seria de bom alvitre tal exigência, uma vez que os interesses em jogo nas ações coletivas são dos mais relevantes, na medida em que transcendem os interesses meramente individuais. Nesse sentido, *Belinda Pereira da Cunha* observa que a

> "previsão constitucional de sua concessão encontra-se no inciso XXXV do art. 5º, em que prevê o legislador que a lei não excluirá da apreciação do Judiciário lesão ou ameaça a direito, podendo o juiz concedê-la de ofício, uma vez que não explicitou o legislador o dever de requerê-la o autor da ação civil pública."[(106)]

De outra parte, a ação civil pública (assim como o mandado de segurança, individual e coletivo), há de ser entendida não como simples ação prevista nas leis ordinárias, antes, é preciso compreendê-la como remédio de índole constitucional, destinado à proteção de direitos fundamentais que alicerçam o Estado Democrático de Direito. Ora, se a Lei n. 1.533/51 regula tanto o mandado de segurança individual quanto o

---

(104) Sérgio Ferraz, *op. cit.*, p. 455-456; Hugo Nigro Mazzilli, *A defesa dos interesses difusos em juízo*, p. 147-148.

(105) Manoel Antonio Teixeira Filho, *Ação civil pública*, p. 32-34; Belinda Pereira da Cunha, *Antecipação da tutela no Código de Defesa do Consumidor*, p. 144-145.

(106) Belinda Pereira da Cunha, *Antecipação de tutela no código de defesa do consumidor*, p. 144.

coletivo, não nos parece lógico admitir que a antecipação da tutela dos interesses coletivos protegidos por este último remédio possa ser concedida *ex officio* e a dos demais interesses coletivos objeto de defesa por outras ações coletivas não o possam.

Aliás, se a lei ordinária, hierarquicamente inferior à Constituição, já prevê a possibilidade de concessão da liminar de ofício (Lei n. 1.533/51, art. 7º, II) para a proteção de direitos individuais, não seria razoável restringir a atuação do juiz diante de uma demanda que tenha por escopo a proteção de interesses que às vezes se confundem com o próprio interesse público.

Não há negar, igualmente, que a antecipação de tutela nas ações coletivas (LACP, art. 12; CDC, art. 84, § 3º) constitui uma medida de urgência, cujo fim precípuo é salvaguardar interesses muito mais importantes que os tradicionais direitos individuais, que poderão ser concretizados na sentença.

Parece-nos, portanto, que o legislador houve por bem conferir ao juiz, desde que presentes o *fumus boni iuris* e o *periculum in mora*, a função-dever-poder de antecipar, até mesmo de ofício, o provimento de mérito, com ou sem justificação prévia, após citado o réu, máxime em se tratando de direitos sociais trabalhistas, a prestação jurisdicional há de observar, com maior ênfase, o princípio inquisitório, de larga aplicabilidade no processo do trabalho.(107)

Ademais, se a natureza jurídica do provimento antecipatório é mandamental ou executiva *lato sensu*, deverá o juiz, dentro do ordenamento jurídico, buscar a norma cuja natureza mais se assemelhe à da liminar prevista para a ACP. Para tanto, duas considerações merecem ser feitas.

A primeira, decorre da natureza mandamental da liminar constante do art. 12 da LACP, que é idêntica à da liminar prevista no art. 7º, inciso II, da Lei n. 1.533/51. Logo, se nesta é possível a concessão de ofício da liminar, o mesmo raciocínio deve ser utilizado em relação àquela. Em outros termos, a natureza mandamental da liminar na ACP permite o seu deferimento *ex officio*, a exemplo do que ocorre com a liminar do MS.

---

(107) É importante destacar que alguns autores admitem, no processo do trabalho, a concessão até mesmo de ofício, da tutela antecipada do art. 273/CPC, a despeito da expressa determinação deste dispositivo, principalmente quando o autor estiver litigando sem a assistência de um advogado. Nelson Nery Junior, *Código de Processo Civil comentado*, p. 748-749; Francisco Antonio de Oliveira, LTr 60-03/335; Cláudio Armando Couce de Menezes, *Tutela antecipada e ação monitória na justiça do trabalho*, p. 34-35.

A segunda, repousa na natureza executiva *lato sensu* e a especificidade do processo do trabalho, porquanto a regra contida no art. 878 da CLT, permite que a execução trabalhista seja promovida *ex officio*, pelo próprio juiz.

No que diz respeito à justificação prévia, colhe-se o magistério de *Nelson Nery Junior*, para quem, preenchidos:

> "os pressupostos legais do *periculum in mora* e do *fumus boni iuris*, deve o juiz conceder a liminar, não havendo necessidade de justificação prévia. Ausentes os pressupostos legais, deve o juiz indeferir a liminar. Sendo necessária a realização de audiência para a comprovação dos requisitos legais, deve o magistrado designar justificação prévia determinando a citação do requerido."[(108)]

14.3.2.4. Tutela de urgência antecipatória em ação coletiva contra o Poder Público

A ação civil pública admite, como já vimos, a possibilidade de deferimento de liminar, com ou sem justificação prévia, nos próprios autos a que se refere, independentemente de ajuizamento de ação cautelar (art. 12 da Lei n. 7.347/85).

Caso, porém, o réu seja pessoa jurídica de direito público, a concessão da liminar estará condicionada à prévia audiência do representante judicial do ente público. É o que deflui do art. 2º da Lei n. 8.437/92, que diz:

> "No mandado de segurança coletivo e na ação civil pública, a liminar será concedida, quando cabível, após a audiência do representante judicial da pessoa jurídica de direito público, que deverá se pronunciar no prazo de setenta e duas horas."

Adverte, contudo, *Nelson Nery Junior* que quando houver "ameaça de iminente perecimento do direito, avaliando o juiz que não dá para esperar as 72 horas para a manifestação do requerido, pode conceder a liminar *inaudita altera parte*".[(109)]

Com razão o ilustre processualista, uma vez que a condição temporal exigida por norma infraconstitucional, não obstante o interesse público que lhe serve de inspiração, não pode violar o princípio constitucional que assegura o acesso à prestação jurisdicional também na hi-

(108) Nelson Nery Junior, *Código de Processo Civil comentado*, p. 1.531.
(109) Nelson Nery Junior, *op. cit.*, p. 1.532.

pótese de ameaça ao direito — fundamental, ressaltamos — da parte (CF, art. 5º, XXXV).

Ora, em se tratando de interesses metaindividuais que estejam na iminência de serem lesados, com maior razão o juiz poderá conceder a liminar, sem observar a audiência do representante judicial da pessoa de direito público e/ou o prazo de 72 horas, mormente se restar verificada a eventual irreparabilidade do dano.

Cabe assinalar, para encerrar este tópico, que o art. 1º da Lei n. 9.494, de 10.9.97[91] não se aplica às tutelas antecipatórias concedidas em ações coletivas, pois tal dispositivo legal é específico para as tutelas antecipadas previstas nos arts. 273 e 461 do CPC, os quais, como já sublinhamos, em se tratando de demandas coletivas, somente têm lugar de forma subsidiária e, ainda assim, desde que não contrarie os princípios e disposições do sistema integrado da jurisdição coletiva (LACP + CDC).

14.4. Fungibilidade das tutelas de urgência

Examinando com profundidade o disposto no art. 4º da LACP, verificamos que, a rigor, de tutela cautelar não se trata, e sim de tutela antecipatória.

Com razão *Eduardo Henrique Raymundo von Adamovich*, para quem:

> "As providências com que procura exemplificar o art. 4º, ao falar em 'evitar o dano', na verdade não têm natureza propriamente cautelar. A tutela que evita a consumação do dano, a rigor, não é cautelar, mas antecipatória. Evitando o dano, estará evidentemente satisfeito o objeto imediato da ação principal, considerando tratar-se de dano iminente, mas ainda não consumado. Neste caso, a única razão que poderia justificar o prosseguimento do ação seria o regramento definitivo da situação que insinuou o dano."[110]

Daí por que — prossegue o referido autor:

> "as ações cautelares cabíveis em caráter preparatório ou incidental na ação civil pública são aquelas do Livro III, do CPC, em que,

(110) O art. 1º da Lei n. 9.494/97 dispõe, *in verbis*: "Aplica-se à tutela antecipada prevista nos artigos 273 e 461 do Código de Processo Civil o disposto nos artigos 5º e seu parágrafo único e 7º da Lei n. 4.348, de 26 de junho de 1964, no art. 1º e seu § 4º da Lei n. 5.021, de 9 de junho de 1966, e nos artigos 1º, 3º, e 4º da Lei n. 8.437, de 30 de junho de 1992".

dado o caso concreto, cabíveis, valendo a referência exemplificativa do art. 4º, também para a antecipação dos efeitos da tutela jurisdicional."

De toda a sorte, parece-nos que em tais casos, em função da inexistência de incompatibilidade com a jurisdição trabalhista metaindividual, é possível a aplicação subsidiária do § 7º do art. 273 do CPC,[111] segundo o qual se o "autor, a título de antecipação de tutela, requerer providência de natureza cautelar, poderá o juiz, quando presentes os respectivos pressupostos, deferir a medida cautelar em caráter incidental do processo ajuizado".

O inverso também é verdadeiro, ou seja, se o autor ajuíza ação cautelar com pedido de tutela de urgência e, inadvertidamente, postula, em essência, antecipação de tutela, poderá o juiz deferir esta sem necessidade de instauração de um outro processo, desde que seja possível a correspondente adaptação. Nesse sentido, é a posição de *Nelson Nery Junior:*

> "Caso o autor ajuíze ação cautelar incidental, mas o juiz verifique ser caso de tutela antecipada, deverá transformar o pedido cautelar em pedido de tutela antecipada. Isso ocorre, por exemplo, quando a cautelar tem natureza satisfativa. Dado que os requisitos da tutela antecipada são mais rígidos que os da cautelar, ao receber o pedido cautelar como antecipação de tutela o juiz deve dar oportunidade ao requerente para que adapte o seu requerimento, inclusive para que possa demonstrar e comprovar a existência dos requisitos legais para a obtenção da tutela antecipada. A cautelar só deverá ser indeferida quando não puder ser adaptada ao pedido de tutela antecipada ou se o autor se negar a proceder à adaptação."[112]

15. A sentença

A sentença, como é sabido, pode ser *definitiva*, quando nela o juiz acolhe ou rejeita, no todo ou em parte, o pedido formulado pelo autor (CPC, art. 269); ou *terminativa*, quando ocorrentes as hipóteses previstas no art. 267 do CPC.

As sentenças, a rigor, são classificadas segundo o efeito jurídico que podem produzir, razão pela qual dependem da natureza do provimento jurisdicional solicitado pelo autor. É por esta razão que existem sen-

---

(111) *Sistema da ação civil pública no processo do trabalho*, p. 344.
(112) Parágrafo 8º incluído pela Lei n. 10.444, de 2002.

tenças declaratórias, constitutivas, condenatórias, executivas *lato sensu* e mandamentais.

Na esteira do didatismo dos arts. 3º e 11 da Lei n. 7.347/85, vê-se que o pedido na ação civil pública, inclusive no âmbito da Justiça do Trabalho, terá conteúdo primordialmente cominatório (ou condenatório), na medida em que impõe ao réu uma obrigação de fazer ou não fazer. Logo, a "sentença civil pública" terá, em regra, efeito condenatório.

Se o pedido for de conteúdo constitutivo ou declaratório (Lei n. 8.625/93, art. 25, *b*, aplicado analogicamente à espécie), é óbvio que o efeito da sentença será, também, constitutivo ou declaratório, embora o ideal seja o autor cumular pedidos desta natureza com o de conteúdo condenatório, a fim de se evitar lesões futuras a direitos ou interesses difusos da sociedade.

A sentença na ação civil pública, por outro lado, pode sofrer antecipação provisória de seus efeitos, se concedida tutela cautelar ou deferida tutela antecipada, como já ressaltado no tópico precedente.

Pode, também, o comando sentencial não ser atendido prontamente pelo réu, advindo daí a imposição de *astreinte*[(113)], pelo descumprimento da liminar e/ou da sentença.

15.1. Tutelas Jurisdicionais Diferenciadas

Por força da integração sistemática dos dispositivos da LACP (art. 21) e do CDC (art. 90), houve uma importante evolução a respeito da máxima aproximação entre o processo e o direito material, surgindo a necessidade de uma adaptação do instrumento processual ao direito material a ser tutelado.

Daí a constatação da passagem do Estado Liberal ao Estado Social, bem assimilada por *Pedro Lenza*, para quem o processo,

> "quando tomado em sua perspectiva instrumental, deve adequar-se ao tipo de litígio que se objetiva tutelar, rompendo com as retrogradas perspectivas individualistas da fase conceitual (escopo estritamente jurídico), na busca da efetivação do direito substancial, analisado sob sua perspectiva externa, diante de seus valores sociais e políticos".[(114)]

---

(113) *Código de Processo Civil e legislação extravagante*. 8. ed. p. 724.

(114) LENZA, Pedro. *Teoria geral da ação civil pública*. 2. ed. São Paulo: Revista dos Tribunais, 2005, p. 324.

Ocorre que no Estado Democrático de Direito houve uma evolução substancial no tocante à nova ideologia do processo, pois este, além de adequar-se ao direito material vindicado na demanda (instrumentalidade), necessita fazê-lo à luz do princípio da máxima efetividade da tutela jurisdicional. Daí o surgimento da expressão tutela jurisdicional diferenciada(115), cujo escopo reside na adequação entre a situação da vida e o tipo de tutela, o que exige dos operadores do direito uma redobrada atenção a respeito das constantes modificações dos comportamentos sociais.

Na feliz síntese de *José Roberto dos Santos Bedaque*, "para cada tipo de situação de direito material deve existir uma tutela jurisdicional adequada, isto é, diferenciada pelo procedimento."(116) Trata-se, portanto, de um novo processo a serviço dos direitos e valores mais elevados da sociedade, da maneira mais célere e justa. É o que se convencionou chamar de "processo de resultados" (*Barbosa Moreira*) ou "instrumentalidade substancial do processo" (*Kazuo Watanabe*).

Este novo processo reconhece a insuficiência da classificação trinária (condenatória, constitutiva ou declaratória) das sentenças cognitivas e passa a adotar uma classificação quinária, incluindo no rol tradicional as sentenças mandamentais e executivas *lato sensu*.

Com efeito, o fundamento das tutelas diferenciadas nas ações coletivas encontra residência nos arts. 11 da LACP e 84 e seus parágrafos do CDC, *in verbis*:

> "Art. 11. Na ação que tenha por objeto o cumprimento de obrigação de fazer ou não fazer, o Juiz determinará o cumprimento da prestação da atividade devida ou a cessação da atividade nociva, sob pena de execução específica, ou de cominação de multa diária, se esta for suficiente ou compatível, independentemente de requerimento do autor".
>
> "Art. 84. Na ação que tenha por objeto o cumprimento da obrigação de fazer ou não fazer, o juiz concederá a tutela específica da obrigação ou determinará providências que assegurem o resultado prático equivalente ao do adimplemento.
>
> § 1º A conversão da obrigação em perdas e danos somente será admissível se por elas optar o autor ou se impossível a tutela específica ou a obtenção do resultado prático correspondente.

(115) Expressão utilizada pela primeira vez em 1973, por Proto Pisani (*Tutela giurisdicionale differenciata e nuovo processo del lavoro*, p. 205 et seq., *apud* LENZA, Pedro, *op. cit.*, p. 325).

(116) BEDAQUE, José Roberto dos Santos. *Direito e processo*. 2. ed. São Paulo: Malheiros, 1997, p. 33.

> § 2º A indenização por perdas e danos se fará sem prejuízo da multa (art. 287, do Código de Processo Civil).
>
> § 3º Sendo relevante o fundamento da demanda e havendo justificado receio de ineficácia do provimento final, é lícito ao juiz conceder a tutela liminarmente ou após justificação prévia, citado o réu.
>
> § 4º O juiz poderá, na hipótese do § 3º ou na sentença, impor multa diária ao réu, independentemente de pedido do autor, se for suficiente ou compatível com a obrigação, fixando prazo razoável para o cumprimento do preceito.
>
> § 5º Para a tutela específica ou para a obtenção do resultado prático equivalente, poderá o juiz determinar as medidas necessárias, tais como busca e apreensão, remoção de coisas e pessoas, desfazimento de obra, impedimento de atividade nociva, além de requisição de força policial."

Em tal sentença (mandamental e executiva *lato sensu*), a tutela jurisdicional, além de conter provimento declaratório e condenatório, permite ao juiz impor ao réu, no próprio processo de conhecimento, isto é, independentemente de instauração de um processo de execução, o cumprimento de medidas sub-rogatórias. Tais medidas, que são meramente exemplificativas, têm o escopo de assegurar a tutela específica ou o resultado prático equivalente.

Pensamos que no rol das tutelas diferenciadas encontra-se a tutela inibitória de remoção do ilícito ou impedimento de atividade ilícita ou nociva e nos sítios do processo do trabalho colhemos alguns julgados que a consagram em sede de ação civil pública:

> "AÇÃO CIVIL PÚBLICA — NATUREZA PREVENTIVA — A ação civil pública direciona-se contra ilícitos praticados, mas, que, no entanto, originam fundados receios de sua continuação e repetição. Assim, a tutela requerida, via ação inibitória coletiva, reveste-se de natureza preventiva, com o fim jurisdicional precípuo de impedir a propagação e a reincidência do procedimento contrário ao ordenamento jurídico pátrio. Nessa linha de interpretação, a doutrina de Rodolfo de Camargo Mancuso, no sentido de que 'A tutela é concedida pelo receio em se considerar que algo mau vai acontecer, ou é provável que ocorra. A probabilidade é elemento necessário; não se pode recear o que não é possível, nem mesmo o que dificilmente aconteceria. O grau do provável é examinado pelo juiz, mas se ele mesmo tem dúvida, deve deferir o pedido de medida cautelar' (cit., *in Ação Civil Pública na Justiça do Trabalho*. Raimundo Simão Melo. 2. ed. São Paulo: LTr, p. 169/170). Desse modo, para atender ao princípio da efetividade da jurisdição, realizando-se essa garantia constitucional, imprescindível a utilização de tutela inibitória (com meios coercitivos, como as *astreintes*, visando

obstar a ocorrência ou a repetição do ilícito" (TRT 3ª R., RO n. 62-2006-031-03-00-3, 8ª T., Rela. Des. Denise Alves Horta, DJMG 7.11.2007, p. 17).[(117)]

"TUTELA INIBITÓRIA. PREVISÃO NO ORDENAMENTO JURÍDICO. DESNECESSIDADE DO DANO. Segundo ensina Luiz Guilherme Marinoni, um dos grandes obstáculos para tutela preventiva encontra-se na própria classificação trinária das sentenças, eis que nenhuma das espécies nominadas (meramente declaratórias, constitutivas e condenatórias) tem a virtude de propiciá-la. Com efeito, através do conceito de condenação (execução por sub-rogação), esconde-se uma opção pela incoercibilidade do facere, fruto da doutrina desenvolvida com base no Código Napoleônico no sentido de que toda obrigação de fazer ou não fazer resolve-se em perdas e danos. Acrescenta que esses valores liberais impregnaram o sistema clássico de tutela dos direitos, relegando a segundo plano a tutela preventiva, pois a idéia reinante era de que a única tutela contra o ilícito constituía-se na reparação do dano. Atualmente a processualística moderna invoca o direito constitucional de acesso à justiça como fundamento jurídico para concessão da tutela inibitória, positivado no artigo 5º, XXXV, da Constituição Federal. Não obstante, ainda devem ser mencionados os artigos 11 da Lei da Ação Civil Pública e 461 do CPC como dispositivos legais que amparam o pedido de tutela inibitória, restando demonstrado que, além de não existir norma legal que vede a pretensão do autor, há toda uma estrutura normativa que ampara o seu pedido. Assim, não subsistem os argumentos quanto à inexistência de dano para impedir a tutela jurisdicional, pois o que se pretende é exatamente a prevenção do ilícito, potencial e iminente." (TRT 3ª R., RO n. 56-2001-109-03-00-0, 7ª T., Rel. Des. Luiz Ronan Neves Koury, DJMG 23.9.2003, p. 16)

"AÇÃO INDENIZATÓRIA POR DANOS MORAIS COLETIVOS E DIFUSOS. MINISTÉRIO PÚBLICO DO TRABALHO. LEGITIMIDADE. O Ministério Público do Trabalho age, juntamente com os sindicatos de classe,

---

(117) Eis o dispositivo do acórdão em que figurou como recorrente o MPT: "A Turma, 18)preliminarmente, à unanimidade, conheceu do recurso; no mérito, sem divergência, deu-lhe parcial provimento, para condenar a reclamada ao cumprimento das seguintes obrigações: a) abster de exigir dos seus empregados o cumprimento de jornada extraordinária superior ao limite máximo de duas horas diárias (artigo 59 da CLT), o trabalho durante o intervalo interjornada de 11 horas consecutivas (artigo 66 da CLT) e o labor em feriados nacionais e religiosos (artigo 70 da CLT) e b) conceder o descanso semanal de no mínimo 24 horas consecutivas (artigo 67 da CLT), tudo sob pena de multa de R$10.000,00(dez mil reais) por ato que caracterizar descumprimento das determinações contidas nas letras a e b, para cada empregado, reversível ao FAT e corrigida a partir do ajuizamento desta ação pelos mesmos índices aplicáveis aos créditos trabalhistas e declarar, ainda, que os efeitos da condenação proferida neste feito vinculam a demandada às localidades de todo o território nacional em que prestarem serviços seus empregados. Invertidos os ônus de sucumbência, com custas pelo reclamado, no importe de R$ 200,00(duzentos reais), calculadas sobre R$ 10.000,00(dez mil reais), valor arbitrado à condenação nesta instância".

como um dos principais veículos de solução de lides onde se discute o desrespeito aos direitos dos trabalhadores, não podendo sua nobre tarefa ser tolhida por entraves jurídicos insubsistentes, máxime em razão da nova ordem normativa implementada pela CR/88. Não sobeja lembrar que mesmo antes da Constituição atual a Lei n. 7.347/85 (Ação Civil Pública) e posteriormente com a Lei n. 8.078 (CDC), Estatuto da Criança e do Adolescente (Lei n. 8.069/90) e da Lei Orgânica do Ministério Público (LC n. 475/93), a legitimação ativa do Ministério Público foi solidificada na solicitação de direitos difusos, coletivos e individuais homogêneos. TUTELA JURISDICIONAL PREVENTIVA. CUNHO INIBITÓRIO. Tem a ação civil pública caráter também inibitório à prática de possíveis transgressões a direitos individuais homogêneos, difusos e coletivos, consistentes em obrigações de fazer e não fazer, após a introdução do novo artigo 461 no Código de Processo Civil. Colhe-se da lição de Carlos Eduardo de Castro Palermo: '(...) A tutela inibitória é requerida através de ação inibitória a qual constitui ação de cognição exauriente. No entanto, nada impede que a tutela inibitória seja concedida, de forma antecipada, no curso da ação inibitória, como tutela antecipatória. Isso porque, dada à sua própria característica, na maior parte das situações, somente a inibitória antecipada proporcionará os anseios de uma tutela preventiva. É relevante mencionar que, como a ação inibitória dirige-se ao futuro, no sentido de que visa evento que vai acontecer, ou repetir, ou mesmo a continuação de ato contrário ao direito, há a necessidade de a tutela inibitória (final ou antecipada) dever ser atendida antes da prática do ato ilícito temido. Assim, na modalidade da inibitória final, voltada a impedir a repetição ou a continuação do ilícito, basta ao juiz a convicção de que o requerido já praticou ou iniciou um ato ilícito, ou seja, convicção de verdade em relação ao fato passado (indiciário) e à ilicitude.' (AGILIZAÇÃO E EFETIVIDADE DO PROCESSO — LINHAS GERAIS DA TUTELA ANTECIPADA E DA TUTELA INIBITÓRIA — publicada no Juris Síntese n. 57 – jan./fev. de 2006) FIXAÇÃO DO VALOR DA INDENIZAÇÃO. Induvidoso nos autos a existência do dano, a atitude irregular da reclamada em ajuizar reclamatórias simuladas para obter vantagem ilícita impondo-se a condenação na obrigação de indenizar o prejuízo coletivo e difuso verificados. Nessa ótica, para fixar o quantum devido a título de indenização pelos danos, deve o julgador se ater à gravidade da situação fática retratada nos autos, bem assim ao posicionamento financeiro da parte causadora do prejuízo." (TRT 23ª R., RO 00117-2006-031-23-00, Rel. Des. OSMAIR COUTO, DJ/MT 30.11.2006)

16. Coisa julgada e litispendência

16.1. Coisa julgada

É sabido que o instituto da coisa julgada repousa na necessidade social, reconhecida pelo próprio Estado, de impedir a eternização das lides, fato este que poderia ameaçar a estabilidade e a segurança das relações jurídicas.

Nosso Código de Processo Civil, encampando a teoria de *Liebman*, enuncia que a coisa julgada não é mero efeito da sentença, mas qualidade especial da mesma que a torna imutável dentro do processo em que prolatada e inalteráveis seus efeitos fora dele (CPC, art. 467).

Concebida para a composição dos interesses intersubjetivos (CPC, art. 472), nossa lei instrumental civil fixa os limites da coisa julgada, demarcando-os apenas em relação às partes figurantes do processo da qual é emergente, não produzindo qualquer efeito, benéfico ou prejudicial, em relação a terceiros. Em caráter excepcional, porém, autoriza a aplicação do princípio da extensibilidade subjetiva da coisa julgada, como ocorre com a sucessão, situação em que se estende aos sucessores da parte; ou nos casos de substituição processual, nos quais a *res judicata* será oponível também ao substituído.

A massificação dos conflitos transindividuais, entretanto, passou a exigir do Estado a criação de novos instrumentos de tutela dos direitos e interesses decorrentes destas modalidades conflituais.

Assim, em 1965, foi editada a Lei de Ação Popular para proteção de interesses exclusivamente difusos.

A Lei da Ação Civil Pública, de 1985, destinada inicialmente à proteção apenas dos direitos difusos, dispõe que a

> "sentença civil fará coisa julgada *erga omnes*, exceto se a ação for julgada improcedente por deficiência de provas, hipótese em que qualquer legitimado poderá intentar outra ação com idêntico fundamento, valendo-se de nova prova." (art. 16)[119]

A Constituição da República, de 1988, recepcionando anteditos diplomas, permite a flexibilização do alargamento das categorias jurídicas

---

(118) A cominação de multa diária não substitui o cumprimento, pelo devedor, da obrigação específica (*facere*, *non facere*). A interpretação da expressão "ou", contida no art. 11 da LACP, há de ser feita sistematicamente, isto é, em sintonia com as diretrizes traçadas pelo processo de execução das obrigações de fazer e não fazer. Vale dizer, são cumulativas a multa e a obrigação específica, sendo que a primeira também não se confunde com a multa prevista no art. 12, § 2º, da LACP.

(119) A Medida Provisória n. 1.570, convolada na Lei n. 9.494, de 10.9.97 (DOU de 11.9.97), em seu art. 2º, deu nova redação ao art. 16 da Lei n. 7.347/85, nos seguintes termos: "A sentença civil fará coisa julgada *erga omnes*, nos limites da competência territorial do órgão prolator, exceto se o pedido for julgado improcedente por insuficiência de provas, hipótese em que qualquer legitimado poderá intentar outra ação com idêntico fundamento, valendo-se de nova prova."

que podem ser objeto da ação civil pública, conferindo legitimação ao Ministério Público (e a terceiros) para promover a ação civil pública, tanto para a proteção do patrimônio público e social e do meio ambiente, como para "outros interesses difusos e coletivos" (CF, art. 129, III, § 1º).

Com o advento da Lei n. 8.078/90 (art. 110), o escopo da ação civil pública, em sintonia com o espírito da Constituição cidadã, foi mais uma vez ampliado para alcançar não só a defesa dos direitos ou interesses difusos e coletivos *stricto sensu* mas, também, a dos individuais homogêneos.

Assim, por força do art. 21 da LACP — que autoriza a aplicação subsidiária do Título III do Código de Defesa do Consumidor —, pode-se dizer que a sentença (definitiva) proferida em ação civil pública fará coisa julgada:

a) *erga omnes*, salvo se o pedido for julgado improcedente, por insuficiência de provas, quando o seu objeto for a defesa de interesses ou direitos difusos (CDC, art. 81, I, c.c. art. 103, I);

b) *ultra partes*, mas limitadamente ao grupo, categoria ou classe de pessoas, exceto na hipótese de improcedência por falta de provas, quando a ação tiver por escopo a defesa de direitos ou interesses coletivos[(120)] (CDC, art. 81, II, c/c art. 103, II);

c) *erga omnes*, apenas em caso de procedência do pedido (*in utilibus*), para beneficiar todos os tutelares dos direitos materiais correspondentes (CDC, art. 81, III, c.c. art. 103, III).

Resta claro, portanto, que o nosso direito positivo optou pelo sistema da extensão da coisa julgada a terceiros *secundum eventum litis*, ou seja, para beneficiá-los em caso de procedência do pedido.

Nas duas primeiras hipóteses (a) e (b), a sentença pode ser, segundo *José dos Santos Carvalho Filho*:

"I — *segura quanto à prova*, que é aquela necessariamente de mérito, na qual o juiz se funda em todos os elementos de prova existentes nos autos, suficientes para ensejar a perfeita visão da solução jurídica a ser adotada na lide. No caso de procedência ou improcedência, a coisa julgada terá eficácia *erga omnes*, impedin-

---

(120) Reformulamos, parcialmente, nosso entendimento anterior (*in Contratação ilegal de servidor público e ação civil pública trabalhista*. Belo Horizonte: RTM, 1996, p. 60-61), quando sustentávamos a eficácia *ultra partes* da coisa julgada emergente de ação civil pública trabalhista em defesa também de interesses individuais homogêneos.

do, pois, o reexame do que foi decidido, pelo que nem o autor da ação civil pública, nem qualquer dos outros legitimados poderão renovar a demanda com idêntico fundamento e objeto;

II — *insegura quanto à prova*, onde se faz necessário primeiramente distinguir entre as procedentes e as improcedentes. Se a sentença é procedente por deficiência de prova, porque o réu não se desincumbiu do seu *onus probandi*, a coisa julgada também terá eficácia oponível *erga omnes*, arcando o réu com sua atuação deficiente quanto à produção da prova. Se a sentença é improcedente por deficiência de prova, a coisa julgada será apenas formal e se fará apenas *inter partes*, podendo o próprio autor ou qualquer outro legitimado intentar nova ação com idêntico fundamento, desde que traga aos autos novas provas."[121]

Advirta-se que os efeitos da *res judicata* aludidos na alíneas *a* e *b supra*, não prejudicarão interesses e direitos individuais dos integrantes da coletividade, do grupo, categoria ou classe (CDC, art. 103, § 1º), isto é, a coisa julgada não impedirá ações individuais fulcradas em elementos particularizados dos integrantes da coletividade ou do grupo, classe ou categoria de pessoas.

Igualmente, os efeitos da coisa julgada de que cuida o art. 16, combinado com o art. 13 da Lei de Ação Civil Pública (condenação em dinheiro, com indenização revertida a um Fundo gerido por Conselho Federal), não prejudicarão as ações de indenização por danos pessoalmente sofridos, propostas individualmente ou na forma prevista no Código de Defesa do Consumidor. Todavia, se procedente o pedido, beneficiarão as vítimas (trabalhadores) e seus sucessores, que poderão proceder à liquidação e à execução[122], nos termos dos arts. 96 a 99 do referido Código (art. 103, § 3º).[123]

Na terceira hipótese (c), a sentença terá eficácia *erga omnes* apenas se julgar procedente o pedido. No caso de improcedência, os terceiros que não tiverem intervindo no processo como litisconsortes[124]

---

(121) *Ação civil pública: comentários por artigo* ... cit., p. 340-342.

(122) Na execução trabalhista, que pode ser impulsionada *ex officio*, basta apenas a habilitação do interessado nos próprios autos, provando apenas a titularidade e o nexo causal do dano.

(123) Esse dispositivo dificilmente seria aplicável à ação civil pública trabalhista na medida em que se mostra pouco provável o seu intuito reparatório no campo do direito processual laboral.

(124) Aqui há atecnia do legislador: o correto seria assistentes, uma vez que o litisconsórcio somente pode ser efetivado entre os titulares da ação civil pública. Vale dizer, se o indivíduo não é parte legítima para a ação, não pode nela figurar como litisconsorte.

poderão propor ação de indenização a título individual. Caso tenham intervindo, serão atingidos pela *res judicata*, ficando, portanto, impedidos de propor ação individual.

Para melhor compreensão, tomemos alguns exemplos elucidativos(125) de como se opera a coisa julgada em sede de ação civil pública no âmbito da Justiça do Trabalho:

a) Interesses ou direitos difusos

Suponhamos que uma empresa pública, embora tenha procedido à abertura de inscrições para concurso público, resolva promover a contratação em massa de trabalhadores para investidura nos respectivos empregos públicos, desrespeitando, assim, a norma editalícia por ela mesma criada (CF, art. 37, *caput*) e o salutar princípio do concurso público de provas ou de provas e títulos (art. 37, II). Ajuizada ação civil pública pelo Ministério Público do Trabalho (CF, art. 129, III; LC n. 75/93, arts. 83, III, 84, *caput,* e 6º, VII, *a* e *d;* Lei n. 8.625/93, art. 25, IV, *b*) em defesa da ordem constitucional violada e dos interesses e direitos difusos dos potenciais candidatos (CF, art. 37, I), indeterminadamente considerados e que seriam os naturais postulantes às vagas oferecidas, a sentença proferida neste caso fará coisa julgada *erga omnes,* beneficiando, de forma genérica, a todos os potenciais candidatos ao certame público, exceto se o pedido for julgado improcedente por deficiência de provas, caso em que poderá ser proposta nova ação civil pública, desde que fundada em novos elementos de prova. Se a sentença for pela improcedência por motivo outro que não a insuficiência de provas, produzirá, também, coisa julgada oponível *erga omnes*, não se admitindo nova ação civil pública sob idêntico fundamento. Não haverá, em nenhum caso, prejudicialidade destes efeitos para os interesses ou direitos individuais dos integrantes da coletividade.

Situação interessante ocorrerá na hipótese em que o sindicato da categoria profissional (ainda que, a nosso sentir, parte ilegítima *ad causam*(126)) ajuíze ação coletiva ou civil pública, repetindo o pedido e a causa de pedir contidos na ação civil proposta pelo Ministério Público do Trabalho, sendo que a identidade de partes ativas, aqui, decorre do

(125) Esse procedimento foi utilizado com brilhantismo por Hugo Nigro Mazzilli na seara do processo comum, *in A defesa dos interesses difusos em juízo* ... cit., 6. ed., p. 329-334.

(126) Cf. nosso *Contratação ilegal de servidor público e ação civil pública trabalhista ...* cit., p. 58-59.

fato de que ambos (sindicato e MPT) atuam, segundo *Ada Pellegrini Grinover*[127], como substitutos processuais da coletividade. Neste caso, haverá litispendência (se a ação primeira ainda estiver em curso) ou coisa julgada (se transitada em julgado a decisão definitiva prolatada na ação ajuizada anteriormente).

b) Interesses ou direitos coletivos stricto sensu

Imaginemos uma determinada empresa que adota procedimento genérico de não recolher os depósitos do FGTS relativamente a todos os seus empregados (CF, art. 7º, III). Aforada a ação civil pública em defesa dos direitos coletivos constitucionalmente assegurados aos trabalhadores, a sentença que julgar procedente o pedido fará coisa julgada *ultra partes*, mas limitadamente aos empregados da empresa (categoria de trabalhadores ligados entre si e com a parte contrária — empregador — por uma relação jurídica básica, a relação de emprego).

Em caso de improcedência por falta de provas, qualquer legitimado (sindicato ou MPT) poderá ajuizar outra ação civil pública com fundamento e pedido idênticos, desde que produza novas provas.

Se a sentença for procedente ou improcedente por fundamento outro que não a insuficiência de provas, os efeitos *ultra partes* da coisa julgada só beneficiarão os autores das ações individuais em curso que tiverem requerido suspensão dos processos individuais no prazo de trinta dias, a contar da ciência nos autos, do ajuizamento da ação civil pública. Esta afirmação decorre da interpretação, a *contrario sensu*, do art. 104 do CDC.

Ada Pellegrini Grinover leciona que o citado dispositivo prevê duas opções:

> "I — preferindo o autor prosseguir em sua ação individual, ficará excluído da extensão subjetiva do julgado prevista na sentença que vier a ser proferida na ação coletiva, na medida em que o processo individual poderá continuar seu curso, por inexistir litispendência, mas o autor assume os riscos pelo resultado desfavorável (exceção ao princípio geral da extensão subjetiva da coisa julgada *in utilibus*);

(127) "Uma nova modalidade de legitimação à ação popular. Possibilidade de conexão, continência e litispendência". *In* Édis Milaré (coord.). *Ação civil pública* ... cit., p. 25-26.

II — pode o autor requerer a suspensão do processo individual, no prazo legal, caso em que será beneficiado pela coisa julgada favorável que se formar na ação coletiva. Se desfavorável, o processo individual retomará seu curso normal, podendo ainda o autor ver acolhida sua demanda individual, segundo o critério da extensão subjetiva do julgado *secundum eventum litis*, adotado pelo CDC."(128)

c) Interesses ou direitos individuais homogêneos

Invoquemos a hipótese da empresa que possua alguns empregados laborando em setores administrativos (não expostos a agentes insalutíferos) e outros (em número considerável, capaz de distingui-los da massa individualizada dos demais operários da empresa) em setores industriais considerados insalubres, segundo perícia realizada pela autoridade administrativa. Proposta ação civil pública em defesa dos direitos individuais homogêneos destes últimos, isto é, para que a empresa seja compelida a fornecer-lhes EPIs (Equipamentos de Proteção Individual), a sentença de procedência (e somente esta) fará coisa julgada *erga omnes*, para beneficiar a todos os trabalhadores (ou sucessores) lesados pela omissão patronal.

Se o pedido for julgado improcedente, pouco importando o fundamento, não haverá prejuízo para as ações trabalhistas individuais eventualmente ajuizadas, exceto em relação aos trabalhadores interessados que tiverem intervindo como litisconsortes (*rectius*, assistentes) na ação civil pública.

Observe-se, ainda, que os autores das reclamatórias individuais que porventura não tenham requerido sua suspensão (CDC, art. 104) não serão beneficiados pelos efeitos *erga omnes* da sentença de procedência, vale dizer, somente o serão aqueles trabalhadores lesados que não tenham reclamação trabalhista em andamento ou aqueles que, embora o tendo, solicitaram a suspensão do processo individual, no prazo previsto no dispositivo legal ora focalizado.

16.1.1. Particularidades ao derredor da coisa julgada

Urge salientar que a sentença de improcedência, por motivo outro que não a deficiência de provas, fará coisa julgada *erga omnes* em to-

(128) *Apud* Edilson Meirelles, "Ação civil pública trabalhista: normas processuais aplicáveis", *in Revista do Ministério Público do Trabalho*, n. 6, ano III, set./93, p. 106.

dos os casos (interesses difusos, coletivos ou individuais homogêneos), razão pela qual não será admitida nova ação civil pública (ou de natureza coletiva) sob idêntico pedido ou causa de pedir, ainda que outro seja o autor (sindicato ou MPT).

Nos lindes do processo trabalhista é possível conjeturar a hipótese de ser julgado procedente pedido (com sentença definitiva trânsita em julgado) formulado em ação civil pública para defesa dos interesses individuais homogêneos de um determinado número de trabalhadores (efeitos *erga omnes,* portanto), excluídos da possibilidade de perceberem uma dada vantagem remuneratória pelo simples fato de já terem demandado contra a empresa. Um desses trabalhadores ajuíza, individualmente, ação trabalhista em face da mesma empresa e, contados trinta dias da ciência nos autos da propositura da ação coletiva (o que na prática, convenhamos, nem sempre ocorrerá), não tenha requerido a suspensão do processo individual. Seu pedido é julgado improcedente, formando-se coisa julgada em seu desfavor. Qual das coisas julgadas deverá prevalecer?

Duas correntes procuram responder à indagação.

Para *Hugo Nigro Mazzilli,* no exemplo dado,

"o lesado deve ser favorecido pela coisa julgada que se formou na ação coletiva. Não teria sentido que o mesmo demandado de ambas as ações fosse responsável pelo dever de indenizar a todos os membros da coletividade, indistintamente, *menos aquele que o acionou individualmente, sem êxito.* Seria a própria negação do princípio isonômico. E seria admitir a existência de coisas julgadas contraditórias, uma, aliás, de maior abrangência que a outra."(129)

Ibraim Rocha pondera que quando

"a lei faculta ao indivíduo suspender o seu processo ou não, nos termos do art. 104 do CDC, não se está referindo apenas a lesões diferenciadas, e, uma vez destoando do conselho legal, deve arcar com as conseqüências do seu ato, afinal a parte passiva também tem direitos a serem respeitados, e, ocorrendo o trânsito em julgado da decisão coletiva com efeitos contrários ao da reclamação individual, se for procedente aquele pedido e este não, este recebe os efeitos da sentença sem interferência dos efeitos recíprocos.

---

(129) *A defesa dos interesses difusos em juízo* ... cit., p. 332.

Assim, tomando conhecimento da ação coletiva e o particular decida continuar na sua ação individual está, *ipso facto*, assumindo o ônus pelo não-exercício da faculdade que lhe foi concedida, podendo até mesmo existir contraste entre a decisão da sua ação e o da ação civil pública."(130)

Data venia dos ponderosos argumentos dos que acompanham a primeira corrente, a segunda alternativa parece-nos a melhor. Com efeito, se o autor a título individual não exerce a faculdade que a lei lhe oferece, isto é, de beneficiar-se dos efeitos da coisa julgada na ação coletiva, deve assumir o ônus de tal decisão, pois do contrário estar-se-ia negando vigência ao art. 104 do CDC.

Por último, pedimos vênia para transcrever lúcidas palavras de *Rodolfo de Camargo Mancuso* respeitantes à projeção externa dos efeitos da coisa julgada na ação civil pública trabalhista:

> "a) insta não confundir os critérios determinativos de competência de foro ou juízo (dano local/regional/nacional; organização da Justiça Trabalhista em regiões; competência de JCJ (atualmente, Vara do Trabalho) ou originária de Tribunal), com problemas que concernem à outra rubrica processual, a saber, a extensão dos efeitos do julgado na ação civil pública trabalhista, problema a ser enfocado e resolvido a partir da dimensão em que o interesse veio tutelado (se difuso, coletivo em sentido estrito ou individual homogêneo); b) trata-se, pois, de aferir a potencialização maior ou menor da eficácia dos efeitos do julgado, não se cuidando, portanto, de estabelecer uma graduação da 'coisa julgada', a qual, tendo caráter adjetivo (qualidade do julgado coletivo e de seus efeitos, consistente na imutabilidade que se lhes adere), tem seus parâmetros (= limites subjetivos e objetivos) estabelecidos *ope legis*, até para a preservação do tratamento isonômico aos jurisdicionados; c) em trâmite ação civil pública trabalhista para tutela de certo interesse metaindividual (*v.g.* utilização abusiva de trabalho infantil), a eventual propositura de outra ação de caráter coletivo com igual objeto (mesmo que por outro legitimado ativo, e em outro foro), deverá ter seu prosseguimento obstado pelo meio mais adequado na espécie (litispendência, prevenção, conexão, continência), porque o interesse em questão, na sua dimensão molecular, já está recebendo a devida resposta judiciária na ação coletiva ajuizada em primeiro lugar (*non bis in idem*); d) com maior razão, naturalmente, deve ser extinto o

---

(130) *Ação civil pública e o processo do trabalho*. São Paulo: LTr, 1996, p. 113.

feito, se já ocorreu o trânsito em julgado de ação coletiva precedentemente ajuizada, com análogo objeto."[131]

16.2. Litispendência

Um dos temas mais polêmicos que gravitam em torno das ações coletivas é o que diz respeito à litispendência, cuja definição é extraída do art. 301, §§ 1º, 2º e 3º, do CPC, que é o diploma que disciplina o sistema de acesso individual ao Judiciário aplicável subsidiariamente ao processo do trabalho, tendo em vista a existência de lacuna normativa e ausência de incompatibilidade com o procedimento laboral (CLT, art. 769).

De plano, podemos afirmar que em se tratando de processo individual a litispendência (ou a coisa julgada) ocorre, quando se reproduz ação anteriormente ajuizada, sendo certo que uma ação é idêntica à outra quando tem as mesmas partes, a mesma causa de pedir e o mesmo pedido.

Logo, dá-se a litispendência quando se repete ação individual, que está em curso. Vale dizer, existe litispendência quando duas ações individuais propostas em separado contêm identidade de partes, de causa de pedir e de pedido.

Todavia, nos domínios do processo coletivo, o instituto da litispendência está previsto expressamente na primeira parte do art. 104 do CDC, segundo o qual:

> "As ações coletivas, previstas nos incisos I e II, do parágrafo único, do artigo 81, não induzem litispendência para as ações individuais, mas os efeitos da coisa julgada *erga omnes* ou *ultra partes* a que aludem os incisos II e III do artigo anterior não beneficiarão os autores das ações individuais, se não for requerida sua suspensão no prazo de 30 (trinta) dias a contar da ciência nos autos do ajuizamento da ação coletiva."

Vê-se, portanto, que o preceptivo deixa clara a inexistência de litispendência entre ação coletiva e ação individual, sendo silente acerca da possibilidade de litispendência entre ações coletivas, o que, em relação somente a esta última hipótese, autoriza a aplicação subsidiária do CPC (Lei n. 7.347, art. 19).

Destarte, poderá ocorrer litispendência entre duas ações coletivas que tenham as mesmas partes passivas, a mesma causa de pedir e o mesmo pedido. Ainda que não haja identidade entre os legitimados ati-

(131) *Revista do Ministério Público do Trabalho*, ano VI, n. 12, set./1996, Brasília, p. 77-78.

vos, isto é, entre os titulares da demanda coletiva no pólo ativo, sustentamos que haverá litispendência (e coisa julgada) entre as demandas coletivas, o que implicará a extinção daquela que foi proposta posteriormente, porque em ambas os autores atuam como "legitimados autônomos para a condução do processo" ou "substitutos processuais", razão pela qual, nesses casos, os titulares materiais dos interesses difusos, coletivos ou individuais homogêneos serão atingidos pela coisa julgada que se formar em primeiro lugar.

De outro giro, a leitura atenta da primeira parte do art. 104 do CDC revela que não há litispendência entre ação individual e ação coletiva (ou civil pública) destinada à defesa de interesses difusos e coletivos (incisos I e II do parágrafo único do art. 81 do CDC). E a razão é simples: não há identidade entre os titulares ativos, nem entre os pedidos, na demanda individual e na demanda coletiva. No máximo, poder-se-ia falar em identidade de causa de pedir remota (fatos), mas as causas de pedir próxima (fundamentos jurídicos do pedido) também seriam diferentes.

Cabe agora indagar: entre ação coletiva para tutela de interesses individuais homogêneos e ação individual pode haver litispendência?

Para satisfazer à indagação, cumpre lembrar que na ação coletiva para tutela de interesses ou direitos individuais homogêneos, o autor da demanda atua em nome próprio na defesa de interesses de outrem (legitimação extraordinária ou substituição processual), enquanto na ação individual, o titular da demanda é também o titular do direito material nela deduzido (legitimação ordinária). Por aí já se vê que não há identidade de partes no pólo ativo das duas demandas.

Além disso, o pedido na ação coletiva é obrigatoriamente genérico, pois a condenação será sempre genérica (CDC, art. 95), ao passo que na ação individual é permitido o pedido líquido.

Finalmente, a coisa julgada na ação coletiva produzirá efeitos *erga omnes*; na ação individual, *inter partes*. Por interpretação lógica e sistemática, portanto, concluímos que, em princípio, não há litispendência entre ação coletiva para tutela de interesses individuais homogêneos e ação individual.

Dissemos em princípio, porque poderá haver litispendência entre ação coletiva para tutela de interesses individuais homogêneos e ação individual se, e somente se, o titular desta tiver intervindo como litisconsorte (*rectius*, assistente) nos autos da ação coletiva. É o que se extrai da interpretação a *contrario sensu* do § 2º do art. 103 do CDC, segundo o qual na hipótese de tutela de interesses individuais homogêneos, em caso de improcedência do pedido, os interessados que não tiverem intervindo no processo como assistentes poderão propor ação de indenização a título individual. Vale dizer, os titulares materiais que tiverem intervindo como assistentes na ação coletiva ficarão impedidos de propor ação individual, pois serão alcançados pela coisa julgada de improcedência.

Correta, pois, a observação de *Hugo Nigro Mazzilli*, para quem

> "nem mesmo no caso de interesses individuais homogêneos teremos vera e própria litispendência entre ação civil pública (ou coletiva) e ação individual, uma vez que não coincidem seus objetos: o caso seria antes de conexão, ou, sob circunstâncias específicas, até mesmo de continência, quando o objeto da ação civil pública ou coletiva compreendesse, porque mais abrangente, o objeto da ação individual. Ademais, o ajuizamento de ação civil pública sobre o mesmo objeto não induz litispendência porque não pode impedir o direito individual subjetivo de ação, assegurado na Carta Magna."(132)

Ademais, na fase de conhecimento da ação coletiva para tutela de interesses individuais homogêneos é vedado apreciar o pedido individual dos substituídos processualmente, tendo em vista que sentença (condenatória) será obrigatoriamente genérica (CDC, art. 95). Aliás, a identificação dos titulares dos direitos individuais homogêneos somente poderá ocorrer na liquidação de sentença a título individual, que é preferencial (CDC, arts. 97, 98, § 2º, I, 99 e 100). É dizer, somente no processo de liquidação de sentença por artigos, aí, sim, poderá o réu alegar litispendência se existir ação individual ajuizada anteriormente pelo liquidante individual na ação coletiva.(133)

Lamentavelmente, a jurisprudência trabalhista majoritária, na contramão do novo sistema de acesso coletivo à Justiça do Trabalho (por nós apelidado de jurisdição trabalhista metaindividual), advoga a tese da litispendência entre a ação individual e a ação coletiva em que o sindicato atua como substituto processual na defesa de interesses individuais homogêneos dos integrantes da categoria que representa.

Colecionamos, a propósito, os seguintes arestos:

> "LITISPENDÊNCIA. EXISTÊNCIA DE AÇÃO CIVIL PÚBLICA. Analisando o artigo 104 do Código de Defesa do Consumidor, extrai-se que ele

---

(132) Hugo Nigro Mazzilli, *A defesa interesses difusos em juízo*. 15. ed. São Paulo: Saraiva, 2002, p. 202.

(133) Sobre o tema da liquidação em ação civil pública (ou coletiva) recomendamos o nosso livro: Carlos Henrique Bezerra Leite, *Liquidação na ação civil pública*. São Paulo: LTr, 2004.

contempla duas normas distintas, ou seja, uma que afasta incondicionalmente a litispendência e outra que é condicional à coisa julgada. A primeira parte da norma é incisiva em afastar a litispendência quando há ação individual e coletiva, sendo que, na segunda parte, os efeitos da coisa julgada foram contemplados em razão da suspensão dos 30 dias, o que equivale a dizer que essa suspensão é requisito para afastar os efeitos da coisa julgada e não da litispendência. Recurso conhecido e provido. DESCONTOS PREVIDENCIÁRIOS E FISCAIS. A Seção de Dissídios Individuais do Tribunal Superior do Trabalho, por meio da Orientação Jurisprudencial n. 32, pacificou o entendimento de que são devidos os descontos relativos à contribuição previdenciária e ao Imposto de Renda. Ressalte-se, ainda, o posicionamento manifestado pela Orientação Jurisprudencial n. 228 da SDI-1, em que o recolhimento dos descontos legais resultante dos créditos do trabalhador, oriundos de condenação judicial, deve incidir sobre o valor "total da condenação e ser calculado ao final. Assim, vem à baila o Enunciado n. 333 do TST, em que os precedentes da SDI foram erigidos à condição de requisitos negativos de admissibilidade do recurso. Revista não conhecida." (TST, RR n. 5031.2002.900.09.00, 4ª T., Rel. Min. José de Barros Levenhagen, j. 18.12.2002, DJ 21.2.2003)

"Litispendência — Ação anterior proposta pela entidade sindical — Substituição processual — E posterior pelo trabalhador individualmente — Acolhimento. Provada a anterioridade da ação ajuizada e a identidade da matéria, relativamente à ação posterior, impõe-se o acolhimento da preliminar suscitada, inteligência do § 3º do art. 267 do CPC, a par do seu relevante interesse, já que se destina a evitar a prolação de decisões conflitantes e contraditórias. Irrelevante a circunstância de se tratar de anterior ação proposta pelo Substituto Processual (não havendo identidade de partes), seja porque o trabalhador possa ter figurado no rol de substituídos e, ainda que assim não fosse dele seria o direito material em debate. Hipótese em que a extinção do processo é de rigor — art. 267, V, do CPC." (TRT, 15ª R., 5ª T., Ac. n. 25259/97, Rel. Luís Canos Cândido Martins Sotero, DJSP 15.9.97, p. 58)

"Para provar litispendência não basta trazer aos autos a petição inicial dos processos em que o sindicato se apresenta como substituto processual de todos os empregados do réu. É preciso provar que foi aceito nessa qualidade ou, quando menos, como substituto dos empregados relacionados e que entre estes se encontra o autor da ação em que se faz a argüição. É preciso provar, ainda, que a ação se encontra em tramitação e que o processo não foi extinto, até o momento da argüição, sem julgamento de mérito." (TRT 1ª R., 1ª T., RO n. 28.514/94, Rel. Juiz Luiz Teixeira Bomfim, DJRJ 8.7.97, p. 102)

"Litispendência. Substituição processual. Violação legal. Não viola a lei decisão do eg. Regional que reputa configurada a litispendência entre a ação individual do empregado e a ajuizada pelo Sindicato da categoria do Autor, como substituto processual, porquanto presentes a identidade substancial de partes e de pedido. Inteligência do art. 301, V,

§ 1º, do CPC. Recurso não conhecido." (TST, 1ª T., Ac. n. 2372/97, Rel. Min. João Oreste Dalazen, DJ 13.6.97, p. 27.011)

Cumpre assinalar que num julgado antigo, o TST adotou a nossa tese, como se infere do seguinte aresto:

"Litispendência. Inexiste litispendência entre a ação ajuizada pelo sindicato profissional e a ajuizada pelo trabalhador, individualmente, objetivando o recebimento de diferenças salariais decorrentes de planos econômicos, porquanto não se verifica a identidade de partes, não sendo também idêntico o objeto. Recurso do reclamante provido." (TST, 2ª T., Ac. n. 6512/97, Rel. Min. Moacyr Roberto Tesch, DJ 12.9.97, p. 44042)

Felizmente, no mesmo sentido:

"Não se acolhe a litispendência em dissídio individual por motivo de ação proposta por sindicato na condição de substituto processual, facultando-se, entretanto, à reclamada, provar, na fase executória, o pagamento do crédito ao empregado." (TRT, 3ª R., 3ª T., RO n. 01938/94, Rei. Juiz Antônio Álvares da Silva, OJMG 22.8.95, p. 51)

Em arremate, convém lembrar que o STJ vem reiteradamente decidindo nos seguintes termos: "A circunstância de existir ação coletiva em que se objetiva a tutela de direitos individuais homogêneos não obsta a propositura de ação individual." (STJ, REsp n. 240.128/PE, 5ª T., Rel. Min. Felix Fischer, DJU de 2.5.00, p. 169)

Parece-nos que tal entendimento acabou influenciando recente (e correta, ressaltamos) posição adotada pela 1ª Turma do TST no dia 6.2.07, no sentido de que as "ações coletivas não induzem a litispendência entre as ações individuais". Tratava-se de ação movida por empregada contratada como arrecadadora para a empresa Performance Recursos Humanos e Assessoria Empresarial, prestadora de serviços à Dersa (Desenvolvimento Rodoviário S/A.). A empregada alegou que foi dispensada imotivadamente, sem receber as verbas rescisórias, às quais incluem o pagamento de férias, horas extras, adicional noturno e seus reflexos, multa do FGTS, além do reembolso dos descontos de contribuição federativa. Ela pediu ainda que a empresa prestadora de serviços fosse responsabilizada subsidiariamente pelos débitos trabalhistas. Em contestação, a empresa Performance afirmou haver litispendência da ação trabalhista, proposta pela empregada, quanto ao pagamento das verbas rescisórias, já que o sindicato da categoria havia ajuizado ação anterior, abrangendo todos os empregados dispensados. Alegou que a empregada foi demitida por justa causa, pois havia sido contratada por outra empresa, e que, os pedidos eram comuns à outra ação movida pelo Ministério Público do Trabalho. A 1ª Vara do Trabalho do Guarujá

(SP) declarou a responsabilidade subsidiária da empresa tomadora de serviços pelas obrigações trabalhistas e afastou a justa causa, pois não vislumbrou fundamento no argumento da empresa. As empresas recorreram da sentença no Tribunal Regional do Trabalho da 2ª Região (São Paulo), que manteve a sentença de que, a ação movida pelo MPT não impede que o empregado proponha ação individual visando o recebimento de créditos trabalhistas. O Regional ressaltou que "a legitimidade extraordinária conferida ao Ministério Público e às associações de classe para propositura de ação civil pública ou ações coletivas tem por objetivo facilitar o acesso à Justiça e não criar obstáculo ao trabalhador que opta pelo exercício individual do direito de ação constitucionalmente garantido". Inconformada, a Performance insistiu na alegação de litispendência no TST, que manteve a tese do TRT/SP." (TST, AIRR n. 1037/2001-30102-40.9, Rel. Ministro Luiz Philippe Vieira de Mello Filho, fonte: www.tst.gov.br)

Espera-se que as demais Turmas do eg. TST reformulem suas posições em homenagem ao princípio constitucional do acesso — individual e coletivo — à justiça.

17. Recursos

A ação civil pública, no âmbito da Justiça do Trabalho, segue o mesmo rito ordinário da reclamação trabalhista comum, apenas com a peculiaridade de que o Ministério Público do Trabalho, se não for parte, atuará obrigatoriamente como fiscal da lei.

Dessa forma, cabem neste tipo de ação os mesmos recursos inerentes às reclamações trabalhistas, tais como o recurso ordinário, o recurso de revista, o recurso de embargos, o recurso de embargos de declaração etc.

Lembramos que as chamadas "causas de alçada" (Lei n. 5.584/70, art. 2º, § 4º) não têm aplicação em sede de ação civil pública. É que este tipo especial de ação, por ser instrumento constitucional de garantia dos direitos e interesses mais relevantes da sociedade, deve ter mesmo tratamento dispensado às ações de idêntica magnitude, como, *v. g.*, o mandado de segurança, o mandado de injunção, o *habeas corpus* etc.

Das decisões proferidas em ação civil pública, como de resto em qualquer ação em que tenha funcionado (como órgão agente ou interveniente), deverá o Ministério Público do Trabalho ser intimado pessoalmente (LC n. 75/93, art. 18, II, *h*, c.c. art. 84, IV).

Estudaremos, a seguir, o recurso ordinário e o agravo de instrumento, por serem os que despertam maior interesse em sede de ação civil pública trabalhista.

17.1. Recurso ordinário

Da sentença, terminativa ou definitiva, que julga ação civil pública cabe recurso ordinário para o Tribunal Regional do Trabalho.

Não obstante o art. 899 da CLT dispor que os recursos terão efeito meramente devolutivo, estamos com *Franciso Antonio de Oliveira,* para quem

> "O juiz poderá conferir efeito suspensivo ao recurso para evitar dano irreparável à parte. A recíproca também será verdadeira. O juiz poderá negar o efeito suspensivo para evitar dano irreparável ao autor. O dano irreparável de que fala a lei não poderá ter suporte apenas em âmbito subjetivo, mas deverá apresentar fatos concretos que dêem prestígio à alegação."(134)

Realmente, o art. 14 da LACP preceitua que o "juiz poderá conferir efeito suspensivo aos recursos, para evitar dano irreparável à parte".

O prazo para o recurso ordinário interposto por pessoa física ou jurídica de direito privado (inclusive as empresas públicas e sociedades de economia mista) será de oito dias.

Se sucumbente pessoa jurídica de direito público, o prazo para o recurso ordinário (voluntário) será em dobro (Decreto-lei n. 779/69, art. 1º, III).

Por ser o Ministério Público um órgão estatal, embora sem personalidade jurídica, o prazo recursal também deverá ser contado em dobro, seja atuando como parte, seja oficiando como *custos legis.*

As sentenças desfavoráveis ao MPT em ACP devem, a nosso sentir, ser submetidas ao duplo grau de jurisdição obrigatório. É que, embora o art. 1º, V, do Decreto-lei n. 779/69 não mencione o MP, sabe-se que ele é uma instituição estatal que atua em defesa do interesse público, tal causa ocorre com o cidadão na ação popular. Assim, por força do art. 19 da Lei n. 4.717/65, aplicado por analogia à espécie, as sentenças de carência ou improcedência em ACP devem ser submetidas ao duplo grau de jurisdição, independentemente de recursos das partes.

---

(134) *Op. cit.*, p. 892.

17.2. Agravo

Diz o art. 12 da Lei n. 7.347/85:

"Poderá o juiz conceder mandado liminar, com ou sem justificação prévia, em decisão sujeita a agravo."

Trata-se de decisão tipicamente interlocutória, na medida em que o juiz, no curso do processo, resolve questão incidente (CPC, art. 162, § 2º).

Ademais, a própria lei estabelece que o recurso cabível é o agravo, o que espanca qualquer dúvida quanto à natureza de decisão interlocutória daquele ato judicial que concede liminar nos próprios autos da ação civil pública.

Ora, no processo comum não há dúvida de que o mandado liminar seria impugnável pelo recurso de agravo.

No processo do trabalho, porém, tal recurso não poderá ser manejado, vez que das decisões interlocutórias — salvo quando terminativas do feito, o que não é o caso *sub examen* — nenhum recurso cabe de imediato, tendo em vista o preceito cogente previsto no art. 893, § 1º, da CLT.

É dizer, o processo laboral é regido por normas e princípios próprios, somente admitindo a aplicação subsidiária do direito processual comum na hipótese de lacuna e, ainda assim, desde que a norma que se pretenda migrar seja compatível com as disposições legais previstas no Título X da Consolidação das Leis do Trabalho e com a principiologia que informa este ramo especializado da árvore jurídica.

Nesse passo, podemos afirmar, sem receio de incidir em erro, que se aflora absolutamente incabível o agravo (de instrumento ou retido) com o propósito de reformar ou anular a decisão que, em sede de ação civil pública, defere ou indefere "mandado liminar", seja porque há norma expressa no texto obreiro impeditiva desta modalidade recursal para a hipótese em tela, seja porque o manejo do agravo revela-se totalmente incompatível com o princípio peculiaríssimo da irrecorribilidade imediata das decisões interlocutórias, que informa o Direito Processual do Trabalho.

Estamos a afirmar, portanto, que é absolutamente inadmissível o recurso de agravo para atacar decisão concessiva de liminar nos autos de ação civil pública, sendo inaplicável ao processo do trabalho a parte final do art. 12 da Lei n. 7.347/85.

Colhe-se, em favor da posição ora adotada, os seguintes julgados:

"LIMINAR EM AÇÃO CIVIL PÚBLICA. CABIMENTO. A modalidade recursal prevista no art. 12 da Lei n. 7.347/85, reconhecida como óbice à ação mandamental, não se enquadra dentre aquelas previstas no ordenamento processual trabalhista, isto porque a ação civil pública é regida pelos termos do CPC, que na Justiça do Trabalho só é aplicável, na lacuna, subsidiariamente naquilo em que inexiste incompatibilidade. No caso vertente, verifica-se ser imprópria a interposição de agravo de instrumento (art. 12, Lei n. 7.347/85), eis que este na sistemática dos recursos trabalhistas só é cabível diante da denegação de recurso, o que inocorre. Recurso provido." (TST, ROMS n. 104.973/94.6, Ac. SDI 4.164/95, Rel. Min. José Luiz Vasconcellos, DJU 17.11.95)

"MANDADO DE SEGURANÇA. LIMINAR EM ACP. AUSÊNCIA DE PRESSUPOSTOS. EXISTÊNCIA DE RECURSO PRÓPRIO. Mandado de segurança contra liminar cominatória de pena pecuniária por infração contratual do empregador, que submete empregados a risco de vida, concedida por Juiz Presidente de Junta (atualmente, Vara do Trabalho) em ação civil pública movida pelo Ministério Público do Trabalho. Interesses coletivos tutelados por essa ação distintos dos próprios de dissídios coletivos. Competência de Tribunal não se defende através de mandado de segurança. Ausência de direito líquido e certo. Existência de recurso específico em lei especial. Segurança denegada." (TRT, 4ª Reg., MS n. 94.026858.2- SE, Rel. desig. Juiz J. F. Ehlers de Moura, DORS 20.3.95)

Da decisão interlocutória que concede liminar, portanto, nenhum recurso cabe. Todavia, a parte interessada poderá prequestionar a matéria por meio do conhecido "protesto nos autos ou em audiência", sob pena de preclusão (CLT, art. 795). Feito o protesto, o interessado poderá ressuscitar a matéria em preliminar do recurso ordinário.

Em resumo, não caberá agravo de instrumento (ou retido) da liminar concedida em ação civil pública no âmbito da Justiça do Trabalho.

Poder-se-á admitir, em tese, o mandado de segurança contra a decisão que defere a liminar, desde que presentes as condições especiais desta ação, ou seja, quando a decisão judicial acarretar violação (ou ameaça) a direito líquido e certo do impetrante ou for prolatada com abuso de poder. Nesse sentido, ver OJ n. 58 da SDI-2 do TST e Súmula n. 414, II, do TST.

Afigura-se-nos que, malgrado o entendimento consubstanciado na Súmula n. 418 do TST, também caberá a ação assecuratória na hipótese de decisão que indefere a liminar. Para tanto, invocamos as lúcidas palavras de *Francisco Antonio de Oliveira:*

"Há entendimento no sentido de que a não-concessão de liminar estaria contida no poder discricionário do juiz e da negativa nenhum recurso caberia. Há que se fazer reparo. O poder cautelar deferido ao juiz, muito embora tenha nuances de discricionariedade, não dependerá somente dos seus critérios subjetivos, o que poderia desaguar no arbítrio. Todo deferimento ou indeferimento de liminar é antecedido de um trabalho intelectual de raciocínio subjetivo, calcado de alguma forma em dados objetivos. O simples temor subjetivo sem algum suporte objetivo não respalda a liminar. Mas sempre que a hipótese se apresentar, a liminar será ou não concedida. Se os motivos apresentados respaldam a liminar, o juiz não poderá regateá-la; da mesma forma, se os motivos não marcaram presença, não haverá por que conceder a liminar.

Temos para nós que, em âmbito de interesses transindividuais, a negativa de liminar não poderá ficar adstrita à decisão do juiz da causa. A relevância dos direitos defendidos é de tal magnitude que não se pode e nem se deve correr qualquer risco.

Assim, no processo do trabalho, quer na concessão, quer na negativa de liminar objetivando neutralizar ato (comissivo ou omissivo) que possa causar danos irreparáveis aos interesses difusos, coletivos ou individuais homogêneos, é de boa cautela que se dê oportunidade de a parte inconformada ouvir o Colegiado *ad quem* por meio do mandado de segurança."[135]

17.3. Suspensão da liminar

A liminar concedida nos autos da ação civil pública poderá ter seu cumprimento suspenso, nos termos do § 1º do art. 12 da LACP, *in verbis*:

"A requerimento de pessoa jurídica de direito público interessada, e para evitar grave lesão à ordem, à saúde, à segurança e à economia pública, poderá o Presidente do Tribunal a que competir o conhecimento do respectivo recurso suspender a execução da liminar, em decisão fundamentada, da qual caberá agravo para uma das turmas julgadoras, no prazo de 5 (cinco) dias a partir da publicação do ato."

É de se ressaltar que não apenas a liminar poderá ser suspensa, mas também a própria sentença proferida em ação civil pública, como se depreende do art. 4º, e seu § 1º, da Lei n. Lei n. 8.437/92:

"Art. 4º Compete ao presidente do tribunal, ao qual couber o conhecimento do respectivo recurso, suspender, em despacho fundamentado,

(135) *Da ação civil pública ...*, cit., p. 894.

a execução da liminar nas ações movidas contra o Poder Público ou seus agentes, a requerimento do Ministério Público ou da pessoa jurídica de direito público interessada, em caso de manifesto interesse público ou de flagrante ilegitimidade, e para evitar grave lesão à ordem, à saúde, à segurança e à economia públicas.

§ 1º Aplica-se o disposto neste artigo à sentença proferida em processo de ação cautelar inominada, no processo de ação popular e na ação civil pública, enquanto não transitada em julgado."

Chegamos a admitir que, no direito processual do trabalho, a suspensão da liminar deferida nos autos da ACP por ato do Presidente do Tribunal, seria incompatível com o princípio da irrecorribilidade imediata das decisões interlocutórias.[136]

Alteramos o referido entendimento. E isso porque, após um exame mais detido acerca da natureza jurídica do pedido de suspensão da liminar, que pode ser formulado pela pessoa jurídica de direito público ou pelo próprio Ministério Público (incluído o do Trabalho), chegamos à conclusão de que não se trata de um recurso[137] propriamente dito, já que não se encontra no rol dos recursos previstos na própria LACP, que fala de agravo contra a liminar (art. 12, *caput*), nem nas disposições do CPC (art. 496) e da CLT (art. 893). Ademais, a finalidade ontológica dos recursos não é a de suspender a decisão recorrida, mas, principalmente, a de reformá-la, anulá-la ou, segundo alguns, aclará-la.

Ora, se o pedido de suspensão da liminar não tem natureza jurídica de recurso[138], porquanto não está jungido aos pressupostos de admissibilidade de recorribilidade (tempestividade, preparo, contraditório etc.) inerentes aos recursos em geral, a ele não se aplica o princípio peculiar da irrecorribilidade das decisões interlocutórias. Aliás, tal pedido de suspensão já estava previsto na Lei n. 1.533/51 (LMS) e sua finalidade é a de proteger interesses superiores da coletividade, como a segurança, a ordem, a saúde e a economia públicas que também, são, a rigor, interesses difusos.

17.4. Cumprimento da tutela de urgência antecipatória

O cumprimento da decisão que concede tutela de urgência antecipatória nas ações coletivas decorre da sua eficácia mandamental ou

(136) Carlos Henrique Bezerra Leite, *Ministério público do trabalho: doutrina, jurisprudência e prática*, p. 152-153.
(137) *Idem*, *Mandado de segurança no processo do trabalho*, p. 63-64. Nesta obra, chegamos a admitir que o pedido de suspensão tinha natureza de "agravinho".
(138) Nelson Nery Junior, *Código de processo civil comentado*, p. 1.532.

executiva *lato sensu*. É dizer, a execução da liminar a que alude o art. 12 da LACP deve seguir o *iter procedimentalis* do art. 84, §§ 3º, 4º e 5º, do CDC, não havendo necessidade de instauração de um "processo de execução".

Assim, por meio do provimento mandamental é imposta uma ordem ao réu para que este cumpra, no prazo razoável assinalado pelo juiz, sob pena de configuração do crime de desobediência, a obrigação (de fazer ou não fazer, ou entregar), sem prejuízo da aplicação, *ex officio*, da multa diária ao réu, se isso for suficiente ou compatível com a obrigação.

De outra parte, o § 5º do art. 84 do CDC, que encerra preceito meramente exemplificativo, permite ao juiz dar efetividade à tutela jurisdicional por meio de medidas necessárias nos seguintes termos:

> "Para a tutela específica ou para a obtenção do resultado prático equivalente, poderá o juiz determinar as medidas necessárias, tais como busca e apreensão, remoção de coisas e pessoas, desfazimento de obra, impedimento de atividade nociva, além de requisição de força policial."

18. Liquidação e execução do julgado

Como é sabido, o que se objetiva com a execução da sentença é assegurar ao credor um resultado prático, sendo que este deve espelhar o que ele conseguiria como se a obrigação fosse fielmente cumprida pelo devedor independentemente da instauração do processo.

Há três espécies de execução de sentença na ação civil pública: a) execução para cumprimento de obrigação de fazer; b) execução para cumprimento de obrigação de não fazer; c) execução para cumprimento de obrigação de pagar (indenizar).

Com efeito, dispõem os arts. 3º, 11 e 13 e parágrafo único da Lei n. 7.347/85:

> "Art. 3º A ação civil poderá ter por objeto a condenação em dinheiro ou o cumprimento de obrigação de fazer ou não fazer."
>
> "Art. 11. Na ação que tenha por objeto o cumprimento de obrigação de fazer ou não fazer, o juiz determinará o cumprimento da prestação da atividade devida ou a cessação da atividade nociva, *sob pena de execução específica*, ou de cominação de multa diária, se esta for suficiente ou compatível, independentemente de requerimento do autor."
>
> "Art. 13. Havendo condenação em dinheiro, a indenização pelo dano causado reverterá a um fundo gerido por um Conselho Federal ou por

Conselhos Estaduais de que participarão necessariamente o Ministério Público e representantes da comunidade, sendo seus recursos destinados à reconstituição dos bens lesados.

Parágrafo único. Enquanto o fundo não for regulamentado, o dinheiro ficará depositado em estabelecimento oficial de crédito, em conta com correção monetária."

No terreno dos interesses transindividuais, o que se deve buscar é a pacificação do conflito de dimensão coletiva da maneira mais específica possível, ou seja, do modo que mais se aproxime daquilo que se espera do provimento jurisdicional solicitado.

É por esta razão que o art. 84, §§ 1º e 2º, do Código de Defesa do Consumidor, aplicável subsidiariamente à espécie (art. 21 da LACP), determina:

"Art. 84. Na ação que tenha por objeto o cumprimento da obrigação de fazer ou não fazer, o juiz concederá a tutela específica da obrigação ou determinará providências que assegurem o resultado prático equivalente ao do adimplemento.

§ 1º A conversão da obrigação em perdas e danos somente será admissível se por elas optar o autor ou se impossível a tutela específica ou a obtenção do resultado prático correspondente.

§ 2º A indenização por perdas e danos se fará sem prejuízo da multa (art. 287 do Código de Processo Civil)."

Dessa forma, a execução em ação civil pública trabalhista deverá ser primordialmente de obrigação de fazer ou não fazer. A conversão desta em perdas e danos somente será cabível: a) se houver pedido expresso do autor na petição inicial da ação civil pública; b) se for impossível a tutela específica (obrigação de fazer ou não fazer); c) se for impossível a obtenção do resultado prático almejado.

Quanto à execução que tenha por objeto único a condenação do réu na obrigação de indenizar, já chegamos a sustentar que esta espécie não nos parecia possível em sede de ação civil pública trabalhista.

Melhor refletindo sobre a matéria, evoluímos nosso pensamento[139] para admitir que, com base na moderna concepção de acesso à justiça, é perfeitamente cabível o pedido exclusivamente de condenação em dinheiro, especificamente nas ações civiis públicas que tenham por ob-

(139) Sobre o tema, recomendamos a leitura do nosso *Liquidação na ação civil pública*. São Paulo: LTr, 2004.

jeto a responsabilização do réu por danos morais difusos ou coletivos *stricto sensu* cujo produto arrecadado na execução será revertido a *fluid recovery*.

Também é possível a ação civil pública que tenha por objeto a condenação em dinheiro na hipótese de tutela de interesses individuais homogêneos. Aqui, a condenação será genérica, por determinação do art. 95 do CDC, cabendo aos substituídos processualmente promover a liquidação, a título individual, dentro do prazo de um ano contado do trânsito em julgado da sentença condenatória (CDC, art. 100). Nessa liquidação individual, que será obrigatoriamente por artigos, o liquidante deverá demonstrar o dano (moral e/ou material) individualmente sofrido, o nexo etiológico entre este dano individual e o dano genérico reconhecido na sentença cognitiva e o respectivo montante.

Em se tratando de ação civil pública no âmbito da Justiça do Trabalho, qualquer co-legitimado ativo (em regra, sindicato ou Ministério Público do Trabalho) poderá promover a execução do julgado, posto que não figure na relação processual cognitiva ou no título judicial.

Cuidando-se de interesses individuais homogêneos, a sentença transitada em julgado que julgar procedente o pedido poderá ser executada coletiva (pelos co-legitimados ativos) ou individualmente (pelos trabalhadores lesados). Caso estes não se habilitem nos autos no prazo de um ano, a contar da publicação dos editais[140] de cientificação da sentença condenatória, o Ministério Público do Trabalho[141] deverá (LACP, art. 15) e o Sindicato da categoria a que pertencem os trabalhadores lesados poderá promover a liquidação e a execução.

A execução da sentença (ou acórdão) poderá ser definitiva ou provisória. Aquela pressupõe a existência de título judicial oriundo de processo em que a sentença tenha transitado em julgado. Esta se baseia em título judicial que esteja sendo objeto de impugnação mediante recurso recebida somente no efeito devolutivo.

Tendo em vista que a jurisprudência dominante é no sentido do não-cabimento da execução provisória na obrigação de fazer, é recomendável que o autor aguarde o trânsito em julgado da decisão definitiva para promover a sua execução.

Se a sentença transitada em julgado proveniente de ação civil pública for do tipo constitutiva, como a prevista no art. 25, IV, *b,* da Lei n.

---

(140) *Op. cit.*, p. 894.

(141) Entendemos que o espírito da lei será atingido se o edital for afixado em local apropriado nos estabelecimentos da empresa ou na sede (ou jornal) do sindicato, conforme o caso.

8.625/93, a sua execução é imediata, específica ou *in natura*, ou seja, o responsável pela lesão a direitos metaindividuais deve cumprir imediatamente a providência determinada pelo juiz, sem a possibilidade de ser substituída pela reparação em pecúnia. Mas, mesmo nesta hipótese, será possível formular-se pedido para que conste do comando sentencial uma pena (*astreinte*), para o caso de descumprimento da ordem judicial.

19. Prescrição

Como é sabido, apenas os direitos patrimoniais são passíveis de prescrição.

A ação civil pública tem por objeto a defesa dos interesses metaindividuais, que abrangem os interesses difusos, coletivos e individuais homogêneos.

Já chegamos a sustentar que, mesmo na hipótese de interesses individuais homogêneos, não se poderia deixar de levar em conta a dimensão coletiva em que tais espécies de interesses estão contextualizados. Para tanto, invocávamos alguns autores para sustentar a imprescritibilidade da ação civil pública.

Nesse sentido, pondera *Vera Regina Loureiro Winter:*

> "Pela própria noção de interesse público, compreendendo a defesa de interesses difusos e coletivos, resulta a imprescritibilidade de tais ações, pois tutelam direitos insuscetíveis da apreciação econômica, visando, como já referido, não ao ressarcimento pessoal, mas ao cumprimento de obrigação de fazer ou de não fazer, dentro da ótica protecionista do Direito Laboral."(142)

No que é seguida por *Francisco Antonio de Oliveira* que, com erudição, dispara:

> "Ora, se os interesses difusos e coletivos não têm titulação definida, mas pertencem a todos, dúvida não existe de que estamos frente a um direito de interesse social e que diz respeito ao povo, ao público em geral. E se assim é, premiar o instituto da prescrição ou da decadência seria o mesmo que inverter a ordem dos valores, ou seja, premiar o interesse particular em detrimento do interesse público. Chegar-se-ia ao absurdo de deixar que uma região toda fosse destruída, por exemplo, sem a possibilidade de cobrar a in-

---

(142) "Ação civil pública, uma nova abordagem na justiça do trabalho", *in Revista Síntese Trabalhista,* n. 65, nov./94, p. 25.

denização, já que o ato letal e nocivo não poderá ser desconstituído. E mais. Em não havendo interesse do Poder Público, como já vimos, o Ministério Público estará sempre muito assoberbado de trabalho e as prescrições ocorreriam, sem que ninguém pudesse fazer nada.

A exemplo do que acontece com a coisa julgada, os interesses metaindividuais devem ter tratamento processual especial, não correndo, contra tais direitos, a prescrição da ação ou a decadência do direito. Pensamento contrário seria o mesmo que permitir que o escorpião, de veneno letal, pique a si mesmo.

A verdade é que o bem, objeto de proteção da ação civil pública, não tem parâmetro indenizatório em termos de patrimônio, já que não se individualiza a titularidade. E se assim é, não haverá como aplicarem-se preceitos civis de proteção ao patrimônio individual, pena de neutralizar-se o próprio objetivo da lei que é a proteção (preventiva ou repressiva). Preventiva em termos de não deixar que aconteça o dano e repressiva quando, causado o dano, impõe a parte ônus do restabelecimento ao *status quo* ou ao pagamento da indenização correspondente."(143)

Debruçando-nos com espírito crítico sobre a questão, alteramos parcialmente o nosso entendimento a respeito da temática em questão.

Para tanto, colhemos as lúcidas observações constantes de dissertação vitoriosa de mestrado de *Héctor Valverde Santana*,(144) para quem a prescrição não incide na ação civil pública que viabilize pretensão difusa, dada a sua indisponibilidade pelos titulares do interesse material deduzido em juízo.

Quanto à ação que veicule pretensão coletiva, a incidência da prescrição dependerá da aferição da indisponibilidade dos interesses materiais judicialmente deduzidos. Apresentamos um exemplo que pode corroborar a assertiva: um prêmio fixado em acordo coletivo para os trabalhadores que atingirem certa produção pode ser vindicado judicialmente pelo sindicato correspondente por meio de ação civil pública em face de uma empresa. Se a pretensão for apenas a de obrigar a empresa estender a possibilidade de acesso ao procedimento alusivo ao prêmio a todos os trabalhadores integrantes da categoria na empresa, estar-se-á diante de interesses coletivos, porquanto transindividuais e indivisíveis. Mas não se pode dizer que o direito da categoria ao prêmio seja indisponível, pois não há óbice a que cada trabalhador individualmente con-

(143) *Ação Civil pública: enfoques trabalhistas*. São Paulo: Revista dos Tribunais, 1998, p. 32 e 33.

(144) *Prescrição e decadência nas relações de consumo*, p. 145-147.

siderado venha a renunciar ao mesmo. Nesse caso, o interesse coletivo relativo ao prêmio mostra-se disponível, razão pela qual sujeita-se à prescrição. Não se poderia cogitar de prescrição, no entanto, se o interesse coletivo fosse indisponível, tal como ocorre em relação à proteção do meio ambiente de trabalho, isto é, o empregador não poderia invocar validamente a prescrição alegando, por exemplo, que já polui o meio ambiente de trabalho há mais de vinte anos, pois o direito ao meio ambiente de trabalho sadio não se encontra entre aqueles direitos que possam ser objeto de disponibilidade.

É de se ressaltar, contudo, que em se tratando de tutela de interesses individuais homogêneos, dada a sua característica materialmente individual e divisível, parece-nos razoável a posição de *Héctor Valverde Santana*, no sentido de que estes interesses podem sofrer a incidência da prescrição. Afinal, se os próprios titulares dos direitos materiais veiculados na ação coletiva poderiam ajuizar demanda individual para a defesa particularizada dos seus próprios interesses, não seria lógico permitir que a ação coletiva seria suficiente para impedir os efeitos jurídicos da prescrição. Além disso, o art. 7º, XXIX, da CF enaltece que todos os créditos trabalhistas individuais estão submetidos à prescrição.

De toda a sorte, pensamos que o ajuizamento da ACP interrompe a prescrição, razão pela qual em matéria de interesses individuais homogêneos se a demanda coletiva for ajuizada antes de ocorrer a prescrição prevista no inciso XXIX do art. 7º da CF, o trabalhador poderá promover a liquidação da sentença condenatória correspondente, ainda que não tenha intervindo como "assistente" na demanda coletiva cognitiva, pois será destinatário dos efeitos *erga omnes* da sentença, nos termos do § 3º do art. 103 do CDC.

Recentemente, a Primeira Turma do TST decidiu, com base nos arts. 203 do CC de 2002 e 219 do CPC, que a ação em que o sindicato atuou como substituto processual, extinta por ilegitimidade ativa *ad causam*, interrompeu a prescrição em favor dos substituídos. Concluiu o Relator Ministro *Vieira de Mello Filho:* "Em suma, percebe-se que a finalidade da norma é assegurar a interrupção da prescrição, se operada citação válida em processo anterior. Dessa forma, a ação deve ser tida como válida para efeitos de interrupção do prazo prescricional, ainda que o sindicato, atuando como substituto processual, seja considerado parte ilegítima em reclamação anteriormente ajuizada com o mesmo objeto." (TST, RR n. 698/2002-003-18-00.4)

Capítulo V

A Legitimação na Ação Civil Pública em Defesa dos Interesses Difusos e Coletivos

1. Legitimidade ad causam como condição da ação

Já se tornou lugar-comum a afirmação de que não existem direitos absolutos. Esta regra, que é adotada nos ordenamentos jurídicos contemporâneos, aplica-se também ao direito de ação,[1] já que seu exercício consubstancia-se no preenchimento de certos requisitos, também chamados de "condições da ação", que possibilitam ou impedem o exame da questão seguinte (mérito). De tal modo que, presentes todas as condições da ação e, da mesma forma, os pressupostos processuais, ao juiz é permitido examinar o mérito, acolhendo ou rejeitando a pretensão deduzida pelo autor.[2] Em outros termos, se o juiz verificar a ausência de qualquer uma das condições da ação, não poderá se pronunciar sobre a *res in iudicium deducta*; ao revés, deverá extinguir o processo sem apreciação do mérito.

O direito positivo brasileiro aderiu, como é sabido, à teoria tricotômica das condições da ação, proposta por *Liebman*, como se infere do art. 267, VI, do CPC. Três são as condições da ação no nosso ordenamento jurídico: a possibilidade jurídica do pedido, o interesse processual e a legitimidade das partes.[3]

A *possibilidade jurídica do pedido* pode ser entendida no aspecto positivo e no aspecto negativo. No primeiro caso, significa que deve existir, abstratamente, no ordenamento jurídico um tipo de providência como a que se pede por meio da ação.[4] No segundo, indica-se a ine-

(1) Nelson Nery Junior ("Condições da ação", *in* RePro 64/34) leciona que: "Esse direito de ação não significa direito absoluto, pois a lei processual determina quais os requisitos para que alguém possa fazer valer o comando que emerge do texto constitucional referido."

(2) *Ibid.*, mesma página.

(3) Cumpre ressaltar que o próprio Liebman, na terceira edição de seu *Manuale de diritto processuale civile*, não incluiu a possibilidade jurídica entre as condições da ação.

(4) Humberto Theodoro Júnior, *Curso de direito processual civil*, p. 53. Ada Pellegrini Grinover e outros (*Teoria geral do processo* ... cit., p. 217) referem que nos países em que não há o divórcio, por exemplo, um pedido nesse sentido será juridicamente impossível.

xistência de um veto, no ordenamento jurídico, para que o pedido formulado pelo autor possa ser deferido pelo Judiciário, tal como ocorre com a proibição de se repetir o que se pagou por dívida proveniente de jogo (CC, art. 815).

O *interesse processual* emerge do trinômio necessidade-utilidade-adequação. Vale dizer, o processo deve ser utilizado quando houver necessidade de intercessão do Estado-juiz para que este possa tutelar o alegado direito vindicado pelo autor. Dito de outro modo, sem o processo, o autor ficaria privado de meios para ver a sua pretensão acolhida ou rejeitada pelo Poder Judiciário. Além disso, o processo deve ser adequado a propiciar algum resultado prático ao autor. Daí alguns autores mencionarem a adequação, como um desdobramento do interesse processual, pois é imprescindível a existência de uma relação entre a situação lamentada pelo autor e o provimento jurisdicional concretamente solicitado.[5]

Finalmente, a *legitimidade das partes* (*legitimatio ad causam*), que é a titularidade ativa ou passiva da ação.[6]

Seguindo as pegadas de *Liebman*, legitimação para agir (ou legitimidade *ad causam*)

> "é a pertinência subjetiva da ação, isto é, a identidade entre quem a propôs e aquele que, relativamente à lesão de um direito próprio (que afirma existente), poderá pretender para si o provimento da tutela jurisdicional pedido com referência àquele que foi chamado em juízo."[7]

O art. 3º do CPC vaticina que, para propor ou contestar a ação, é necessário ter, além do interesse processual já mencionado, legitimidade.

Comentando o preceptivo em causa, *Nelson Nery Junior*[8] obtempera que ele trata tanto da *legitimatio ad processum* (pressuposto processual) quanto da *legitimatio ad causam* (condição da ação), destacando, ainda, que a validade de ambas depende de autorização expressa do ordenamento jurídico.

A legitimidade *ad causam* pode ser *ordinária* ou *extraordinária*. Os legitimados ordinários são os próprios titulares dos interesses conflitantes, isto é, os sujeitos da lide. Atuam em nome e em defesa de si mesmos.

---

(5) Ada Pellegrini Grinover, *Teoria geral do processo* ... cit., p. 218.
(6) Humberto Theodoro Júnior, *Curso de direito processual civil* ... cit., p. 57.
(7) Enrico Tulio Liebman, *Manual de direito processual civil*, p. 159.
(8) *Código de processo civil comentado* ... cit., p. 375. No mesmo sentido: Arruda Alvim, *Manual de direito processual civil*, p. 415.

Sobre a legitimação extraordinária, dada a sua importância para os lindes deste livro, cuidaremos no item seguinte.

2. Legitimidade extraordinária e substituição processual

Além da legitimação ordinária que, como já visto, implica a coincidência entre a titularidade de direito material e a legitimidade para ser parte, o nosso direito positivo prevê a chamada *legitimação extraordinária*, por meio da qual, em determinadas circunstâncias, pessoas ou entes, desde que autorizados por lei, podem figurar no processo em nome próprio, mas defendendo direito alheio. Esta regra está prevista no art. 6º do CPC: "Ninguém poderá pleitear em nome próprio direito alheio, salvo quando autorizado por lei".

Ao elaborar o preceptivo em causa, o legislador brasileiro foi buscar inspiração no art. 81 do CPC italiano, segundo o qual: "Fuori dei casi espressamente previsti dalla lege, nessuno può far valere nel processo in nome proprio un diritto altrui".

Deflui do cotejo dos dois dispositivos que, na Itália, a legitimação extraordinária só ocorre nos casos *expressamente previstos em lei*. A lei brasileira não emprega o termo "expressamente", com o que se abre a possibilidade de se interpretar as normas que contemplem, implicitamente, tal legitimação.(9)

Dá-se, pois, a legitimação extraordinária quando aquele que tem legitimidade para estar no processo como parte não é o mesmo que se diz titular do direito material discutido em juízo.(10)

Alguns autores sustentam que a legitimação extraordinária configura verdadeira substituição processual.(11) Outros preconizam que esta constitui espécie do gênero legitimação extraordinária.(12)

---

(9) O art. 8º, III, da CF, por exemplo, não fala expressamente em legitimação extraordinária ou substituição processual. Mas, segundo interpretação dada pelo STF, está ali uma autêntica hipótese de substituição processual (RE 202.063-PR, Ac. 1ª T., rel. Min. Octavio Gallotti, 27.6.97, *in Informativo STF*, n. 78, 1º a 8 ago./97).

(10) Nelson Nery Junior, *Código do processo civil comentado* ... cit., p. 388.

(11) Hugo Nigro Mazzilli, *A defesa dos interesses difusos em juízo* ... cit., p. 52; José dos Santos Carvalho Filho, *op. cit.*, p. 78. Humberto Theodoro Júnior, *Direitos do consumidor*, p. 111.

(12) Nelson Nery Junior (*Código do processo civil comentado* ... cit., p. 388), forte em Garbagnati (*Sostituzione*, p. 212), sustenta que a substituição processual, como espécie do gênero legitimação extraordinária, "é o fenômeno pelo qual alguém, autorizado por lei, atua em juízo como parte, em nome próprio e no seu interesse, na defesa de pretensão alheia". No mesmo sentido: Marcelo Abelha Rodrigues, *op. cit.*, p. 200.

Há, ainda, os que advogam que a legitimação extraordinária deve vir sempre autorizada por lei, mas para que exista não basta a satisfação única desse requisito. Já a substituição processual caracteriza-se sempre que estiverem simultaneamente presentes os seguintes requisitos: a) existência de lei, atribuindo a alguém direito de ação de molde a que possa agir, em nome próprio, para a defesa de direito material alheio; b) ausência do titular daquele direito material como parte (principal). De tal modo que, a substituição processual possibilita ao substituto a "promoção da *defesa do direito material* do legitimado *ad causam*, conferindo-lhe, portanto, legitimidade passiva", tal como ocorre no art. 9º, II, do CPC. Isso quer dizer que, segundo os defensores desta corrente, o substituto processual age na ausência do titular do direito material, mas atuando, sempre, no pólo passivo da demanda, "sendo-lhe vedada a promoção da ação".[13]

Todavia, se o vocábulo *gênero* constitui "grupo de seres que se assemelham por seus caracteres essenciais" ou "caráter comum a diversas espécies",[14] não seria adequado classificar a legitimação extraordinária como gênero, pois o emprego deste substantivo exige a presença simultânea de pelo menos duas espécies. Os defensores dessa classificação, porém, apontam apenas uma espécie: a substituição processual.[15]

A doutrina pátria majoritária vem reconhecendo que o instituto da substituição processual, cuja origem é atribuída a *Kohler, Wach* e *Chiovenda*, consiste na permissão legal[16] para que alguém atue em juízo como parte (autor ou réu), em nome próprio, mas postulando direito de terceiro.

A substituição processual pode ser classificada:

---

(13) Celso Antonio Pacheco Fiorillo, *Curso de direito ambiental brasileiro*... cit., p. 226.

(14) *Dicionário brasileiro da língua portuguesa*, p. 386.

(15) No direito italiano, no entanto, Piero Calamandrei (*op. cit.*, p. 296) aponta duas espécies de legitimação anômala: a da "legitimação por categoria, em que o poder de acionar para modificar judicialmente uma certa relação ou *status* corresponde a pessoas pertencentes a um determinado círculo familiar ou social, distintas das que são diretamente partícipes da relação controvertida (exemplo: art. 117, c.c., cfr. § 37). Outro exemplo de legitimação anômala é precisamente o da substituição processual ...". Parece-nos que o primeiro exemplo dado pelo mestre peninsular identifica-se com a hipótese prevista no art. 289, III, do CC, que é, segundo a doutrina majoritária pátria, um caso de substituição processual.

(16) Nelson Nery Junior (*Código de processo civil comentado* ... cit., p. 388) registra que o direito positivo brasileiro não permite a substituição processual voluntária, ou seja, é inválida a cláusula contratual que a estipule fora dos casos expressos na lei ou decorrentes do sistema.

a) Quanto ao momento da sua formação

Neste caso, a substituição processual pode ser *inicial*, como na hipótese do marido que estava autorizado a defender os bens dotais da mulher (CC de 1916, art. 289, III, sem correspondente no CC de 2002), ou *superveniente*, tal como se dá no caso do art. 42, § 1º, do CPC.

b) Quanto à exclusividade ou não do direito de ação

Pode ser *exclusiva*, como ocorria na hipótese do marido que, exclusivamente, possuia a titularidade para demandar em juízo na defesa dos bens dotais da mulher; ou *concorrente*, quando o substituído também tem legitimidade *ad causam*, tal como ocorre na hipótese em que o condômino ajuíza sozinho ação reivindicatória (CC, art. 623, II).(17)

2.1. Substituição processual no processo do trabalho

Nos domínios do processo do trabalho, os estudos sobre a substituição processual limitavam-se, antes da Constituição Federal de 1988, às hipóteses em que o sindicato ajuizava:

a) reclamação (*rectius*, ação) trabalhista, postulando pagamento de adicional de insalubridade ou periculosidade em favor de grupo de associados (CLT, art. 195, § 2º);

b) ação de cumprimento, em favor dos associados, visando ao pagamento de salários fixados na sentença normativa (CLT, art. 872, parágrafo único);

c) ação trabalhista, em favor de todos os integrantes da categoria, objetivando o pagamento das correções automáticas dos salários (Lei n. 6.708/79, art. 3º, § 2º e Lei n. 7.238/84, art. 3º, § 2º).

Nesse período, portanto, a jurisprudência do TST seguiu a linha restritiva, como se infere das Súmulas ns. 271 (cancelada pela Res. n. 121/2003)(18) e 286 (com a redação dada pela Res. n. 19/1998).(19)

---

(17) Nelson Nery Junior, *Código de processo civil comentado ...* cit., mesma página.

(18) "Súmula n. 271 — Substituição processual. Adicionais de insalubridade e de periculosidade. Legítima é a substituição processual dos empregados associados, pelo sindicato que congrega a categoria profissional, na demanda trabalhista cujo objeto seja adicional de insalubridade ou periculosidade."

(19) "Súmula n. 286 — Sindicato. Substituição processual. Convenção coletiva. O sindicato não é parte legítima para propor, como substituto processual, demanda que vise à observância de convenção coletiva" (Res. n. 19/1988, DJ 18.3.1988). Essa Súmula foi revista

Com a promulgação da Carta Magna de 1988, cujo art. 8º, inciso III, confere ao sindicato a prerrogativa de defender, judicial e administrativamente, os direitos e interesses individuais e coletivos da categoria, acirraram-se as discussões sobre a substituição processual trabalhista.

Em 3.7.89, sobreveio a Lei n. 7.788, que dispôs sobre política salarial, disciplinando, em seu artigo 8º, *in verbis*:

> "Nos termos do inciso III do artigo 8º da Constituição Federal, as entidades sindicais poderão atuar como substitutos processuais da categoria, não tendo eficácia a desistência, a renúncia e a transação individuais."

A Lei n. 7.788 foi inteiramente revogada pelo art. 14 da Lei n. 8.030, de 12.4.90.

Poucos meses depois, porém, foi editada a Lei n. 8.073, de 30.7.90, que instituiu nova política nacional de salários. Esta lei, não obstante o veto presidencial a quase todos os seus artigos, manteve incólume o art. 3º, segundo o qual as "entidades sindicais poderão atuar como substitutos processuais dos integrantes da categoria".

Em sede doutrinária, há, atualmente, duas correntes que procuram interpretar o art. 8º, III, da CF. A primeira defende a tese de que esse dispositivo constitucional consagra amplamente a substituição processual.[20] A segunda vê nele simples reprodução do art. 513, *a*, da CLT, ou seja, um caso típico de representação judicial (ou legal), com o que a substituição processual continuaria a depender de expressa previsão na lei (CPC, art. 6º).[21]

---

pela Resolução TST n. 98, de 11.9.2000, ficando assim redigida: "Sindicato. Substituição Processual. Convenção e Acordos Coletivos. A legitimidade do sindicato para propor ação de cumprimento estende-se também à observância de acordo ou convenção coletivos."

(20) Pedro Paulo Teixeira Manus ("Substituição processual no processo do trabalho ..." cit., p. 250) sustenta que sob o plano jurídico "não há como admitir outra conclusão a não ser a de que o art. 8º, III, da Constituição Federal reconheceu ao sindicato amplos poderes de substituição processual dos interesses individuais de todos os membros da categoria que representa. Não se limita, assim, a substituição processual no art. 6º do CPC. Embora subsista a regra do referido dispositivo legal comum, em Direito Processual do Trabalho o legislador constituinte entendeu de autorizar expressamente o sindicato a agir como substituto processual, de forma ampla, pelo texto expresso do art. 8º da Constituição Federal". No mesmo sentido: Wilson de Souza Campos Batalha, *Direito processual das coletividades e dos grupos* ... cit., p. 43; Dárcio Guimarães Andrade, "Substituição processual", p. 9 ss.; José Afonso da Silva, *Curso de direito constitucional positivo* ... cit., p. 274.

(21) Ísis de Almeida, *Manual de direito processual do trabalho*, p. 151-166; Hugo Gueiros Bernardes, *in Revista LTr* 57-06/658; Arnaldo Süssekind, *Instituições de direito do trabalho*, 19. ed., p. 1.138.

O Tribunal Superior do Trabalho adotava a segunda corrente, como se depreendia da Súmula n. 310 daquela Corte.(22)

Em sentido oposto ao do TST, portanto na esteira da primeira corrente, o Supremo Tribunal Federal vem decidindo que o art. 8º, III, da CF confere às entidades sindicais o direito de atuar como substitutos processuais dos integrantes da categoria,(23) o que, certamente, levou o TST a cancelar a referida Súmula n. 310.

---

(22) TST, Súmula n. 310: "Substituição processual. Sindicato. I — O art. 8º, inciso III, da Constituição da República não assegura a substituição processual pelo sindicato. II — A substituição processual autorizada ao sindicato pelas Leis ns. 6.708, de 30.10.79, e 7.238, de 29.10.84, limitada aos associados, restringe-se às demandas que visem aos reajustes salariais previstos em lei, ajuizadas até 3.7.89, data em que entrou em vigor a Lei n. 7.788. III — A Lei n. 7.788/89, em seu art. 8º, assegurou, durante sua vigência, a legitimidade do sindicato como substituto processual da categoria. IV — A substituição processual autorizada pela Lei n. 8.073, de 30.7.90, ao sindicato alcança todos os integrantes da categoria e é restrita às demandas que visem à satisfação de reajustes salariais específicos resultantes de disposição prevista em lei de política salarial. V — Em qualquer ação proposta pelo sindicato como substituto processual, todos os substituídos serão individualizados na petição inicial e, para o início da execução, devidamente identificados pelo número da Carteira de Trabalho e Previdência Social ou de qualquer documento de identidade. VI — É lícito aos substituídos integrar a lide como assistente litisconsorcial, acordar, transigir e renunciar, independentemente de autorização ou anuência do substituto. VII — Na liquidação da sentença exeqüenda, promovida pelo substituto, serão individualizados os valores devidos a cada substituído, cujos depósitos para quitação serão levantados através de guias expedidas em seu nome ou de procurador com poderes especiais para esse fim, inclusive nas ações de cumprimento. VIII — Quando o sindicato for o autor da ação na condição de substituto processual, não serão devidos honorários advocatícios" (Res. n. 1/1993, DJ 6.5.1993). No que tange à legitimação das federações nas ações de cumprimento, o TST editou a Súmula n. 359: "Substituição processual. Ação de cumprimento. Art. 872, parágrafo único, da CLT. Federação. Legitimidade. A federação não tem legitimidade para ajuizar a ação de cumprimento prevista no art. 872, parágrafo único, da CLT na qualidade de substituto processual da categoria profissional inorganizada" (Res. n. 78/1997, DJ 19.12.1997).

(23) STF, RE n. 202.063-PR, Ac. 1ª T., Rel. Min. Octavio Gallotti, 27.6.97, *in Informativo STF*, n. 78, 1º a 8 ago./97. Nesse julgado, a Turma invocou o art. 3º da Lei n. 8.073/90 para robustecer a tese de que o legislador ordinário acolheu o entendimento de que realmente o art. 8º, III, da CF permite que os sindicatos possam atuar na defesa dos direitos e interesses coletivos ou individuais dos integrantes da categoria, como substitutos processuais. Com essa fundamentação, a Turma conheceu e deu provimento ao recurso extraordinário para que, afastada a preliminar de ilegitimidade ativa do sindicato, que atua em nome de parte de seus filiados pleiteando, em ação ordinária, o recebimento do "adicional noturno", o tribunal de origem prossiga no julgamento da apelação. Precedente citado no acórdão: AGRAG n. 153.148-PR (DJU de 17.11.95). Recentemente, o STF, concluindo o julgamento de uma série de recursos extraordinários nos quais se discutia sobre o âmbito de incidência do inciso III do art. 8º da CF/88, decidiu, por maioria, na linha da orientação fixada no MI n. 347/SC (DJU de 8.4.94), no RE 202.063/PR (DJU de 10.10.97) e no AI n. 153.148 — AgRg/PR (DJU de 17.11.95), que o referido inciso assegura ampla legitimidade ativa *ad causam* dos sindicatos como

É de se registrar, *en passant*, que o TST vem admitindo a substituição processual passiva quando o sindicato figura como réu na ação rescisória proposta contra decisão proferida em processo no qual tenha atuado, nessa qualidade, no pólo ativo da demanda originária.(24)

No âmbito da jurisdição civil coletiva ou jurisdição trabalhista metaindividual o estudo da substituição processual revela-se extremamente importante, especificamente na temática dos interesses ou direitos individuais homogêneos,(25) uma vez que os arts. 127 e 129, III, da CF, combinados com os arts. 21 da LACP; 91 e 92 do CDC; 6º, VII, *d*, 83 e 84 da LOMPU e 3º da Lei n. 8.073/90, conferem, segundo se verá mais adiante, legitimação extraordinária ao Ministério Público do Trabalho (e aos sindicatos) para defender, na qualidade de substituto processual, interesses individuais homogêneos dos trabalhadores.(26)

---

substitutos processuais das categorias que representam na defesa de direitos e interesses coletivos ou individuais homogêneos de origem comum da categoria. Vencidos, em parte, os ministros Nelson Jobim, Cezar Peluso, Eros Grau, Gilmar Mendes e Ellen Gracie, que conheciam dos recursos e lhes davam parcial provimento, para restringir a legitimação do sindicato como substituto processual às hipóteses em que atuasse na defesa de direitos e interesses coletivos e individuais homogêneos da categoria, mas apenas nos processos de conhecimento, asseverando que, para a liquidação e a execução da sentença prolatada nesses processos, a legitimação só seria possível mediante representação processual, com expressa autorização do trabalhador.

(24) É essa a posição da SDI/TST adotada na OJ n. 80, *in verbis*: "Ação Rescisória. Réu sindicato. Substituto processual na ação originária. Inexistência de litisconsórcio passivo necessário".

(25) É de se ressaltar que alguns autores sustentam que a substituição processual se dá em todas as demandas que tenham por objeto a defesa dos interesses difusos, coletivos e individuais homogêneos, e não apenas nesses últimos. Nesse sentido, Hugo Nigro Mazzilli, *A defesa dos interesses difusos em juízo* ... cit., p. 52. Adotando posição oposta, Paulo de Tarso Brandão (*Ação civil pública*, p. 118) sublinha que "na esfera da ação civil pública a questão da legitimidade tem outra natureza e em nenhum momento pode ser confundida com a legitimidade processual estudada na esfera do direito intersubjetivo (...) Em síntese, a legitimidade para buscar em juízo a tutela dos interesses coletivos (abrangendo com tal expressão os interesses coletivos, difusos e individuais homogêneos) decorre da lei. Assim, na esfera da ação civil pública, não opera o conceito ou a noção de legitimidade extraordinária, uma vez que as pessoas jurídicas ou as instituições são legitimadas por força de disposição legal; e, nesse caso, a legitimação é sempre ordinária".

(26) Segundo Nelson Nery Junior (*Código de processo civil comentado* ... cit., p. 390): "Para a propositura de ação civil pública na defesa de direitos difusos ou coletivos (*v. g.* dissídio coletivo: CF 114 § 2º) têm os sindicatos legitimação autônoma para a condução do processo, já que possuem natureza jurídica de associação civil (LACP 5º, CDC 82 IV). Na defesa dos direitos individuais dos associados e integrantes da categoria, em ações relativas à atividade laboral e ações de cumprimento (CF 5º XXI e 8º III; CLT 872 parágrafo único) age o sindicato como substituto processual." No mesmo sentido, Pedro Paulo Teixeira Manus (*Substituição processual no processo*

Dessa forma, partindo-se da premissa de que os direitos ou interesses individuais homogêneos são *materialmente individuais*, embora, por causa da sua origem comum, possam ser *processualmente tutelados por demanda coletiva*, conclui-se que a legitimação conferida às pessoas jurídicas e instituições arroladas no sistema integrado de acesso coletivo à justiça (CF/LACP/CDC) é do tipo extraordinária, ocorrendo aí o fenômeno da substituição processual.

Isso não se dá, porém, em tema de legitimação para defesa de interesses coletivos ou difusos. É o que se procurará demonstrar no item 3, infra.

2.1.1. Substituição processual na jurisprudência do TST

Para fins didáticos, transcreveremos a seguir as súmulas e as orientações jurisprudenciais do TST, canceladas e em vigor, para demonstrarmos a evolução do entendimento daquela Corte a respeito da substituição processual.

2.1.1.1. Súmulas

N. 180 — AÇÃO DE CUMPRIMENTO. SUBSTITUIÇÃO PROCESSUAL. DESISTÊNCIA (Cancelada — Res. n. 121/2003, DJ 21.11.2003)

Nas ações de cumprimento, o substituído processualmente pode, a qualquer tempo, desistir da ação, desde que, comprovadamente, tenha havido transação. (Res. n. 1/1983, DJ 19.10.1983)

N. 220 — HONORÁRIOS ADVOCATÍCIOS. SUBSTITUIÇÃO PROCESSUAL (Cancelada — Res. n. 55/1996, DJ 19.4.1996)

Atendidos os requisitos da Lei n. 5.584/1970, são devidos os honorários advocatícios, ainda que o sindicato figure como substituto processual. (Res. n. 14/1985, DJ 19.9.1985)

N. 255 — SUBSTITUIÇÃO PROCESSUAL. DESISTÊNCIA (Cancelada — Res. n. 121/2003, DJ 21.11.2003)

O substituído processualmente pode, antes da sentença de primeiro grau, desistir da ação. (Res. n. 3/1986, DJ 2.7.1986)

---

do trabalho ... cit., p. 241) leciona que "a legitimação do sindicato em matéria coletiva é ordinária, pois ele é a expressão viva da categoria, que é destinatária do interesse buscado. Quando se atribui ao sindicato legitimação para agir em nome próprio, mas buscando interesse de membros da categoria, esta é extraordinária." Em sentido contrário: Paulo Emílio Ribeiro de Vilhena, *op. cit.,* p. 47; Aroldo Plínio Gonçalves, "A ação civil pública na justiça do trabalho ..." cit., *in Revista LTr* 58-10/1128; Eduardo Gabriel Saad, "A ação civil pública na justiça do trabalho..." cit., p. 410.

N. 271 — SUBSTITUIÇÃO PROCESSUAL. ADICIONAIS DE INSALUBRIDADE E DE PERICULOSIDADE — (Cancelada — Res. n. 121/2003, DJ 21.11.2003)

Legítima é a substituição processual dos empregados associados, pelo sindicato que congrega a categoria profissional, na demanda trabalhista cujo objeto seja adicional de insalubridade ou periculosidade. (Res. n. 4/1988, DJ 1º.3.1988)

N. 286 — SINDICATO. SUBSTITUIÇÃO PROCESSUAL. CONVENÇÃO E ACORDO COLETIVOS (Redação dada pela Res. n. 98/2000, DJ 18.9.2000)

A legitimidade do sindicato para propor ação de cumprimento estende-se também à observância de acordo ou de convenção coletivos.

N. 286 — SINDICATO — SUBSTITUIÇÃO PROCESSUAL — CONVENÇÃO COLETIVA

O sindicato não é parte legítima para propor, como substituto processual, demanda que vise à observância de convenção coletiva.

N. 310 — SUBSTITUIÇÃO PROCESSUAL. SINDICATO (Cancelada — Res. n. 119/2003, DJ 1º.10.2003)

I — O art. 8º, inciso III, da Constituição da República não assegura a substituição processual pelo sindicato.

II — A substituição processual autorizada ao sindicato pelas Leis ns. 6.708, de 30.10.1979, e 7.238, de 29.10.1984, limitada aos associados, restringe-se às demandas que visem aos reajustes salariais previstos em lei, ajuizadas até 3.7.1989, data em que entrou em vigor a Lei n. 7.788.

III — A Lei n. 7.788/1989, em seu art. 8º, assegurou, durante sua vigência, a legitimidade do sindicato como substituto processual da categoria.

IV — A substituição processual autorizada pela Lei n. 8.073, de 30.7.1990, ao sindicato alcança todos os integrantes da categoria e é restrita às demandas que visem à satisfação de reajustes salariais específicos resultantes de disposição prevista em lei de política salarial.

V — Em qualquer ação proposta pelo sindicato como substituto processual, todos os substituídos serão individualizados na petição inicial e, para o início da execução, devidamente identificados pelo número da Carteira de Trabalho e Previdência Social ou de qualquer documento de identidade.

VI — É lícito aos substituídos integrar a lide como assistente litisconsorcial, acordar, transigir e renunciar, independentemente de autorização ou anuência do substituto.

VII — Na liquidação da sentença exeqüenda, promovida pelo substituto, serão individualizados os valores devidos a cada substituído, cujos depósitos para quitação serão levantados através de guias expedidas em seu nome ou de procurador com poderes especiais para esse fim, inclusive nas ações de cumprimento.

VIII — Quando o sindicato for o autor da ação na condição de substituto processual, não serão devidos honorários advocatícios. (Res. n. 1/1993, DJ 6.5.1993)

N. 359 — SUBSTITUIÇÃO PROCESSUAL. AÇÃO DE CUMPRIMENTO. ART. 872, PARÁGRAFO ÚNICO, DA CLT. FEDERAÇÃO. LEGITIMIDADE (Cancelada — Res. n. 121/2003, DJ 21.11.2003)

A federação não tem legitimidade para ajuizar a ação de cumprimento prevista no art. 872, parágrafo único, da CLT na qualidade de substituto processual da categoria profissional inorganizada. (Res. n. 78/1997, DJ 19.12.1997)

N. 406 — AÇÃO RESCISÓRIA. LITISCONSÓRCIO. NECESSÁRIO NO PÓLO PASSIVO E FACULTATIVO NO ATIVO. INEXISTENTE QUANTO AOS SUBSTITUÍDOS PELO SINDICATO. (conversão das Orientações Jurisprudenciais ns. 82 e 110 da SDI-II — Res. n. 137/2005 — DJ 22.8.2005)

I — O litisconsórcio, na ação rescisória, é necessário em relação ao pólo passivo da demanda, porque supõe uma comunidade de direitos ou de obrigações que não admite solução díspar para os litisconsortes, em face da indivisibilidade do objeto. Já em relação ao pólo ativo, o litisconsórcio é facultativo, uma vez que a aglutinação de autores se faz por conveniência e não pela necessidade decorrente da natureza do litígio, pois não se pode condicionar o exercício do direito individual de um dos litigantes no processo originário à anuência dos demais para retomar a lide. (ex-OJ n. 82 — inserida em 13.3.2002)

II — O Sindicato, substituto processual e autor da reclamação trabalhista, em cujos autos fora proferida a decisão rescindenda, possui legitimidade para figurar como réu na ação rescisória, sendo descabida a exigência de citação de todos os empregados substituídos, porquanto inexistente litisconsórcio passivo necessário. (ex-OJ n. 110 — DJ 29.4.2003)

2.1.1.2. Orientações Jurisprudenciais da SBDI-1

N. 80 — AÇÃO RESCISÓRIA. RÉU SINDICATO. SUBSTITUTO PROCESSUAL NA AÇÃO ORIGINÁRIA. INEXISTÊNCIA DE LITISCONSÓRCIO PASSIVO NECESSÁRIO. Inserida em 28.4.97 (Convertida na Orientação Jurisprudencial n. 110 da SBDI-2 — DJ 29.4.03)

Quando o sindicato é réu na ação rescisória, por ter sido autor, como substituto processual na ação originária, é desnecessária a citação dos substituídos.

N. 121 — SUBSTITUIÇÃO PROCESSUAL. DIFERENÇA DO ADICIONAL DE INSALUBRIDADE. LEGITIMIDADE. (nova redação, DJ 20.4.2005)

O sindicato tem legitimidade para atuar na qualidade de substituto processual para pleitear diferença de adicional de insalubridade.

Histórico

Redação original

121. Substituição processual. Diferença do adicional de insalubridade. Legitimidade. Inserida em 20.11.97

O sindicato, com base no § 2º, do art. 195 da CLT, tem legitimidade para atuar na qualidade de substituto processual para pleitear diferença de adicional de insalubridade.

2.1.1.3. Orientações Jurisprudenciais da SBDI-2

N. 110 — AÇÃO RESCISÓRIA. RÉU SINDICATO. SUBSTITUTO PROCESSUAL NA AÇÃO ORIGINÁRIA. LEGITIMIDADE PASSIVA *AD CAUSAM*. INEXISTÊNCIA DE LITISCONSÓRCIO PASSIVO NECESSÁRIO. DJ 29.4.03 — (cancelada em decorrência da sua conversão na Súmula n. 406 — DJ 22.8.2005)

O Sindicato, substituto processual e autor da reclamação trabalhista, em cujos autos fora proferida a decisão rescindenda, possui legitimidade para figurar como réu na ação rescisória, sendo descabida a exigência de citação de todos os empregados substituídos, porquanto inexistente litisconsórcio passivo necessário.

3. Legitimação autônoma para a condução do processo

Falou-se, no item precedente, que a defesa coletiva dos interesses individuais homogêneos realiza-se mediante substituição processual, uma vez que as pessoas jurídicas e os entes legalmente legitimados para a ação coletiva litigam em nome próprio, mas defendendo direitos (ou interesses) individuais alheios.

Idêntico raciocínio, contudo, não pode ser aplicado na temática da legitimação ativa na defesa dos interesses difusos ou coletivos *stricto sensu*, pois estes não são individuais, mas transindividuais. Vale dizer, os titulares do direito ou interesse material difuso são pessoas indeterminadas e unidas entre si por circunstâncias meramente fáticas.(27) E os titulares do direito ou interesse material coletivo são grupo, classe ou categoria de pessoas, estando, desse modo, vinculadas entre si ou com a parte contrária por intermédio de uma relação jurídica base.(28)

(27) Ver Cap. II, item 2.

(28) Nelson Nery Junior (*Código de Processo Civil comentado*... cit., p. 1.866) observa, com razão, que a dicotomia clássica legitimação ordinária-extraordinária só tem cabi-

A par da transindividualidade, os interesses difusos e coletivos têm em comum a indivisibilidade, pois eventual lesão a esses interesses atinge indistintamente a todos os seus possíveis titulares, porquanto esse bem jurídico tutelado pelo ordenamento jurídico não comporta fragmentação.(29)

Em tema de direitos ou interesses difusos e coletivos, portanto, verifica-se a insuficiência e a inadequação da clássica dicotomia legitimação ordinária-extraordinária, consubstanciada no art. 6º do CPC, cujo objeto repousa exclusivamente na tutela dos direitos individuais (ou subjetivos, na acepção tradicional).

Eis a razão que leva alguns autores à afirmação de que, em se tratando de defesa dos interesses difusos ou coletivos, a legitimação *ad causam* não é extraordinária (ou substituição processual). Trata-se, ao revés, de uma "legitimação autônoma"(30) ou, mais precisamente, "legitimação autônoma para a condução do processo".(31)

Nelson Nery Junior, principal jurista brasileiro a expor sobre essa nova espécie de *legitimatio ad causam*, foi buscar inspiração no direito alemão, no qual há um instituto chamado *selbständige prozessführungsbefugnis*, destinado à tutela dos interesses difusos em juízo, que prescinde de recurso "aos mecanismos de direito material para explicar referida legitimação".(32)

---

mento para explicação de fenômenos envolvendo direito individual, o que não ocorre quando a lei legitima alguma entidade a defender direito não individual (coletivo ou difuso), pois esta não estará defendendo direito alheio em nome próprio, tendo em vista a impossibilidade de se identificar o titular do direito material. Esse ilustre jurista exemplifica: "Não poderia ser admitida ação judicial pelos 'prejudicados pela poluição' ou pelos 'consumidores de energia elétrica', enquanto classe ou grupo de pessoas" (mesma página).

(29) Ver Cap. II, itens 2 e 3.

(30) Luís Roberto Barroso (*O direito constitucional e a efetividade de suas normas* ... cit., p. 221) sustenta que a legitimação ativa para a ACP ou coletiva é "concorrente, autônoma e disjuntiva". Ada Pellegrini Grinover (*A marcha do processo* ... cit., p. 20) defende que para "a tutela jurisdicional dos novos direitos (difusos, coletivos e individuais homogêneos), o legislador brasileiro escolheu a via da legitimação concorrente e autônoma, atribuindo titularidade ao Ministério Público, a outras entidades públicas e às associações pré-constituídas nos termos da lei civil ..."

(31) Nelson Nery Junior, *Princípios do processo civil na Constituição Federal* ... cit., p. 116-117. No mesmo sentido: Celso Antonio Pacheco Fiorillo, *Curso de direito ambiental brasileiro* ... cit., p. 231.

(32) Nelson Nery Junior, *Princípios do processo civil na Constituição Federal* ... cit., p. 116-117. No mesmo sentido: Celso Antonio Pacheco Fiorillo, *Curso de direito ambiental brasileiro*... cit., p. 231. Em sentido contrário, isto é, entendendo que nas ações coletivas em defesa de qualquer interesse metaindividual (difuso, coletivo ou individual homogêneo) opera-se a legitimação extraordinária ou substituição processual: Hugo

Afigura-se-nos metodologicamente correta a tese de *Nelson Nery Junior*. Acrescentamos apenas que, por considerarmos a legitimação autônoma para a condução do processo um *tercium genus*, talvez seja melhor não qualificá-la de "ordinária", pois isso desaguaria, a nosso sentir, no equívoco cometido pelos que insistem em explicar essa nova modalidade de legitimação *ad causam* por meio da clássica dicotomia legitimação ordinária-extraordinária, própria do sistema liberal-individualista do CPC brasileiro, inaplicável, em princípio, ao sistema de proteção aos direitos difusos e coletivos.

4. Legitimação do Ministério Público do Trabalho para promover a ação civil pública em defesa dos interesses difusos e coletivos

Já se falou, em linhas gerais,[33] sobre a legitimação ativa na ação civil pública.

Examina-se, neste tópico, aspectos dogmáticos específicos da legitimação do Ministério Público do Trabalho quando promove ação civil pública na defesa dos interesses difusos e coletivos.

Fincada a premissa de que a legitimação ministerial é, em tais casos, tipicamente autônoma,[34] ou seja, distinta da prevista no art. 6º do

---

Nigro Mazzilli, *A defesa dos interesses difusos em juízo*... cit., p. 52-53. Ada Pellegrini Grinover, na obra "Uma nova modalidade de legitimação à ação popular. Possibilidade de conexão, continência e litispendência...", p. 24, chega a afirmar que "do ponto de vista subjetivo, tanto na ação civil pública supramencionada, como na ação popular ajuizada pelo cidadão, os respectivos autores (o primeiro público, os demais populares) agem como substitutos processuais da coletividade". Em escrito mais moderno (*A marcha do processo* ... cit., p. 20), essa mesma autora não fala mais em substituição processual, como espécie de legitimação extraordinária, e sim em legitimação autônoma.

(33) Ver Cap. IV, item 6.

(34) Em um julgado do TRT de Santa Catarina, distinguiu-se a legitimação ministerial para a ACP em defesa de interesses difusos e coletivos e a substituição processual: "Ação civil pública. Legitimidade do Ministério Público para propô-la. Não há confundir substituição processual com a legitimidade do *parquet* para promover a ação civil pública. Naquela legitimação anômala, há necessidade de expressa previsão legal para o substituto processual postular, em nome próprio, direito de outrem. Nesta, o Ministério Público age no exercício de sua função institucional, também atribuída por lei, em defesa de interesses e direitos difusos ou coletivos, abrangendo abstratamente toda uma coletividade ou parte dela, ou grupo de pessoas" (TRT-SC-AG-PET-3116/96, Ac. 3ª T. 09543/96, Relª Juíza Ligia Maria Teixeira Gouvêa, DJSC 14.11.96, p. 73). Nesse acórdão, porém, não restou examinada a questão da legitimação *ad causam* sob o enfoque dos interesses difusos, coletivos e individuais homogêneos.

CPC, parecem-nos oportunas as palavras de *Celso Ribeiro Bastos*,[35] no sentido de que o MP "é o único incondicionalmente legitimado" para propor a ação civil pública em defesa dos interesses ou direitos difusos e coletivos.

Isso leva à conclusão, por via reflexa, de que os demais legitimados (o Estado e suas descentralizações, as associações, os sindicatos e outros entes legalmente autorizados) devem demonstrar legítimo interesse para poder atuar em defesa dos referidos direitos ou interesses.

Com efeito, a previsão da ação civil pública na seção constitucional reservada ao Ministério Público, aliada à função promocional que lhe foi cometida, e bem assim à independência institucional e ao presumido preparo técnico dos seus membros estão a revelar a "sua melhor posição para o ajuizamento dessa ação".[36]

Além disso, há, relativamente ao Ministério Público, obrigatoriedade temperada com a conveniência e oportunidade do ajuizamento da ação civil pública.[37] Tanto é assim que o § 3º do art. 5º da LACP determina que em caso de desistência infundada ou abandono da ação por associação legitimada, o Ministério Público (ou outro legitimado) assumirá a titularidade ativa da demanda.[38]

No que concerne especificamente à legitimação do Ministério Público do Trabalho em tema de interesses metaindividuais, pode-se dizer que ela somente passou a ser operacionalizada[39] com o surgimento da LOMPU que, no seu art. 83, inciso III, inclui entre atribuições institucionais do *Parquet* Trabalhista:

---

(35) *Comentários à Constituição do Brasil*, p. 152.

(36) Hely Lopes Meirelles, *Mandado de segurança, ação popular, ação civil pública, mandado de injunção,* habeas data ... cit., p. 146.

(37) Nelson Nery Junior, *Código de processo civil comentado...* cit., p. 1.515, n. 3. No mesmo sentido: João Lopes Guimarães Júnior ("Ministério Público: proposta para uma nova postura no processo civil", p. 147), embora referindo que a legitimação do MP na ACP é extraordinária, afirma que em "decorrência do princípio da indisponibilidade que rege a sua atuação, o Ministério Público fica obrigado a instaurar inquérito civil e a promover a ação civil pública em prol dos interesses difusos e coletivos sempre que se deparar com lesão aos mesmos, ao contrário de seus co-legitimados", e Hugo Nigro Mazzilli, *A defesa dos interesses difusos em juízo* ... cit., p. 71-75.

(38) Segundo Nelson Nery Junior (*Código de processo civil comentado ...* cit., p. 1.515), para os demais co-legitimados a propositura da ACP é facultativa.

(39) Ressalvada a hipótese prevista no art. 856 da CLT, que já permitia ao MPT ajuizar dissídio coletivo de greve. Certamente, a sua atuação, nesses casos, sempre teve por objeto a defesa dos interesses inadiáveis da comunidade, que são, em essência, difusos. Essa norma foi repetida no art. 8º da Lei n. 7.783/89 e no art. 83, VIII, da LOMPU.

"promover a ação civil pública no âmbito da Justiça do Trabalho, *para defesa de interesses coletivos*, quando desrespeitados os direitos sociais constitucionalmente garantidos" (grifos nossos).

Se é certo que a atecnia redacional dessa norma provocou o surgimento de diversas discussões em sede doutrinária e jurisprudencial quanto à legitimação do Ministério Público do Trabalho para a defesa dos interesses difusos,(40) o mesmo não se pode dizer em relação aos interesses coletivos *stricto sensu*,(41) dada, evidentemente, a literalidade do texto ora focalizado.

Sobre a questão da legitimidade do MPT para defender os interesses difusos(42) existem duas teorias distintas: a restritiva e a ampliativa.

4.1. A teoria restritiva

A teoria restritiva, como o próprio nome sugere, emprega exclusivamente a interpretação gramatical do art. 83, III, da LOMPU e, com isso, só admite a legitimação ativa do *Parquet* Laboral para promover a ACP em defesa dos interesses coletivos dos trabalhadores,(43) e não para os interesses difusos.

O equívoco dessa corrente, *data venia*, consiste em não empregar a) o critério hierárquico para solução de antinomias; e b) outros métodos de interpretação consagrados pela Ciência do Direito.

a) Critério hierárquico para solução de antinomias

Partindo-se da literalidade dos arts. 129, III, da CF e 83, III, da LOMPU em contraste com a teoria do ordenamento jurídico,(44) visualiza-se uma antinomia do tipo *parcial-parcial* no tocante aos interesses difusos, pois a norma hierarquicamente superior permite a legitimação do MP (uno e

(40) Igualmente, em relação aos interesses individuais homogêneos, como veremos no Cap. VI.

(41) Com exceção de Paulo Emílio Ribeiro de Vilhena (*op. cit.,* p. 47), que insiste em negar, peremptoriamente, não obstante o art. 83, III, da LOMPU, o próprio cabimento da ACP no âmbito da Justiça do Trabalho.

(42) Sobre a existência dos interesses difusos no âmbito do direito material do trabalho, ver Cap. II, subitem 2.1.

(43) Nesse sentido: Aroldo Plínio Gonçalves, "A ação civil pública na justiça do trabalho ..." cit., *in Revista LTr* 58-10/1.128; Eduardo Gabriel Saad, "A ação civil pública na justiça do trabalho ..." cit., p. 410; João de Lima Teixeira Filho, *op. cit.,* p. 1.329; Paulo Emílio Ribeiro de Vilhena, *op. cit.,* p. 47. Esse último autor, como já ressaltado, nega, peremptoriamente, o próprio cabimento da ACP no âmbito da Justiça do Trabalho.

(44) Norberto Bobbio, *Teoria do ordenamento jurídico* ... cit., p. 93-94.

indivisível) para defendê-los e a norma hierarquicamente inferior permite apenas a legitimação do MPT para os interesses coletivos.

Identificada a antinomia, deve prevalecer a norma hierarquicamente superior, *in casu*, a prevista no art. 129, III, da Constituição Federal.

b) Outros métodos de interpretação consagrados pela Ciência do Direito

Os defensores da teoria restritiva utilizam exclusivamente a interpretação gramatical do art. 83, III, da LOMPU, como se fosse a única possível na situação vertente. Vale dizer, ignoram completamente os métodos extensivo, sistemático e teleológico, o que impede a adequada interpretação da referida norma no contexto das demais que integram o ordenamento jurídico e que guardam com ela estreita relação.

A bem ver, essa teoria sequer examina a norma de encerramento contida no art. 84, *caput*, da LOMPU, que manda aplicar ao MPT, no que couber, os instrumentos de atuação de todos os ramos do MPU, previstos no seu art. 6º, entre eles a ação civil pública para a defesa não apenas dos interesses coletivos, mas, também, dos sociais, difusos, individuais indisponíveis e homogêneos (inciso VII).

No âmbito jurisprudencial, a teoria restritiva foi adotada, num primeiro momento, pelo Tribunal Superior do Trabalho, por intermédio da Seção de Dissídios Coletivos.(45)

4.2. A teoria ampliativa

A teoria ampliativa, à qual nos filiamos, admite a legitimação ampla do MPT para promover a ação civil pública em defesa dos interesses difusos.(46)

---

(45) A Eg. SDC/TST, apreciando ACP proposta pelo MPT, decidiu: "...AÇÃO CIVIL PÚBLICA — CABIMENTO — LEGITIMIDADE DO MINISTÉRIO PÚBLICO — Cabível a ação apenas em defesa de interesses coletivos, sem intuito reparatório, mas de preservação da ordem jurídica, quando desrespeitados direitos de trabalhadores e empregadores constitucionalmente garantidos (art. 83, item III, da Lei Complementar n. 75/93), desde que o desrespeito traga, ainda que recôndito, o germe da inquietação pública (artigos 1º, III e IV, XX, XXI e XXII, 6º, 7º, 8º, 9º, 10 e 11, da Constituição da República). Processo extinto com base no art. 267, VI, do Código de Processo Civil" (TST, ACP n.92.867/93.1 — Ac. SDC 400/94, 18.4.94, Rel. Min. Manoel Mendes de Freitas, *In: Revista LTr* 58-05/564). É de se registrar que essa ACP foi proposta originariamente na SDC, pois o órgão signatário sustentava a sua similitude com o Dissídio Coletivo de natureza declaratória.

(46) Nesse sentido: Manoel Antonio Teixeira Filho, *Ação civil pública*, p. 19-20; Sandra Lia Simón, *A legitimidade do Ministério Público do Trabalho para a propositura de ação*

Inegavelmente, as normas que compõem o nosso ordenamento jurídico são válidas se — e somente se — estiverem em conformidade com a Constituição e, nesse ponto, não há negar que seu art. 129, III, comete ao MP, sem qualquer distinção entre os órgãos que o compõem, a função institucional de promover a ACP em defesa de quaisquer "interesses difusos e coletivos".

Assim, interpretando-se a referida norma da LOMPU conforme a Constituição,[47] chega-se à conclusão de que a expressão "interesses coletivos" (LOMPU, art. 83, III) há de ser compreendida em sentido amplo, isto é, "interesses coletivos *lato sensu*".

Entendimento outro redundaria em inexplicável limitação do MPT para defender direitos ou interesses fundamentais[48] e, também, verdadeira *capitis diminutio* desse *Parquet* especializado em relação aos outros segmentos do Ministério Público, o que não teria sentido, em virtude do princípio da unidade, que norteia a atuação da Instituição como um todo (CF, art. 127, § 1º).

Demais disso, é cediço que, à luz da teoria pura[49] e da teoria do ordenamento jurídico,[50] ambas adotadas pelo direito brasileiro, as normas jurídicas não têm existência isolada; antes se interligam a outras normas, compondo a unidade[51] e a coerência[52] do ordenamento jurídico.

De tal arte, o art. 83, inciso III, da LOMPU, interpretado em sintonia com as normas que compõem a jurisdição trabalhista metaindividual,[53] autoriza a legitimação *ad causam* do MPT para promover a ACP,

---

civil pública ... cit., p. 144-145; Francisco Antonio de Oliveira, *Ação civil pública: enfoques trabalhistas* ... cit., p. 220-221; Nelson Nery Junior, *Código brasileiro de Defesa do Consumidor* ... cit., p. 782-783; Rodolfo de Camargo Mancuso, "Ação civil pública trabalhista: análise de alguns pontos controvertidos ..." cit., p. 65-69; Ives Gandra da Silva Martins Filho, *Ação civil pública trabalhista*, p. 30-33; Carlos Henrique Bezerra Leite, *Ministério Público do Trabalho* ... cit., p. 122-125; Márcio Túlio Viana, *op. cit.*, p. 183-184; Ronaldo Lopes Leal, "Competência do Ministério Público do Trabalho — Ações civis públicas, com ênfase na segurança bancária e na segurança e saúde no trabalho", p. 61-62; Jorge Pinheiro Castelo, "Dano moral trabalhista — configuração própria e autônoma, competência da Justiça do Trabalho, ações individuais para tutela de direitos morais laborais tradicionais, novas ações civis públicas trabalhistas", p. 200; Messias Pereira Donato, "Ação civil pública", p. 30-31.

(47) Karl Larenz, *Metodologia da ciência do direito*, p. 479-484; Paulo Bonavides, *op. cit.*, p. 474.

(48) Ver Cap. I, item 4.

(49) Hans Kelsen, *op. cit., passim*.

(50) Norberto Bobbio, *Teoria do ordenamento jurídico* ... cit., *passim*.

(51) *Ibid.*, p. 37 ss.

(52) *Ibid.*, p. 71 ss.

(53) Ver Cap. III, item 2.

no âmbito da Justiça do Trabalho, não somente em defesa dos interesses coletivos, mas, também, dos difusos.

É de se registrar, de outra parte, que a norma de encerramento contida no art. 84, *caput*, da LOMPU "incumbe ao Ministério Público do Trabalho, no âmbito de suas atribuições, exercer as funções institucionais previstas nos Capítulos I, II, III e IV do Título I".

No elenco dessas funções institucionais, estão os instrumentos de atuação (Título I, Capítulo II) de todos os órgãos que compõem o Ministério Público da União (MPF, MPT, MPM e MPDFT), destacando-se a ação civil pública para defesa dos interesses ou direitos difusos, coletivos e individuais homogêneos (art. 6º, VII).(54)

Seja, pois, pelos métodos de interpretação extensiva, sistemática e teleológica das normas constitucionais e infraconstitucionais acima retrocitadas, seja pela aplicação do critério hierárquico de solução de eventual antinomia entre as referidas normas, parece-nos que o ordenamento jurídico brasileiro confere ao MPT legitimação *ad causam* para pro-

---

(54) Diz o art. 6º, inciso VII, da LOMPU: "Art. 6º Compete ao Ministério Público da União: (...) VII — promover o inquérito civil e a ação civil pública para: a) a proteção dos direitos constitucionais; b) a proteção do patrimônio público e social, do meio ambiente, dos bens e direitos de valor artístico, estético, histórico, turístico e paisagístico; c) a proteção dos interesses individuais indisponíveis, difusos e coletivos, relativos às comunidades indígenas, à família, à criança, ao adolescente, ao idoso, às minorias étnicas e ao consumidor; d) outros interesses individuais indisponíveis, homogêneos, sociais, difusos e coletivos". O TST vem admitindo, como não poderia deixar de ser, a extensão das disposições gerais do MPU ao MPT, como se vê do seguinte julgado: "O Ministério Público do Trabalho é ramo do Ministério Público da União e, como tal, está investido de todas as funções institucionais que a este forem atribuídas pela Constituição e pela Lei Orgânica (Lei Complementar n. 75, de 20.5.93)" — (TST, AG-SS n. 99989-93.6 — Ac. OE 06-94, 9.3.94 — Rel. Min. Orlando Teixeira, *in Revista LTr* 58-05/556).

(55) Num acórdão do TRT do Rio Grande do Sul, a questão da legitimação do MPT para defender interesses difusos consta do voto vencedor, nos seguintes termos: "(...) Ilegitimidade ativa *ad causam*. Sustenta a apelante que o Ministério Público é parte ilegítima para propor a presente ação, posto que somente os sindicatos têm legitimidade para defender os interesses individuais e coletivos da categoria profissional. Em primeiro lugar, deve-se dizer que a matéria é inovatória, eis que não foi manifestada na defesa, momento processual adequado para tanto, motivo pelo qual não pode ser ora analisada. De resto, o recente Enunciado n. 310 do Colendo TST (agora Súmula), ao delimitar a substituição processual prevista no artigo 8º, inciso III, da Constituição Federal, não contempla a hipótese dos autos. Outrossim, a representação em tela transcende a órbita sindical, haja vista que se trata de proteção ao próprio trabalho, independentemente das categorias profissionais eventualmente envolvidas. Mesmo que assim não fosse, ainda assim não teria razão a recorrente, já que ao Ministério Público impende a defesa dos interesses sociais difusos e coletivos conforme mandamento constitucional (CF, art. 129, inciso III). Ademais as Leis n. 7.347/85 (que disciplina a ação civil pública) e n. 8.078/90 (Código de Defesa do Consumidor) são fontes subsidiárias legitimadoras da ação proposta pelo Ministério

mover a ação civil pública, junto à Justiça do Trabalho, não apenas em defesa dos interesses coletivos *stricto sensu*, como, também, dos interesses difusos. A única condição é que esses interesses ou direitos sejam decorrentes das relações trabalhistas,[55] a fim de que a Justiça do Trabalho seja a competente para apreciar a ação civil pública que tenha por objeto a defesa de tais interesses.

Embora apreciando recurso de revista aviado pelo MPT contra acórdão regional que decidira pela incompetência da Justiça do Trabalho, o Tribunal Superior do Trabalho passou a admitir, implicitamente, a legitimação do *Parquet* Laboral para promover ação civil pública versando direitos ou interesses difusos e coletivos.[56]

Resumindo, na ACP trabalhista que tenha por objeto a defesa tanto dos interesses ou direitos difusos quanto dos coletivos, a legitimação autônoma para condução do processo cometida ao MPT encontra permissão no sistema integrado pelas normas prescritas na CF (art. 129, III), na LACP (*in totum*), no CDC (arts. 81 *usque* 90; 103 e 104) e na LOMPU (arts. 83, III, e 84 c.c. 6º, VII, *d*).

5. Legitimação dos sindicatos

Diz o § 1º do art. 129 da Constituição da República, *in verbis*:

> "A legitimação do Ministério Público para as ações civis previstas neste artigo não impede a de terceiros, nas mesmas hipóteses, segundo o disposto nesta Constituição e na lei."

A primeira parte do preceptivo em causa poderia levar o leitor menos atento à conclusão de que os sindicatos teriam legitimidade para a ação civil pública em defesa tanto dos interesses coletivos quanto dos difusos e individuais homogêneos.

Público do Trabalho" (TRT 4ª R. — RO n. 14.676/92 — 5ª T. — Rel. J. Ciro Castilho Machado — DOERS 14.11.1994, *in Revista Síntese Trabalhista*, 68, p. 57 ss.). Salvo no que tange à afirmação de que as normas da LACP e CDC são aplicadas subsidiariamente, e não aprioristicamente, como sustentamos nesta dissertação, andou bem, a nosso sentir, o v. acórdão *sub examen* ao reconhecer que a legitimação do MPT para defesa de interesses difusos e coletivos não se confunde com a substituição processual de que cogita o Enunciado n. 310 do TST.

(56) "AÇÃO CIVIL PÚBLICA — COMPETÊNCIA MATERIAL DA JUSTIÇA DO TRABALHO. Irrecusável a competência da Justiça do Trabalho para instruir e julgar a ação civil pública 'trabalhista', ajuizada pelo Ministério Público do Trabalho, objetivando resguardar interesses difusos e interesses coletivos, se e quando vulnerados os respectivos direitos sociais de matriz constitucional (*João Oreste Dalazen*). Recurso de Revista conhecido e provido." (TST, RR n. 359351/97, Ac. 2ª T., rel. Min. José Luciano de Castilho Pereira, j. 28.6.2000, DJ 13.10.2000, p. 434)

A leitura da segunda parte do dispositivo em apreço, no entanto, deixa patente a existência de três condições para que o terceiro, *in casu* o sindicato, seja parte legítima para a Ação Civil Pública trabalhista.

A primeira condição é a de que a legitimação do terceiro se dará nas mesmas hipóteses previstas para o Ministério Público, ou seja, para a proteção do patrimônio público e social, do meio ambiente e de outros interesses difusos e coletivos (CF, art. 129, III).

A segunda condição repousa na observância dos preceitos contidos na própria Constituição. Vale dizer, a *mens legis* impõe a interpretação sistemática da Carta, de maneira a propiciar ao intérprete o verdadeiro significado da legitimação conferida ao terceiro. No caso específico das entidades sindicais, afigura-se-nos que o intérprete não poderá ignorar o disposto no art. 8º, inciso III, segundo o qual, "ao sindicato cabe a defesa dos direitos e interesses coletivos ou individuais da categoria, inclusive em questões judiciais ou administrativas".

Desse modo, a conclusão inevitável é de que o sindicato, por força do princípio da unicidade sindical (CF, art. 8º, II e II), não tem legitimidade para a *defesa imediata* de interesses ou direitos difusos, já que estes não são destinados especificamente a grupo ou categoria de pessoas ligadas entre si ou com a parte contrária por uma relação jurídica-base, e sim a pessoas indeterminadas ligadas por circunstâncias de fato.

Referimo-nos à proibição da defesa imediata, porque no nosso ordenamento jurídico o sindicato, em função do princípio da unicidade sindical, está estruturado apenas para defender os interesses individuais ou coletivos da categoria que representa. Isso não impede, contudo, que de *forma mediata* (e reflexa) os interesses difusos também possam ser defendidos pelo sindicato.

Exemplifica-se com a ação civil púbica em que o sindicato age em defesa da segurança e da vida dos trabalhadores bancários e formule pedido de instalação de portas de segurança nas agências em que ocorrem elevado índice de assaltos à mão armada. Ora, em tais casos não há negar que a *defesa imediata dos trabalhadores* integrantes da categoria representada monopolisticamente pelo sindicato implica também a *defesa mediata da sociedade* como um todo, isto é, de todas as pessoas que transitem ou venham transitar nas referidas agências bancárias.

A terceira e última condição reside na exigência legal de que o sindicato — espécie do gênero associação — esteja legalmente constituído há pelo menos um ano e que tenha por escopo institucional a defesa de interesses difusos e coletivos (Lei n. 7.347/85, art. 5º, II, e CF, art. 8º, III), evitando-se, com isso, os chamados "sindicatos de plantão". Todavia, cabe ao juiz sopesar a relevância social do interesse defendido pelo sindicato e dispensar a condição ora focalizada.

Ives Gandra da Silva Martins Filho adverte que a

"defesa dos interesses coletivos em juízo, através da ação civil pública, pode ser feita tanto pelo Ministério Público do Trabalho como pelos sindicatos, de vez que o ordenamento processual assegura a legitimidade concorrente de ambos (CF, art. 129, § 1º; Lei n. 7.347/85, art. 5º, I e II). No entanto, o prisma pelo qual cada um encara a defesa dos interesses coletivos é distinto: a) o sindicato defende os trabalhadores que a ordem jurídica protege (CF, art. 8º, III); e b) o Ministério Público defende a própria ordem jurídica protetora dos interesses coletivos dos trabalhadores (CF, art. 127)."[57]

No sentido da ampla legitimação do sindicato para ajuizar ação civil pública em defesa de interesses difusos e coletivos, colhe-se o seguinte aresto:

(...) ILEGITIMIDADE ATIVA *AD CAUSAM*. SINDICATO. AÇÃO CIVIL PÚBLICA. Da análise do texto constitucional, precisamente do seu art. 129, verifica-se que a propositura da ação civil pública em defesa de interesses difusos e coletivos não foi atribuída exclusivamente ao Ministério Público: A legitimação do Ministério Público para as ações civis previstas neste artigo não impede a de terceiros, nas mesmas hipóteses, segundo o disposto nesta Constituição e na lei. Tanto a Constituição quanto a lei garantem a legitimidade do sindicato para a defesa dos interesses coletivos, conforme se extrai dos arts. 8º, III, da Carta Magna e 5º da Lei n. 7.347/85 (Lei da Ação Civil Pública), salientando-se que a Lei Complementar n. 75/93 não tem o condão de tornar o remédio judicial monopólio do *parquet* trabalhista frente às normas mencionadas, já que como lei orgânica do Ministério Público só poderia tratar da legitimação desse órgão (...)." (TST, RR n. 03189.2001.007.17.00.3, 4ª T., Rel. Min. Barros Levenhagen, j. 15.10.2003)

(57) *Processo coletivo do trabalho* ... cit., p. 160-161.

A Legitimação na Ação Civil Pública em Defesa dos Interesses Individuais Homogêneos

1. As class actions *como fontes de inspiração da ação civil pública para defesa de interesses individuais homogêneos*

A doutrina nacional é praticamente unânime em afirmar que a ação civil pública para a defesa dos interesses individuais homogêneos encontra inspiração nas *class actions for damages* do sistema norte-americano.(1)

É de se registrar, contudo, que *Ada Pellegrini Grinover* vai mais além, pois assegura que o legislador brasileiro inspirou-se nas *class actions* americanas para criar, primeiro, as ações coletivas em defesa de interesses difusos e coletivos, de natureza indivisível. Mas, antes mesmo da promulgação do CDC, o legislador pátrio ampliou o objeto da ACP para a defesa dos interesses individuais homogêneos dos investidores no mercado de valores mobiliários (Lei n. 7.913, de 7.12.89), sendo esta a primeira *class action for damages* do sistema brasileiro, embora com característica específica de ação condenatória.(2)

Não obstante, essa ilustre processualista adverte que

"as ações coletivas em defesa de interesses individuais homogêneos não se limitam, no ordenamento brasileiro, à ação de responsabilidade civil por danos coletivamente causados, sendo sua

(1) Segundo Antonio Herman Vasconcellos e Benjamin (*op. cit.,* p. 120): "Pela via da *class action* (na Inglaterra, *representative action;* em Québec, *recours collectif;* na França, *action de groupe;* e, no Brasil, *ação civil pública para tutela de interesse individual homogêneo),* um ou mais sujeitos podem acionar ou serem acionados em seu próprio nome e de outros que tenham interesses assemelhados. Em outras palavras, um grupo maior (a classe) de indivíduos é representado por um de seus integrantes ou parcela menor de seus membros. O instituto, extremamente popular nas últimas décadas, é antigo, encontrando suas origens no *Bill of Peace* inglês". Para um estudo mais aprofundado sobre as *class actions* e demais ações coletivas no direito comparado, ver Ronaldo Cunha Campos, *Ação civil pública*, p. 53-101; Márcio Flávio Mafra Leal, *op. cit., passim*; Isabella Franco Guerra, *Ação civil pública e meio ambiente, passim.*

(2) *Código brasileiro de Defesa do Consumidor: comentado pelos autores do anteprojeto* ... cit., p. 670-671.

aplicação mais ampla do que a contida no Capítulo II do Título III, CDC (...) Mas é neste capítulo que se encontra a regulamentação da *class action for damages,* ou seja, das ações civis de responsabilidade pelos danos sofridos por uma coletividade de indivíduos."[3]

E faz uma interessante observação para o estudo da liquidação de sentença nas ações coletivas no processo do trabalho:

"A solução do Código, nesse particular, inspira-se nas ações individuais de cumprimento do sistema brasileiro, decorrentes de sentença coletiva trabalhista. A execução, definitiva ou provisória, poderá ser coletiva e será instruída com a simples certidão da(s) sentença(s) de liquidação."[4]

Para que não paire dúvida sobre sua posição em prol do cabimento da ACP em defesa de interesses individuais homogêneos, *Ada Pellegrini Grinover* assegura:

"Todo o tít. III do CDC, portanto, pode ser aplicado nas ações de que trata a LACP, disciplinando o processo civil dos interesses difusos, coletivos ou individuais. Esses direitos individuais, desde que homogêneos, podem ser tutelados pela ação civil pública."[5]

A *class action* foi criada, em 1938, pela *Federal Rules of Civil Procedure*. Mas, em 1966, inúmeras modificações foram introduzidas em seu texto, de modo a torná-lo mais articulado com os objetivos da ação de classe.[6]

Os principais fatores que orientaram os legisladores norte-americanos na elaboração das *Rule* 23 foram, basicamente, os seguintes: necessidade de encontrar solução para os casos de lesões de massa; permitir e facilitar o acesso à justiça; garantir maior eficácia às decisões judiciais e realizar o princípio da economia processual.[7]

São três as principais funções da *class action* que, a nosso ver, assemelham-se às da ACP para defesa de interesses individuais homogêneos:

a) permitir a aglutinação de diversos litígios numa única demanda;[8]

---

(3) *Ibid.*, p. 672.

(4) *Ibid.*, mesma página. A respeito da distinção entre ACP e ação de cumprimento de sentença normativa, ver Cap. VII, item 3.

(5) "A ação civil pública e a defesa dos interesses individuais homogêneos", p. 211.

(6) Isabella Franco Guerra, *op. cit.*, p. 16.

(7) *Id.*, *ibid.*, p. 18.

(8) Observa Antonio Herman Vasconcellos e Benjamin (*op. cit.*, p. 121): "Se estes têm, individualmente, grande valor econômico, poupa-se, de qualquer modo, tempo e recursos

b) amenizar algumas das barreiras psicológicas e técnicas que impedem ou dificultam o acesso judicial da parte fraca (é exatamente essa, em linhas gerais, a situação em que se encontra o trabalhador brasileiro);

c) desestimular condutas sociais indesejáveis.(9)

Não há negar que a *class action* traz profundas modificações nas estruturas tradicionais do direito processual, exigindo, em primeiro lugar, que o juiz abandone seu papel passivo, na medida em que é chamado a atuar criativa e ativamente na condução do processo. Depois, impõe ao magistrado o ingresso no universo da conflituosidade metaindividual, concitando-o lidar com temas atinentes a políticas públicas, que, historicamente, eram tratados exclusivamente pelos Poderes Legislativo e Executivo.(10)

As distinções mais evidentes entre a *class action* e a ação civil pública residem:

a) na *legitimação ativa*, pois o modelo anglo-saxônico é mais amplo que o brasileiro: naquele qualquer indivíduo pode, em tese, ser legitimado para propor a ação; neste, só os entes institucionais legalmente autorizados;

b) na *operação reparatória do instituto*, que é uma distinção válida para a ACP destinada à defesa dos interesses essencialmente metaindividuais (difusos e coletivos), e não dos interesses acidentalmente metaindividuais (individuais homogêneos). É dizer, "a *class action* permite que os danos individuais das vítimas sejam agregados, com posterior repartição do valor apurado em juízo,"(11) mesmo em se tratando de ação coletiva que vise à defesa de interesses difusos e coletivos, uma vez que o interesse discutido na *class action* é sempre resultado do somatório de interesses particulares assemelhados, ou seja, são sempre divisíveis.

---

na solução unificada de disputas assemelhadas. Se, ao revés, os conflitos são economicamente diminutos, pela junção de todos aumenta-se sua dimensão e poder-de-fogo, viabilizando a postulação judicial."

(9) *Ibid.*, mesma página. Quanto a esta função da *class action*, Benjamin destaca que o "violador potencial, antes de lançar mão de atividades e métodos socialmente nefastos, pensará duas vezes, intimidado que estará com a possibilidade de, por força de uma ação coletiva dessa natureza, vir a perder ou até a ultrapassar os ganhos ilícitos que por acaso tenha auferido com sua conduta repreensível."

(10) *Ibid.*, p. 122.

(11) *Ibid.*, p. 127.

Em suma, o sistema da *class action for damage* se identifica, em alguns pontos, com o sistema da ACP destinada à defesa dos interesses individuais homogêneos, e não com o que tem por objeto a proteção dos interesses difusos e coletivos.

2. Natureza da legitimação do Ministério Público do Trabalho em tema de interesses individuais homogêneos

Já foi dito[(12)] que na ação civil pública trabalhista destinada à defesa dos interesses difusos ou coletivos, o Ministério Público do Trabalho atua na condição de legitimado autônomo para condução do processo.

Chegou a hora de examinar a natureza jurídica da sua atuação quando defende, por meio da ação civil pública, interesses individuais homogêneos, caso em que, como já ressaltado, dá-se a legitimação extraordinária. Vale dizer, opera-se aqui o fenômeno da substituição processual, porque o Ministério Público do Trabalho estará agindo em nome próprio, mas defendendo direitos ou interesses alheios, cujos titulares são identificáveis e individualizáveis.[(13)]

Assim, na ação civil pública trabalhista que tenha por escopo a defesa de interesses ou direitos individuais homogêneos, a legitimação extraordinária ou substituição processual[(14)] é autorizada pela aplicação conjunta das normas prescritas na CF (arts. 127, *caput*, e 129, III e IX), na LACP (arts. 5º e 21), na parte processual do CDC (principalmente os arts. 81 *usque* 100; 103 e 104), na LOMPU (arts. 83, III, e 84 c.c. 6º, VII, *d*) e, subsidiariamente, no CPC (art. 6º).

Trata-se, tal como acontece na legitimação autônoma para condução do processo, de uma legitimação ativa exclusiva, concorrente e disjuntiva.[(15)]

É *exclusiva* porque, no direito positivo brasileiro, a legitimação para defesa dos interesses metaindividuais por meio da ACP é atribuída *numerus clausus* aos órgãos, entidades e pessoas jurídicas arroladas na CF (art. 129, III), na LACP (art. 5º) e no CDC (arts. 82 e 91). Vale dizer, a pessoa natural é parte ilegítima ativa para a ação civil pública.

---

(12) Ver Cap. V.

(13) Nelson Nery Junior, "O processo do trabalho e os direitos individuais homogêneos — um estudo sobre a ação civil pública trabalhista ..." cit., p. 157; Ada Pellegrini Grinover, *Código brasileiro de Defesa do Consumidor: comentado pelos autores do anteprojeto ...* cit., p. 674.

(14) Sobre legitimação extraordinária e substituição processual ver Cap. V, item 2.

(15) Luiz Antonio Nunes, *Dano coletivo: o dano e os interesses difusos*, p. 230.

É também *concorrente*, na medida em que os referidos co-legitimados são simultaneamente independentes para agir, de maneira que a legitimidade de um não exclui a do outro.

Finalmente, diz-se que é *disjuntiva*, porquanto qualquer co-legitimado pode ajuizar sozinho a ACP, independentemente de autorização do(s) outro(s). Também não há necessidade de formação litisconsorcial obrigatória entre eles. Isso não impede, contudo, que dois ou mais dos legitimados para a ação coletiva se associem em litisconsórcio ativo facultativo.(16)

3. Interesses ou direitos individuais homogêneos trabalhistas disponíveis e indisponíveis

Alguns autores afirmam, com certa ênfase, que, em função da característica da divisibilidade inerente aos interesses individuais homogêneos, eles também seriam, por tal razão, disponíveis.

Em artigo publicado no Jornal da Editora Síntese, *Ilmar Galvão*, referindo-se aos interesses individuais homogêneos, sustenta que esses

> "têm titulares identificados, objeto divisível e origem comum, donde decorre a homogeneidade. Aliás, além da divisibilidade, tem-se a disponibilidade do direito."(17)

Destacando aspectos da relação de consumo, *Teori Albino Zavascki* igualmente aponta que os interesses individuais homogêneos são

> "divisíveis e individualizáveis e têm titularidade determinada. Constituem, portanto, direitos subjetivos na acepção tradicional, com identificabilidade do sujeito, determinação do objeto e adequado elo de ligação entre eles. Decorrendo, ademais, de relações de consumo, têm, sem dúvida, natureza disponível... ."(18)

Parece-nos que há, *data venia*, um certo exagero nas afirmações supracitadas. Se é certo que os interesses individuais homogêneos são sempre divisíveis, como restou demonstrado ao longo desta obra, não implica que, necessariamente, eles devam ser sempre disponíveis.

---

(16) Nelson Nery Junior, *Código de Processo Civil comentado* ... cit., p. 1.517. Segundo esse processualista, trata-se de litisconsórcio facultativo e unitário, pois o juiz não poderá decidir a lide de forma diferente para os litisconsortes ativos.

(17) "Ação civil pública e o Ministério Público", p. 3.

(18) "O Ministério Público e a defesa de direitos individuais homogêneos", p. 173-174.

A rigor, podem existir interesses individuais homogêneos *disponíveis* e interesses individuais homogêneos *indisponíveis*, uma vez que a característica da divisibilidade, por si só, não os torna disponíveis ou indisponíveis.

Lembra, a propósito, *Luís Roberto Barroso*(19) que os interesses e direitos individuais homogêneos, por suas características de divisibilidade e individualização do titular, normalmente serão disponíveis. Mas, referindo-se à legitimação ministerial, reconhece que

> "é possível conceber algumas hipóteses de legitimação da instituição, assim como o cabimento de ação civil pública, em questões que envolvam, *e.g.*, direitos trabalhistas ou proteção de menores, domínios que, embora privados, são freqüentemente regidos por normas de ordem pública e interesses que transcendem aos das partes envolvidas."(20)

A título exemplificativo, os interesses individuais homogêneos dos empregados de perceberem integralmente o valor do salário mínimo pago em quantia inferior por uma determinada empresa são *divisíveis*, pois cada um pode, individualmente, propor uma demanda visando ao pagamento do salário mínimo integral, mas são também *indisponíveis*, porquanto a percepção do salário mínimo integra o chamado "piso vital mínimo"(21), isto é, constitui um direito social fundamental, portanto, indisponível, não apenas daqueles empregados, mas, também, de todos os trabalhadores brasileiros submetidos ao regime jurídico da Consolidação das Leis do Trabalho.

Por outro lado, são interesses individuais homogêneos *disponíveis* os dos empregados de uma dada empresa que não queiram participar de um programa de pagamento de prêmios instituído em regulamento empresarial. Ora, participar ou não do referido programa constitui ato de disposição da vontade de cada um dos empregados, sendo possível até a reconsideração ou retratação daqueles que já tenham aderido àquele programa, o que bem demonstra a disponibilidade do direito, tanto dos empregados participarem ou não do programa, quanto do empregador extingui-lo a qualquer tempo.

Problema mais complexo, reconhecemos, é o de precisar o conceito de "interesses indisponíveis", já que a *opinum juris doctorum* ain-

---

(19) *O direito constitucional e a efetividade de suas normas* ... cit., p. 225.

(20) *Ibid.*, mesma página.

(21) Expressão utilizada por Celso Antonio Pacheco Fiorillo, *Curso de direito ambiental brasileiro* ... cit., p. 53.

da está longe de chegar a um desejável consenso, a começar pela posição de alguns autores que identificam esses interesses com o interesse público,[22] e o conceito deste, por sua vez, nos conduz a um lugar comum.

Não constitui objetivo desta obra conceituar os lugares comuns[23] "interesse público" e "interesse indisponível". Aliás, talvez seja melhor mesmo que lugares-comuns não sejam definidos, pois corre-se o risco de se fazer uma delimitação casuística e destoante da realidade econômica, social, jurídica, política e cultural em que incidem.

De toda a sorte, cremos ser imprescindível, para os fins específicos desta epígrafe, colecionar algumas noções propedêuticas a respeito dos interesses indisponíveis dos trabalhadores. Afinal, é sabido que o Direito do Trabalho tem no princípio da indisponibilidade (ou irrenun-

---

(22) Cf. Manoel Gonçalves Ferreira Filho, *Comentários à Constituição brasileira de 1988*, p. 40. Hugo Nigro Mazzilli, *Regime jurídico do Ministério Público*, p. 72, sublinha: "Num sentido lato, portanto, até o interesse individual, se indisponível, é interesse público, cujo zelo é cometido ao Ministério Público ..." (mesma página).

(23) Interesse público tem significado amplíssimo e, segundo o saudoso Hely Lopes Meirelles, *Direito administrativo brasileiro* ... cit., p. 82, "seriam aquelas aspirações ou vantagens licitamente almejadas por toda a comunidade administrada, ou por uma parte expressiva de seus membros. O ato ou contrato administrativo realizado sem interesse público configura desvio de finalidade". No "Seminário sobre Interesse Público", promovido pelo Centro de Estudos do Ministério Público do Trabalho da 2ª Região, Tércio Sampaio Ferraz Júnior, em palestra versando sobre o tema central do referido evento, ao depois de apontar a zetética em oposição à dogmática jurídica, destacou que interesse público são "duas palavras que constituem, talvez, um dos mais importantes e difundidos lugares-comuns do direito moderno. Principalmente do direito contemporâneo, a partir do século XIX. Ambas as expressões, tanto a expressão 'público' — essa é mais antiga — quanto, e principalmente, a expressão 'interesse'. 'Interesse' é um lugar-comum. E quando digo lugar-comum, estou chamando a atenção para um aspecto importante. Vamos discutir aqui, hoje e depois, interesse público. E interessante é lugar-comum. Se é um lugar-comum, poderemos até dizer que por pressuposto 'interesse' e, conseqüentemente, 'interesse público', sendo um lugar-comum, é algo que, em tese e por princípio, não admite definição (no sentido estrito de delimitar, de estabelecer limites *de-finis* donde *definitio*). Lugares-comuns não se definem e é por isso mesmo que são lugares-comuns, como tais, expressões abertas, difusas e, assim, aceitáveis por muitos, independentemente de divergência quanto a detalhes. Para sair de um e ir para outro exemplo: o princípio da maioria é também um lugar-comum. Se houver uma disputa aqui nesta sala e não houver encontro do acordo das diferentes tendências e se alguém falar: bom, vamos decidir, a maioria vence, provavelmente, vamos resolver a questão por maioria e ninguém vai começar a perguntar por que por maioria?" E prossegue: "Usa-se o lugar-comum; não se define o lugar-comum. E, não se definindo, o uso é mais eficiente".

ciabilidade) dos direitos dos trabalhadores[24] um dos seus alicerces fundamentais, sendo perfeitamente lógica a observação de *Carmen Camino*, para quem, a "irrenunciabilidade dos direitos trabalhistas traz a idéia da indisponibilidade desses direitos".[25]

Américo Plá Rodriguez, em obra clássica, expõe que a irrenunciabilidade pode ser expressa como a "impossibilidade jurídica de privar-se voluntariamente de uma ou mais vantagens concedidas pelo direito trabalhista em benefício próprio".[26] Esse mesmo autor salienta que há diversas formas de exteriorizar o fundamento da indisponibilidade, embora reconheça que "por caminhos diferentes ou até com simples terminologia diferente, chega-se à expressão da mesma idéia, ilustrando-a em diferentes aspectos".[27]

Pode-se dizer, portanto, que os fundamentos dos interesses indisponíveis dos trabalhadores encontram-se:

a) no próprio princípio da indisponibilidade;[28]

b) no caráter imperativo das normas trabalhistas;

c) na noção de ordem pública;

d) na limitação da autonomia da vontade.

Inspirando-se em *Smuraglia*, *Pinho Pedreira* salienta que a indisponibilidade é o aspecto negativo do poder de dispor, produzindo ela, em regra, dois efeitos principais:

"limita o poder de disposição do titular do direito e garante-o contra a ação executiva por parte de terceiros. Daí a irrenunciabilidade, a intransigibilidade, a incedibilidade, a impenhorabilidade, a

---

(24) Cf. Carlos Henrique Bezerra Leite, *Curso de direito do trabalho* ... cit., v. I, p. 43: "Tendo em vista a grande quantidade de normas de ordem pública na seara do Direito do Trabalho, não se admite, em princípio, que o trabalhador renuncie a direitos trabalhistas. Este princípio, destinado exclusivamente ao empregado, está embutido no artigo 9º da Consolidação das Leis do Trabalho. Mas há outros dispositivos 'celetários' inibidores da renúnica (arts. 468, 477, § 1º, 500, etc.). A Súmula n. 276 do Tribunal Superior do Trabalho reconhece a sua existência."

(25) *Direito individual do trabalho*, p. 57.

(26) *Princípios de direito do trabalho*, p. 66-67.

(27) *Ibid.*, p. 69.

(28) Segundo Américo Plá Rodriguez, *ibid.*, p. 70, o princípio da indisponibilidade abrange a irrenunciabilidade e a intransigibilidade. Preferimos "indisponibilidade" a "irrenunciabilidade", pois a primeira é mais adequada ao ordenamento jurídico brasileiro que protege o empregado, não apenas nos atos unilaterais (renúncia) por ele eventualmente praticados, mas, também, os atos bilaterais (CLT, art. 468) que importem objetivamente prejuízos ao obreiro. No mesmo sentido, Mauricio Godinho Delgado, *Introdução ao direito do trabalho*, p. 161.

inseqüestrabilidade e a incompensabilidade que têm como consectários os direitos indisponíveis quando absolutos."[29]

Esse autor considera absolutamente indisponíveis todos os direitos estritamente vinculados à pessoa, como os direitos personalíssimos. Mas admite que há direitos patrimoniais absolutamente indisponíveis, como os benefícios previdenciários.[30] Reconhece, ainda, que, embora grande parte dos direitos trabalhistas seja relativamente disponível,

> "a imperatividade e conseqüente inderrogabilidade das normas de Direito do Trabalho, todas praticamente de ordem pública e, pois cogentes, como, ainda, a presunção de vício de consentimento nos atos jurídicos do empregado, resultante de sua subordinação ao empregador, conjugam-se para produzir a conseqüência da irrenunciabilidade dos direitos do trabalhador como um dos princípios cardeais do mesmo Direito."[31]

Assim, se as leis trabalhistas têm, em regra, caráter indisponível, significa dizer que

> "em geral, todas ou quase todas as normas que fazem parte do Direito do Trabalho são normas de ordem pública, e as relações de trabalho, sujeitas originariamente a um *jus dispositivum*, encontram-se submetidas, em nossos dias, a um *jus cogens*."[32]

A bem ver, portanto, no campo do Direito do Trabalho, os direitos ou interesses individuais dos trabalhadores, sejam os homogêneos, sejam os não-homogêneos, são, em princípio, *indisponíveis*. Noutro falar, a indisponibilidade dos direitos ou interesses individuais homogêneos trabalhistas, não obstante o surgimento da chamada flexibilização das relações laborais,[33] continua sendo regra, e a disponibilidade, exceção.

Os termos "interesses sociais e individuais indisponíveis", contidos no art. 127, *caput*, da CF, significam, segundo *Miguel Reale*,

> "aqueles que por sua natureza essencial ao valor e à sobrevivência da pessoa humana ou ao bem ser da coletividade, não poderão ser objeto de renúncia, de troca ou de cessão a terceiros."[34]

---

(29) Luiz de Pinho Pedreira da Silva, *Principiologia do direito do trabalho*, p. 123.
(30) *Ibid.*, mesma página.
(31) *Ibid.*, p. 124.
(32) Francisco de Ferrari, *Derecho del trabajo*, Buenos Aires, 1968, t. I, p. 267, *apud* Américo Plá Rodriguez, *op. cit.*, p. 73.
(33) Sobre globalização, flexibilização e terceirização, v. Carlos Henrique Bezerra Leite, *Curso de direito do trabalho* ... cit., v. I, p. 173-185.
(34) *Questões de direito público*, p. 132. É importante salientar, porém, que esse autor sustenta a inconstitucionalidade das normas que ampliam a legitimação do MP para a defesa de interesses individuais homogêneos, como veremos no próximo item.

O pensamento desse conceituado jusfilósofo encaixa-se como uma luva na temática dos direitos ou interesses sociais ou individuais dos trabalhadores, pois eles são:

a) essenciais à sobrevivência e à dignidade do cidadão-trabalhador;

b) em regra, irrenunciáveis;

c) não podem ser cedidos a terceiros, já que o contrato de trabalho é *intuito personae* em relação ao trabalhador.

Essa digressão é importante, para que possamos passar ao exame das teorias que se ocupam da legitimação ministerial em tema de interesses individuais homogêneos.

4. Teorias sobre a legitimação do Ministério Público do Trabalho para promover a ação civil pública em defesa dos interesses individuais homogêneos

Segundo *Norberto Bobbio*,[35] toda teoria jurídica pode ser considerada desde o ponto de vista do seu significado ideológico ou a partir do ponto de vista do seu valor científico. Quanto ao valor científico, a teoria jurídica tem por fim compreender certa realidade e explicá-la. No respeitante à teoria considerada do ponto de vista ideológico, ela tende a afirmar certos valores ideais e a promover certas ações.

Já foi dito que, não obstante a literalidade do art. 129, III, da CF, existem barreiras técnicas e ideológicas[36] que dificultam a atuação do Ministério Público do Trabalho em defesa dos interesses difusos (e até mesmo coletivos).[37]

Os obstáculos tornam-se ainda mais complexos quando se trata da questão da legitimação do *Parquet* Laboral para promover a ação civil pública em defesa dos interesses individuais homogêneos. E isso porque, além de não estarem expressamente mencionados no art. 129, III, da CF, esses direitos ou interesses também não constam literalmente do art. 83, inciso III, da LOMPU.

---

(35) Norberto Bobbio, *Teoría general del derecho*, p. 10-11.

(36) Para se ter uma idéia dessas barreiras, Dárcio Guimarães de Andrade ("A ação civil pública no âmbito da justiça do trabalho", p. 1.329) chega a afirmar solenemente: "Não tenho, como Mestre e Magistrado, a menor simpatia pela Ação Civil Pública, reputando-a mais lesiva do que benéfica".

(37) Ver Cap. V, item 4.

Daí a existência de três teorias que procuram, ora com base na ideologia, ora nos métodos da ciência do direito, responder às seguintes perguntas: o Ministério Público possui legitimidade para promover ação civil pública em defesa de interesses individuais homogêneos? E o Ministério Público do Trabalho?

4.1. A teoria restritiva

Como o próprio nome indica, a teoria restritiva reduz a legitimação do MP à defesa exclusiva dos interesses difusos e coletivos, sendo certo que, nos domínios do direito processual do trabalho, há, ainda, alguns autores que restringem ainda mais tal legitimação aos interesses coletivos *stricto sensu*, assim mesmo, somente quando desrespeitados os direitos sociais constitucionalmente assegurados aos trabalhadores.[38]

Dito de outro modo, a teoria restritiva não admite, em nenhuma hipótese, que os direitos ou interesses individuais, ainda que homogêneos, possam ser objeto de defesa em sede de ação civil pública (ou ação coletiva) promovida pelo Ministério Público.

Os adeptos dessa corrente, portanto, utilizam exclusivamente a interpretação literal e restritiva do art. 129, inciso III, da CF, e do art. 1º, inciso IV, no âmbito do processo civil,[39] ou do art. 83, inciso III, da LOMPU, nos domínios do processo do trabalho.[40]

---

(38) Ver Cap. V, item 4.

(39) Ives Gandra da Silva Martins (*Ação civil pública — limites constitucionais*, p. 22-23) sustenta, inclusive, que o art. 25, IV, *a*, da LONMP, "fere o texto constitucional por alargar o espectro da ação civil pública para o campo dos interesses individuais indisponíveis, que poderiam ser defendidos por outros veículos ... Não se trata, no caso, de se adotar a tese de que o que a Constituição não proíbe permitido está, na medida em que, para efeitos de Direito Público, o princípio deve ser examinado de outra forma, ou seja, o que a Constituição não permite para tais efeitos, proibido está". No mesmo sentido: Miguel Reale (*Questões de direito público* ... cit., p. 134) ao defender a inconstitucionalidade das normas legais que ampliam a legitimação do MP para a defesa dos interesses individuais, ainda que homogêneos; Hely Lopes Meirelles (*Mandado de segurança, ação popular, ação civil pública* ... cit., p. 141), quando diz que a ACP "não se presta a amparar direitos individuais, nem se destina à reparação dos prejuízos causados a particulares pela conduta, comissiva ou omissiva, do réu"; Arnoldo Wald ("A recente evolução da ação civil pública. Usos e abusos. Análise de sua patologia", p. 191) fala em "incompetência do Ministério Público para intentar ações para a defesa de interesses individuais homogêneos" e "impropriedade da ação civil pública para a proteção de direitos individuais homogêneos, que não se enquadrem nos três incisos pela interpretação sistemática do art. 1º, IV (da LACP, acrescentamos), e do art. 81 (do CDC, acrescentamos), que define os direitos difusos, coletivos e individuais homogêneos, só se referindo o inc. IV do art. 1º aos dois primeiros (difusos e coletivos), e não aos direitos individuais homogêneos".

(40) Não admitem a legitimação do MPT para a ACP destinada à defesa de interesses individuais homogêneos: Aroldo Plínio Gonçalves, "A ação civil pública na justiça do

Expõe a teoria restritiva, em linhas gerais, que o MP não tem legitimação para promover a ACP na defesa de direitos ou interesses individuais homogêneos, porque:

a) são inconstitucionais as normas legais que alargam a legitimação ministerial na ACP para além dos interesses difusos e coletivos;[41]

b) os interesses individuais homogêneos, por serem disponíveis,[42] estão excluídos das funções institucionais do MP;

c) as relações trabalhistas não são relações de consumo, pelo que inaplicável o CDC na ação civil pública promovida pelo MPT;

d) o art. 83, III, da LOMPU só permite a legitimação do MPT para a defesa dos interesses coletivos, e não dos individuais homogêneos e difusos.[43]

---

trabalho", *in: Revista LTr* 58-10/1128; Eduardo Gabriel Saad, *A ação civil pública na justiça do trabalho* ... cit., p. 410; João de Lima Teixeira Filho, *op. cit.*, p. 1.329; Odonel Urbano Gonçales, *Direito processual do trabalho* ... cit., p. 72-73; Paulo Emílio Ribeiro de Vilhena, *op. cit.*, p. 47. Esse último autor, como já ressaltado, nega, peremptoriamente, o próprio cabimento da ACP no âmbito da Justiça do Trabalho em defesa de quaisquer dos interesses metaindividuais.

(41) Ives Gandra da Silva Martins, "Ação civil pública ..." cit., p. 22-23. No mesmo sentido: Miguel Reale, *Questões de direito público* ... cit., p. 134.

(42) Ilmar Galvão (*op. cit.*, p. 3), referindo-se aos interesses individuais homogêneos, sustenta que esses "têm titulares identificados, objeto divisível e origem comum, donde decorre a homogeneidade. Aliás, além da divisibilidade, tem-se a disponibilidade do direito". No mesmo sentido, Teori Albino Zavascki (*Defesa de direitos coletivos e defesa coletiva de direitos*, p. 47) pontifica: "Não cabe ao Ministério Público bater-se em defesa de direitos ou interesses individuais, ainda que, por terem origem comum, possam ser classificados como homogêneos (...) a atuação do Ministério Público, necessariamente em forma de substituição processual autônoma, limitar-se-á à obtenção de provimentos genéricos indispensáveis à restauração dos valores sociais comprometidos, sendo-lhe vedado deduzir pretensões que signifique, simplesmente, tutela de interesses particulares, ainda que homogêneos, ou de grupo". Essa orientação chegou a ser adotada pelo STJ, como se infere do seguinte julgado: "Ação civil pública. Mensalidades escolares. Repasse do aumento dos professores. Ministério público. Parte ilegítima. Não se cuidando de interesses difusos ou coletivos, mas de interesses individuais de um grupo de alunos de um determinado colégio, afasta-se a legitimidade do Ministério Público" (*in*: RSTJ 54/306, *apud* ZAVASCKI, Teori Albino, *Defesa de direitos coletivos e defesa coletiva de direitos*, p. 47).

(43) É o que decidiu o TRT do Piauí: "Ação civil pública — Direitos individuais — Inadmissibilidade — Ministério Público do Trabalho — Ilegitimidade: A ação civil pública não se presta para a defesa de direitos individuais. E nem o Ministério Público está legitimado para a defesa de tais direitos. A legitimação anômala deste na ACP se restringe aos interesses *supra* ou metaindividuais. Recurso provido. Processo extinto sem julgamento do mérito" (TRT 22ª R., RO 0286/97, rel. Juiz Laércio Domiciano, DJ/PI de 22.5.97, *in Decisório Trabalhista*, novembro, p. 35, 1997). Igualmente, o TRT da Bahia:

Há algumas considerações, não mencionadas pelos defensores da teoria em estudo, que julgamos imprescindíveis à adequada compreensão do problema, especialmente tratando-se de ação civil pública promovida pelo MPT.

A primeira delas é a de que quando da promulgação da CF, em 5 de outubro de 1988, não estava positivada em nosso ordenamento jurídico a expressão "interesses individuais homogêneos", o que somente se deu com o advento da Lei n. 8.078, de 11 de setembro de 1990, que instituiu o CDC (art. 81, III). Dessa forma, não se poderia esperar que o legislador constituinte tivesse empregado um termo, à época cogitado apenas timidamente por alguns estudiosos da *class action for damages* do direito estadunidense, que somente veio a ingressar no nosso sistema cerca de dois anos mais tarde.(44)

Eis aí a razão ontológica que pode ser extraída da *mens legis* contida na norma de encerramento do art. 129, III, da CF, que serve de fio condutor à inteligência da expressão "e de outros interesses difusos e coletivos".

Desse modo, a norma constitucional comporta interpretação extensiva:(45)

a) no *plano subjetivo*, a fim de que outras espécies de interesses ou direitos metaindividuais, além dos explicitamente proclamados, possam ser tuteladas pelo MP, como, por exemplo, os interesses difusos e coletivos dos trabalhadores, dos consumidores, das minorias sociais, dos excluídos, dos portadores de deficiência, das crianças e adolescentes, dos idosos, etc.;

b) no *plano objetivo*, para permitir a criação, pelo legislador infraconstitucional, de novas espécies de interesses metaindividuais, como, por exemplo, os interesses individuais homogêneos.

"... AÇÃO CIVIL PÚBLICA. LEGITIMAÇÃO DO MINISTÉRIO PÚBLICO DO TRABALHO. Pela *mens* do art. 83, III, da Lei Complementar n. 75/93, a legitimação do Ministério Público do Trabalho, para propor ação civil pública, só alcança a defesa dos interesses ou direitos coletivos, *stricto sensu* quando desrespeitados os direitos sociais, constitucionalmente garantidos" (TRT, 5ª R., MS n. 801971154-74, Ac. SEDI n. 8.807/98, rel. Juiz Waldomiro Pereira, DJ/BA de 26.6.98).

(44) É bem verdade que a Lei n. 7.913/89 já consagrava a defesa dos interesses individuais homogêneos, embora sem mencioná-los expressamente, dos investidores do mercado ou titulares de valores mobiliários, constituindo, assim, a primeira *class action for damages* do direito brasileiro. Parece-nos pertinente lembrar que a ação de cumprimento trabalhista (CLT, art. 872, parágrafo único) pode ser considerada a primeira ação coletiva, para tutela de direitos individuais homogêneos.

(45) Nesse sentido, Ada Pellegrini Grinover, *Código brasileiro de Defesa do Consumidor: comentado pelos autores do anteprojeto* ... cit., p. 675.

A segunda decorre do fato de que uma das funções institucionais do MP repousa na defesa dos *interesses sociais e individuais indisponíveis*, tal como desenhado no art. 127 da CF.

Ora, a interpretação sistemática dos arts. 129, III, e 127 da CF, segundo nos parece, permite que a legitimação do Ministério Público na ação civil pública seja estendida à defesa não apenas dos *interesses sociais*, mas, igualmente, dos *interesses individuais indisponíveis* que tenham características metaindividuais ou "acidentalmente coletivos",[(46)] como é caso dos interesses ou direitos *individuais homogêneos indisponíveis*.

Outra observação importante é a de que o art. 129, III, da CF reafirma que uma das funções institucionais do MP é a defesa do *patrimônio social*, abrindo aqui espaço para a construção teórica de que este conceito abriga tanto os *interesses sociais* quanto os *individuais homogêneos indisponíveis*.[(47)]

Por outro lado, o inciso IX do art. 129 da CF vaticina que o MP poderá exercer *outras funções* que lhe forem conferidas (por lei, acrescentamos), desde que *compatíveis com sua finalidade*.

Nesse passo, vaticina o art. 21 da LACP, com a nova redação dada pelo art. 117 do CDC, que são aplicáveis à *defesa dos direitos* difusos, coletivos e *individuais, no que for cabível*, os dispositivos do Título III do CDC, entre os quais se destaca o art. 92, que prevê, literalmente, a legitimação do MP para propor *ações coletivas em defesa de direitos individuais homogêneos*.[(48)]

No que concerne à afirmação genérica de que os interesses individuais homogêneos são sempre disponíveis, afigura-se-nos residir aqui um grande equívoco, *data maxima venia*. É que, consoante já demonstrado,[(49)] existem duas subespécies de direitos ou interesses individuais homogêneos: os indisponíveis e os disponíveis. Tal constatação, segundo nos parece, é condição suficiente para demonstrar a inconsistência científica desta teoria, no particular.

---

(46) José Carlos Barbosa Moreira, "Ações coletivas na Constituição Federal de 1988", p. 188-189.

(47) Lúcia Valle Figueiredo, "Ação civil pública. A defesa dos interesses difusos e coletivos. Posição do Ministério Público", p. 161-162. Segundo essa autora, "na defesa de direitos individuais, ainda que homogêneos, tem o Ministério Público legitimidade ativa, quando se tratar de direitos, de tal ordem, de tal relevância, que integram o patrimônio social. Assim, esses direitos serão, na verdade, também indisponíveis".

(48) Importa observar que o art. 92 do CDC não faz qualquer ressalva quanto à disponibilidade ou indisponibilidade dessa espécie de interesse metaindividual.

(49) Ver item 3 *supra*.

No que tange especificamente à legitimação do MPT na ACP trabalhista, parece-nos igualmente frágil a alegação de que os direitos ou interesses individuais homogêneos trabalhistas nela veiculados, por não derivarem das relações de consumo, não poderiam ser objeto de regulação pelo CDC, com o que não poderia o *Parquet* Laboral utilizar as disposições desse Código nas ações civis públicas por ele propostas no âmbito da Justiça do Trabalho. Neste ponto, os defensores da teoria restritiva confundem direito material com direito processual. A par disso, ignoram o que dispõe textualmente o art. 21 da LACP.

Ora, como já vimos em páginas anteriores,(50) as relações materiais de consumo são reguladas pelo CDC e as relações materiais trabalhistas pela CLT e legislação especial que lhe complementa. Todavia, a parte processual do CDC (Título III) e a LACP (art. 21) formam, com base nos princípios constitucionais da indeclinabilidade da jurisdição e do *due process of law*, um sistema integrado, por nós denominado de *jurisdição trabalhista metaindividual*, que é, *de lege lata*, a única capaz de propiciar a adequada e efetiva tutela judicial dos interesses metaindividuais (difusos, coletivos e individuais homogêneos) decorrentes das relações de trabalho, desde que submetidos à competência da Justiça do Trabalho (CF, art. 114).

Um outro óbice invocado pela teoria restritiva reside na literalidade do art. 83, III, da LOMPU que, de fato, só faz referência aos interesses coletivos, silenciando-se não apenas quanto aos individuais homogêneos, mas, igualmente, quanto aos difusos.

No que respeita aos interesses difusos, já foi apontada a atecnia redacional do referido dispositivo legal(51). Além disso, a interpretação isolada desse dispositivo levaria a uma inexplicável *capitis diminutio* do MPT em relação aos demais órgãos que compõem a instituição ministerial como um todo, em detrimento, aliás, dos princípios da unidade e indivisibilidade (CF, art. 127, § 1º), uma vez que tanto a CF (arts. 127, 128, 129, III e IX) quanto a LOMPU (art. 6º, VII, *d*) e a LONMP (art. 25, IV, *a*) não fazem qualquer distinção a tal respeito.

Não se pode perder de vista, outrossim, que a norma de encerramento contida na parte final do art. 129, III, da CF, confere ao MP, sem distinção entre os seus órgãos, a legitimação para a defesa de "outros interesses difusos e coletivos". Sabe-se que a Constituição "resulta do

---

(50) Ver Cap. III, item 2.
(51) Ver Cap. V, item 4. Ver tb. Cap. IV, itens 4. e 5.

poder constituinte originário, tido como *poder político fundamental*",[52] mas, não obstante esse seu caráter político, "materializa a tentativa de conversão do poder político em poder jurídico"[53], o que implica dizer que ela também deve ser interpretada como genuína norma jurídica.[54] Disso resulta que é possível a interpretação extensiva ou ampliativa da norma constitucional em causa, na medida em que os interesses individuais homogêneos — disponíveis ou indisponíveis — são acidentalmente coletivos,[55] o que, por certo, já seria condição suficiente para validar a legitimação do MP quando promove a ACP em defesa dos mesmos.

É insubsistente, de igual modo, a alegação de que o que a Constituição não permite expressamente proibido está. Tal critério, como já foi visto, é fruto de uma concepção individualista, calcada no formalismo jurídico preconizado pelo Estado Liberal, que só admitia a existência dicotômica direito público-direito privado. Em tema de direitos ou interesses metaindividuais rompe-se definitivamente com tal concepção, na medida em que o Estado Social brasileiro passa não apenas a prescrever, mas tam-

(52) Luís Roberto Barroso, *Interpretação e aplicação da Constituição*, p. 104-105.

(53) *Ibid.*, p. 98.

(54) Jorge Miranda, *Manual de direito constitucional*, p. 260. No mesmo sentido, Karl Larenz (*op. cit.*, p. 513-514) leciona: "... não vejo fundamento bastante para não se aplicarem, pelo menos em princípio, os princípios interpretativos gerais também à interpretação da Constituição, pois que a Constituição é — enquanto lei — tal como todas as outras leis (redigidas na maior parte em linguagem corrente) — uma obra de linguagem, que, como tal, carece de interpretação, tal como as proposições nela contidas têm o caracter de normas; seu efeito vinculativo não é certamente menor, mas mais vigoroso do que o das demais leis."

(55) O STF não considera os interesses individuais homogêneos um *tercium genus* dos interesses metaindividuais, mas uma subespécie dos interesses coletivos (RE n. 163.231-SP, Rel. Min. Maurício Corrêa, j. 12.3.97, *in Informativo SFT* n. 62, Brasília, 3 a 7 de março de 1997, páginas internas). Colhe-se do voto condutor: "Quer se afirme na espécie interesses coletivos ou particularmente interesses homogêneos, *stricto sensu*, ambos estão nitidamente cingidos a uma mesma relação jurídica-base e nascidos de uma mesma origem comum, sendo coletivos, explicitamente dizendo, porque incluem grupos, que conquanto atinjam as pessoas isoladamente, não se classificam como direitos individuais, no sentido do alcance da ação civil pública, posto que sua concepção finalística destina-se à proteção do grupo. Não está, como visto, defendendo o Ministério Público subjetivamente o indivíduo como tal, mas sim a pessoa enquanto integrante desse grupo. Vejo, dessa forma, que me permita o acórdão impugnado, gritante equívoco ao recusar a legitimidade do postulante, porque estaria a defender interesses fora da ação definidora de sua competência. No caso agiu o *Parquet* em defesa do grupo, tal como definido no Código Nacional do Consumidor (art. 81, incisos II e III) e pela Lei Orgânica Nacional do Ministério Público (Lei n. 8.625, de 12 de fevereiro de 1993), cujo artigo 25, inciso IV, letra *a*, o autoriza como titular da ação, dentre muitos, para a proteção de outros interesses difusos, coletivos e individuais indisponíveis e homogêneos ..."

bém a tutelar esses "novos direitos" que, seguramente, não se enquadram no direito público, tampouco no privado, constituindo, ao revés, categoria própria: a dos direitos humanos de terceira dimensão.(56)

Tornam-se, de tal arte, infundadas as alegações de inconstitucionalidade das normas legais que ampliam a legitimação ministerial para tutelar interesses individuais homogêneos. Pelo contrário, mostra-se em conformidade com o Texto Maior interpretar extensivamente a expressão "interesses coletivos", prevista no art. 83, III, da LOMPU, como interesses coletivos *lato sensu*, ou seja, os interesses metaindividuais que, não é demasiado repetir, por força do art. 81 do CDC, abrangem os difusos, os coletivos e os individuais homogêneos.(57)

Assim, já é possível concluir que o art. 83, III, da LOMPU c.c. art. 21 da LACP e art. 82 do CDC, por estarem conforme a Constituição, desautorizam a teoria restritiva no tocante à legitimação do MPT para a ACP na defesa dos interesses individuais homogêneos.

Ademais, no plano infraconstitucional, não se pode ignorar o fato de o art. 84 da LOMPU mandar aplicar ao MPT os instrumentos de atuação de todos os órgãos do MPU previstos no seu art. 6º, VII, *d*, da LOMPU, *inter alia*, o de promover a ACP visando à proteção de "*outros interesses individuais indisponíveis, homogêneos*, sociais, difusos e coletivos"(58) (grifos nossos).

---

(56) Ver Cap. I, item 4.

(57) A interpretação conforme a Constituição permite, segundo Celso Ribeiro Bastos "As modernas formas de interpretação constitucional. *Jus Navegandi*", *passim*), "que o intérprete depois de esgotar todas as interpretações convencionais possíveis e não encontrando uma interpretação constitucional da mesma, mas também não contendo a norma interpretada nenhuma violência à Constituição Federal, vai verificar-se se é possível pelo influxo da norma constitucional levar-se a efeito algum alargamento ou restrição da norma que a compatibilize com a Carta Maior. Todavia, tal alargamento ou restrição da lei não deve ser revestida de uma afronta à literalidade da norma ou à vontade do legislador. Pode-se dizer que graças a sua flexibilidade, o princípio da interpretação conforme à Constituição permite uma renúncia ao formalismo jurídico e às interpretações convencionais em nome da idéia de justiça material e da segurança jurídica, elementos tão necessários para um Estado democrático de direito". É o que ocorre na espécie, uma vez que a interpretação extensiva da norma do art. 129, III, da CF não afronta a sua literalidade ou à *mens legislatoris*. Mesmo porque, a própria Constituição autoriza, em alguns casos, a defesa coletiva de direitos individuais, como no caso do mandado de segurança coletivo promovido por associações ou sindicato (art. 5º, LXX, *b*), a substituição processual nas demandas trabalhistas (art. 8º, III), etc.

(58) A intercalação da vírgula entre os vocábulos "indisponíveis" e "homogêneos", autoriza a ilação de que a ACP se presta à tutela: a) dos interesses individuais indisponíveis; b) dos interesses individuais homogêneos (disponíveis e indisponíveis). Quanto a estes

4.2. A teoria eclética

A teoria eclética, atualmente majoritária, admite a legitimação ativa do MP para promover a ACP na defesa de interesses individuais homogêneos:

a) quando forem indisponíveis, ante a imposição do art. 127, *caput*, da CF;

b) quando forem disponíveis, desde que, em função da natureza da lide ou do elevado número de seus titulares, haja repercussão social a exigir a iniciativa ministerial.

Diz-se, por isso mesmo, que essa teoria é eclética, uma vez que admite condicionalmente a legitimação ministerial para defender interesses individuais homogêneos, ou seja, com algumas restrições.

Entre os defensores dessa corrente, destacam-se *Hugo Nigro Mazzilli*,(59) *José dos Santos Carvalho Filho*,(60) *Kazuo Watanabe*,(61) *José Marcelo Menezes Vigliar*,(62) *Lúcia Valle Figueiredo*,(63) *Rodolfo de Camar-*

últimos, aliás, o art. 6º, XII, da LOMPU, prevê a legitimação do MPU para propor a ação civil coletiva para a defesa dos interesses individuais homogêneos, sem fazer qualquer alusão à disponibilidade ou indisponibilidade.

(59) *A defesa dos interesses difusos em juízo* ... cit., p. 88-89. Diz Mazzilli que cabe ao Ministério Público defender os interesses individuais homogêneos, quando isso convenha à coletividade como um todo, respeitada a sua destinação institucional. "Não teria sentido" — prossegue — "pôr o Ministério Público em defesa de meia dúzia de importadores de carros danificados no transporte: ainda que se trate de interesses individuais homogêneos, não haveria expressão social a justificar a atuação".

(60) *Op. cit.*, p. 76. Segundo esse autor, os interesses individuais homogêneos, por terem caráter divisível, "devem ser defendidos pelos seus próprios titulares na medida de sua conveniência pessoal, somente autorizando o Ministério Público a defendê-los se se caracterizarem como indisponíveis".

(61) *Código brasileiro de Defesa do Consumidor* ... cit., p. 640-641. Adverte *Watanabe*: "Em linha de princípio, somente os interesses individuais indisponíveis estão sob a proteção do *parquet*. Foi a relevância social da tutela a título coletivo dos interesses ou direitos individuais homogêneos que levou o legislador a atribuir ao Ministério Público e a outros entes públicos a legitimação para agir nessa modalidade de demanda molecular."

(62) *Tutela jurisdicional coletiva*, p. 149. Esse autor enfatiza, inclusive, que tanto os interesses coletivos quanto os individuais homogêneos só podem ser tutelados pelo MP "se há harmonia entre esses considerados no caso concreto e a destinação institucional do Ministério Público" e, quanto aos interesses individuais indisponíveis (não-homogêneos) estará sempre legitimado, "embora não o fazendo mediante a ação coletiva ...".

(63) "Ação civil pública. Ação popular. A defesa dos interesses difusos e coletivos. Posição do Ministério Público ..." cit., *passim*. Segundo essa autora, a legitimação do MP para defesa dos interesses individuais homogêneos é possível quando houver repercussão para o "patrimônio social".

go Mancuso,[64] *Sérgio Sahione Fadel*,[65] *Celso Ribeiro Bastos*[66] e *Ilmar Galvão*.[67]

A teoria eclética foi adotada pelo Conselho Superior do Ministério Público de São Paulo[68] e a jurisprudência majoritária do STJ[69] caminha

(64) "Sobre a legitimação do Ministério Público em matéria de interesses individuais homogêneos ..." cit., p. 448-449. Obtempera esse processualista: "Quando o autor da 'ação coletiva' for o MP e se tratar, *in statu assertionis*, de um 'interesse individual homogêneo', parece-nos que, a par da uniformidade decorrente da origem comum, ainda se faz necessária a nota da indisponibilidade, dado não haver como minimizar a exigência contida no art. 127 da Constituição Federal. Todavia, insta deixar claro que essa qualidade pode decorrer de fatores diversos, tais como: o número particularmente expressivo de sujeitos abrangidos na órbita do interesse considerado (ex.: participantes de consórcios de bens duráveis); a elevada totalização pecuniária correspondente ao interesse (ex.: poupadores em cadernetas de poupança); a prevalescente natureza de ordem pública da matéria (ex.: índice de correção de mensalidades escolares); a convincente demonstração, *in concreto*, da evidente conveniência do tratamento processual coletivo da matéria, interessando evitar a multiplicação desmesurada de ações individuais, com o risco adicional de decisões divergentes."

(65) *Op. cit.*, p. 17 ss. Expõe esse autor que "os direitos individuais homogêneos só serão passíveis de defesa, através de ação civil pública, quando indisponíveis e, ou se se trate de relação de consumo (desde que em causa um ou alguns daqueles interesses, considerados básicos pelo artigos 6º do Código de Defesa do Consumidor), ou quando o dano causado decorra de infração da ordem econômica, conforme regulado na Lei n. 8.884/94, que também contém normas de ordem pública".

(66) *Curso de direito constitucional* ... cit., p. 253-254. Sublinha esse constitucionalista: "Quanto à legitimação do Ministério Público para a defesa de interesses individuais homogêneos, deverá ser sempre analisada dentro da destinação institucional do Ministério Público, que sempre deve agir em defesa de interesses indisponíveis ou de interesses que, pela sua natureza ou abrangência, atinjam a sociedade como um todo (interesses sociais)."

(67) *Op. cit.*, p. 3-5.

(68) Diz a Súmula n. 7 do CSMP de São Paulo: "O Ministério Público está legitimado à defesa dos interesses individuais homogêneos que tenham expressão para a coletividade, como: a) os que digam respeito à saúde ou à segurança das pessoas, ou ao acesso das crianças e adolescentes à educação; b) aqueles em que haja extraordinária dispersão dos lesados; c) quando convenha à coletividade o zelo pelo funcionamento de um sistema econômico, social ou jurídico".

(69) "Ação civil pública. Ação coletiva. Ministério Público. Legitimidade. Interesses individuais homogêneos. Plano de Saúde. Reajuste da mensalidade. UNIMED. O Ministério Público tem legitimidade para promover ação coletiva em defesa de interesses individuais homogêneos quando existente interesse social compatível com a finalidade da instituição. Reajuste de prestações de Plano de Saúde (UNIMED). Art. 82, I, da Lei n. 8.078/90 (CDC). Precedentes. Recurso conhecido e provido" (STJ, REsp n. 177.965-PR, 4ª T., Rel. Min. Ruy Rosado de Aguiar, DJU 23.8.99). No mesmo sentido: "Ação civil pública. Ação coletiva. Ministério Público. Legitimidade. Interesses individuais homogêneos. Cláusulas abusivas. O Ministério Público tem legitimidade para promover ação coletiva em defesa de interesses individuais homogêneos quando existente interesse social compatível com a finalidade da instituição. Nulidade de cláusulas constantes de contratos de adesão sobre correção monetária de prestações para a aquisição de imó-

na mesma direção, se bem que, recentemente, decisões há daquela Corte no sentido de que somente os interesses individuais homogêneos dos consumidores podem ser tutelados pela ação civil pública promovida pelo Ministério Público.(70)

---

veis, que seriam contrárias à legislação em vigor. Art. 81, parágrafo único, III e art. 82, I, da Lei n. 8.078/90 (CDC). Precedentes. Recurso conhecido e provido" (STJ, REsp n. 168.859/RJ, 4ª T., rel. Min. Ruy Rosado de Aguiar, DJU 23.8.99, p. 129); "Processual civil. Ação civil pública. Direitos individuais homogêneos. Interesse público. Ministério Público Federal. O Ministério Público possui legitimidade para propor ação coletiva visando proteger o interesse, de todos os segurados que recebiam benefício de prestação continuada do INSS, pertinente ao pagamento dos benefícios sem a devida atualização, o que estaria causando prejuízo grave a todos os beneficiários. Sobre as atribuições dos integrantes do Ministério Público, cumpre asseverar que a norma legal abrange toda a amplitude de seus conceitos e interpretá-la com restrições seria contrariar os princípios institucionais que regem esse órgão. Recurso provido" (STJ-REsp 211019/SP, Ac. unân. 5ª T., Rel. Min. Felix Fischer, j. 11.4.2000, DJ 8.5.2000, p. 112); "Processual Civil — Ação Civil Pública — Direitos e Interesses Individuais Homogêneos — Ministério Público — Legitimidade — Recurso Especial — 1. Há certos direitos e interesses individuais homogêneos que, quando visualizados em seu conjunto, de forma coletiva e impessoal, passam a representar mais que a soma de interesses dos respectivos titulares, mas verdadeiros interesses sociais, sendo cabível sua proteção pela ação civil pública. 2. É o Ministério Público ente legitimado a postular, via ação civil pública, a proteção do direito ao salário mínimo dos servidores municipais, tendo em vista sua relevância social, o número de pessoas que envolvem a economia processual. 3. Recurso conhecido e provido" (STJ, REsp n. 95347, SE, 5ª T., Rel. Min. Edson Vidigal, DJU 1.2.1999, p. 221).

(70) "Não aplicabilidade, no caso da Lei n. 7.347/85, posto que a referida ação presta-se à proteção dos interesses e direitos individuais homogêneos, quando seus titulares sofrerem danos na condição de consumidores. Ilegitimidade ativa do Ministério Público reconhecida. Precedentes do STJ. A jurisprudência do STJ vem se firmando no sentido de não ser cabível o uso da Ação Civil Pública para fins de amparar direitos individuais, nem se prestar à reparação de prejuízos causados por particulares pela conduta comissiva ou omissiva da parte ré, não revestindo o caso em apreço no conceito constante da Lei n. 7.347/85. A Ação Civil Pública não se presta como meio adequado a indenizar cidadãos que tenham sido contaminados pelo Vírus HIV em transfusões sangüíneas realizadas em quaisquer estabelecimentos do país. Os interesses e direitos individuais homogêneos, de que trata o art. 21, da Lei n. 7.347/85, somente poderão ser tutelados, pela via da ação coletiva, quando os seus titulares sofrerem danos na condição de consumidores. Ilegitimidade ativa do MP reconhecida. Precedentes desta Casa Julgadora" (STJ, REsp n. 220.256-SP, Rel. Min. José Delgado, j. em 14.9.99, DJ 18.10.99). No mesmo sentido: "Legitimidade do Ministério Público. A legitimidade do Ministério Público é para cuidar de interesses sociais difusos ou coletivos e não para patrocinar direitos individuais privados e disponíveis. O Ministério Público não tem legitimidade para promover a ação civil pública na defesa de contribuintes, que não são considerados consumidores. A ação civil pública não se presta à obtenção de declaração de inconstitucionalidade de lei, eis que possui eficácia *erga omnes*" (STJ, REsp n. 234.241, MG, Rel.: Min. Garcia Vieira, j. em 2.12.99, DJ 28.2.00). Ver tb. STJ, MC 1853/SP, Ac. 1ª T., j. 18.11.1999, Rel. Min. José Delgado, DJ 27.3.2000.

Verifica-se que a teoria eclética não deixa de ser, de certa maneira, um desdobramento da teoria restritiva, na medida em que reduz, de forma casuística, a legitimidade do MP à defesa de alguns interesses individuais homogêneos quando isso implicar, de algum modo, relevância social.

Uma prova dessa assertiva pode ser extraída do pensamento de Ilmar *Galvão* que, no mesmo artigo, reconhece que o MP tem

> "legitimidade para ajuizar ACP de maneira ilimitada, embora não exclusiva, na defesa do patrimônio do Estado, do meio ambiente, dos direitos sociais e de outros interesses difusos e coletivos."[71]

Mas, logo em seguida, ao analisar algumas ações civis públicas promovidas pelo MPT, adota posição nitidamente restritiva e até contraditória, *data maxima venia*. Eis a posição do ilustre ministro do Pretório Excelso:

> "1. Segurança de empregados de bancos, incumbidos de transportar valores, e segurança de agências bancárias, mediante instalação de portas especiais. Obs.: Trata-se de ações que têm por objeto interesses e direitos dos empregados do banco negligente, portanto, de natureza coletiva, não dizendo respeito à sociedade como um todo ou, ao menos, a todos os estabelecimentos bancários. Dentro da ótica exposta, a legitimidade para a ACP, nesses casos, é mais do sindicato do que do MPT. Mesmo porque, não se tratando de direitos e interesses indivisíveis para produzir efeitos *erga omnes*, para a ação haveriam de ser citados todos os bancos, o que não faria sentido.
>
> 2. Intermediação de mão-de-obra efetuada por cooperativas de prestação de serviço. Meio manifestamente irregular de terceirização de mão-de-obra, de que resulta prejuízo para os 'associados', que trabalham sem as garantias mínimas constitucionalmente asseguradas, para não falar no regime de remuneração a que ficam expostos. De ter-se, pois, por ilegítima a iniciativa do MPT, nesses casos, não se podendo, para afastá-la, ir ao ponto de considerar como interessada toda a coletividade, por ter acesso vedado aos postos de trabalho irregularmente ocupados do modo impugnado, notadamente em entes públicos, obrigados à realização de concurso público.
>
> 3. Ambiente de trabalho: adaptação às exigências legais alusivas ao controle de saúde ocupacional dos empregados; à adequação do

(71) *Op. cit.*, p. 4.

mobiliário e dos equipamentos por eles utilizados; à duração das jornadas, ao trabalho em horas extras e aos períodos de repouso preconizados em lei; e à reposição da mão-de-obra afastada por motivo de licença ou outras causas. Obs.: matéria de interesse restrito dos empregados da empresa, legitimadora da iniciativa do sindicato ou associação de classe e não do MPT.

4. Deficientes físicos: reserva de vagas e de postos de trabalho. Matéria que dispensa maiores considerações, em face do interesse social de que se reveste.

5. Trabalho de menor — *idem, idem.*

6. Dispensa irregular de empregados (sem pagamentos de salários e outros direitos). Direitos individuais homogêneos que não justificam a tutela do MPT.

7. Descontos indevidos na folha de pagamento: *idem, idem.*

8. Inobservância de regulamento interno da instituição sucedida. Matéria que se afigura como de interesse individual homogêneo dos antigos empregados.

9. Coação exercida contra empregados no exercício de função de confiança, consistente na ameaça de serem dela destituídos se ajuizarem reclamação contra a empresa. Obs.: Matéria que, salvo melhor juízo, caracteriza interesse individual...".[72]

Tirantes as hipóteses referentes à defesa dos deficientes físicos e dos menores (itens 4 e 5), em todas as demais houve, *data maxima venia*, alguns equívocos que passaremos a comentar.

O primeiro equívoco emerge da afirmativa de que a legitimação do MP é ilimitada para defender direitos sociais. Mas é de se perguntar: e os direitos trabalhistas não são direitos sociais? Como, então, restringir a atuação do Ministério Público do Trabalho em defesa de qualquer interesse metaindividual trabalhista?

O segundo reside na afirmação genérica de que determinado interesse metaindividual é difuso, coletivo ou individual homogêneo. Todavia, não leva em conta o critério metodológico[73] que torna possível identificar a(s) espécie(s) de interesse(s) a partir do tipo de provimento jurisdicional almejado na ação civil pública.

---

(72) Ilmar Galvão, *op. cit.*, p. 5.
(73) Ver Cap. II, item 5.

O terceiro é que restringe exclusivamente ao sindicato a defesa dos interesses relativos ao meio ambiente do trabalho — e a segurança dos empregados bancários também integra esse domínio —, olvidando, assim, a um só tempo, as regras explícitas do art. 129, III, da CF e do art. 83, III, da LOMPU.(74) Isso sem falar no ferimento da classificação amplamente aceita de que a legitimação na ACP é concorrente e disjuntiva entre as instituições autorizadas para a sua propositura.

O quarto, que na verdade confunde-se com o primeiro, decorre do reconhecimento de que, em matéria de intermediação fraudulenta de mão-de-obra perpetrada por cooperativa, aos "associados" não são asseguradas as garantias mínimas, isto é, os direitos sociais fundamentais, mas declara que o MPT não tem legitimação para defender esses direitos.

Importa salientar que o grande equívoco dessa teoria, ao que nos parece, é que ela não examina o problema da atuação ministerial, quando age em defesa dos interesses metaindividuais (difusos, coletivos e individuais homogêneos), sob o enfoque do princípio da universalidade do acesso à jurisdição e da natureza de ordem pública das normas geradoras de direitos fundamentais.

De toda a sorte, ainda que se adote a teoria eclética no âmbito do processo do trabalho, ressalvadas algumas posições restritivas já mencionadas, o Ministério Público do Trabalho estará, em linha de princípio, legitimado à defesa dos direitos ou interesses individuais homogêneos dos trabalhadores.

Afinal, se os direitos assegurados aos trabalhadores rurais e urbanos são direitos sociais fundamentais, porquanto a norma de encerramento do art. 7º, *caput*, da CF considera fundamentais não apenas os direitos sociais constitucionalmente garantidos aos trabalhadores, mas também "outros que visem à melhoria de sua condição social", salta aos olhos que estará aí presente a relevância social a justificar a legitimação do Ministério Público do Trabalho para promover a ACP em defesa dos interesses ou direitos sociais dos trabalhadores.

Vale dizer, em se tratando de direitos ou interesses individuais homogêneos trabalhistas, que são autênticos direitos sociais dos trabalhadores, haverá sempre interesse social em função da própria natureza desses direitos, razão pela qual o Ministério Público do Trabalho

---

(74) Aliás, o próprio STF já decidiu que em matéria de meio ambiente do trabalho, a competência e, conseqüentemente, a legitimação *ad causam* são, respectivamente, da Justiça do Trabalho e do MPT (RE n. 206.220-MG, Rel. Min. Marco Aurélio, 16.3.99, *in Informativo STF* n. 142/1998).

estará sempre legitimado a defendê-los, ante a sua função permanente de tutelar os "interesses sociais", *ex vi* do art. 127 da CF.

Ademais, se uma das características dos direitos individuais homogêneos dos trabalhadores é a indisponibilidade,[75] dificilmente haverá um caso em que o Ministério Público do Trabalho não terá *legitimatio ad causam* na ação civil pública que tenha por objeto a defesa de tais direitos ou interesses.

4.3. A teoria ampliativa

Essa teoria proclama a legitimação ampla e irrestrita do MP para ajuizar ação civil pública em defesa dos interesses homogêneos.

Entre os defensores dessa teoria destacam-se *Nelson Nery Ju-nior*,[76] *Ada Pellegrini Grinover*,[77] *Celso Antonio Pacheco Fiorillo*, *Marcelo Abelha Rodrigues* e *Rosa Maria Andrade Nery*[78] e *Francisco Antônio de Oliveira*.[79]

---

(75) Antônio Cláudio da Costa Machado (*A intervenção do Ministério Público no processo civil brasileiro* ... cit., p. 51) salienta que "o que justifica a atuação do *parquet* perante a Justiça do Trabalho é o fenômeno da indisponibilidade de direitos, resultado da exacerbada relevância social destes". Sobre a indisponibilidade dos direitos individuais homogêneos trabalhistas, consultar item 2 deste capítulo.

(76) "O processo do trabalho e os direitos individuais homogêneos — um estudo sobre a ação civil pública trabalhista ..." cit., p. 157-158. *Idem*, *Código de Processo Civil comentado* ... cit., p. 1.798-1.799.

(77) "A ação civil pública no âmbito da justiça do trabalho: pedido, efeitos da sentença e coisa julgada", p. 49-51.

(78) *Direito processual ambiental brasileiro*, p. 116.

(79) "Da ação civil pública: instrumento de cidadania", p. 887. Esse processualista laboral não faz distinção entre interesse individual homogêneo disponível e indisponível, mas exalta a interpretação sistemática da LOMPU, nos seguintes termos: "De conformidade com o art. 83, inciso III, da Lei Complementar n. 75, de 20.5.93, compete ao Ministério Público do Trabalho promover a ação civil pública no âmbito da Justiça do Trabalho, para a defesa dos interesses coletivos, quando desrespeitados os direitos sociais constitucionalmente garantidos; bem assim lhe compete a instauração de inquérito civil e outros procedimentos administrativos sempre que cabíveis, para assegurar a observância dos direitos sociais dos trabalhadores (art. 84, II); e o art. 6º, inciso VII, letra *d* deixou claro que compete ao Ministério Público da União, do qual é participante o Ministério Público do Trabalho, 'promover o inquérito civil e a ação civil pública para: outros interesses individuais indisponíveis, homogêneos, sociais, difusos e coletivos'. Pode-se, assim, afirmar que o Ministério Público do Trabalho estará legitimado para promover a abertura de inquérito civil e bem assim para ajuizar ação civil pública para a defesa de interesses difusos, coletivos, individuais homogêneos desde que ligados de alguma forma ao Direito do Trabalho, *v. g.*, a defesa do meio ambiente envolvendo empregados e empregadores; trabalhadores deficientes; depósito de FGTS cuja ausência reflete diretamente na falta de moradias para os trabalhadores de baixa renda; preconceito racial na contratação de negros, amarelos, mulheres; diferenças isonômicas entre trabalhadores de sexos diversos, etc."

Os principais argumentos dessa teoria podem ser assim sintetizados:

a) é fato que o art. 129, III, da CF menciona apenas os interesses difusos e coletivos;

b) mas o inciso IX, do mesmo artigo, abre a possibilidade para o legislador ordinário alargar o espectro da legitimação do MP, desde que isso seja compatível com o seu perfil constitucional;

c) os direitos ou interesses individuais homogêneos, como uma das espécies de interesses metaindividuais, só surgiram com o CDC, em 1990, portanto, após a Constituição Federal de 1988;

d) o art. 127, *caput*, da CF permite que o MPT defenda não apenas os interesses individuais indisponíveis, mas, também, os "interesses sociais";

e) o art. 1º do CDC[80] dispõe que as normas de proteção e defesa do consumidor são de ordem pública e de interesse social. Logo, o art. 82, I, do mesmo Código, que confere ao MP a legitimação para defender qualquer interesse individual homogêneo, caracteriza-se como "norma de interesse social", estando, portanto, em perfeita sintonia com o sistema constitucional brasileiro;

f) a própria propositura da ACP em defesa dos interesses individuais homogêneos já configura questão de interesse social,[81] pois

(80) Diz o art. 1º do CDC, *in verbis*: "O presente Código estabelece normas de proteção e defesa do consumidor, de ordem pública e interesse social, nos termos do art. 5º, inciso XXXII, art. 170, inciso V, da Constituição Federal, e art. 48 de suas Disposições Transitórias".

(81) Nesse sentido, Ada Pellegrini (*A ação civil pública e a defesa dos interesses individuais homogêneos* ... cit., p. 213) observa: "Muito embora a Constituição atribua ao MP apenas a defesa de interesses individuais indisponíveis (art. 127), além dos difusos e coletivos (art. 129, III), a relevância social da tutela coletiva dos interesses ou direitos individuais homogêneos levou o legislador ordinário a conferir ao MP a legitimação para agir nessa modalidade de demanda, mesmo em se tratando de interesses ou direitos disponíveis. Em conformidade, aliás, com a própria Constituição, que permite a atribuição de outras funções ao MP, desde que compatíveis com sua finalidade (art. 129, IX). A dimensão comunitária das demandas coletivas, qualquer que seja o seu objeto, insere-as sem dúvida na tutela dos interesses sociais referidos no art. 127 da CF." Em artigo publicado na Revista do MPT de São Paulo, essa mesma processualista, invocando a doutrina estrangeira, a partir de Mauro Cappelletti e Andrea Proto Pisani, reiterou que "a própria condução coletiva de interesses individuais homogêneos perante os tribunais representa verdadeiro exercício de interesse social. Ou seja, o interesse social surge do fato de a controvérsia não ser tratada a título individual, de acordo com as categorias processuais clássicas, mas ser vista, no âmbito coletivo, não mais pela soma de interesses individuais homogêneos, mas frente a um feixe de interesses de massa (...) estamos conferindo dimensão política ao tratamento coletivo dos interesses, que deixam, portanto, de pertencer ao plano meramente individual, para serem transportados

com ela desestimula-se a proliferação de demandas individuais, prestigia-se a atividade jurisdicional, democratiza-se o acesso ao Judiciário e evitam-se decisões conflitantes sobre matérias decorrentes de origem comum.

Além dessas pontuações, nós acrescentaríamos dois outros dados que, a nosso sentir, também justificam a legitimação do *Parquet* para defender interesses ou direitos individuais homogêneos.

O primeiro decorre da previsão explícita no art. 5º, § 1º, da LACP, repetida no art. 82 do CDC, que prescreve a obrigatoriedade de atuação do MP, como *custos legis*, nas ações coletivas que forem ajuizadas pelos demais co-legitimados em defesa de qualquer interesse metaindividual. A intervenção obrigatória do MP, nessa qualidade, constitui inegavelmente um dos critérios objetivos de se aferir a existência do interesse público ou relevância social em toda ação coletiva que tenha por objeto a defesa de qualquer interesse metaindividual, seja difuso, coletivo ou individual homogêneo.

O segundo dado emerge da determinação expressa no § 3º do art. 5º da LACP,(82) segundo o qual, em caso de desistência infundada ou abandono da ação por associação legitimada, o Ministério Público ou outro co-legitimado assumirá a titularidade ativa da ação civil pública. Ora, se a lei utiliza a expressão "assumirá", deixa clara a obrigatoriedade da atuação do MP (ou demais co-legitimados) no pólo ativo da demanda coletiva quando a associação desistir (infundadamente) ou abandonar a ACP, perguntar-se-ia: e se o objeto da ação desistida ou abandonada pela associação for a defesa de interesses individuais homogêneos disponíveis, o *Parquet* estará impedido de atuar judicialmente em defesa de tais interesses? Certamente que, se a resposta for sim, se estará diante de autêntica negativa de vigência do preceptivo em causa. Se a resposta for negativa, o que nos parece correto, extrair-se-á da norma em questão a existência do interesse público em toda ação coletiva destinada à defesa dos interesses individuais homogêneos, ainda que disponíveis. Ademais, se se aceita doutrinariamente que a legitimação na ação civil pública é concorrente e disjuntiva entre o Ministério Público, o Estado (e suas descentralizações) e as associações civis, não teria

---

ao plano social". E arremata: "Mas, ainda que se queira ser mais restritivo, não aceitando-se a idéia de um interesse social configurado pelo próprio instrumento do processo coletivo, certamente se poderá reconhecer, em alguns casos, de acordo com o caso concreto, inquestionável interesse social subjacente à defesa de certos interesses individuais homogêneos. Assim, por exemplo, quando se trate de ambiente do trabalho ..." ("A ação civil pública no âmbito da justiça do trabalho ..." cit., p. 50-51).

(82) A redação do § 3º do art. 5º da LACP foi dada pelo art. 112 do CDC.

sentido estabelecer uma regra casuística em favor de um co-legitimado em detrimento de outro, como, por exemplo, permitir que a associação defenda interesses individuais homogêneos disponíveis e indisponíveis e o Ministério Público, apenas estes últimos.[83]

A teoria ampliativa utiliza, portanto, os métodos de interpretação sistemática e teleológica dos arts. 127 e 129, IX, da CF e do art. 82 do CDC, os quais permitem ao legislador infraconstitucional alargar a legitimação ministerial para propor ação civil pública (ou coletiva), objetivando a defesa de *interesses sociais*. Nesse passo, a *defesa coletiva dos interesses individuais homogêneos dos consumidores* encerra, por força dos arts. 1º, 81, parágrafo único, III, e 82 do CDC, hipótese de *interesse social* e de *ordem pública*, cuja proteção insere-se perfeitamente no elenco das *finalidades institucionais do MP*.[84]

A legitimação do Ministério Público para promover ação civil pública em defesa dos interesses individuais homogêneos dos consumidores tem sido admitida pela jurisprudência do STF.[85] Essa mesma Corte,

---

(83) Em sentido contrário, Rodolfo de Camargo Mancuso ("Sobre a legitimação do Ministério Público em matéria de interesses individuais homogêneos ..." cit., p. 446) afirma: "Em que pese a legitimação ativa para a tutela judicial de interesses metaindividuais ser do tipo 'concorrente-disjuntivo', nem por isso deixam de ter relevância certas peculiaridades processuais que se aplicam a uns e não a outros desses co-legitimados."

(84) Segundo Nelson Nery Junior (*Código de Processo Civil comentado ...* cit., p. 1.521): "O que legitima o MP a ajuizar a ação na defesa de direitos individuais homogêneos não é a natureza desses mesmos direitos, mas a circunstância da sua defesa ser feita por meio de ação coletiva. A propositura de ação coletiva é de interesse social, cuja defesa é mister institucional do MP." Concordamos com tal entendimento. Acrescentamos apenas que, em se tratando de direitos sociais individuais homogêneos dos trabalhadores, a Constituição diz que eles são direitos sociais fundamentais (Título II, Capítulo II, da CF). Vale dizer, os direitos trabalhistas são substancialmente sociais, razão pela qual pode-se dizer que tanto no plano material como no plano processual, a proteção e a defesa coletiva dos direitos individuais homogêneos trabalhistas é de interesse social.

(85) No RE n. 163.231/SP, Rel. Min. Maurício Corrêa (*in* DJ 5.3.97, Seção I, p. 4.930), versando ação sobre mensalidade escolar, portanto, relação de consumo, o STF entendeu que a defesa dos interesses individuais homogêneos, por constituírem subespécie de interesses coletivos, pode ser feita pelo MP em sede de ACP. No RE n. 185.360/SP, o mesmo tribunal, em acórdão datado de 20.2.98, da lavra do Min. Carlos Velloso, assim decidiu: "Constitucional. Ação civil pública. Mensalidades escolares. Ministério Público. Legitimidade. Lei n. 8.078/90, art. 21, parágrafo único. Lei n. 8.625/93, art. 25. CF/88, art. 129, III. I — Ação civil pública que tem por objeto a fixação do pagamento de mensalidades escolares: os interesses ou direitos daí decorrentes podem ser classificados como coletivos: legitimidade do Ministério Público para propor a ação civil pública, mesmo porque, considerados esses direitos como individuais homogêneos, têm vinculação com o consumo, ou podem os titulares do direito ser considerados como consumidores: Lei n. 8.078/90, art. 21 e seu parágrafo único. II — RE conhecido e provido" (Jurisprudência Civil do STF, organizada por Gracindo Filho, Zeidier e Cieto, p. 82).

no entanto, não reconhece a legitimação ministerial em se tratando de interesses individuais homogêneos dos contribuintes.(86)

O STJ, em certa oportunidade, reconheceu a legitimação do MP para defender interesses individuais homogêneos, desconsiderando a questão da disponibilidade ou não desses interesses.(87) Mas o entendimento majoritário da Corte Especial aponta no sentido de que apenas quando os interesses ou direitos individuais homogêneos são direitos sociais ou de relevância social estará o MP legitimado a defendê-los. É o que acontece, por exemplo, com a ação civil pública que tenha por objeto a reparação de danos causados à saúde dos trabalhadores submetidos a condições insalubres;(88) o reajustamento dos valores dos benefícios de prestação continuada dos aposentados;(89) a

---

(86) "MINISTÉRIO PÚBLICO. AÇÃO CIVIL PÚBLICA. TAXA DE ILUMINAÇÃO PÚBLICA DO MUNICÍPIO DE RIO NOVO-MG. EXIGIBILIDADE IMPUGNADA POR MEIO DE AÇÃO PÚBLICA, SOB ALEGAÇÃO DE INCONSTITUCIONALIDADE. ACÓRDÃO QUE CONCLUIU PELO SEU NÃO-CABIMENTO, SOB INVOCAÇÃO DOS ARTS. 102, I, *a*, e 125, § 2º, DA CONSTITUIÇÃO. Ausência de legitimação do Ministério Público para ações da espécie, por não configurada, no caso, a hipótese de interesses difusos, como tais considerados os pertencentes concomitantemente a todos e a cada um dos membros das sociedade, como um bem não individualizável ou divisível, mas, ao revés, interesses de grupo ou classe de pessoas, sujeitos passivos de uma exigência tributária cuja impugnação, por isso, só pode ser promovida por eles próprios, de forma individual ou coletiva. Recurso não conhecido" (STF, RE n. 213.631/MG, 1ª T., Rel. Min. Ilmar Galvão, j. 9.12.99, *in Informativo STF* n. 174, p. 1-2, Brasília, 6 a 10, 1999). Essa decisão foi criticada, a nosso ver com razão, por alguns autores, entre os quais: *Douglas Guimarães Leite*. "Ação civil pública e a defesa dos interesses sociais na Constituição Federal de 1988 — uma questão de legitimidade", *passim*.

(87) "Há certos interesses individuais — de pessoas privadas e de pessoas públicas — que quando visualizados em seu conjunto, em forma coletiva e impessoal, têm força de transcender a esfera de interesses puramente individuais e passar a representar, mais que a soma de interesses dos respectivos titulares, verdadeiros interesses da comunidade como um todo. É o que ocorre com os direitos individuais homogêneos antes mencionados, dos consumidores e dos poupadores, cuja defesa pelo Ministério Público tem expressa chancela em lei ordinária" (STJ, REsp n. 49.272-6-RS, 1ª T., j. 21.9.94, Rel. Min. Demócrito Reinaldo, DJ 17.10.94).

(88) "Recurso Especial. Ação civil pública. Legitimidade ativa do Ministério Público. Danos causados aos trabalhadores nas minas de Morro Velho. Interesse social relevante. Direitos individuais homogêneos. 1 — O Ministério Público tem legitimidade ativa para ajuizar ação civil pública em defesa de direitos individuais homogêneos, desde que esteja configurado interesse social relevante. 2 — A situação dos trabalhadores submetidos a condições insalubres, acarretando danos à saúde, configura direito individual homogêneo revestido de interesse social relevante a justificar o ajuizamento da ação civil pública pelo Ministério Público. 3 — Recurso Especial conhecido e provido" (REsp n. 58.682-MG, Rel. em. Min. Carlos Alberto Menezes Direito, DJ 16.12.96)

(89) "Processual civil. Ação civil pública. Direitos individuais homogêneos. Interesse público. Ministério Público Federal. O Ministério Público possui legitimidade para propor ação coletiva, visando a proteger o interesse de todos os segurados que recebiam

proteção do direito dos servidores perceberem o salário mínimo constitucional.[90]

Não obstante, os aspectos retromencionados, poucos são os julgados trabalhistas que adotam a teoria ampliativa.[91]

4.4. Nossa posição

Em escrito anterior,[92] chegamos a adotar a teoria eclética, na medida em que destacávamos que a legitimação do MPT na ACP promovida na Justiça do Trabalho só seria válida: (a) se os interesses individuais homogêneos fossem indisponíveis ou (b) se disponíveis, apenas os que, pela sua natureza ou abrangência, pudessem trazer reflexos negativos para a sociedade como um todo.

---

benefício de prestação continuada do INSS, pertinente ao pagamento dos benefícios sem a devida atualização, o que estaria causando prejuízo grave a todos os beneficiários. Sobre as atribuições dos integrantes do Ministério Público, cumpre asseverar que a norma legal abrange toda a amplitude de seus conceitos e interpretá-la com restrições seria contrariar os princípios institucionais que regem esse órgão. Recurso provido" (REsp n. 211.019/SP, Ac. unân. 5ª T., Rel. Felix Fischer, j. 11.4.2000, DJ 8.5.2000, p. 112).

(90) "Há certos direitos e interesses individuais homogêneos que, quando visualizados em seu conjunto, de forma coletiva e impessoal, passam a representar mais que a soma de interesses dos respectivos titulares, mas verdadeiros interesses sociais, sendo cabível a sua proteção pela ação civil pública. É o Ministério Público ente legitimado a postular, via ação civil pública, a proteção do direito ao salário mínimo dos servidores municipais, tendo em vista a relevância social, o número de pessoas que envolvem a economia processual" (STJ, REsp n. 95347-SE, Rel. Min. Edson Vidigal, DJ 1º.2.99, p. 221).

(91) "Da ação civil pública. Legitimidade do Ministério Público. Lei Complementar n. 75/93, arts. 83, III, 84, 6, VII, letra *d*. Lei n. 7.347/85, art. 5º; Lei n. 8.078/90, art. 81. 1. Da legitimidade do Ministério Público — A legitimidade do Ministério Público se impõe em se tratando de interesse individual puro ou individual homogêneo, quando em discussão o interesse de uma coletividade. A classificação de um direito como difuso, coletivo, individual puro ou individual homogêneo é o tipo de tutela jurisdicional que se pretende quando se propõe a competente *ação* judicial. O mesmo tipo pode dar ensejo a proteção difusa, coletiva e individual (Nelson Nery Jr.). 2. Da competência funcional — A competência funcional para a apreciação de ação civil pública é da Junta de Conciliação e Julgamento, no local onde ocorrer o dano (Art. 2º da Lei n. 7.347/85). Os Regionais, excepcionada a competência funcional para ação rescisória, ação anulatória, mandado de segurança, *habeas corpus*, têm competência funcional revisora, não originária." (TRT 2ª R., RO n. 02970327141, Ac. 5ª T., Rel. Juiz Francisco Antonio de Oliveira, j. 1.9.98, DOESP 18.9.98) Nesse acórdão adotou-se tese inédita, pois a legitimação ministerial restou ampliada até mesmo para defender "interesses individuais puros", o que, *data venia*, refoge à idéia da coletivização do processo e transforma o MP em defensor de meros interesses privados não-homogêneos, função estranha, a nosso sentir, à sua missão institucional.

(92) Carlos Henrique Bezerra Leite, *Ministério Público do Trabalho ...* cit., p. 126.

Além disso, dizíamos que o MPT não reunia, por deficiência do número de membros, servidores, material, etc., condições operacionais para atuar em defesa dos interesses individuais homogêneos que não fossem socialmente relevantes.[93]

O aprofundamento da investigação científica, no entanto, guiou-nos a caminho diverso, qual seja o de reconhecer que os direitos sociais dos trabalhadores e a respectiva proteção judicial integram o elenco dos direitos fundamentais de segunda dimensão, estando, desse modo, compreendidos no moderno conceito de cidadania[94] que, por sua vez, guarda estreita relação com o problema do direito ao acesso — individual e coletivo — dos trabalhadores ao Poder Judiciário.

Tais reflexões axiológicas, além, é claro, das considerações dogmáticas já expendidas quando do exame das teorias existentes, levaram-nos à conclusão de que as questões atinentes à legitimação ministerial para defender interesses individuais homogêneos trabalhistas encontram-se indissoluvelmente ligadas à temática da dignidade da pessoa humana e do valor social do trabalho, isto é, a questões que decorrem da principiologia que fundamenta o próprio Estado democrático de direito brasileiro, cuja guarda foi confiada ao MP, como um todo, e ao MPT, em particular, pois este, no exercício específico da sua função promocional tem a missão institucional e permanente de zelar pela defesa da ordem jurídica trabalhista e dos direitos ou interesses sociais e individuais indisponíveis dos trabalhadores (CF, art. 127, *caput*).

É nesse contexto que se situa a ação civil pública, que também passa a ser, a partir da Carta democrática de 1988, uma garantia constitucio-

---

(93) *Idem*, "Legitimação do Ministério Público do Trabalho para promover a ação civil pública", p. 63-71. Reconhecemos que este obstáculo não encontra base científica; ao revés, decorre de equivocada política institucional que prestigia a função de órgão interveniente em detrimento da função de órgão agente imprescindível à promoção do acesso à justiça, notadamente no campo das relações de trabalho. É que, lamentavelmente, o MPT só oficia obrigatoriamente junto aos tribunais, quando o ideal seria a sua atuação preponderante na primeira instância, pois é aí que, via de regra, vêm à lume os multifários problemas sociais derivantes dos conflitos trabalhistas. É preciso ter em mente que quando o MP atua como órgão interveniente, ou seja, quando emite parecer, o direito ao acesso à jurisdição já foi exercitado. Não se está aqui a defender a abolição da função de *custos legis*, mesmo porque há inúmeros casos em que ela é mesmo imprescindível, mas, tão-somente, a de chamar a atenção para a necessidade de adoção de uma política institucional que prestigie a função promocional do MPT. No mesmo sentido, consultar Antônio Cláudio da Costa Machado, *A intervenção do Ministério Público no processo civil brasileiro* ... cit., p. 49-51.

(94) Ver Cap. I, item 2. Sobre o tema, consultar José Alfredo de Oliveira Baracho, *op. cit., passim.*

nal dos direitos fundamentais do cidadão-trabalhador e um dos principais instrumentos de atuação do Ministério Público do Trabalho para tornar realidade objetivos fundamentais da República, entre eles o de "reduzir as desigualdades sociais e regionais" e "promover o bem de todos, sem preconceitos de origem, raça, sexo, cor, idade e quaisquer outras formas de discriminação" (CF, art. 3º, III e IV), no campo das relações de trabalho.

Reconhecemos, assim, que a teoria ampliativa é a que melhor se sintoniza com a função promocional do *Parquet* Laboral. Afinal, não podemos olvidar que numa sociedade contemporânea inquestionavelmente desigual como a nossa, marcada pela intensificação dos conflitos entre o capital e o trabalho, do desemprego estrutural e crescente, da discriminação contra mulheres, negros, idosos, da exploração do trabalho infanto-juvenil, do aviltamento da massa salarial, enfim, das injustiças socioeconômicas de toda a ordem, as lesões perpetradas aos direitos ou interesses de alguns empregados tendem a se expandir, rápida e uniformemente, geralmente atingindo a massa de trabalhadores de uma ou mais empresas, às vezes espalhadas por diversas cidades e Estados do território nacional.

Nesse passo, é de se indagar: a ACP promovida pelo MPT em defesa dos interesses individuais homogêneos dos trabalhadores não seria utilíssima, em tais casos, para evitar a avalanche de dissídios (*rectius*, processos) individuais[95] que abarrotam os escaninhos da Justiça do Trabalho, permitindo que ela se torne mais ágil e menos dispendiosa aos cofres públicos e ao contribuinte? O reconhecimento da *legitimatio ad causam* do MPT também para a defesa dos interesses individuais homogêneos trabalhistas não seria, enfim, uma forma de democratizar o acesso dos trabalhadores à Justiça, mormente num país em que apenas parcela dos desempregados — os empregados, com raras exceções, não o fazem por fundado receio de perderem o emprego — bate à porta do Judiciário Trabalhista? Também não teria um cunho preventivo e educativo para inibir futuras repetições de lesões idênticas aos interesses de massa dos trabalhadores?

A teoria ampliativa, portanto, ao que nos parece, identifica-se com a gênese do direito processual do trabalho, porque:

a) a finalidade ontológica do processo trabalhista é servir de instrumento para a realização e fruição dos direitos sociais (individuais ou coletivos) dos trabalhadores;

(95) Segundo relatório do TST (*http://www.tst.gov.br/ASCS/JCJ-1990-98.htm*): em 1998, foram recebidos 1.958.594 processos; em 1999, 1.876.874.

b) esses direitos sociais são considerados fundamentais em nosso ordenamento jurídico, o que bem demonstra a relevância social de todas as ações coletivas que versem sobre os mesmos;[96]

c) as normas de proteção aos trabalhadores são, em regra, de ordem pública,[97] na medida em que o Direito do Trabalho pátrio fundamenta-se no princípio da indisponibilidade ou irrenunciabilidade dos direitos trabalhistas.[98]

É, pois, sob a perspectiva da fundamentalidade dos direitos ou interesses individuais homogêneos dos cidadãos-trabalhadores[99] e da função promocional do Ministério Público no campo das relações traba-

---

(96) Ver Cap. I, item 2. Apreciando RR interposto pelo MPT, o TST deixou assentado que o FGTS constitui interesse social e reconheceu a legitimação do *Parquet* Laboral para defender, via ACP, os interesses individuais homogêneos dos trabalhadores. Eis a respectiva ementa: "DA LEGITIMIDADE ATIVA DO MINISTÉRIO PÚBLICO DO TRABALHO PARA PROPOR AÇÃO CIVIL PÚBLICA PARA FINS DE RECOLHIMENTO DO FGTS. A Lei Complementar n. 75/93 estabelece expressamente no art. 83, inciso III, a competência do Ministério Público do Trabalho para propor *'ação civil pública no âmbito da Justiça do Trabalho, para defesa de interesses coletivos quando desrespeitados os direitos sociais constitucionalmente garantidos'* (grifo nosso). Em razão desse preceito não conter manifestação no que pertine à defesa dos interesses individuais homogêneos, surgem algumas discussões no sentido de ter ou não o *parquet* da União legitimidade para a propositura de ação civil pública para a defesa de interesses homogêneos. Entendo que sendo o FGTS um direito constitucional garantido aos trabalhadores, o seu não recolhimento importa em lesão à ordem jurídica e aos interesses sociais daqueles que com o seu trabalho contribuem para a sua formação, pois o fundo de garantia tem finalidade de financiar projetos de interesse social, como habitação, obras de saneamento e outros, e principalmente por constituir um patrimônio de todos os trabalhadores brasileiros." (TST, RR n. 341038/97.7, Ac. unân. 3ª T., 8.534/97, Rel. Min. José Zito Calasãs Rodrigues, DJ 7.11.97, p. 57.514)

(97) Os arts. 9º, 444 e 468 da CLT declaram que são nulos de pleno direito os atos praticados com o fim de desvirtuar, fraudar ou impedir a aplicação das normas de proteção aos trabalhadores, consagrando, desse modo, a positivação do princípio da indisponibilidade ou irrenunciabilidade dos direitos trabalhistas em nosso ordenamento jurídico. Igualmente, o art. 1º do CDC, ao declarar que normas de proteção e defesa do consumidor são de ordem pública e de interesse social.

(98) No mesmo sentido: Ricardo Tadeu Marques da Fonseca, *A tutela dos direitos individuais homogêneos pelo Ministério Público do Trabalho na ação civil pública*, p. 79. Diz esse autor: "Não nos parece haver dúvida de que o Ministério Público do Trabalho está legitimado para a defesa dos interesses individuais homogêneos trabalhistas, defluindo esta legitimação da dicção do art. 127, da Constituição Federal. Os direitos trabalhistas possuem natureza de direitos indisponíveis, em razão do que dispõem os arts. 9º, 444 e 468 da CLT, mormente na vigência do contrato de trabalho."

(99) Ver item 3 deste Capítulo. Ver tb. Capítulos I, item 4, e II, item 4.

lhistas que se há de examinar o problema da *legitimatio ad causam* na ação civil pública, no âmbito da Justiça Laboral.(100)

Cabe sublinhar, por oportuno, que o Supremo Tribunal Federal,(101) ao enfrentar pela primeira vez a matéria, decidiu, em sede de recurso extraordinário interposto pelo Ministério Público do Estado de São Paulo, que:

> "Direitos ou interesses homogêneos são os que têm a mesma origem comum (...) constituindo-se em subespécie de direitos coletivos. Quer se afirme interesses coletivos ou particularmente interesses homogêneos, *stricto sensu*, ambos estão cingidos a uma mesma base jurídica, sendo coletivos, explicitamente dizendo, porque são relativos a grupos, categorias ou classes de pessoas, que conquanto digam respeito às

---

(100) Embora sem mencionar expressamente a função promocional do MP, Manoel Antonio Teixeira Filho (*op. cit.*, p. 19-20) não deixa de reconhecê-la, quando ressalta a importância da ação civil pública sob o enfoque institucional do órgão, nos seguintes termos: "Entrementes, se examinarmos a matéria sob a perspectiva institucional, que nos parece ser a recomendável, não teremos dificuldade em concluir que o Ministério Público do Trabalho detém legitimidade para ajuizar ação civil pública também com o objetivo de promover a defesa de interesses ou direitos individuais homogêneos. Com efeito, segundo pudemos deixar exarado, em página anterior, a Constituição Federal de 1988 exaltou, sobremaneira, o Ministério Público, cometendo-lhe a atribuição de promover a defesa da ordem jurídica, do regime democrático e dos interesses sociais e individuais indisponíveis. É evidente que a Constituição não aludiu, de maneira expressa, aos direitos individuais homogêneos, porque o conceito destes foi introduzido pela Lei n. 8.078, de 1990 (art. 81, inciso III). A propósito, a singularidade de o art. 91, dessa norma legal, haver previsto a ação civil coletiva para a defesa dessa classe de direitos não significa que o Ministério Público do Trabalho deva se submeter a essa regra, de tal maneira que lhe caberia ajuizar: a) ação civil pública, quanto aos interesses e direitos difusos ou coletivos; b) ação civil coletiva, no que tange aos interesses ou direitos individuais homogêneos. Além de essa esdrúxula dicotomia implicar graves perturbações do sistema, traz, em si, uma injustificável restrição à plenitude do exercício das atribuições institucionais que a Suprema Carta Política do País cometeu ao Ministério Público. O critério da indivisibilidade dos interesses ou direitos, *permissa venia*, não é suficiente para subtrair do Ministério Público a legitimidade para o exercício da ação civil pública versando sobre interesses ou direitos individuais homogêneos, até porque eventuais transgressões simultâneas destes, não raro, lhes atribuem sentido coletivo. Entendemos, portanto, que o Ministério Público do Trabalho detém legitimidade para exercer ação civil pública devotada à defesa de interesses e direitos: a) difusos; b) coletivos; c) individuais homogêneos. Devemos reiterar a nossa advertência quanto à possibilidade de estes últimos, a despeito de serem individuais, assumirem, no seu conjunto, feição coletiva, cuja violação poderá acarretar graves perturbações à ordem jurídica estabelecida (Constituição Federal, art. 127). De qualquer forma, o precitado dispositivo constitucional atribui ao Ministério Público, também, a incumbência de empreender a defesa dos interesses individuais. No plano da realidade prática, aliás, confundem-se com certa freqüência as linhas fronteiriças entre os direitos coletivos e os individuais homogêneos, circunstância que, a prevalecer o ponto de vista contrário ao nosso, criaria sérios embaraços à atuação institucional do Ministério Público quando não se pudesse precisar a precitada linha divisória."

(101) Processo RE n. 163.231-3-Rel. Min. Maurício Corrêa, DJU 5.3.1997, Seção I, p. 4.930.

pessoas isoladamente, não se classificam como direitos individuais para o fim de ser vedada a sua defesa em ação civil pública, porque sua concepção finalística destina-se à proteção desses grupos, categorias ou classe de pessoas."

Parece-nos, *data venia*, equivocada a fundamentação do decisório *supra* acerca do enquadramento conceitual dos interesses difusos, coletivos e individuais homogêneos, porquanto não se levou em conta, como já explicitado nas páginas anteriores, que os dois primeiros são transindividuais, portanto seus titulares são indeterminados ou de difícil determinação, e indivisíveis por natureza; enquanto os últimos são divisíveis, sendo os seus titulares perfeitamente identificáveis, já que podem, se assim o desejarem, ajuizar ações individuais.(102)

De toda a sorte, a referida decisão considera os interesses difusos, coletivos e individuais homogêneos como coletivos *lato sensu*, ou seja, interesses metaindividuais, e isso é o bastante para descortinar o alcance da legitimação ministerial para defender, via ação civil pública, interesses individuais homogêneos, mormente quando esta versar direitos sociais, como é o caso dos direitos trabalhistas.

Nesse passo, cumpre destacar que o STF, em julgado mais recente, tornou a dizer que

> "Certos direitos individuais homogêneos podem ser classificados como interesses ou direitos coletivos, ou *identificar-se com interesses sociais ou individuais indisponíveis*. Nesses casos, a ação civil pública presta-se à defesa dos mesmos, legitimado o Ministério Público para a causa."(103) (grifos nossos)

Nesse mesmo acórdão, porém, não se admitiu a legitimação *ad causam* do MP para defender interesses individuais homogêneos dos contribuintes,

> "dado que, tratando-se de tributos, não há, entre o sujeito ativo (poder público) e o sujeito passivo (contribuinte) uma relação de consumo ... *nem seria possível identificar o direito do contribuinte como 'interesses sociais e individuais indisponíveis'* (CF, art. 127, *caput*)." (grifos nossos)

Sem embargo da estreita correlação axiológica entre trabalhadores e consumidores,(104) todas as considerações expendidas ao longo deste

---

(102) Além disso, esse acórdão não levou em conta o critério metolológico já visto no Cap. II, item 5.

(103) STF, Pleno, RE n. 195.056-PR, Rel. Min. Carlos Velloso, j. 23.9.1998, *in:* Nelson Nery Junior, *Código de processo civil comentado ...* cit., p. 1.521.

(104) Sobre os pontos de afinidade entre trabalhador e consumidor, ver Marilena Indira Winter, *op. cit.*, p. 460-471.

trabalho estão a revelar que a defesa dos direitos individuais homogêneos dos trabalhadores encaixa-se como uma luva na letra do art. 127 *caput* da CF, seja porque são interesses (ou direitos) sociais,(105) seja porque são, via de regra, individuais indisponíveis.

Compreende-se, assim, o verdadeiro sentido e alcance da norma de encerramento contida no art. 6º, inciso VII, alínea *d*, da LOMPU, que inclui a ação civil pública entre os instrumentos de atuação do MPU (que abrange o MPF, o MPT, o MPM e o MPDFT) para a proteção de "*outros interesses individuais indisponíveis, homogêneos, sociais*, difusos e coletivos".(106)

Recuperando: a legitimação *ad causam* do Ministério Público do Trabalho para promover ação civil pública que tenha por objeto a defesa de quaisquer interesses individuais homogêneos dos trabalhadores encontra abrigo na interpretação sistemática e teleológica das normas previstas na Constituição Federal (arts. 129, III e IX, e 127, *caput*), bem como na legislação infraconstitucional (LOMPU, arts. 83, III, 84, *caput*, e 6º, VII, *d;* LACP, art. 5º, *caput*, e 21; CDC, arts. 81, parágrafo único, III, 82, I, 91 e 92).

Na esfera trabalhista, colhe-se um dos raros julgados que, a nosso ver, enfrentou adequadamente a questão. Trata-se de decisão proferida pelo TRT de Santa Catarina, cuja ementa está assim redigida:

> "AÇÃO CIVIL COLETIVA. NATUREZA. DEFESA DE DIREITOS E INTERESSES INDIVIDUAIS HOMOGÊNEOS. LEGITIMIDADE DO MINISTÉRIO PÚBLICO DO TRABALHO PARA AJUIZÁ-LA. NECESSIDADE DE UMA INTERPRETAÇÃO SISTEMÁTICA E TELEOLÓGICA DAS NORMAS CONSTITUCIONAIS E INFRACONSTITUCIONAIS QUE REGULAM A MATÉRIA. Nos últimos quinze anos, o Brasil conheceu importantes inovações legislativas a respeito dos chamados direitos e interesses difusos e coletivos e dos mecanismos de tutela coletiva desses direitos, destacando-se a Lei n. 7.347, de 24 de julho de 1985, que disciplina a conhecida ação civil pública, e a Lei n. 8.078, de 11 de setembro de 1990, que instituiu o Código de Proteção e Defesa do Consumidor. Este, entre outras novidades, introduziu um importante mecanismo de defesa coletiva para direitos individuais homogêneos: a ação civil coletiva (arts. 91 a 100). São características dessa última categoria de direitos ou interesses a possibilidade de perfeita identificação do sujeito, assim como da relação dele com o objeto do seu direito, sendo que a ligação com os demais sujeitos decorre da circunstância de

---

(105) E aqui não é lícito ao intérprete distinguir direitos e interesses, já que o texto constitucional utiliza as expressões como sinônimas.

(106) No mesmo sentido: Emmerson Gazda, *Ação civil pública: atuação do Ministério Público do Trabalho*, p. 757 ss.

serem todos titulares individuais de direitos com 'origem comum' e são divisíveis, pois podem ser lesados e satisfeitos de forma diferenciada e individualizada, satisfazendo ou lesando um ou alguns titulares sem afetar os demais. Portanto, por serem individuais e divisíveis, fazem parte do patrimônio individual do seu titular e, por isso, são passíveis de transmissão por ato *inter vivos* ou *mortis causa* e, regra geral, suscetíveis de renúncia e transação. Quanto a sua defesa em juízo, geralmente, são defendidos pelo próprio sujeito detentor do direito material, sendo que a defesa por terceiros será sob a forma de representação ou, quando houver previsão legal, sob a forma de substituição processual. Assim sendo, no que concerne à legitimidade do *parquet* laboral para a propositura da ação civil coletiva, mostra-se mais coerente com o direito hodierno o entendimento de que o art. 83, inciso III, da Lei Complementar n. 75/93, ao dispor, entre outras atribuições, que é incumbência do Ministério Público do Trabalho 'propor ação civil pública no âmbito da Justiça do Trabalho, para defesa de interesses coletivos, quando desrespeitados os direitos sociais constitucionalmente garantidos' (grifei), utilizou a expressão 'interesses coletivos' na sua acepção *lato*, abrangendo, outrossim, tanto os interesses coletivos *stricto sensu*, quanto os difusos e os individuais homogêneos, uma vez que não se pode restringir a legitimidade que foi amplamente concedida pelo art. 129, inciso III, do Texto Ápice, sem qualquer discriminação entre os diversos ramos do *Parquet*. À mesma conclusão chega-se após o exame do art. 6º, inciso VII, alínea *d*, da Lei Complementar n. 75/93, que, ao disciplinar os instrumentos de atuação do Ministério Público da União, em todos os seus ramos, aponta a ação civil pública para a defesa de 'outros interesses individuais indisponíveis, homogêneos, sociais, difusos e coletivos'. Ademais, não há olvidar que, após a promulgação da *Lex Fundamentalis* de 1988, o Ministério Público foi guindado à 'instituição permanente, essencial à função jurisdicional do Estado, incumbindo-lhe a defesa da ordem jurídica, do regime democrático e dos interesses sociais e individuais indisponíveis'. Vale dizer, portanto, que, ao tutelar os direitos elencados ao trabalhador no art. 7º da Constituição Federal vigente, ele atua, sem dúvida alguma, na defesa dos direitos sociais e, por conseguinte, também na defesa dos direitos e garantias fundamentais conferidos aos cidadãos, bem assim na concretização dos objetivos fundamentais da República Federativa do Brasil previstos no art. 3º." (TRT 12ª R., RO n. 5786/97, Ac. un. 1ª T. 03121/98, Rel. Juiz Dilnei Ângelo Biléssimo, DJSC 23.4.98, 3.3.98)[107]

(107) No mesmo sentido: "AÇÃO CIVIL PÚBLICA — LEGITIMAÇÃO DO MINISTÉRIO PÚBLICO DO TRABALHO. O Ministério Público do Trabalho é parte legítima para ajuizar ação civil pública para a defesa de interesses individuais indisponíveis, homogêneos, sociais, difusos e coletivos. Desta forma, compete à Justiça do Trabalho a averiguação dos fatos e, em se constatando o descumprimento da lei pela reclamada, condená-la nas obrigações de fazer pleiteadas, posto que a Delegacia Regional do Trabalho é apenas um órgão fiscalizador, o qual, verificando a existência de irregularidades, impõe multas administrativas para as empresas, não podendo, contudo, determinar o efetivo cumprimento destas obrigações" (TRT 24ª R., RO 1364/98, Ac n. 287/99,

É importante ressaltar que o pedido constante da ação coletiva, sobre que versa o referido acórdão, objetivou a condenação da recorrida "ao integral pagamento das verbas rescisórias (saldo de salários, aviso prévio, décimo terceiro salário, férias vencidas e proporcionais, acrescidas de um terço, multa de 40% sobre o saldo do FGTS, multa prevista no art. 477, § 8º, da CLT, pagamento direto aos empregados dos valores concernentes ao FGTS, não efetivados em época própria — art. 18 da Lei n. 8.036/90), devidas a todos os seus empregados que, prestando serviços junto a agências do Banco do Brasil, neste Estado, tiveram seus contratos de trabalho rescindidos", bem assim "o salário referente ao mês de novembro de 1996 e a gratificação natalina, relativa ao mesmo ano, àqueles empregados que, continuando a prestar serviços à demandada, com atividade junto ao Banco do Brasil, não receberam tais verbas ...".

Sem sombra de dúvida que o Ministério Público do Trabalho atuou, naquele feito, em defesa de interesses individuais homogêneos dos trabalhadores.

É interessante notar, por outro lado, que a fundamentação do acórdão invoca dispositivos aplicáveis à ação civil pública.

De toda a sorte, trata-se de autêntica ação coletiva — pouco importando o *nomen iuris* — em defesa dos interesses individuais homogêneos trabalhistas.(108)

Um quadro sinóptico sintetiza a nossa posição a respeito da legitimação do Ministério Público do Trabalho em tema de interesses ou direitos individuais trabalhistas:

DJ 12.4.1999, p. 25); "AÇÃO CIVIL PÚBLICA. DEFESA DE DIREITOS INDIVIDUAIS HOMOGÊNEOS. CABIMENTO. A ação civil pública no Direito do Trabalho, por disposição expressa do art. 6º, inciso VII, letra *d*, da Lei Complementar n. 75/93, se destina também á defesa de direitos individuais homogêneos. A tutela de tais direitos, porém, não prescinde da existência de interesse público, representado pela violação do direito individual, mas coletivamente considerado. Sendo assim, a determinação para anotação dos contratos clandestinos assim como para o recolhimento dos depósitos fundiários estão abrangidos por este tipo de ação, face à relevância para a previdência social e para os programas sociais implementados com os recursos do FGTS." (TRT 13ª R., RO — 5.300/ 99, Rel. Juiz Francisco de Assis Carvalho e Silva, DJ 11.5.1999, p. 28)

(108) Ver Cap. VII, item 6, onde fazemos distinção entre ACP e ACC e ressaltamos a permissão para que o juiz, em homenagem ao princípio da instrumentalidade, possa receber uma em lugar da outra e vice-versa, desde que observado o princípio do devido processo legal.

Interesses ou Direitos	Legitimação do MPT para ACP
Individuais não-homogêneos disponíveis ou "interesses individuais puros"	Não detém legitimação *ad causam.*
Individuais não-homogêneos indisponíveis	Legitimação ativa permitida em alguns casos expressamente previstos em lei (CF, art. 127, LACP, art. 21, ECA art. 201, V).
Individuais homogêneos disponíveis	Legitimação ativa permitida, pois os interesses individuais homogêneos dos trabalhadores são sempre direitos sociais (CF, arts. 7º, 129, III e 127 *caput;* LOMPU, art. 83, III, 6º, VII, *d;* LACP, arts. 5º e 21; CDC, arts. 81, parágrafo único, III, 82, I, 91 e 92).
Individuais homogêneos indisponíveis	Legitimação ativa permitida, pois, além de sociais, os interesses individuais homogêneos trabalhistas são, em princípio, indisponíveis (CF, arts. 7º, 129, III, 127, *caput;* LOMPU, art. 83, III, 6º, VII, *d;* LACP, arts. 5º e 21; CDC, arts. 81, parágrafo único, III, 82, I, 91 e 92).

Não é missão do Ministério Público do Trabalho defender interesses individuais não-homogêneos disponíveis, também chamados de direitos subjetivos puros, seja por ausência de permissão legal, seja pela sua finalidade institucional, que é a de defender interesses sociais ou individuais indisponíveis.(109)

O mesmo não se pode dizer no tocante aos interesses individuais não-homogêneos indisponíveis, na medida em que há alguns casos, especialmente previstos em lei, que permitem a legitimação ministerial para defender, via ação civil pública, interesses individuais não-homogêneos. O art. 201, V, do ECA, por exemplo, está a demonstrar essa possibilidade.(110) Vale dizer, esta norma, aplicada em conjunto com o art. 21 da LACP, alarga o espectro da ação civil pública, no que couber, para os interesses individuais, posto que não-homogêneos. É preciso, contudo, que haja previsão legal expressa em tal sentido.

---

(109) É preciso advertir, contudo, que, como já foi dito alhures, dificilmente haverá, na seara trabalhista, um caso de interesse individual não-homogêneo disponível.

(110) Hugo Nigro Mazzilli (*A defesa dos interesses difusos em juízo* ... cit., p. 396-397) ressalta: "Tratando-se de interesses indisponíveis de crianças ou adolescentes, de interesses difusos ou coletivos — sua defesa sempre convirá à sociedade como um todo", de maneira que o MP "poderá até mesmo ingressar com ação civil pública para assegurar vaga em escola tanto para uma única criança, como para dezenas, centenas ou milhares delas; tanto para se dar escolarização ou profissionalização a um, como a diversos adolescentes privados de liberdade".

Na seara trabalhista, por exemplo, o Ministério Público do Trabalho estará legitimado a promover a ação civil pública em defesa dos interesses ou direitos individuais dos adolescentes que, na mesma empresa, estejam realizando ora trabalho noturno, ora insalubre, ora perigoso (CF, art. 7º, XXXIII). Tais interesses são individuais e indisponíveis, mas não são homogêneos, pois são, fática e juridicamente, inconfundíveis os trabalhos noturno, insalubre ou perigoso, o que lhes retira a nota característica da origem comum. Mas a legitimação do Ministério Público do Trabalho, *in casu*, decorre da aplicação conjunta dos arts. 129, III e 127 da CF; dos arts. 83, III e V, e 6º, VII, *a*, *c* e *d* da LOMPU; do art. 201, V, do ECA e arts. 5º e 21 da LACP. Numa palavra, o Ministério Público do Trabalho pode, especificamente nesses casos, ajuizar ação civil pública em defesa dos interesses individuais não-homogêneos indisponíveis, em virtude da expressa autorização legal para tal mister.

Quanto aos interesses ou direitos individuais homogêneos disponíveis dos trabalhadores,[111] a legitimação ativa do Ministério Público do Trabalho, a nosso ver, também é permitida, uma vez que esses interesses ou direitos são autênticos direitos sociais fundamentais, por força da norma de encerramento contida no art. 7º, *caput*, da Constituição Federal, que, a seu turno, considera sociais não apenas os direitos trabalhistas nela previstos, mas, igualmente, "outros que visem à melhoria da condição social dos trabalhadores". Plagiando *Barbosa Moreira*, houve, aqui, uma "recepção qualificada"[112] da CLT e de outras normas que dispõem sobre direitos sociais dos trabalhadores. A validade da legitimação do Ministério Público do Trabalho para promover ação civil pública, no particular, é extraída da interpretação sistemática e teleológica dos arts. 7º, *caput*, 129, III, IX e 127, *caput*, da CF; dos arts. 83, III, e 6º, VII, *d* da LOMPU; dos arts. 5º e 21 da LACP e dos arts. 81, parágrafo único, III, 82, I, 91 e 92 do CDC.

Finalmente, e até por decorrência lógica da posição até aqui adotada, afigura-se-nos ilimitada a legitimação do Ministério Público do Trabalho no que concerne à defesa dos interesses ou direitos individuais homogêneos indisponíveis, pois, além de sociais, não há negar

---

(111) Em virtude do princípio da indisponibilidade que informa o Direito do Trabalho, dificilmente haverá um caso que tipifique interesse individual (homogêneo) disponível. E ainda que seja possível identificá-lo, a sua defesa, por meio da ACP, se enquadra na moldura do art. 127 da CF, pois todos os direitos dos trabalhadores são direitos (ou interesses) sociais.

(112) José Carlos Barbosa Moreira (*Temas de direito processual*... cit., p. 244-245) leciona que, com relação à ACP, houve uma "recepção qualificada" da Lei n. 7.347/85.

que em nosso ordenamento jurídico a indisponibilidade é o traço característico da quase totalidade dos direitos trabalhistas. É exatamente aqui que reside uma das mais importantes missões institucionais do *Parquet* Laboral para tornar realidade o projeto constitucional em prol da justiça social e da cidadania.

Do ponto de vista dogmático, as normas que autorizam a legitimação do *Parquet* Laboral para defender os interesses individuais homogêneos indisponíveis são as já mencionadas no quadro sinóptico *supra*, acrescentando-se, apenas, que a indisponibilidade emerge da aplicação direta dos arts. 7º e 127, *caput*, combinado com o inciso III do art. 129 da CF.

Nos últimos dois anos, o TST, finalmente, vem ampliando sobremaneira a legitimação do MPT para promover a ACP em defesa de interesses individuais homogêneos, como se infere dos seguintes arestos:

> "EMBARGOS — VIOLAÇÃO DO ART. 896, *C*, DA CLT — LEGITIMIDADE ATIVA DO MINISTÉRIO PÚBLICO DO TRABALHO — INTERESSE SOCIAL RELEVANTE — DIREITOS INDIVIDUAIS HOMOGÊNEOS. O Ministério Público do Trabalho tem legitimidade ativa para ajuizar ação civil pública em defesa de interesses individuais homogêneos. A situação da sociedade cooperativa, em que se denuncia a fraude no propósito de intermediação de mão-de-obra, com a não-formação do vínculo empregatício, configura direito individual homogêneo revestido de interesse social relevante. Embargos conhecidos e providos." (TST, ERR n. 473110, SBDI-1, Rel. Min. Conv. Vieira de Mello Filho, DJU 13.12.2002)

> "RECURSO DE REVISTA. MINISTÉRIO PÚBLICO DO TRABALHO. LEGITIMIDADE. AÇÃO CIVIL PÚBLICA. INTERESSES COLETIVOS E INDIVIDUAIS HOMOGÊNEOS DE EMPREGADOS DE UMA EMPRESA. JORNADA DE TRABALHO. O Ministério Público do Trabalho, por meio de sua Procuradoria Regional, detém legitimidade para ajuizar ação civil pública visando à tutela dos interesses coletivos e/ou individuais homogêneos dos trabalhadores de uma empresa (ainda que composta de pequeno número de empregados) para assegurar o cumprimento da ordem jurídica no que respeita à jornada de trabalho, no caso, dentre outras pretensões, impedir prorrogação habitual superior a duas horas, respeitar intervalo mínimo de 11 horas entre jornadas e conceder repouso semanal de 24 horas, com efeitos imediatos e futuros. Recurso conhecido e provido." (TST, RR n. 763.390/01.0, 5ª T., Rel. Juiz Conv. José Pedro de Camargo, DJU 1 4.11.2005)

> "MINISTÉRIO PÚBLICO DO TRABALHO — AÇÃO CIVIL PÚBLICA — LEGITIMIDADE PARA TUTELAR DIREITOS INDIVIDUAIS HOMOGÊNEOS. O Ministério Público do Trabalho tem legitimidade para propor ação civil pública visando tutelar direitos individuais homogêneos. Direitos individuais homogêneos são todos aqueles que estão íntima e

diretamente vinculados à esfera jurídica de pessoas facilmente identificáveis, de natureza divisível e decorrentes de uma realidade fática comum. São seus titulares ou destinatários pessoas que estão vinculadas por laços comuns com o agente causador da sua ameaça ou lesão e que, por isso mesmo, atingidos em sua esfera jurídica patrimonial e/ou moral, podem, individual ou coletivamente, postular sua reparação em juízo. Regra geral, sua defesa em juízo deve ser feita através da ação civil pública, nos termos do que dispõe o art. 81, III, da Lei n. 8.078, de 11.9.1990 (Código de Proteção e Defesa do Consumidor). O Supremo Tribunal Federal, em acórdão da lavra do Min. Maurício Corrêa, expressamente reconhece que os direitos individuais homogêneos constituem uma subespécie de interesses coletivos (STF, 2ª T., RE n. 163.231-3/SP julgado em 1º.9.1996). Esta Corte, em sua composição plena, cancelou o Enunciado n. 310, tendo adotado o entendimento de que a substituição processual prevista no art. 8º, III, Constituição Federal não é ampla, mas abrange os direitos ou interesses individuais homogêneos (E-RR n. 175.894/95, Rel. Min. Ronaldo Lopes Leal julgado em 17.11.2003). Por conseguinte, está o embargante legitimado para, em juízo, postular, na condição de substituto processual, em nome dos substituídos, nos termos do que dispõe o art. 8º, III, da Constituição Federal, direitos individuais homogêneos, subespécie de direitos coletivos. Inteligência que se extrai dos arts. 129, III, da Constituição Federal, 83, 111, da Lei Complementar n. 75/93 e 81 e 82 da Lei n. 8.078, de 11.09.1990. Recurso de revista conhecido e provido." (TST, RR n. 68971, 4ª T., Rel. Min. Milton de Moura França, DJU 16.4.2004)

"MINISTÉRIO PÚBLICO DO TRABALHO — LEGITIMIDADE ATIVA *AD CAUSAM* PARA PROPOR AÇÃO CIVIL PÚBLICA VISANDO ASSEGURAR DIREITOS INDIVIDUAIS HOMOGÊNEOS. Os interesses que o Ministério Público do Trabalho visa defender na presente Ação Civil Pública, relacionados ao pagamento de salários vencidos e vincendos, classificam-se como individuais homogêneos, pois possuem origem comum e é possível a determinação imediata dos empregados que foram prejudicados pelos atos lesivos do recorrido e as reparações dos danos podem se dar de forma distinta em relação a cada um dos membros da coletividade atingida. Vale dizer, os direitos lesados são divisíveis. O *parquet* laboral possui legitimidade para defender tais interesses em juízo, assim como os interesses coletivos e difusos, nos termos dos arts. 50, VII, *a* e *d*, 7º, I, 83, III e 84, *caput* e II da Lei Complementar n. 75/93. Recurso conhecido e provido." (TST, RR n. 810597, 5ª T.,Rel. Min. Conv. João Carlos Ribeiro de Souza, DJU 12.12.2003)

"(...) PRELIMINAR DE INCOMPETÊNCIA MATERIAL DO JUDICIÁRIO DO TRABALHO — AÇÃO CIVIL PÚBLICA — INTERMEDIAÇÃO ILEGAL DE MÃO-DE-OBRA — COOPERATIVAS. A competência desta Justiça para processar e julgar a demanda, relativa às obrigações de fazer e não fazer decorrentes da intermediação ilegal de mão-de-obra, reporta-se diretamente à relação de emprego, atraindo a aplicação do art. 114 da Constituição, que se notabiliza por sua incontrastável prodigalidade, a agigantar a ausência de afronta aos preceitos invocados. PRELIMINAR DE CARÊNCIA DE AÇÃO: ILEGITIMIDADE ATIVA *AD CAUSAM* DO MINISTÉRIO PÚBLICO DO TRABALHO — ILEGITIMIDADE PASSIVA E FALTA DE INTERESSE DE AGIR — INCONSTITUCIONAUDADE DO ART. 83, III, DA LEI COMPLEMENTAR N. 75/93. A Constituição Federal confere relevo ao Ministério Público como instituição permanente, essencial à função jurisdicional do Estado, incumbindo-lhe a defesa da ordem jurídica, do regime democrático e dos interesses sociais e individuais indisponíveis (art. 127 da CF/1988). Por isso mesmo detém o Ministério Público capacidade postulatória não só para a abertura do inquérito civil, da ação penal pública e da ação civil pública para a proteção do patrimônio público e social, do meio ambiente, mas também de outros interesses difusos e coletivos (art. 129, I e II, da CF/1988). No campo das relações de trabalho, ao *Parquet* compete promover a ação civil pública no âmbito desta Justiça para a defesa de interesses coletivos, quando desrespeitados os direitos sociais constitucionalmente garantidos, bem assim outros interesses individuais indisponíveis, homogêneos, sociais, difusos e coletivos (arts. 6º, VII, *d* e 83, III, da LC n. 75/93). A conceituação desses institutos se encontra no art. 81 da Lei n. 8.078/90, em que por interesses difusos entende-se os transindividuais, de natureza indivisível, de que sejam titulares pessoas indeterminadas e ligadas por circunstâncias de fato, ao passo que os interesses coletivos podem ser tanto os transindividuais, de natureza indivisível, de que seja titular grupo, categoria ou classe de pessoas ligadas entre si ou com a parte contrária por uma relação jurídica base, como os interesses individuais homogêneos, subespécie daquele, decorrentes de origem comum no tocante aos fatos geradores de tais direitos, origem idêntica essa que recomenda a defesa de todos a um só tempo. Assim, a indeterminação é a característica fundamental dos interesses difusos e a determinação é a daqueles interesses que envolvem os coletivos. Nesse passo, na hipótese dos autos, em que se verifica sociedade cooperativa com denúncia de fraude no propósito de intermediação de mão-de-obra, com a não-formação do vínculo empregatício, pleiteando-se obrigação de fazer e não fazer, os interesses são individuais, mas a origem única recomenda a sua defesa coletiva em um só processo, pela relevância social atribuída aos interesses homogêneos, equiparados aos coletivos, não se perseguindo aqui a reparação de interesse puramente individual. No que respeita à invocação de ilegitimidade passiva da recorrente, tendo sido a ela atribuída a lesão a direitos coletivos por estar se valendo de intermediação ilegal para contratação de empregados, é ululante a sua legitimidade para figurar no pólo passivo da demanda, não havendo cogitar em afronta ao art. 267, VI, do CPC. CONTRATAÇÕES: CNAP (COOPERATIVA NACIONAL DE PROFISSIONAIS AUTÔNOMOS LTDA. — AGENCO (COOPERATIVA DE ADMINISTRAÇÃO, GERENCIAMENTO E CONSULTORIA DE EMPREENDIMENTOS) E SERMINAS (SERVIÇOS DE MINA LTDA. — IRREGULARIDADE. Para que seja de natureza civil a relação jurídica entre o trabalhador e a cooperativa, ou entre o trabalhador e o tomador de serviços, é necessário que: a constituição da cooperativa seja regular; haja ânimo dos trabalhadores no sentido de efetivamente integrarem uma sociedade com o intuito de alcançar determinado objetivo ou realizar determinadas atividades; os trabalhadores sejam verdadeiramente sócios na cooperativa, assumam os riscos da atividade econômica, sejam autônomos, não subordinados. Se, ao revés, a realidade demonstra, como no caso dos autos, que as cooperativas e determinada empresa foram criadas apenas com o intuito de fraudar a legislação trabalhista, a teor do art. 9º da CLT, intermediando mão-de-obra com o intuito de exonerar-se dos ônus trabalhistas e previdenciários decorrentes da relação de emprego, em evidente afronta aos direitos coletivos dos trabalhadores, não há como vislumbrar a ofensa aos dispositivos legais e constitucionais apontados, bem como a higidez dos arestos colacionados, que partem da regularidade da contratação, estando a atuação do Ministério Público em estreita consonância com a legislação vigente e com o seu *munus* público de defesa dos interesses sociais garantidos na Constituição. Destarte, as obrigações impostas pelo Regional encontram-se em conformidade com o art. 3º da Lei n. 7.347185 que dispõe que 'a ação civil pública poderá ter por objeto a condenação em dinheiro ou o cumprimento de obrigação de fazer ou não fazer'. Recurso de revista não conhecido. (TST, RR n. 738714, 4ª T., Rel. Min. Antônio José de Barros Levenhagen, DJU 24.10.2003)

AGRAVO DE INSTRUMENTO — AÇÃO CIVIL PÚBLICA — LEGITIMIDADE DO MINISTÉRIO PÚBLICO DO TRABALHO — DIREITOS INDIVIDUAIS HOMOGÊNEOS. Restando evidenciada a aparente contrariedade ao art. 83, III, da Lei Complementar n. 75/93, dá-se provimento ao Agravo de Instrumento para determinar o processamento do recurso denegado. RECURSO DE REVISTA — AÇÃO CIVIL PÚBLICA — LEGITIMIDADE DO MINISTÉRIO PÚBLICO DO TRABALHO — DIREITOS INDIVIDUAIS HOMOGENEOS. A teor do art. 83, III, da Lei Complementar n. 75/93, o Ministério Público do Trabalho detém legitimidade para a defesa judicial de direitos individuais homogêneos, considerados como tais os decorrentes de origem comum, na forma do art. 81, III, da Lei n. 8.078/90. Precedentes do STF e do TST. Recurso de Revista conhecido e provido." (TST, RR n. 1476.2001.026.03.00-3, 3ª T., Relª Min. Maria Cristina Irigoyen Peduzzi, DJ 28.4.2006)

5. A legitimação do sindicato

No que diz respeito à tutela dos interesses individuais homogêneos, a *legitimatio ad causam* dos sindicatos dar-se-á nas mesmas hipóteses em que puder atuar na condição de substituto processual (CF, art. 8º, III).

Acresce que o Supremo Tribunal Federal, ao contrário do que consta da Súmula n. 310 do Tribunal Superior do Trabalho, já deixou assentado:

> "O art. 8º da Constituição Federal, combinado com o art. 3º da Lei n. 8.073/90, autoriza a substituição processual ao sindicato, para atuar na defesa dos direitos e interesses coletivos ou individuais de seus associados (AGRAG 153.148-PR, DJ 17.11.95).
>
> Recurso extraordinário conhecido e provido." (ST-RE n. 202-063-0-PR, Ac. 1ª T., Rel. Min. Octavio Galloti, Ementário n. 1.886-06, DJU 10.10.97)

É pertinente ressalvar que, no referido acórdão da Suprema Corte, o eminente Relator deixou claro que:

> "... a legitimação a que se refere o inciso III do art. 8º da Constituição só pode ser a extraordinária, como veio a ser explicitada pelo art. 3º da Lei n. 8.073/90, quando dispôs que as entidades sindicais poderão atuar na defesa dos direitos e interesses coletivos ou individuais dos integrantes da categoria, como substitutos processuais."

Em 12 de junho de 2006, em julgamento histórico, o STF concluiu o julgamento de uma série de recursos extraordinários nos quais se discutia sobre o âmbito de incidência do inciso III do art. 8º da CF/88. Por maioria, o STF, na linha da orientação fixada no MI n. 347/SC (DJU de 8.4.94), no RE n. 202.063/PR (DJU de 10.10.97) e no AI n. 153.148 AgRg/PR (DJU de 17.11.95), conheceu dos recursos extraordinários e lhes deu provimento para reconhecer que o referido dispositivo assegura ampla legitimidade ativa *ad causam* dos sindicatos como substitutos processuais das categorias que representam na defesa de direitos e interesses coletivos ou individuais de seus integrantes. Vencidos, em parte, os Ministros Nelson Jobim, Cezar Peluso, Eros Grau, Gilmar Mendes e Ellen Gracie, que conheciam dos recursos e lhes davam parcial provimento, para restringir a legitimação do sindicato como substituto processual às hipóteses em que atuasse na defesa de direitos e interesses coletivos e individuais homogêneos de origem comum da categoria, mas apenas nos processos de conhecimento, asseverando que, para a liquidação e a execução da sentença prolatada nesses processos, a legitimação só seria possível mediante representação processual, com expressa autorização do trabalhador." (RE n. 193.503/SP, RE n. 193.579/SP, RE n. 208.983/SC, RE n. 210.029/RS, RE n. 211.874/RS, RE n. 213.111/SP, RE n. 214.668/ES, Rel. orig. Min. Carlos Velloso, Rel. p/ o acórdão Min. Joaquim Barbosa, 12.6.2006. (RE n. 193.503) (RE n. 193.579) (RE n. 208.983) (RE n. 210.029) (RE n. 211.874) (RE n. 213.111) (STF, RE n. 214.668, j. 12.6.2006, Informativo STF n. 431, Rel. orig. Min. Carlos Velloso, rel. p/ o acórdão Min. Joaquim Barbosa)

Na esteira do entendimento do STF, o TST acabou cancelando a Súmula n. 310.

A jurisprudência do TST, depois do cancelamento da Súmula n. 310, vem evoluindo no sentido da ampliação da legitimação dos sindicatos para defender interesses individuais homogêneos, como se vê dos seguintes julgados:

> "DIREITOS INDIVIDUAIS HOMOGÊNEOS SUBESPÉCIE DE DIREITOS COLETIVOS — SINDICATO — SUBSTITUIÇÃO PROCESSUAL — LEGITIMIDADE — ART. 8º, III, DA CONSTITUIÇÃO FEDERAL. Direitos individuais homogêneos são todos aqueles que estão íntima e diretamente vinculados à esfera jurídica de pessoas facilmente identificáveis, de natureza divisível e decorrentes de uma realidade fática comum. São seus titulares ou destinatários pessoas que estão vinculadas por laços comuns com o agente causador da sua ameaça ou lesão, e que, por isso mesmo, atingidos em sua esfera jurídica patrimonial e/ou moral, podem, individual ou coletivamente, postular sua reparação em Juízo. Regra geral, sua defesa em Juízo deve ser feita através da ação civil pública, nos termos do que dispõe o art. 81, III, da Lei n. 8.078, de 11.9.1990 (Código de Proteção e Defesa do Consumidor). O Supremo Tribunal Federal, em acórdão da lavra do Min. Maurício Corrêa, expressamente reconhece que os direitos individuais homogêneos constituem uma subespécie de interesses coletivos (STF, 2ª T., RE n. 163.231-3/SP julgado em 1º.9.1996). Esta Corte, em sua composição plena, cancelou o Enunciado n. 310, tendo adotado o entendimento de que a substituição processual prevista no art. 8º, III, Constituição Federal não é ampla, mas abrange os direitos ou interesses individuais homogêneos (E-RR n. 175.894/95, Rel. Min. Ronaldo Lopes Leal julgado em 17.11.2003). Por conseguinte, está o embargante legitimado para, em Juízo, postular, na condição de substituto processual, em nome dos substituídos, nos termos em que dispõe o art. 8º, III, da Constituição Federal, direitos individuais homogêneos, subespécie de direitos coletivos. Recurso de embargos conhecido e não provido." (TST, ERR n. 420.530- SBDI-1, Rel. Min. Milton de Moura França, DJU 5.3.2004)

Capítulo VII

Outras Ações Destinadas à Tutela dos Interesses Metaindividuais no Processo do Trabalho

1. Palavra inicial

Além da ação civil pública, há outras ações específicas, integrantes do gênero ações coletivas, que também podem ter por objeto a proteção de direitos ou interesses difusos, coletivos ou individuais homogêneos no campo das relações de trabalho.

Não constitui objetivo desta obra o estudo aprofundado sobre cada uma das espécies de ações coletivas cabíveis no processo do trabalho, mas, tão-somente, uma perfunctória análise de alguns pontos comuns e de dissensões entre tais ações e a ação civil pública.

2. Dissídio coletivo

Dissídio coletivo, segundo *Amauri Mascaro Nascimento,*

> "é um processo destinado à solução de conflitos coletivos de trabalho, através de pronunciamentos normativos constitutivos de novas condições de trabalho, equivalentes a uma regulamentação para os grupos conflitantes. Assim, dissídios coletivos são relações jurídicas formais, geralmente da competência originária dos Tribunais, destinadas à elaboração de normas gerais. Confia-se, assim, à jurisdição, a função de criar direito novo, como meio para resolver as controvérsias dos grupos."[(1)]

No âmbito do direito laboral pátrio, sabe-se que o tradicional sistema processual coletivo do trabalho recebeu forte influência da *Carta del Lavoro,* apresentando-se, por isso mesmo, ultrapassado e incapaz de solucionar satisfatoriamente os novos e cada vez mais complexos *conflitos trabalhistas de massa.*

Entre os inúmeros fundamentos que empolgam essa afirmação, podemos destacar a opinião corrente de que a função anômala do Po-

(1) *Curso de direito processual do trabalho,* p. 377.

der Normativo da Justiça do Trabalho, como criador de normas heterônomas aplicáveis às categorias profissionais e econômicas, inibe ou desencoraja a desejável solução democrática da autocomposição dos conflitos coletivos adotada em quase todas as democracias contemporâneas.

Além disso, a própria Constituição condiciona o ajuizamento da ação de dissídio coletivo ao prévio exaurimento da negociação coletiva ou impossibilidade de recurso das partes à arbitragem (CF, art. 114, § 2º), o que nem sempre é fácil implementar, seja pelo aspecto cultural do empresariado brasileiro e dos próprios sindicalistas, seja pelas exigências estabelecidas no § 2º do art. 114 da CF, com nova redação dada pela EC n. 45/2004, que exige o "comum acordo" para o ajuizamento dos dissídios coletivos de natureza econômica no âmbito da Justiça do Trabalho".

O ponto comum entre o dissídio coletivo e a ação civil pública diz respeito à defesa dos interesses coletivos *stricto sensu*. Naquele, porém, os interesses coletivos são específicos das categorias econômica e profissional;(2) nesta, os interesses coletivos podem ser de classe, categoria ou grupo de pessoas ligadas entre si ou com a parte contrária por meio de uma relação jurídica base.

São diversas as dessemelhanças entre a ação civil pública trabalhista e o dissídio coletivo, consoante se vê do quadro abaixo (que não é exaustivo):

	Legitimação *ad causam*	Objeto	Classificação da Ação	Coisa Julgada
DC	Legitimados ativos e passivos: sindicatos patronal e profissional ou sindicato profissional e empresa(s).	Interesses coletivos (*stricto sensu*) abstratos, mediante criação de normas que irão vigorar no âmbito das	Em geral, constitutiva. É permitido, no entanto, o DC meramente declaratório.	*Ultra partes*, sendo possível a revisão e a extensão do julgado.

(2) No mesmo sentido: Amauri Mascaro Nascimento, *op. cit.*, p. 379; Wagner D. Giglio, *Direito processual do trabalho*, p. 361-362. Em sentido contrário: Nelson Nery Junior, para quem a ação de dissídio coletivo "presta-se à tutela de direitos difusos, coletivos ou individuais homogêneos, regulados de forma específica na CLT 856 ss.". ("O processo do trabalho e os direitos individuais homogêneos — um estudo sobre a ação civil pública trabalhista", *in Revista LTr* 64-02/154).

	Legitimação *ad causam*	Objeto	Classificação da Ação	Coisa Julgada
	Nas greves em atividades essenciais é permitido o DC ajuizado pelo MPT.(3)	categorias profissional e econômica, salvo nos dissídios meramente declaratórios (ou jurídicos), como o DC de Greve.	Em geral, constitutiva. É permitido, no entanto, o DC meramente declaratório.	*Ultra partes*, sendo possível a revisão e a extensão do julgado.
ACP	Legitimados ativos: Ministério Público do Trabalho. Estado-empregador e sindicatos. Legitimado passivo: Qualquer partícipe da relação de emprego.	Interesses coletivos (*lato sensu*) concretos, pois a que se visa é a aplicação da norma jurídica nos casos de lesão ou ameaça a direitos ou interesses metaindividuais.	Em geral, condenatória, mas são admissíveis todas as espécies de ações que visem à tutela dos interesses metaindividuais trabalhistas.	*Erga omnes*, na ACP em defesa de interesses difusos e individuais homogêneos; *ultra partes*, na ACP em defesa dos interesses coletivos *stricto sensu*.

Além disso, a decisão no DC (sentença normativa), por não ter carga condenatória, não comporta execução. Vale dizer, o não cumprimento espontâneo da sentença normativa rende ensejo, não à execução do julgado, mas, sim, à propositura da ação de cumprimento.

3. Ação de cumprimento

O conteúdo da sentença normativa não é executado, e sim cumprido, tal como acontece com a eficácia das normas jurídicas de caráter geral e abstrato.

Esse cumprimento pode ser espontâneo, como se dá com a observância natural de uma lei; ou coercitivo, mediante a propositura da chamada ação de cumprimento.

Com efeito, diz o art. 872 e seu parágrafo da CLT, *in verbis*:

---

(3) É juridicamente impossível o DC ajuizado por (ou em face de) pessoa jurídica de direito público, nos termos da OJ-SDC/TST n. 5: "Dissídio Coletivo contra Pessoa Jurídica de Direito Público — Impossibilidade jurídica. Aos servidores públicos não foi assegurado o direito ao reconhecimento de acordos e convenções coletivas de trabalho, pelo que, por conseguinte, também não lhes é facultada a via do dissídio coletivo, à falta de previsão legal."

"Art. 872. Celebrado o acordo, ou transitada em julgado a decisão[4], seguir-se-á o seu cumprimento, sob as penas estabelecidas neste Título.

Parágrafo único. Quando os empregadores deixarem de satisfazer o pagamento de salários, na conformidade de decisão proferida, poderão os empregados ou seus sindicatos, independentes de outorga de poderes de seus associados, juntando certidão de tal decisão, apresentar reclamação à Junta ou Juízo competente, observado o processo previsto no Capítulo II deste Título, sendo vedado, porém, questionar sobre a matéria de fato e de direito já apreciada na decisão."

O ponto comum entre a ação de cumprimento e a ação civil pública resulta do fato de que ambas se prestam à tutela de interesses individuais homogêneos e, sob esse enfoque, se assemelham às *class actions* do sistema norte-americano.[5]

Mas há vários elementos objetivos e subjetivos que diferenciam essas ações, como se vê do quadro seguinte:

	Legitimação	Objetivo	Classificação da Ação	Coisa Julgada
Ação de Cumprimento	Sindicato profissional ou empregados.	Interesses individuais homogêneos.[6] A matéria de fato e de direito, porém, é restrita ao conteúdo da sentença normativa.	De conhecimento, condenatória. A condenação é individualizada.	*Ultra partes*, porque só alcança os trabalhadores que pertencem à categoria representada pelos sindicatos que figuraram no DC e na sentença normativa.
ACP	Ministério Público do Trabalho,	Interesses difusos, coletivos e individuais homogêneos.	De conhecimento ou cautelar. Condenatória,	*Erga omnes*, na ACP em defesa de interesses difusos e

(4) É permitido o ajuizamento imediato da ação de cumprimento da sentença normativa independementemente do seu trânsito em julgado, salvo se for dado efeito suspensivo ao recurso ordinário eventualmente interposto contra tal decisão (Ver Lei n. 7.701/88, art. 7º, e Medida Provisória n. 1.750-46/99, art. 14).

(5) Sobre as *class actions*, ver Cap. VI, item 1.

(6) Em sentido contrário: Jorge Pinheiro Castelo, para quem, de fato, "na ação de cumprimento se defende apenas direitos estritamente individuais. Na ação de cumprimento apesar do número elevado de pessoas, o dano material deduzido em juízo e a pretensão processual são meramente individuais" (*O direito processual do trabalho na moderna teoria geral do processo* ... cit., p. 360).

	Legitimação	Objetivo	Classificação da Ação	Coisa Julgada
ACP	Estado-empregador e sindicatos.	A matéria fática e jurídica é ampla.	constitutiva, declaratória ou mandamental. A decisão é genérica.	individuais homogêneos; *ultra partes,* na ACP em defesa dos interesses coletivos *stricto sensu.*

É de se destacar, outrossim, que a origem comum dos interesses individuais homogêneos tuteláveis pela ACP pode ser proveniente de um fato ou de uma relação jurídica; enquanto a origem comum dos interesses individuais homogêneos tuteláveis pela ação de cumprimento é circunscrita, por força da parte final do parágrafo único do art. 872 da CLT, ao conteúdo da sentença normativa, nos termos da Súmula n. 268 do TST, à observância das cláusulas de Convenção ou Acordo Coletivo de Trabalho.

Ademais, o processamento e a execução da sentença proferida na ação de cumprimento devem seguir as regras fixadas no Capítulo II do Título X da CLT; ao passo que na ação civil pública em defesa dos interesses individuais homogêneos observar-se-á o disposto no Título III do CDC, inclusive com a possibilidade de determinação judicial do depósito do valor da condenação junto a um Fundo especial.(7)

4. Dissídio individual plúrimo

O chamado dissídio individual plúrimo nada mais é do que a possibilidade de operacionalização, no processo do trabalho, do litisconsórcio ativo e facultativo permitido pelo art. 46, inciso IV, do CPC. Caracteriza-se pela "pluralidade de autores, fazendo um pedido comum,"(8) isto é, uma cumulação subjetiva de ações em face do(s) mesmo(s) réu(s).

O art. 842 da CLT dispõe, textualmente:

> "Sendo várias as reclamações e havendo identidade de matéria, poderão ser acumuladas num só processo, se se tratar de empregados da mesma empresa ou estabelecimento."

---

(7) Na seara trabalhista, tem-se optado pelo depósito junto ao FAT — Fundo de Amparo ao Trabalhador.

(8) Amauri Mascaro Nascimento, *Curso de direito processual do trabalho* ... cit., p. 167.

Como se vê, o dissídio individual plúrimo não é espécie de ação coletiva.

Trata-se, a rigor, de um instituto de direito processual individual fundado no princípio da economia processual. Todavia, a ambigüidade da expressão "identidade de matéria" permite ao juiz, com prudente parcimônia, analisar a complexidade da prova para deferir ou não a pretensão das partes quando se houver impugnado a junção de autos ou de pretensões na mesma petição inicial.(9)

Há quem entenda que os interesses defensáveis no dissídio individual plúrimo são os mesmos interesses individuais homogêneos tuteláveis pela ACP, já que em ambos poderia haver a formação do litisconsórcio multitudinário e, caso não existisse o óbice prescrito no art. 46, parágrafo único, do CPC, os interesses individuais homogêneos poderiam ser perfeitamente defendidos por aquele instituto processual, e não pela ACP.(10)

Não comungamos desse entendimento, *data venia*. É que, embora possa existir certa similitude no tocante à "identidade de matéria", há, segundo nos parece, inúmeras diferenças entre os institutos ora focalizados, a começar pelo fato de que a ACP é uma ação coletiva para de-

(9) Valentin Carrion, *Comentários à Consolidação das Leis do Trabalho*, p. 682. Na prática, tem sido comum o indeferimento do pedido de cumulação subjetiva de ações no processo trabalho, como se depreende dos seguintes julgados: "Sendo certo que os arts. 842, 843, da CLT e 46, II e IV, do CPC garantem a formação do litisconsórcio voluntário, não menos certo é o fato de o juiz ter o poder e até mesmo a obrigação de dirigir o processo conferindo-lhe o máximo de garantia e celeridade na solução do litígio. No caso dos autos vê-se que há situações funcionais diferenciadas entre os litisconsortes gerando complicações não só jurídicas como práticas e objetivas pois são mais de 1.000 (mil) litisconsortes e, juridicamente analisando essa formação litisconsorcial, pode ocorrer dificuldades para se garantir o direito pleno de defesa e objetivamente para se conduzir as audiências (TST,RR n. 113.571/94.5, Rel. Min. Galba Velloso, Ac. 4ª T. 4.588/95, *in:* Valentin Carrion, *Comentários à Consolidação das Leis do Trabalho* ... cit.); "A única hipótese de cumulação de ação prevista na CLT encontra-se em seu art. 842. Referido dispositivo não se aplica ao caso dos autos, pois a exigência nele contida é a existência de vários pedidos idênticos contra o mesmo empregador. No caso dos autos, há diversidade de empresas demandadas..." (TST, RO-MS n. 24.649/91.3, rel. Min. Francisco Fausto, Ac. SDI 2.953/92, *in:* Valentin Carrion, *Comentários à Consolidação das Leis do Trabalho* ... cit., p. 682).

(10) Nesse sentido, Rodolfo de Camargo Mancuso advoga que "não fosse a recente inovação legislativa, sinalizando a conveniência da limitação ao número dos litisconsortes facultativos, quando muito numerosos (litisconsórcio multitudinário ou *monstrum*: CPC, art. 46, parágrafo único, redação da Lei n. 8.952/94), e a essa modalidade poderiam ser reconduzidas as hipóteses enquadráveis no inciso III do art. 81 do CDC" ("Sobre a legitimação do Ministério Público em matéria de interesses individuais homogêneos ..." cit., p. 438). Contrapondo-se a esse entendimento, Nelson Nery Junior e

fesa de interesses coletivos *lato sensu*; enquanto o dissídio individual plúrimo é uma ação individual para defesa de direitos individuais.

Um quadro sinóptico indica outras diferenças:

	Legitimação	Objetivo	Classificação da Ação	Coisa Julgada
Dissídio Individual Plúrimo	Ativa ordinária: Pluralidade de Empregados. Passiva: Uma única empresa ou estabelecimento.	Defesa de direitos individuais. Identidade de matéria no feixe de interesses individuais; só pode haver cumulação de pedidos individualizados.	Ação cautelar ou de conhecimento, condenatória, constitutiva ou declaratória.	A decisão é individualizada; a coisa julgada é dotada de eficácia *inter partes*, isto é, só alcança aqueles que participaram do processo e figurarem no título judicial.
Ação civil pública em defesa de direitos individuais homogêneos	Ativa extraordinária: substituição processual. Autores: MPT e sindicatos. Passiva: uma ou mais empresas. Pode haver cumulação de pedidos relativos a interesses individuais homogêneos, coletivos e difusos.	Defesa de direitos ou interesses individuais homogêneos, coletivos ou difusos.	Cautelar ou de conhecimento; Condenatória, constitutiva, declaratória ou mandamental.	A decisão é genérica e produz coisa julgada *erga omnes*.

Vale lembrar, por oportuno, que a ACP em defesa de interesses individuais homogêneos beneficia, genericamente, vários trabalhadores, os quais, na fase de liquidação do julgado, poderão habilitar-se pessoalmen-

---

Rosa Nery lecionam, a nosso sentir com inteira razão: "Não se trata de pluralidade subjetiva de demandas (litisconsórcio), mas de uma única demanda, coletiva, objetivando a tutela dos titulares dos direitos individuais homogêneos" (*Código de Processo Civil comentado* ... cit., p. 1.864).

te para postular os créditos que entenderem cabíveis. Trata-se, pois, de defesa coletiva de direitos individuais homogêneos, sendo certo que na ACP os entes coletivos legitimados poderão promover a liquidação e a execução da sentença (CDC, art. 97). Já no dissídio individual plúrimo há cumulação de várias ações individuais, cujo conteúdo da sentença pode não ser uniforme para cada trabalhador, sendo que cada um terá que promover pessoalmente a execução.

5. Mandado de segurança coletivo

Remédio jurídico inserido no rol dos direitos e garantias constitucionais fundamentais,(11) tal como desenhado no art. 5º, inciso LXX, alíneas *a* e *b*, da Constituição Federal, *in verbis*:

> "LXX — o mandado de segurança coletivo pode ser impetrado por:
>
> a) partido político com representação no Congresso Nacional;
>
> b) organização sindical, entidade de classe ou associação legalmente constituída e em funcionamento há pelo menos um ano, em defesa dos interesses de seus membros ou associados."

A leitura atenta do preceptivo em causa revela, de início, que o legislador constituinte não se preocupou com o objeto do *mandamus* coletivo, mas, tão-somente com o seu aspecto subjetivo, isto é, apenas arrolou as pessoas ou entidades(12) que teriam *legitimatio ad causam* para impetrá-lo, sendo certo que entre elas não figura expressamente o Ministério Público.(13)

---

(11) Carlos Henrique Bezerra Leite, *Mandado de segurança no processo do trabalho*, p. 73-78.

(12) Segundo a jurisprudência do STF: "Mandado de Segurança Coletivo e Sindicato — Tratando-se de mandado de segurança coletivo impetrado por sindicato, é indevida a exigência de um ano de constituição e funcionamento, porquanto esta restrição destina-se apenas às associações, nos termos do art. 5º, XXI, *b*, *in fine*, da CF ('o mandado de segurança coletivo pode ser impetrado por: ... b) organização sindical, entidade de classe ou associação legalmente constituída e em funcionamento há pelo menos um ano, em defesa dos interesses de seus membros ou associados')." (STF, RE n. 198.919-DF, 1ª T., Rel. Min. Ilmar Galvão, 15.6.99, *in Informativo STF* n. 154, Brasília, 21 a 25 de junho de 1999).

(13) Deduz-se não ser esse o entendimento de Nelson Nery Junior ao sustentar que o mandado de segurança coletivo é espécie de ação civil pública e o que o caracteriza "não é a pretensão deduzida, mas sim a forma de exercer essa pretensão mandamental" (*Princípios do processo civil na Constituição Federal*, 6. ed., cit., p. 122). Assim, se se admite que o mandado de segurança é uma ACP, então, por razão lógica, o MP é também legitimado para a sua impetração, tanto para a defesa dos interesses coletivos como para os difusos e os individuais homogêneos. É importante assinalar, que o art. 6º, VI, da LC n. 75/93, prevê, expressamente, o mandado de segurança como um dos instrumentos de atuação do MPU que, como é sabido, abrange o MPT (CF, art. 128,

No âmbito do processo do trabalho, o mandado de segurança coletivo mostra-se de difícil aplicação, pois a Justiça Especializada só é competente para conhecer e julgar demandas oriundas da relação de trabalho (CF, art. 114). E essas relações são juridicamente contratuais, não havendo, pois, lugar para a prática de ato de autoridade que possa ser acoimado de ilegal ou arbitrário, ainda que o empregador seja pessoa jurídica de direito público.

Poder-se-ia conjeturar apenas com o mandado de segurança coletivo contra ato judicial, como, por exemplo, na hipótese de uma ação civil pública, ajuizada por sindicato em defesa dos interesses coletivos da categoria, com pedido de liminar indeferido pelo juiz da Vara do Trabalho. Nesse caso, considerando-se o princípio da irrecorribilidade imediata das decisões interlocutórias, pensamos ser permitido ao sindicato impetrar a ação de segurança coletiva contra tal decisão.

Ora, se se trata de lide coletiva, não nos parece razoável que o tradicional mandado de segurança individual seja adequadamente capaz de propiciar a efetiva tutela dos interesses metaindividuais.

Sem embargo da cizânia em torno do cabimento do mandado de segurança coletivo para proteger direitos ou interesses difusos, coletivos e individuais homogêneos, pode-se dizer que há um certo consenso de que os requisitos desse novel instituto, à míngua de regulamentação específica, são os mesmos do art. 5º, inciso LXIX, da CF, é dizer, "proteção de direito líquido e certo, não amparado por *habeas corpus* ou *habeas data*, contra ato ilegal ou abusivo de autoridade."(14)

Eis a grande distinção entre o mandado de segurança coletivo e a ação civil pública: esta protege, em face de qualquer pessoa ou entidade, todas as modalidades de interesses ou direitos metaindividuais (difusos, coletivos ou individuais homogêneos); aquele destina-se apenas à proteção de direito líquido e certo contra ato ilegal ou abusivo de autoridade.

6. Ação civil coletiva

A expressão "ação civil coletiva" apareceu, pela primeira vez, no Título III, Capítulo II, do CDC, especificamente no art. 91 desse Código, que diz:

I). Além disso, o CDC (art. 83) diz que para a proteção dos interesses metaindividuais são admissíveis todas as espécies de ações capazes de propiciar sua adequada e efetiva tutela.

(14) Nelson Nery Junior, *Princípios do processo civil na Constituição Federal* ... cit., p. 122.

"Art. 91. Os legitimados de que trata o art. 82 poderão propor, em nome próprio e no interesse das vítimas ou seus sucessores, *ação civil coletiva* de responsabilidade pelos danos individualmente sofridos, de acordo com o disposto nos artigos seguintes."(15) (grifos nossos)

Posteriormente, o art. 6º, inciso XII, da LOMPU, inseriu a ação civil coletiva no rol dos instrumentos de atuação do MPU, nos seguintes termos:

"Art. 6º Compete ao Ministério Público da União:

(...) XII — propor ação civil coletiva para defesa de interesses individuais homogêneos."

Cuida-se, pois, de uma das espécies do gênero "ação coletiva", cujo objeto repousa exclusivamente na defesa de interesses ou direitos individuais homogêneos.

A bem ver, porém, o inciso VI, alínea *d*, do mesmo art. 6º da LOMPU, também confere ao MPU a promoção da ação civil pública para a proteção de *"outros interesses individuais indisponíveis, homogêneos,* sociais, difusos e coletivos." (grifos nossos)

Por outro lado, o art. 21 da LACP manda aplicar

"*à defesa dos direitos e interesses* difusos, coletivos e *individuais, no que for cabível*, os dispositivos do Título III da Lei n. 8.078, de 11 de setembro de 1990, que instituiu o Código de Defesa do Consumidor."(16) (grifos nossos)

Acresce que o art. 201, inciso V, do ECA estabelece ser da competência do Ministério Público:

"V — promover o inquérito civil e a *ação civil pública para a proteção dos interesses individuais*, difusos ou coletivos relativos à infância e à adolescência, inclusive os definidos no art. 220, § 3º, inciso II, da Constituição Federal." (grifos nossos)

A transcrição de todos esses dispositivos visa à facilitação da leitura e, sobretudo, à demonstração da exata dissensão doutrinária e jurisprudencial que o tema vem provocando no cenário jurídico nacional.

É importante assinalar que a ACP e a ACC, na Justiça comum, têm sido utilizadas indistintamente,(17) para a defesa de qualquer interesse

---

(15) Artigo com redação dada pela Lei n. 9.008, de 21.3.1995 (DOU de 22.3.1995, em vigor desde a publicação), que corrigiu a remissão ao art. 82, e não ao art. 83, como constava da redação original.

(16) Artigo acrescentado pela Lei n. 8.078, de 11 de setembro de 1990.

(17) É o que revela João Batista de Almeida ("A ação civil coletiva para a defesa dos interesses ou direitos individuais homogêneos", p. 89), para quem a ACC e a ACP "não

individual homogêneo, já que ambas são assemelhadas às *class actions*[18] do sistema norte-americano, adaptado a um sistema de *civil law*.[19]

Nos domínios do direito processual do trabalho, a questão pode ser assim problematizada: para a defesa dos interesses individuais homogêneos, no âmbito da Justiça do Trabalho, deve ser utilizada a ação civil pública (ACP), a ação civil coletiva (ACC) ou ambas?

Respondendo à pergunta, *Ives Gandra da Silva Martins Filho*[20] sustenta que os interesses difusos e coletivos devem ser defendidos pela via da ação civil pública, ficando a ação civil coletiva jungida, exclusivamente, à proteção dos interesses individuais homogêneos.[21]

Resumindo o pensamento desse autor: o cabimento da ACC na Justiça do Trabalho está previsto nos arts. 83, inciso I, da LOMPU; 91 do CDC e 21 da LACP; enquanto a ACP trabalhista está prevista na CF, art. 129, III; na LACP, art. 1º, IV; na LOMPU, arts. 83, III e 6º, VII, *d*. Com isso, ele justifica a sua tese de que a competência originária para a ACP trabalhista, dada a sua semelhança com o dissídio coletivo de natureza jurídica (ou melhor, de natureza declaratória) é dos Tribunais (Regionais e Superior) do Trabalho, restando às Varas do Trabalho a competência para a ACC, dada a sua natureza condenatória.

Não nos parece juridicamente válida a proposta do ilustre juslaboralista, atualmente ministro do TST, *data maxima venia*.

---

se confundem. Embora sejam, por vezes, utilizadas indistintamente, uma em lugar da outra, na verdade, são ações típicas, distintas, com perfil e procedimento próprios e destinadas à proteção de bens diversos, embora possuindo algumas afinidades e muitas distinções. Por ora, é importante ressaltar que a ação civil pública foi criada em 1985, por meio da Lei n. 7.347, para a defesa coletiva do *consumidor e de outros bens tutelados*, enquadrados na categoria de *direitos ou interesses difusos ou coletivos* — estes, por definição, de natureza transindividual e indivisíveis —, bem como dos *direitos individuais homogêneos de caráter social*, consoante têm admitido o STF e o STJ (...) E também ressaltar que a ação civil coletiva, criada em 1990, pelo CDC, destina-se à defesa *unicamente do consumidor, vítimas ou sucessores* (e não de outros bens tutelados), e é adequada para a defesa dos *interesses ou direitos individuais homogêneos de origem comum*, divisíveis por natureza, apresentando, desse modo, campo de utilização bem mais restrito do que o da ação civil pública".

(18) Ver Cap. VI, item 1.

(19) Sobre os pontos de convergência e divergência entre a ACP e a *class action* ver cap. VI, item 1.

(20) "Ação civil pública e ação civil coletiva", *in Revista LTr* 59, p. 1.449-1.451.

(21) No mesmo sentido: João Batista de Almeida, "Ação civil pública e ação civil coletiva", p. 466-473. Segundo esse autor, a ação civil coletiva é "destinada à defesa apenas do consumidor, vítimas ou sucessores ..." (p. 473).

Cabe frisar, de início, que o inciso I do art. 83 da LOMPU, invocado pelo referido autor, diz que a competência do Ministério Público do Trabalho junto aos órgãos da Justiça do Trabalho é para "promover as ações que lhe sejam atribuídas pela Constituição Federal e pelas leis trabalhistas". Vale dizer, não há, nem na CF, nem nas leis trabalhistas, norma alguma prevendo o cabimento da ACC.(22) Há, apenas, como já apontado nos tópicos precedentes, previsão expressa da ACP trabalhista, pela aplicação combinada dos arts. 83, III, 84, *caput*, e 6º, VII, *d*, da LOMPU.

A questão dogmática a ser enfrentada reside, portanto, na competência da Justiça do Trabalho, que é delimitada pelo art. 114 da CF.(23)

Com relação à ACP, essa competência emerge da aplicação conjunta da CF, art. 129, III; da LOMPU, arts. 83, III, 84 e 6º, VII, *d*; da LACP, arts. 1º, IV, e 21; do CDC, arts. 81, parágrafo único, I, II e III, 90 e 91.

No que concerne à ACC, não existe na CF, nem em norma jurídica trabalhista, específica autorização para o seu cabimento na Justiça do Trabalho.

Adite-se que o art. 84, *caput*, da LOMPU incumbe ao Ministério Público do Trabalho, *no âmbito de suas atribuições*, exercer as funções institucionais previstas no seu art. 6º, sendo certo que *entre as atribuições* do MPT junto à Justiça do Trabalho (LOMPU, art. 83) não consta a ACC, e sim a ACP. O elastério é permitido, segundo acreditamos, apenas para as atribuições do Ministério Público do Trabalho, e não para a competência absoluta da Justiça do Trabalho, pois esta, como é sabido, por ser matéria de ordem pública, há de vir expressa na lei, o que não ocorre, na espécie.

---

(22) Num julgado, o TRT do RN admitiu uma ação civil pública como ação civil coletiva, como se vê da ementa do acórdão: "AÇÃO CIVIL PÚBLICA — LEGITIMIDADE DO MINISTÉRIO PÚBLICO — INTERESSES HOMOGÊNEOS — 1. Mesmo admitindo-se, hipoteticamente, como individuais os interesses em debate, é indiscutível, por outro lado, sua homogeneidade, porquanto têm origem comum (art. 81, III, da Lei n. 8.078/90), motivo pelo qual, sem embargo, resta patenteada a legitimidade do *parquet*, a teor do art. 6º, XII (ação civil coletiva para defesa de interesses individuais homogêneos), da Lei Complementar n. 75/93. 2. Recurso conhecido mas não provido" (TRT, 21ª R., RO n. 27-00384-98-7, 3ª JCJ de Natal, Rel. Juiz Carlos Newton de Souza Pinto, DOERN 18.6.1999). É interessante notar que a LONMP, que dispõe sobre normas gerais aplicáveis aos Ministérios Públicos dos Estados, também não faz qualquer alusão à ação civil coletiva.

(23) E não na legitimidade *ad causam*, na medida em que, como se viu no Cap. V, o MP estará sempre legitimado a defender, via ação coletiva, os interesses individuais homogêneos.

De outra parte, a regra de abertura do CDC (art. 83), no sentido de admitir, para a defesa dos direitos e interesses metaindividuais, "todas as espécies de ações", há de ser harmonizada com a temática da competência, isto é, são permitidas todas as ações coletivas em defesa de tais interesses, desde que o órgão judicial encarregado de apreciá-las e julgá-las seja o competente.

Em linguagem da lógica jurídica,[24] o problema ficaria assim formalizado: se não há, *de lege lata*, competência da Justiça do Trabalho para apreciar e julgar ACC, então não é cabível a ACC nos domínios do processo trabalhista.

Isso não significa, em absoluto, que os interesses ou direitos individuais homogêneos não possam ser tutelados no âmbito da Justiça do Trabalho. Apenas o veículo que se enquadra, *de lege lata*, na moldura do art. 114 da CF e que, portanto, pode propiciar a efetiva e adequada tutela jurisdicional de tais interesses é a ACP,[25] e não a ACC.

Coerente com o que temos sustentado ao longo deste trabalho, o sistema integrado para o processamento da ACP na Justiça do Trabalho é aquele já mencionado no item 2, do Capítulo III, isto é, o constante das normas previstas na CF, na LOMPU, na LACP e no CDC.

E nós acrescentamos um dado extremamente importante para o estudo sistematizado destas duas espécies de demandas coletivas: a ACP é uma ação constitucional; a ACC é uma ação infraconstitucional. Isso reforça a importância daquela cuja missão precípua é servir de instrumento de realização do direito material do trabalho.

Ora, os principais direitos sociais dos trabalhadores encontram-se na Constituição Federal que, por sua vez, não exclui outros que visem à melhoria da condição social do trabalhador, em função do que nos parece mais adequado alargar o objeto da ACP trabalhista, para nele incluir os direitos ou interesses individuais homogêneos, a estender a legitimação do *Parquet* Laboral para outro tipo especial de ação coletiva não prevista expressamente na CF, tampouco no capítulo a ele especialmente reservado na LOMPU.

---

(24) Lourival Vilanova, *As estruturas lógicas e o sistema do direito positivo* ... cit., p. 43 ss.

(25) Além da ACP, há, ainda, a ação de cumprimento (CLT, art. 872) e a "ação declaratória de nulidade de cláusula de contrato, acordo coletivo ou convenção coletiva que viole as liberdades individuais ou coletivas ou os direitos individuais indisponíveis dos trabalhadores" (LOMPU, art. 83, IV).

De toda a sorte, em homenagem ao princípio da instrumentalidade que, com maior ênfase, informa o direito processual do trabalho, afigura-se-nos que é lícito ao juiz receber a ACC, convertendo-a em ACP, desde, é claro, que isso não implique violação aos princípios constitucionais do devido processo legal, da ampla defesa e do contraditório. Afinal, o *nomen iuris* atribuído à ação coletiva não deverá servir de fundamento para a denegação do direito material nela vindicado.

Capítulo VIII

O Inquérito Civil e o Termo de Compromisso de Ajustamento de Conduta

A função promocional do Ministério Público em defesa dos interesses metaindividuais não se limita à atuação judicial como órgão agente. Há, também, um instrumento de natureza extraprocessual, inicialmente previsto na LACP (art. 8º, § 1º), sendo seu objeto posteriormente ampliado pela CF (art. 129, III). Trata-se do inquérito civil que, segundo *Hugo Nigro Mazzili*

> "é uma investigação administrativa prévia a cargo do Ministério Público, que se destina a colher elementos de convicção para que o próprio órgão ministerial possa identificar se ocorre circunstância que enseje eventual propositura de ação civil pública ou coletiva."(1)

No âmbito do MPT, o art. 84, inciso II, da LOMPU, incumbe-lhe "instaurar inquérito civil e outros procedimentos administrativos, sempre que cabíveis, para assegurar a observância dos direitos sociais dos trabalhadores".

O objeto do IC reside na colheita de elementos que poderão formar o convencimento do órgão ministerial acerca de eventuais lesões perpetradas a interesses difusos, coletivos ou individuais homogêneos e, verificada a existência de tais lesões, empolgar a promoção de ACP em defesa desses interesses. Se o órgão ministerial se convencer da inexistência de fundamento para a propositura da ação civil, promoverá, fundamentadamente, o arquivamento dos autos do inquérito civil ou das peças informativas (LACP, art. 9º, *caput*)(2), observando-se, a partir daí, as regras previstas nos §§ 1º a 4º do mesmo artigo.(3)

---

(1) *O inquérito civil*, p. 46.

(2) Somente no caso de arquivamento por inexistência de fundamento para a propositura de ACP é que o órgão do MPT está obrigado a remeter os autos ou as peças informativas ao CSMPT, mediante relatório fundamentado. A razão ontológica deste procedimento, segundo nos parece, repousa na segurança conferida ao órgão, que fique imune a pressões externas, e a toda a sociedade, por possibilitar um maior controle dos atos praticados pelos órgãos estatais. Caso haja arquivamento do IC em função de ajuizamento de ACP ou celebração de termo de compromisso de ajuste de conduta, não há previsão legal para a remessa dos autos ao CSMPT, mesmo porque, nesses casos, há de ser observado o princípio da independência funcional do órgão que promoveu o arquivamento.

(3) O art. 92 e seus parágrafos da LACP dispõem, *in verbis:* "Art. 92. Se o órgão do Ministério Público, esgotadas todas as diligências, se convencer da inexistência de funda-

Discutem-se, em sede doutrinária, duas questões que podem ser assim sintetizadas: o MPT é obrigado a instaurar IC antes do ajuizamento de ACP? Caso o IC seja instaurado, há obrigatoriedade da observância ao contraditório?

À primeira pergunta, pensamos que a literalidade do § 1º do art. 8º da LACP revela a facultatividade do IC,[(4)] pois o

> "Ministério Público *poderá* instaurar, sob sua presidência, inquérito civil, ou requisitar, de qualquer organismo público ou particular, certidões, informações, exames ou perícias, no prazo que assinalar, o qual não poderá ser inferior a 10 (dez) dias úteis" (grifo nosso).

Embora facultativo do ponto de vista dogmático, parece-nos, no entanto, que numa visão prospectiva do direito, ser salutar e recomendável a instauração prévia do IC, por, pelo menos, três motivos: *primus*, permite a colheita de elementos probatórios que instruirão eventual e futura petição inicial de ação civil pública,[(5)] evitando-se, assim, o ajuizamento de uma demanda temerária;[(6)] *secundum*, facilita a instrução do processo judicial, prestigiando os princípios da celeridade e da economia processuais; *tercium*, permite que o inquirido firme termo de ajustamento de conduta, o que torna desnecessária a própria ACP.

No que concerne à segunda pergunta, cumpre desvendar, *a priori*, a natureza jurídica do IC. Isto porque, para uns trata-se de processo ad-

---

mento para a propositura da ação civil, promoverá o arquivamento dos autos do inquérito civil ou das peças informativas, fazendo-o fundamentadamente. § 1º. Os autos do inquérito civil ou das peças de informação arquivadas serão remetidos, sob pena de se incorrer em falta grave, no prazo de 3 (três) dias, ao Conselho Superior do Ministério Público. § 2º. Até que, em sessão do Conselho Superior do Ministério Público, seja homologada ou rejeitada a promoção de arquivamento, poderão as associações legitimadas apresentar razões escritas ou documentos, que serão juntados aos autos do inquérito ou anexados às peças de informação. § 3º. A promoção de arquivamento será submetida a exame e deliberação do Conselho Superior do Ministério Público, conforme dispuser o seu Regimento. § 4º. Deixando o Conselho Superior de homologar a promoção de arquivamento, designará, desde logo, outro órgão do Ministério Público para o ajuizamento da ação."

(4) Nesse sentido, Nelson Nery Junior (*Código de Processo Civil comentado* ... cit., p. 1.524): "Possuindo elementos necessários, poderá desde logo ajuizar a ação, não estando o MP obrigado a instaurá-lo, nem a concluí-lo, para propor a ACP". Em sentido contrário, Sergio Sahione Fadel, *Ação civil pública*, p. 17-55): "... salvo hipóteses excepcionais, não poderá o inquérito civil ser dispensado pelo Ministério Público, como meio adequado a apurar motivadamente as circunstâncias e os fatos que autorizariam o exercício da ação civil pública".

(5) Édis Milaré, *A ação civil pública na nova ordem constitucional*, p. 18.

(6) Nelson Nery Junior, *Código de processo civil comentado*... cit., p. 1.524.

ministrativo,[7] o que implica a observância obrigatória do princípio do contraditório,[8] por força do art. 5º, LV, da CF. Para outros, o IC é um mero procedimento administrativo,[9] do tipo inquisitorial, "já que nele não se decidem controvérsias, como ocorre num processo administrativo disciplinar, tributário ou fiscal, por exemplo".[10]

Embora o processo administrativo e o procedimento administrativo sejam inconfundíveis,[11] mostra-se factível admitir que a existência deste, por ser mero rito, forma de proceder, está sempre a depender da existência daquele.[12] Daí a necessidade de se buscar outro parente próximo do IC.

---

(7) José dos Santos Carvalho Filho (*op. cit.*, p. 173), embora empregue o termo "processo administrativo", admite que o IC tem caráter inquisitorial.

(8) Nelson Nery Junior (*Código de processo civil comentado* ... cit., p. 1.525), embora adote o termo "procedimento administrativo", ressalva que: "Prova colhida no IC, se para sua realização não tiver havido participação dos interessados, precisa ser refeita ou contrastada em juízo, em obediência ao princípio constitucional do contraditório".

(9) Nesse sentido: Carlos Henrique Bezerra Leite, *Ministério Público do Trabalho* ... cit., p. 157; Édis Milaré, *A ação civil pública na nova ordem constitucional* ... cit., p. 18.

(10) Hugo Nigro Mazzilli, *O inquérito civil público* ... cit., p. 49.

(11) Segundo a administrativista Maria Sylvia Zanella di Pietro (*Direito administrativo*, p. 483): "Não se confunde processo com procedimento. O primeiro existe sempre como instrumento indispensável para o exercício de função administrativa; tudo o que a Administração faz, sejam operações materiais ou atos jurídicos, fica documentado em um processo; cada vez que ela for tomar uma decisão, executar uma obra, celebrar um contrato, editar um regulamento, o ato final é sempre precedido de uma série de atos materiais e jurídicos, consistentes em estudos, pareceres, informações, laudos, audiências, enfim tudo o que for necessário para instruir, preparar e fundamentar o ato final objetivado pela Administração. O procedimento é o conjunto das formalidades que devem ser observadas para a prática de certos atos administrativos; equivale a rito, a forma de proceder; o procedimento se desenvolve dentro de um processo administrativo". A distinção entre processo e procedimento pode ser estudada sob o enfoque do direito processual civil e, nesse sentido, colhe-se o entendimento de Sálvio de Figueiredo Teixeira (*O aprimoramento do processo civil como garantia da cidadania*, p. 219-234): "A evolução dos estudos processuais, marcadamente a partir do 'processualismo científico', em meados do século passado (o autor refere-se ao século XIX, ressaltamos), veio fixar os limites demarcatórios entre processo e procedimento. Pelo primeiro, veio a compreender-se o meio de que se utiliza o Estado para fazer a entrega da tutela jurisdicional, um dos institutos fundamentais do Direito Processual, ao lado da jurisdição e da ação. Em outras palavras, por processo, sob o ponto de vista científico, passou-se a compreender o conjunto de atos tendentes à composição da lide; sob o ponto de vista da cidadania, o instrumento de efetivação das garantias constitucionalmente asseguradas. Diversamente, por procedimento se passou a compreender o modo e a forma como aqueles atos atuam, variando para corresponder à pluralidade de provimentos, alguns complexos, outros mais expeditos, sumários ou abreviados pela redução de prazos ou supressão de atos."

(12) Maria Sylvia Zanella di Pietro, *op. cit.*, mesma página

Nesse passo, parece-nos razoável admitir a afinidade entre o IC e a sindicância administrativa, pois, segundo *José Cretella Júnior*, etimologicamente, no idioma de origem, os elementos componentes da palavra sindicância, de origem grega, são o prefixo *syn* (junto, com, juntamente com) e *dic* (mostrar, fazer ver, pôr em evidência), ligando-se este segundo elemento ao verbo *diknymi*, cuja acepção é mostrar, fazer ver. Assim, sindicância significa, em português, ao pé da letra, "a operação cuja finalidade é trazer à tona, fazer ver, revelar ou mostrar algo, que se acha oculto".(13)

Hely Lopes Meirelles robustece a semelhança entre a sindicância administrativa e o inquérito penal porquanto aquela

> "é o meio sumário de elucidação de irregularidades no serviço para subseqüente instauração de processo e punição do infrator. Pode ser iniciada com ou sem sindicato, bastando que haja indicação da falta a apurar. Não tem procedimento formal, nem exigência de comissão sindicante, podendo realizar-se por um ou mais funcionários designados pela autoridade competente. Dispensa defesa do sindicado e publicidade no seu procedimento, por se tratar de simples expediente de verificação de irregularidade, e não de base para punição, equiparável ao inquérito policial em relação à ação penal. É o verdadeiro inquérito administrativo que precede o processo administrativo disciplinar."(14)

Idêntica é a posição de *Maria Sylvia Zanella di Pietro*, para quem

> "a sindicância seria uma fase preliminar à instauração do processo administrativo; corresponderia ao inquérito policial que se realiza antes do processo penal."(15)

Ora, dados os pontos de semelhança entre o inquérito policial e o inquérito civil, já que ambos constituem peças informativas que se destinam à instrução de futura ação penal ou civil pública, não seria errôneo enquadrar ambos, à luz do direito administrativo, como sindicância administrativa facultada, no primeiro caso, à autoridade policial e, no segundo, ao MPT.

Admitida a natureza jurídica de sindicância do IC, tem-se, como conseqüência, a desnecessidade, em quaisquer de suas fases, da observância dos princípios constitucionais do contraditório e da ampla defesa.

---

(13) José Cretella Júnior, *Tratado de direito administrativo*, p. 153.
(14) *Direito administrativo brasileiro*, p. 596.
(15) *Op. cit.*, p. 498.

Além do IC, a lei faculta aos *órgãos públicos legitimados* para o ajuizamento da ACP, "tomar dos interessados compromisso de ajustamento de sua conduta às exigências legais, mediante cominações, que terá eficácia de título executivo extrajudicial" (LACP, art. 5º, § 6º).(16)

Na seara trabalhista, houve divergências na doutrina e na jurisprudência acerca da possibilidade de o referido termo de compromisso de ajustamento de conduta ter eficácia de título executivo extrajudicial(17) e da competência da Justiça do Trabalho para executá-lo.

Com o surgimento da Lei n. 9.958, de 12 de janeiro de 2000, que deu nova redação ao art. 876 da CLT, "os termos de ajuste de conduta firmados perante o Ministério Público do Trabalho e os termos de conciliação firmados perante as Comissões de Conciliação Prévia serão executados pela forma estabelecida neste Capítulo", eliminando, assim, aquelas antigas divergências, uma vez que o art. 877-A consolidado (acrescentado pela citada lei), determina que é "competente para a execução de título extrajudicial o juiz que teria competência para o processo de conhecimento relativo à matéria".

---

(16) Este parágrafo foi acrescentado pelo art. 113 do CDC.

(17) Carlos Henrique Bezerra Leite, *Execução de termo de ajuste de conduta firmado perante o Ministério Público do Trabalho*, p. 180-184; Francisco Antonio de Oliveira, *Ação civil pública: execução do compromisso de ajustamento de conduta*, p. 192-193; Raimundo Simão de Meio, *Termo de compromisso tomado pelo Ministério Público do Trabalho. Execução. Controvésias*, p. 215 e ss.

Conclusões

Como síntese deste trabalho, apresentaremos as principais conclusões lançadas ao longo do seu desenvolvimento.

A concepção contemporânea dos direitos humanos pressupõe: a liberdade, que abrange os direitos civis e políticos como direitos de primeira dimensão; a igualdade, que encampa os direitos sociais, econômicos e culturais como direitos de segunda dimensão; a solidariedade, que inclui os direitos ou interesses metaindividuais como direitos de terceira dimensão.

Todas essas dimensões de direitos encerram valores indissociáveis, que têm como características básicas a universalidade, a indivisibilidade, a interdependência e a complementaridade que esses direitos assumem no âmbito das modernas democracias sociais e dos seus ordenamentos jurídicos.

A temática dos direitos humanos está intimamente ligada à teoria geral da cidadania. E esta, por sua vez, encontra-se indissoluvelmente ligada à preservação e ao respeito da dignidade da pessoa humana.

A inclusão dos direitos sociais no elenco dos direitos humanos depende da concessão de cada ordenamento jurídico.

No caso brasileiro, a Constituição Federal de 1988, rompendo com o perfil liberal e individualista das Cartas que lhe antecederam, exalta a integração harmônica das categorias dos direitos humanos, incluindo os direitos sociais no rol dos direitos e garantias fundamentais, o que veio a ser confirmado, posteriormente, com a ratificação do Pacto Internacional dos Direitos Econômicos, Sociais e Culturais, vigente, no sistema jurídico doméstico, desde 24 de abril de 1992.

Esse tratado internacional considera, em linhas gerais, que os direitos sociais, culturais e econômicos são inerentes à dignidade da pessoa humana e que o ideal do ser humano livre, liberto do temor e da miséria, só pode ser concretizado à medida que se criem condições que permitam a cada um gozar de seus direitos econômicos, sociais e culturais, assim como de seus direitos civis e políticos.

Os direitos sociais dos trabalhadores podem ser classificados em: a) direitos sociais trabalhistas individuais (CF, art. 7º); b) direitos sociais trabalhistas coletivos (CF, arts. 8º a 11).

A evolução das duas primeiras dimensões dos direitos humanos ensejou o surgimento de novos direitos híbridos, decorrentes da superação da distinção absoluta entre direitos civis e políticos e direitos econômicos, sociais e culturais.

A fundamentalidade desses novos direitos híbridos é reconhecida em atenção à preocupação de todos os Estados com a qualidade de vida, o desenvolvimento sustentado e integrado da pessoa humana e a preservação da natureza, o que redundou no aparecimento da teoria dos interesses metaindividuais que, superando a tradicional dicotomia direito público-direito privado, propõe uma nova categorização de direitos e interesses e sua respectiva justiciabilidade.

A natureza híbrida dos interesses difusos e coletivos decorre do fato de que, enquanto direitos fundamentais, possuem ora *status negativus*, por constituírem emanações dos direitos de liberdade, armando os cidadãos com os instrumentos jurídicos necessários à proteção da natureza e da *res publica* contra as ações que lhes sejam prejudiciais, ora *status positivus*, uma vez que, por serem igualmente direitos de solidariedade, necessitam das intervenções positivas do Estado, seja no plano material, seja no processual.

A teoria dos interesses metaindividuais surge, assim, em decorrência da preocupação da sociedade ocidental com a chamada "questão social", fruto da "sociedade de massa", na qual se verificam inúmeras relações sociais, econômicas e políticas marcadas pelo desaparecimento da individualidade do ser humano, diante da padronização dos comportamentos e das regras correspondentes.

O ordenamento jurídico brasileiro permite, e até estimula, a perfeita integração entre as teorias dos direitos humanos e dos interesses metaindividuais.

Superando a dicotomia direito-interesse, o ordenamento jurídico brasileiro, pelo menos no que tange à temática dos direitos humanos de terceira dimensão, não apenas reconhece, como também protege, indistintamente, tanto os direitos quanto os interesses metaindividuais.

Os interesses ou direitos difusos, coletivos e individuais homogêneos são espécies do gênero interesses metaindividuais, também chamados de coletivos *lato sensu* ou supra-individuais.

O direito italiano não faz uma distinção nítida entre interesse difuso e coletivo. Mas, em nosso ordenamento jurídico, não há dúvida de que existem inúmeras razões que justificam tal distinção, a começar pela diferenciação da eficácia da coisa julgada, como qualidade da sentença proferida em ação coletiva (CDC, art. 103, I e II).

Além disso, o legislador optou por conceituar, separadamente, as três espécies de interesses metaindividuais (CDC, art. 81, parágrafo único, I, II e III).

Assim, os interesses ou direitos difusos e coletivos são transindividuais e de natureza indivisível. A diferença básica entre eles é que os difusos têm por destinatários pessoas indeterminadas que se unem por circunstâncias meramente fáticas; ao passo que os coletivos têm por titulares pessoas determináveis que se ligam entre si ou com a parte contrária por meio de uma relação jurídica base.

O critério analítico, didático e até exauriente adotado pelo legislador ao conceituar os interesses (ou direitos) difusos e coletivos, não foi estendido aos interesses individuais homogêneos, o que redundou na diversidade de posições na doutrina e na jurisprudência no tocante a esses últimos, residindo aqui os principais obstáculos técnicos e ideológicos que têm impedido ou dificultado o acesso coletivo dos trabalhadores à justiça.

Os interesses difusos e coletivos são, material e processualmente, metaindividuais (ou essencialmente coletivos); enquanto os individuais homogêneos, em razão de serem provenientes de uma causa comum que atinge uniformemente os seus titulares, são apenas processualmente metaindividuais (ou acidentalmente coletivos), pois essa qualidade lhes é atribuída somente para fins de tutela judicial coletiva.

A defesa coletiva dos interesses individuais homogêneos não constitui novidade no direito positivo brasileiro, pois a Consolidação das Leis do Trabalho, de 1943, já previa a chamada ação de cumprimento (art. 872, parágrafo único), cujo objeto único e específico é o de concretizar, mediante legitimação extraordinária conferida aos sindicatos, o conteúdo material e abstrato das normas criadas pelos Tribunais Trabalhistas nos chamados dissídios coletivos de interesses (ou constitutivos).

Não apenas as definições de interesses difusos e coletivos, mas, também, a sintética definição de interesses individuais homogêneos, insertas, respectivamente, nos incisos I, II e III do parágrafo único do art. 81 do CDC, desde que não tenham tratamento normativo específico (e expresso), são perfeitamente aplicáveis nos domínios do direito material e processual do trabalho.

A classificação dos interesses metaindividuais guarda relação com o objeto litigioso. Assim, a identificação desses interesses depende da causa de pedir e do pedido deduzidos em juízo, pois um mesmo fato (ou ato) trabalhista pode ensejar uma pretensão difusa, coletiva ou individual homogênea.

A proteção judicial dos direitos ou interesses individuais homogêneos insere-se no chamado "movimento universal de acesso à justiça".

Esse movimento, que na ciência do direito e no direito positivo de muitos países assume um novo enfoque teórico, repudia o formalismo jurídico e preconiza a inserção de outros componentes reais, como os sujeitos, as instituições e os processos, tudo em sintonia com o contexto social, político e econômico, o que exige do jurista e do operador do direito o recurso constante a outras ciências, inclusive a estatística, na medida em que estas lhe possibilitarão uma melhor reflexão sobre a expansão e complexidade dos novos litígios para, a partir daí, buscar alternativas de solução dos mesmos.

Adaptando os sistemas publicista, privatista e associacionista, o ordenamento jurídico brasileiro confere a legitimação *ad causam* em tema de proteção a direitos ou interesses metaindividuais: a) aos órgãos públicos (com destaque para o Ministério Público) e às associações civis, nas ações civis públicas ou coletivas destinadas à defesa de interesses difusos, coletivos e individuais homogêneos; b) ao cidadão, na ação popular que tenha por escopo a defesa do patrimônio público, histórico e cultural e da moralidade administrativa.

O problema do acesso à Justiça ganhou nova dimensão, em nosso ordenamento, a partir da Constituição Federal de 1988 que, inovando substancialmente em relação à Carta que lhe antecedeu, catalogou os princípios da inafastabilidade do controle jurisdicional e do devido processo legal no rol dos direitos e garantias fundamentais.

São esses princípios constitucionais que servem de aporte à temática do efetivo acesso, tanto individual quanto coletivo, ao Poder Judiciário brasileiro.

O ortodoxo modelo liberal-individualista, inspirador do CPC e da parte do processo individual da CLT (Título X, Capítulo III), mostra-se inválido, insuficiente, inadequado e ineficaz para solucionar os novos conflitos civis e trabalhistas de massa.

Daí o surgimento do processo coletivo, também chamado de "jurisdição civil coletiva", que, diferentemente do processo individual regulado pelo CPC, passou a ser disciplinado, basicamente, pelo sistema integrado de normas contidas na CF, na LACP, no CDC e, subsidiariamente, no CPC.

Do mesmo modo, a "jurisdição trabalhista", com a promulgação da CF (1988), do CDC (1990) e, mais tarde, da LOMPU (1993), passou a ser constituída de três sistemas (ou subsistemas):

a) o primeiro é destinado aos tradicionais "dissídios individuais" utilizados para solução das reclamações (*rectius*, ações) individuais ou plúrimas, sendo seu processamento regulado pelo Título X, Capítulo III, da CLT e, subsidiariamente, pelo CPC, a teor do art. 769 do texto obreiro consolidado;

b) o segundo é voltado para os dissídios coletivos de interesses, nos quais se busca, via Poder Normativo (CF, art. 114, § 2º), a criação de normas trabalhistas aplicáveis às partes figurantes do "dissídio coletivo" e seus representados, sendo seu processamento regulado pelo Título X, Capítulo IV, da CLT e, subsidiariamente, o CPC, por força da regra contida no mencionado art. 769 do texto obreiro;

c) o terceiro e último sistema, por nós chamado de "jurisdição trabalhista metaindividual", é vocacionado, basicamente, à tutela preventiva e reparatória dos direitos ou interesses difusos, coletivos e individuais homogêneos, no campo das relações de trabalho.

Na jurisdição trabalhista metaindividual, diferentemente da jurisdição trabalhista normativa, não há criação de normas, e sim aplicação, pela Justiça do Trabalho, do direito ou interesse preexistentes.

Para tornar efetiva a garantia constitucional do acesso dos trabalhadores a essa nova *jurisdição trabalhista metaindividual,* é condição necessária a *aplicação apriorística* do novo sistema de tutela coletiva, integrado pela aplicação direta das normas contidas na CF, LOMPU, LACP e pelo Título III do CDC.

A jurisdição trabalhista metaindividual inverte, assim, a regra tradicional do art. 769 da CLT. Esta, não obstante, continua válida para a implementação dos dois primeiros sistemas mencionados.

Dada a competência da Justiça do Trabalho para conhecer e julgar a ação civil pública, *ex vi* do disposto no art. 83, III, da LOMPU, implica reconhecer que, à míngua de legislação especial disciplinadora, as disposições contidas na LACP e na parte processual do CDC são inteiramente aplicáveis a este tipo de ação coletiva nos domínios do direito processual do trabalho.

Paralelamente à massificação dos meios de produção e de distribuição, nos quais o trabalho humano avulta imprescindível, multiplicaram-se não só os direitos sociais dos trabalhadores, mas, também, os problemas socioeconômicos do mundo do trabalho, como o desemprego em todas as suas manifestações; a exclusão social; o aviltamento dos salários; o descumprimento generalizado da legislação trabalhista; o crescimento do trabalho informal; a flexibilização *in pejus* (ou desregualmentação); a automação; a terceirização; as discriminações de toda ordem, por motivo de idade, de opção sexual, de estado civil, de raça; a exploração do trabalho infanto-juvenil; o descuido reiterado com o meio ambiente de trabalho, etc.

Diante desses inúmeros problemas, o trabalhador isolado apresenta-se fragilizado para vindicar efetivamente seus direitos sociais, mesmo porque no Brasil não há um sistema adequado de proteção da relação de emprego contra dispensas arbitrária ou sem justa causa. Isso justifica o fundado receio do trabalhador de que o ajuizamento de uma demanda individual, durante a vigência do contrato de trabalho, implica, via de regra, a perda do emprego.

É, pois, sob o influxo dessa realidade social, econômica, política e jurídica que, segundo pensamos, deve ser examinada a questão da legitimidade ativa do Ministério Publico do Trabalho e dos sindicatos na temática da defesa dos interesses metaindividuais trabalhistas.

Em tema de direitos ou interesses difusos e coletivos verifica-se a insuficiência e a inadequação da clássica dicotomia legitimação ordinária-extraordinária, consubstanciada no art. 6º do CPC, cujo objeto repousa exclusivamente na tutela dos direitos individuais (ou subjetivos, na acepção clássica), razão pela qual entendemos que ocorre, neste caso, a legitimação autônoma para a condução do processo coletivo, como um *tercium genus*.

A previsão da ACP na seção constitucional reservada ao Ministério Público, aliada à função promocional que lhe foi cometida, e bem assim à independência institucional e ao presumido preparo técnico dos seus membros, estão a revelar a "sua melhor posição para o ajuizamento dessa ação". Isso não impede, contudo, que outros órgãos e instituições, legalmente autorizados, também possam ajuizar a ação coletiva, uma vez que a legitimação na temática dos interesses metaindividuais é concorrente e disjuntiva.

Com relação à ação civil pública para defesa dos interesses individuais homogêneos, o legislador brasileiro foi encontrar inspiração nas *class actions for damages* do direito norte-americano.

Entre os objetivos básicos desse instrumento paradigma, destacam-se: a) permitir a aglutinação de diversos litígios numa única demanda;

b) amenizar algumas das barreiras psicológicas e técnicas que impedem ou dificultam o acesso judicial da parte fraca; c) desestimular condutas sociais indesejáveis.

Levando em conta tais objetivos, que se identificam no contexto social, econômico, político e jurídico nacional, nosso legislador, adaptando o sistema de *common law* ao sistema de *civil law*, conferiu a legitimação ativa nas ações coletivas destinadas à defesa de interesses ou direitos individuais homogêneos, não aos indivíduos, mas a algumas instituições, entre elas o Ministério Público.

É extraordinária a legitimação cometida ao MP e aos sindicatos nas ações que visem à defesa dos interesses ou direitos individuais homogêneos, pois tais "representantes ideológicos" atuam como substitutos processuais dos titulares desses direitos ou interesses.

Tendo em vista que os arts. 129, III, da CF e 83, III, da LOMPU não mencionam, expressamente, os interesses individuais homogêneos, há três teorias que procuram justificar a legitimação *ad causam* do Ministério Público do Trabalho: a restritiva, a eclética e a ampliativa.

A teoria restritiva utiliza apenas a interpretação gramatical dos artigos citados e sustenta, em linhas gerais, a inconstitucionalidade dos mesmos.

A eclética emprega a interpretação sistemática dos artigos 129, III, e 127, da CF, e admite condicionalmente a legitimação do MP, isto é, apenas para defender interesses individuais homogêneos indisponíveis ou que tenham relevância social.

Finalmente, a teoria ampliativa, com a qual concordamos, vale-se da interpretação sistemática, extensiva e teleológica, na medida em que invoca os arts. 129, IX, e 127 da CF, combinados com o art. 1º do CDC. Essas normas aplicadas de forma integrada autorizam a ilação de que a defesa de qualquer interesse individual homogêneo constitui matéria de ordem pública e de interesse social, cuja defesa amolda-se ao perfil institucional do Ministério Público.

A presente pesquisa demonstra que os direitos sociais e a respectiva proteção judicial dos trabalhadores integram o elenco dos direitos humanos de segunda ou de terceira dimensão, estando, desse modo, compreendidos no moderno conceito de cidadania e esta, por sua vez, guarda estreita relação com o problema do direito ao acesso — individual e coletivo — dos trabalhadores ao Poder Judiciário.

Desse modo, as questões atinentes à legitimação ministerial para defender interesses individuais homogêneos trabalhistas encontram-se indissoluvelmente ligadas à temática da dignidade da pessoa humana e do valor social do trabalho, isto é, a questões que decorrem da principiologia que fundamenta o próprio Estado democrático de direito brasileiro, cuja guarda foi confiada ao Ministério Público, como um todo, e ao Ministério Público do Trabalho, em particular, pois este, no exercício específico da sua função promocional, tem a missão institucional e permanente de zelar pela defesa da ordem jurídica trabalhista e dos direitos ou interesses sociais e individuais indisponíveis dos trabalhadores (CF, art. 127, *caput*).

A defesa, pois, dos direitos ou interesses individuais homogêneos dos trabalhadores enquadra-se perfeitamente na moldura do art. 127, *caput,* da CF, seja porque são interesses ou direitos sociais, seja porque são, via de regra, individuais indisponíveis (CLT, arts. 9º, 444 e 468).

Finalizando, e respondendo à pergunta central deste trabalho, nos domínios do direito processual do trabalho, tanto do ponto de vista da teoria ampliativa quanto do ponto de vista de teoria eclética, o Ministério Público do Trabalho (e o sindicato) estará sempre legitimado para defender, por via da ação civil pública, os interesses individuais homogêneos dos trabalhadores, ainda que estes sejam materialmente disponíveis.

Anexos

1. LEI N. 7.347, DE 24 DE JULHO DE 1985 (LACP)

Disciplina a ação civil pública de responsabilidade por danos causados ao meio ambiente, ao consumidor, a bens e direitos de valor artístico, estético, histórico, turístico e paisagístico (vetado) e dá outras providências.

Art. 1º Regem-se pelas disposições desta Lei, sem prejuízo da ação popular, as ações de responsabilidade por danos morais e patrimoniais causados:[1]

I — ao meio ambiente;

II — ao consumidor;

III — a bens e direitos de valor artístico, estético, histórico, turístico e paisagístico;

IV — a qualquer outro interesse difuso ou coletivo;

V — por infração da ordem econômica e da economia popular.

Art. 2º As ações previstas nesta Lei serão propostas no foro do local onde ocorrer o dano, cujo juízo terá competência funcional para processar e julgar a causa.

Parágrafo único. A propositura da ação prevenirá a jurisdição do juízo para todas as ações posteriormente intentadas que possuam a mesma causa de pedir ou o mesmo objeto.

Art. 3º A ação civil poderá ter por objeto a condenação em dinheiro ou o cumprimento de obrigação de fazer ou não fazer.

Art. 4º Poderá ser ajuizada ação cautelar para os fins desta Lei, objetivando, inclusive, evitar o dano ao meio ambiente, ao consumidor, aos bens e direitos de valor artístico, estético, histórico, turístico e paisagístico (Vetado).

Art. 5º A ação principal e a cautelar poderão ser propostas pelo Ministério Público, pela União, pelos Estados e Municípios. Poderão também ser propostas por autarquia, empresa pública, fundação, sociedade de economia mista ou por associação que:

I — esteja constituída há pelo menos um ano, nos termos da lei civil;

---

(1) Por força do art. 6º da Medida Provisória n. 2.102-26, de 27.9.2000, o art. 1º da LACP passou a ter um parágrafo único, com a seguinte redação: "Art. 1º (...) Parágrafo único. Não será cabível ação civil pública para veicular pretensões que envolvam tributos, contribuições previdenciárias, o Fundo de Garantia do Tempo de Serviço — FGTS ou outros fundos de natureza institucional cujos beneficiários podem ser individualmente determinados." (NR)

II — inclua, entre suas finalidades institucionais, a proteção ao meio ambiente, ao consumidor, à ordem econômica, à livre concorrência, ou ao patrimônio artístico, estético, histórico, turístico e paisagístico.

§ 1º O Ministério Público, se não intervier no processo como parte, atuará obrigatoriamente como fiscal da lei.

§ 2º Fica facultado ao Poder Público e a outras associações legitimadas nos termos deste artigo habilitar-se como litisconsortes de qualquer das partes.

§ 3º Em caso de desistência infundada ou abandono da ação por associação legitimada, o Ministério Público ou outro legitimado assumirá a titularidade ativa.

§ 4º O requisito da pré-constituição poderá ser dispensado pelo juiz, quando haja manifesto interesse social evidenciado pela dimensão ou característica do dano, ou pela relevância do bem jurídico a ser protegido.

§ 5º Admitir-se-á o litisconsórcio facultativo entre os Ministérios Públicos da União, do Distrito Federal e dos Estados na defesa dos interesses e direitos de que cuida esta Lei.

§ 6º Os órgãos públicos legitimados poderão tomar dos interessados compromisso de ajustamento de sua conduta às exigências legais, mediante cominações, que terá eficácia de título executivo extrajudicial.

Art. 6º Qualquer pessoa poderá e o servidor público deverá provocar a iniciativa do Ministério Público, ministrando-lhe informações sobre fatos que constituam objeto da ação civil e indicando-lhe os elementos de convicção.

Art. 7º Se, no exercício de suas funções, os juízes e tribunais tiverem conhecimento de fatos que possam ensejar a propositura da ação civil, remeterão peças ao Ministério Público para as providências cabíveis.

Art. 8º Para instruir a inicial, o interessado poderá requerer às autoridades competentes as certidões e informações que julgar necessárias, a serem fornecidas no prazo de 15 (quinze) dias.

§ 1º O Ministério Público poderá instaurar, sob sua presidência, inquérito civil, ou requisitar, de qualquer organismo público ou particular, certidões, informações, exames ou perícias, no prazo que assinalar, o qual não poderá ser inferior a 10 (dez) dias úteis.

§ 2º Somente nos casos em que a lei impuser sigilo, poderá ser negada certidão ou informação, hipótese em que a ação poderá ser proposta desacompanhada daqueles documentos, cabendo ao juiz requisitá-los.

Art. 9º Se o órgão do Ministério Público, esgotadas todas as diligências, se convencer da inexistência de fundamento para a propositura da ação civil, promoverá o arquivamento dos autos do inquérito civil ou das peças informativas, fazendo-o fundamentadamente.

§ 1º Os autos do inquérito civil ou das peças de informação arquivadas serão remetidos, sob pena de se incorrer em falta grave, no prazo de 3 (três) dias, ao Conselho Superior do Ministério Público.

§ 2º Até que, em sessão do Conselho Superior do Ministério Público, seja homologada ou rejeitada a promoção de arquivamento, poderão as associações legitimadas apresentar razões escritas ou documentos, que serão juntados aos autos do inquérito ou anexados às peças de informação.

§ 3º A promoção de arquivamento será submetida a exame e deliberação do Conselho Superior do Ministério Público, conforme dispuser o seu regimento.

§ 4º Deixando o Conselho Superior de homologar a promoção de arquivamento, designará, desde logo, outro órgão do Ministério Público para o ajuizamento da ação.

Art. 10. Constitui crime, punido com pena de reclusão de 1 (um) a 3 (três) anos, mais multa de 10 (dez) a 1.000 (mil) Obrigações do Tesouro Nacional — OTN, a recusa, o retardamento ou a omissão de dados técnicos indispensáveis à propositura da ação civil, quando requisitados pelo Ministério Público.

Art. 11. Na ação que tenha por objeto o cumprimento de obrigação de fazer ou não fazer, o juiz determinará o cumprimento da prestação da atividade devida ou a cessação da atividade nociva, sob pena de execução específica, ou de cominação de multa diária, se esta for suficiente ou compatível, independentemente de requerimento do autor.

Art. 12. Poderá o juiz conceder mandado liminar, com ou sem justificação prévia, em decisão sujeita a agravo.

§ 1º A requerimento de pessoa jurídica de direito público interessada, e para evitar grave lesão à ordem, à saúde, à segurança e à economia pública, poderá o Presidente do Tribunal a que competir o conhecimento do respectivo recurso suspender a execução da liminar, em decisão fundamentada, da qual caberá agravo para uma das turmas julgadoras, no prazo de 5 (cinco) dias a partir da publicação do ato.

§ 2º A multa cominada liminarmente só será exigível do réu após o trânsito em julgado da decisão favorável ao autor, mas será devida desde o dia em que se houver configurado o descumprimento.

Art. 13 Havendo condenação em dinheiro, a indenização pelo dano causado reverterá a um fundo gerido por um Conselho Federal ou por Conselhos Estaduais de que participarão necessariamente o Ministério Público e representantes da comunidade, sendo seus recursos destinados à reconstituição dos bens lesados.

Parágrafo único. Enquanto o fundo não for regulamentado, o dinheiro ficará depositado em estabelecimento oficial de crédito, em conta com correção monetária.

Art. 14. O juiz poderá conferir efeito suspensivo aos recursos, para evitar dano irreparável à parte.

Art. 15. Decorridos 60 (sessenta) dias do trânsito em julgado da sentença condenatória, sem que a associação autora lhe promova a execução, deverá fazê-lo o Ministério Público, facultada igual iniciativa aos demais legitimados.

Art. 16. A sentença civil fará coisa julgada *erga omnes*, nos limites da competência territorial do órgão prolator, exceto se o pedido for julgado improcedente por insuficiência de provas, hipótese em que qualquer legitimado poderá intentar outra ação com idêntico fundamento, valendo-se de nova prova.

Art. 17. Em caso de litigância de má-fé, a danos.[2]

Art. 18. Nas ações de que trata esta Lei, não haverá adiantamento de custas, emolumentos, honorários periciais e quaisquer outras despesas, nem condenação da associação autora, salvo comprovada má-fé, em honorários de advogado, custas e despesas processuais.

Art. 19. Aplica-se à ação civil pública, prevista nesta Lei, o Código de Processo Civil, aprovado pela Lei n. 5.869, de 11 de janeiro de 1973, naquilo em que não contrarie suas disposições.

Art. 20. O fundo de que trata o art. 13 desta Lei será regulamentado pelo Poder Executivo no prazo de 90 (noventa) dias.

Art. 21. Aplicam-se à defesa dos direitos e interesses difusos, coletivos e individuais, no que for cabível, os dispositivos do Título III da Lei n. 8.078, de 11 de setembro de 1990, que instituiu o Código de Defesa do Consumidor.

Art. 22. Esta Lei entra em vigor na data de sua publicação.

Art. 23. Revogam-se as disposições em contrário.

Brasília, em 24 de julho de 1985; 164º da Independência e 97º da República.

JOSÉ SARNEY
Fernando Lyra

---

2. LEI N. 8.078, DE 11 DE SETEMBRO DE 1990 (CDC) (EXCERTOS)

TÍTULO III DA DEFESA DO CONSUMIDOR EM JUÍZO

CAPÍTULO I DISPOSIÇÕES GERAIS

Art. 81. A defesa dos interesses e direitos dos consumidores e das vítimas poderá ser exercida em juízo individualmente, ou a título coletivo.

Parágrafo único. A defesa coletiva será exercida quando se tratar de:

I — interesses ou direitos difusos, assim entendidos, para efeitos deste Código, os transindividuais, de natureza indivisível, de que sejam titulares pessoas indeterminadas e ligadas por circunstâncias de fato;

---

(2) A redação é do texto original. O art. 115 do CDC corrige a falha.

II — interesses ou direitos coletivos, assim entendidos, para efeitos deste Código, os transindividuais de natureza indivisível de que seja titular grupo, categoria ou classe de pessoas ligadas entre si ou com a parte contrária por uma relação jurídica-base;

III — interesses ou direitos individuais homogêneos, assim entendidos os decorrentes de origem comum.

Art. 82. Para os fins do art. 81, parágrafo único, são legitimados concorrentemente:

I — o Ministério Público;

II — a União, os Estados, os Municípios e o Distrito Federal;

III — as entidades e órgãos da Administração Pública, Direta ou Indireta, ainda que sem personalidade jurídica, especificamente destinados à defesa dos interesses e direitos protegidos por este Código;

IV — as associações legalmente constituídas há pelo menos 1 (um) ano e que incluam entre seus fins institucionais a defesa dos interesses e direitos protegidos por este Código, dispensada a autorização assemblear.

§ 1º O requisito da pré-constituição pode ser dispensado pelo Juiz, nas ações previstas no artigo 91 e seguintes, quando haja manifesto interesse social evidenciado pela dimensão ou característica do dano, ou pela relevância do bem jurídico a ser protegido.

§ 2º (Vetado.)

§ 3º (Vetado.)

Art. 83. Para a defesa dos direitos e interesses protegidos por este Código são admissíveis todas as espécies de ações capazes de propiciar sua adequada e efetiva tutela.

Parágrafo único. (Vetado.)

Art. 84. Na ação que tenha por objeto o cumprimento da obrigação de fazer ou não fazer, o Juiz concederá a tutela específica da obrigação ou determinará providências que assegurem o resultado prático equivalente ao do adimplemento.

§ 1º A conversão da obrigação em perdas e danos somente será admissível se por elas optar o autor ou se impossível a tutela específica ou a obtenção do resultado prático correspondente.

§ 2º A indenização por perdas e danos se fará sem prejuízo da multa (artigo 287 do Código de Processo Civil).

§ 3º Sendo relevante o fundamento da demanda e havendo justificado receio de ineficácia do provimento final, é lícito ao Juiz conceder a tutela liminarmente ou após justificação prévia, citado o réu.

§ 4º O Juiz poderá, na hipótese do § 3º ou na sentença, impor multa diária ao réu, independentemente de pedido do autor, se for suficiente ou compatível com a obrigação, fixando prazo razoável para o cumprimento do preceito.

§ 5º Para a tutela específica ou para a obtenção do resultado prático equivalente, poderá o Juiz determinar as medidas necessárias, tais como busca e apreensão, remoção de coisas e pessoas, desfazimento de obra, impedimento de atividade nociva, além de requisição de força policial.

Art. 85. (Vetado.)

Art. 86. (Vetado.)

Art. 87. Nas ações coletivas de que trata este Código não haverá adiantamento de custas, emolumentos, honorários periciais e quaisquer outras despesas, nem condenação da associação autora, salvo comprovada má-fé, em honorário de advogados, custas e despesas processuais.

Parágrafo único. Em caso de litigância de má-fé, a associação autora e os diretores responsáveis pela propositura da ação serão solidariamente condenados em honorários advocatícios e ao décuplo das custas, sem prejuízo da responsabilidade por perdas e danos.

Art. 88. Na hipótese do artigo 13, parágrafo único, deste Código, a ação de regresso poderá ser ajuizada em processo autônomo, facultada a possibilidade de prosseguir-se nos mesmos autos, vedada a denunciação da lide.

Art. 89. (Vetado.)

Art. 90. Aplicam-se às ações previstas neste Título as normas do Código de Processo Civil e da Lei n. 7.347, de 24 de junho de 1985, inclusive no que respeita ao inquérito civil, naquilo que não contrariar suas disposições.

CAPÍTULO II
DAS AÇÕES COLETIVAS PARA A DEFESA DE INTERESSES INDIVIDUAIS HOMOGÊNEOS

Art. 91. Os legitimados de que trata o art. 82 poderão propor, em nome próprio e no interesse das vítimas ou seus sucessores, ação civil coletiva de responsabilidade pelos danos individualmente sofridos, de acordo com o disposto nos artigos seguintes.

Art. 92. O Ministério Público, se não ajuizar a ação, atuará sempre como fiscal da lei.

Parágrafo único. (Vetado.)

Art. 93. Ressalvada a competência da Justiça Federal, é competente para a causa a Justiça local:

I — no foro do lugar onde ocorreu ou deva ocorrer o dano, quando de âmbito local;

II — no foro da Capital do Estado ou no do Distrito Federal, para os danos de âmbito nacional ou regional, aplicando-se as regras do Código de Processo Civil aos casos de competência concorrente.

Art. 94. Proposta a ação, será publicado edital no órgão oficial, a fim de que os interessados possam intervir no processo como litisconsortes, sem prejuízo de ampla divulgação pelos meios de comunicação social por parte dos órgãos de defesa do consumidor.

Art. 95. Em caso de procedência do pedido, a condenação será genérica, fixando a responsabilidade do réu pelos danos causados.

Art. 96. (Vetado.)

Art. 97. A liquidação e a execução de sentença poderão ser promovidas pela vítima e seus sucessores, assim como pelos legitimados de que trata o art. 82.

Parágrafo único. (Vetado.)

Art. 98. A execução poderá ser coletiva, sendo promovida pelos legitimados de que trata o artigo 82, abrangendo as vítimas cujas indenizações já tiverem sido fixadas em sentença de liquidação, sem prejuízo do ajuizamento de outras execuções.

§ 1º A execução coletiva far-se-á com base em certidão das sentenças de liquidação, da qual deverá constar a ocorrência ou não do trânsito em julgado.

§ 2º É competente para a execução o Juízo:

I — da liquidação da sentença ou da ação condenatória, no caso de execução individual;

II — da ação condenatória, quando coletiva a execução.

Art. 99. Em caso de concurso de créditos decorrentes de condenação prevista na Lei n. 7.347, de 24 de julho de 1985, e de indenizações pelos prejuízos individuais resultantes do mesmo evento danoso, estas terão preferência no pagamento.

Parágrafo único. Para efeito do disposto neste artigo, a destinação da importância recolhida ao fundo criado pela Lei n. 7.347, de 24 de julho de 1985, ficará sustada enquanto pendentes de decisão de segundo grau as ações de indenização pelos danos individuais, salvo na hipótese de o patrimônio do devedor ser manifestamente suficiente para responder pela integralidade das dívidas.

Art. 100. Decorrido o prazo de 1 (um) ano sem habilitação de interessados em número compatível com a gravidade do dano, poderão os legitimados do artigo 82 promover a liquidação e execução da indenização devida.

Parágrafo único. O produto da indenização devida reverterá para o Fundo criado pela Lei n. 7.347, de 24 de julho de 1985.

CAPÍTULO IV
DA COISA JULGADA

Art. 103. Nas ações coletivas de que trata este Código, a sentença fará coisa julgada:

I — *erga omnes*, exceto se o pedido for julgado improcedente por insuficiência de provas, hipótese em que qualquer legitimado poderá intentar outra ação, com idêntico fundamento, valendo-se de nova prova, na hipótese do inciso I do parágrafo único do artigo 81;

II — *ultra partes*, mas limitadamente ao grupo, categoria ou classe, salvo improcedência por insuficiência de provas, nos termos do inciso anterior, quando se tratar da hipótese prevista no inciso II do parágrafo único do artigo 81;

III — *erga omnes*, apenas no caso de procedência do pedido, para beneficiar todas as vítimas e seus sucessores, na hipótese do inciso III do parágrafo único do artigo 81.

§ 1º Os efeitos da coisa julgada previstos nos incisos I e II não prejudicarão interesses e direitos individuais dos integrantes da coletividade, do grupo, categoria ou classe.

§ 2º Na hipótese prevista no inciso III, em caso de improcedência do pedido, os interessados que não tiverem intervindo no processo como litisconsortes poderão propor ação de indenização a título individual.

§ 3º Os efeitos da coisa julgada de que cuida o artigo 16, combinado com o art. 13 da Lei n. 7.347, de 24 de julho de 1985, não prejudicarão as ações de indenização por danos pessoalmente sofridos, propostas individualmente ou na forma prevista neste Código, mas, se procedente o pedido, beneficiarão as vítimas e seus sucessores, que poderão proceder à liquidação e à execução, nos termos dos arts. 96 a 99.

§ 4º Aplica-se o disposto no parágrafo anterior à sentença penal condenatória.

Art. 104. As ações coletivas, previstas nos incisos I e II do parágrafo único do artigo 81, não induzem litispendência para as ações individuais, mas os efeitos da coisa julgada *erga omnes* ou *ultra partes* a que aludem os incisos II e III do artigo anterior não beneficiarão os autores das ações individuais, se não for requerida sua suspensão no prazo de 30 (trinta) dias, a contar da ciência nos autos do ajuizamento da ação coletiva.

TÍTULO VI
DISPOSIÇÕES FINAIS

Art. 109. (Vetado.)

Art. 110. Acrescente-se o seguinte inciso IV ao artigo 1º da Lei n. 7.347, de 24 de julho de 1985:

"IV — a qualquer outro interesse difuso ou coletivo."

Art. 111. O inciso II do artigo 5º da Lei n. 7.347, de 24 de julho de 1985, passa a ter a seguinte redação:

"II — inclua, entre suas finalidades institucionais, a proteção ao meio ambiente, ao consumidor, ao patrimônio artístico, estético, histórico, turístico e paisagístico, ou a qualquer outro interesse difuso ou coletivo."

Art. 112. O § 3º do artigo 5º da Lei n. 7.347, de 24 de julho de 1985, passa a ter a seguinte redação:

"§ 3º Em caso de desistência infundada ou abandono da ação por associação legitimada, o Ministério Público ou outro legitimado assumirá a titularidade ativa."

Art. 113. Acrescente-se os seguintes §§ 4º, 5º e 6º ao artigo 5º da Lei n. 7.347, de 24 de julho de 1985:

"§ 4º O requisito da pré-constituição poderá ser dispensado pelo Juiz, quando haja manifesto interesse social evidenciado pela dimensão ou característica do dano, ou pela relevância do bem jurídico a ser protegido.

§ 5º Admitir-se-á o litisconsórcio facultativo entre os Ministérios Públicos da União, do Distrito Federal e dos Estados na defesa dos interesses e direitos de que cuida esta lei.

§ 6º Os órgãos públicos legitimados poderão tomar dos interessados compromisso de ajustamento de sua conduta às exigências legais, mediante cominação, que terá eficácia de título executivo extrajudicial."

Art. 114. O art. 15 da Lei n. 7.347, de 24 de julho de 1985, passa a ter a seguinte redação:

"Art. 15. Decorridos 60 (sessenta) dias do trânsito em julgado da sentença condenatória, sem que a associação autora lhe promova a execução, deverá fazê-lo o Ministério Público, facultada igual iniciativa aos demais legitimados."

Art. 115. Suprima-se o *caput* do artigo 17 da Lei n. 7.347, de 24 de julho de 1985, passando o parágrafo único a constituir o *caput*, com a seguinte redação:

"Art. 17. Em caso de litigância de má-fé, a associação autora e os diferentes responsáveis pela propositura da ação serão solidariamente condenados em honorários advocatícios e ao décuplo das custas, sem prejuízo da responsabilidade por perdas e danos."

Art. 116. Dê-se a seguinte redação ao art. 18, da Lei n. 7.347, de 24 de julho de 1985:

"Art. 18. Nas ações de que trata esta lei, não haverá adiantamento de custas, emolumentos, honorários periciais e quaisquer outras despesas, nem condenação da associação autora, salvo comprovada má-fé, em honorários de advogado, custas e despesas processuais."

Art. 117. Acrescente-se à Lei n. 7.347, de 24 de julho de 1985, o seguinte dispositivo, renumerando-se os seguintes:

"Art. 21. Aplicam-se à defesa dos direitos e interesses difusos, coletivos e individuais, no que for cabível, os dispositivos do Título III da Lei que instituiu o Código de Defesa do Consumidor."

Art. 118. Este Código entrará em vigor dentro de 180 (cento e oitenta) dias a contar de sua publicação.

Art. 119. Revogam-se as disposições em contrário.

Brasília, 11 de setembro de 1990; 169º da Independência e 102º da República.

FERNANDO COLLOR DE MELLO
Bernardo Cabral
Zélia M. Cardoso de Mello
Ozires Silva

Referências(*)

ADAMOVICH, Eduardo Henrique Raymundo von. *Sistema da ação civil pública no processo do trabalho*. São Paulo: LTr, 2005.

ALMEIDA, Ísis de. *Manual de direito processual do trabalho*. 8. ed. São Paulo: LTr, 1997.

ALMEIDA, João Batista de. "A ação civil pública e a tutela jurisdicional do consumidor". *In: Revista de Direito do Consumidor*. São Paulo: Revista dos Tribunais, n. 32, out./dez. 1999, p. 9-15.

_____. "Ação civil pública e ação civil coletiva". *In: Revista da Associação dos Juízes do Rio Grande do Sul*. Porto Alegre: Ajuris, edição especial, mar. 1998, v. 2, p. 466-473.

_____. "A ação civil coletiva para a defesa dos interesses ou direitos individuais homogêneos". *In: Revista de Direito do Consumidor*. São Paulo: Revista dos Tribunais, n. 34, abr./jun. 2000, p. 88-97.

ALONSO, José Antonio Martinez. *Dicionário de latim jurídico e frase latinas*. Vitória: UFES, 1998.

ALVIM, Arruda. *Manual de direito processual civil*. 7. ed. São Paulo: Revista dos Tribunais, v. 1, 2000.

_____. "Anotações sobre as perplexidades e os caminhos do processo civil contemporâneo — sua evolução ao lado do direito material". *In: Revista Ciência Jurídica*, Belo Horizonte, n. 51, maio/jun. 1993, p. 25-42.

AMARAL FILHO, Marcos Jordão Teixeira do. *O ombudsman e o controle da administração*. São Paulo: Editora da Universidade de São Paulo, 1993.

ANDRADE, Dárcio Guimarães. "Substituição processual". *In: Revista Decisório Trabalhista*. Curitiba: Decisório Trabalhista, n. 9, set. 1988, p. 9-16.

_____. "A ação civil pública no âmbito da justiça do trabalho". *In: Revista LTr*. São Paulo: LTr, v. 63, n. 10, out. 1999, p. 1.324-1.329.

ANDRADE, Everaldo Gaspar Lopes de. "O Ministério Público espanhol — o prestígio de uma instituição diante das transformações da sociedade contemporânea". *In: Revista do Ministério Público do Trabalho (Brasília)*. São Paulo: LTr, n. 10, set. 1997, p. 94-104.

ARAÚJO FILHO, Luiz Paulo da Silva. *Ações coletivas: a tutela jurisdicional dos direitos individuais homogêneos*. Rio de Janeiro: Forense, 2000.

(*) De acordo com a NBR 6.023/2000 da ABNT. Sobre essa nova norma, consultar Anamaria da Costa Cruz, Maria Luiza Loures Rocha Perota e Maria Tereza Reis Mendes, *Elaboração de referências (NBR 6.023/2000), passim*.

AYARRAGARAY, Carlos A. *El Ministerio Público*. Buenos Aires: J. Lajouane, 1928.

BARACHO, José Alfredo de Oliveira. *Teoria geral da cidadania: a plenitude da cidadania e as garantias constitucionais e processuais*. São Paulo: Saraiva, 1995.

BARBOSA MOREIRA, José Carlos. *A proteção jurisdicional dos interesses coletivos ou difusos*. São Paulo: Max Limonad, 1984.

_____. "A ação popular do direito brasileiro como instrumento de tutela jurisdicional dos chamados interesses difusos". *In: Revista de Processo*. São Paulo: Revista dos Tribunais, n. 28, out./dez. 1982, p. 7-12.

_____. "Ações coletivas na Constituição Federal de 1988". *In: Revista de Processo*. São Paulo: Revista dos Tribunais, n. 61, 1991, p. 187-200.

_____. "A legitimação para a defesa dos interesses difusos no direito brasileiro". *In: Revista Forense*. Rio de Janeiro: Forense, n. 276, out./dez. 1981, p. 1-6.

_____. "Ação civil pública e programação da TV". *In*: MILARÉ, Édis (coord.). *Ação civil pública: Lei n. 7.347/85: reminiscências e reflexões após dez anos de aplicação*. São Paulo: Revista dos Tribunais, 1995.

_____. *Temas de direito processual civil*. Sexta série. São Paulo: Saraiva, 1997.

_____. (coord.). *Abuso dos direitos processuais*. Rio de Janeiro: Forense, 2000.

_____. *Estudos de direito processual em memória de Luiz Machado Guimarães*. Rio de Janeiro: Forense, 1997.

BARROSO, Luís Roberto. *O direito constitucional e a efetividade de suas normas: limites e possibilidades da Constituição brasileira*. 4. ed. Rio de Janeiro: Renovar, 2000.

_____. *Interpretação e aplicação da Constituição*. 2. ed. São Paulo: Saraiva, 1998.

BASSO, Guilherme Mastrichi. "O sindicato e a substituição processual". *In: Revista do Ministério Público do Trabalho (Brasília)*. São Paulo: LTr, n. 3, mar. 1992, p. 61-68.

_____. "Dissídio coletivo de natureza jurídica". *In: Revista Jurídica Virtual*. Brasília: Presidência da República — Subchefia para Assuntos Jurídicos, n. 4, ago., 1999. Disponível em: *<http://www.planalto.gov.br/CCIVIL/revista/Rev_4/Revista4.htm>*. Acesso em 10 mar. 2000.

BASTOS, Celso Ribeiro. *Curso de direito constitucional*. 18. ed. São Paulo: Saraiva, 1997.

_____. "As modernas formas de interpretação constitucional. *Jus Navegandi*. (s. e.), n. 47. Disponível em: *<http://www.jus.com.br/doutrina/forminte.html>*. Acessado em nov. 2000.

_____. MARTINS, Ives Gandra da Silva. *Comentários à Constituição do Brasil*. São Paulo: Saraiva, v. 4º, 1997.

BATALHA, Wilson de Souza Campos. *Sistema de direito processual: civil, tributário, trabalhista.* São Paulo: LTr, 1998.

_____. *Direito processual das coletividades e dos grupos.* 2. ed. São Paulo: LTr, 1992.

BEDAQUE, José Roberto dos Santos. *Direito e processo: influência do direito material sobre o processo.* 3. ed. São Paulo: Malheiros, 2003.

BENJAMIN, Antonio Herman Vasconcellos. "A insurreição da aldeia global contra o processo civil clássico — Apontamentos sobre opressão e a libertação judiciais do meio ambiente e do consumidor". *In*: MILARÉ, Édis (coord.). *Ação civil pública — Lei n. 7.347/85 — Reminiscências e reflexões após dez anos de aplicação.* São Paulo: Revista dos Tribunais, 1995.

BOBBIO, Norberto. *A era dos direitos.* Trad. Carlos Nelson Coutinho. Rio de Janeiro: Campos, 1992.

_____. *Teoría general del derecho.* Trad. Jorge Guerrero R. 2. ed. Santa Fe de Bogotá: Temis, 1999.

_____. *Teoria do ordenamento jurídico.* 10. ed. Trad. Maria Celeste C. J. Santos. Brasília: Universidade de Brasília, 1997.

_____. *Dalla struttura alla funzione: nuovi studi di teoria del diritto.* Milano: Edizioni di Comunità, 1977.

BONAVIDES, Paulo. *Curso de direito constitucional.* 7. ed. São Paulo: Malheiros, 1997.

BRANDÃO, Paulo de Tarso. *Ação civil pública.* 2. ed. Florianópolis: Obra Jurídica, 1998.

BRASIL. Leis. Documentação Civil. *Política Antidiscriminatória. Crimes de Tortura. Declaração Universal dos Direitos Humanos. Programa Nacional de Direitos Humanos.* Brasília: Ministério da Justiça, Secretaria Nacional dos Direitos Humanos, 1998.

BRITO FILHO, José Cláudio Monteiro de. *O ministério público do trabalho e a ação anulatória de cláusulas convencionais.* São Paulo: LTr, 1998.

CABRAL NETO, J. *O Ministério Público na Europa latina.* Belo Horizonte: Imprensa Oficial de Minas Gerais, 1974.

CALAMANDREI, Piero. *Direito processual civil.* Trad. Luiz Abezia e Sandra Drina Fernandez Barbiery. Campinas: Bookseller, 3 v., 1999.

CAMINO, Carmen. *Direito individual do trabalho.* 2. ed. Porto Alegre: Síntese, 1999.

CAMPOS, Ronaldo Cunha. *Ação civil pública.* Rio de Janeiro: Aide, 1995.

CANARIS, Claus-Wilhelm. *Pensamento sistemático e o conceito de sistema na ciência do direito.* Trad. António Menezes Cordeiro. 2. ed. Lisboa: Fundação Calouste Gulbenkian, 1996.

CANOTILHO, José Joaquim Gomes. *Direito constitucional.* 6. ed. Coimbra: Almedina, 1993.

CAPPELLETTI, Mauro. "Os métodos alternativos de solução de conflitos no quadro do movimento universal de acesso à justiça". *In: Revista Forense*. Rio de Janeiro, v. 326, abr./jun. 1994, p. 121-130.

_____. "O Acesso dos Consumidores à Justiça". *In: Revista de Processo*. São Paulo: Revista dos Tribunais, n. 62, 1991, p. 204-210.

_____. "Formações sociais e interesses coletivos diante da justiça civil". *In: Revista de Processo*. São Paulo: Revista dos Tribunais, n. 5, jan./mar. 1977, p. 128-159.

CAPPELLETTI, Mauro; e GARTH, Bryant G. *Acesso à Justiça*. Trad. Ellen Gracie Northfleet. Porto Alegre: Sérgio Antônio Fabris Editor, 1988.

_____. "Introduction policies, trends and ideas in civil procedure". *In: Civil procedure, international encyclopedia of comparative law*. Boston: Martins Nijhoff Publishers, v. 16, 1987, p. 66.

CARNEIRO, Paulo Cezar Pinheiro. *Acesso à justiça: juizados especiais cíveis e ação civil pública: uma nova sistematização da teoria geral do processo*. Rio de Janeiro: Forense, 1999.

CARRION, Valentin. *Comentários à Consolidação das Leis do Trabalho*. 24. ed. São Paulo: Saraiva, 1999.

CARVALHO, Luiz Airton de. "Anotações sobre direitos coletivos e difusos no direito brasileiro". *In*: HÖER, Cláudio Gilberto Aguiar e SARAIVA, Heleno Tregnago. *Coletânea doutrinária*. Porto Alegre: Plenum, 1999. 1 CD-ROM.

CARVALHO, Paulo de Barros. *Direito tributário: fundamentos jurídicos da incidência*. São Paulo: Saraiva, 1998.

CARVALHO FILHO, José dos Santos. *Ação civil pública: comentários por artigo*. Rio de Janeiro: Freitas Bastos, 1995.

CASTELO, Jorge Pinheiro. *O direito processual do trabalho na moderna teoria geral do processo*. 2. ed. São Paulo: LTr, 1996.

_____. *Tutela antecipada no processo do trabalho*. V. 2, São Paulo: LTr, 1999.

_____. "Dano moral trabalhista — configuração própria e autônoma, competência da Justiça do Trabalho, ações individuais para tutela de direitos morais laborais tradicionais, novas e ações civis públicas trabalhistas". *In:* Revista LTr, São Paulo: LTr, v. 63, n. 2, fev. 1999, p. 193-201.

CHIOVENDA, Giuseppe. *Instituições de direito processual civil.*, v. I, II e III, São Paulo: Bookseller, 1998.

CORREIA, Marcus Orione Gonçalves. *As ações coletivas e o direito do trabalho*. São Paulo: Saraiva, 1994.

COSTA, Coqueijo. *Direito processual do trabalho*. 4. ed. Rio de Janeiro: Forense, 1996.

COSTA, Diana Isis Penna da. "Ação civil pública trabalhista". *In*: *Revista Síntese Trabalhista*. Porto Alegre: Síntese, n. 69, mar. 1995, p. 7-13.

COSTA, Eduardo Maia. "Ministério Público em Portugal". *In*: VIGLIAR, José Marcelo Menezes e MACEDO JÚNIOR, Ronaldo Porto (coords.). *Ministério Público II: democracia*. São Paulo: Atlas, 1999.

COUTURE, Eduardo J. *Interpretação das leis processuais*. Trad. Gilda Maciel Corrêa Meyer Russomano. Rio de Janeiro: Forense, 1997.

CRETELLA JÚNIOR, José. *Tratado de direito administrativo*. V. 6, Rio de Janeiro: Forense, 1969.

CRUZ, Anamaria da Costa; PEROTA, Maria Luiza Loures Rocha e MENDES, Maria Tereza Reis. *Elaboração de referências (NBR 6.023/2000)*. Rio de Janeiro: Interciência; Niterói: Intertexto, 2000.

CUNHA, Belinda Pereira da. Antecipação da tutela no Código de Defesa do Consumidor: tutela individual e coletiva. São Paulo: Saraiva, 1999.

DE LA CUEVA, Mario. *Derecho mexicano del trabajo*. 5. ed. México: Porrúa, 1960.

DELGADO, Mauricio Godinho. *Introdução ao direito do trabalho*. São Paulo: LTr, 1995.

DIAS, Francisco Barros. "Processo de conhecimento e acesso à justiça (tutela antecipatória)". *In: Revista da Associação dos Juízes do Rio Grande do Sul*. Porto Alegre: Ajuris, n. 66, mar. 1996, p. 212-220.

DICIONÁRIO Universal da Língua Portuguesa. Lisboa: Periberam Informática, 1999. Disponível em: <http://www.priberam.pt/dlpo>. Acesso em 10 out. 2000.

DINAMARCO, Cândido Rangel. *A Reforma do Código de Processo civil*. 2. ed. São Paulo: Malheiros, 1995.

DINIZ, Maria Helena. *Norma constitucional e seus efeitos*. São Paulo: Saraiva, 1998.

______. *Conceito de norma jurídica*. São Paulo: Saraiva, 1999.

______. *Compêndio de introdução à ciência do direito*. 9. ed. São Paulo: Saraiva, 1997.

DI PIETRO, Maria Sylvia Zanella. *Direito administrativo*. São Paulo: Atlas, 2000.

DONATO, Messias Pereira. "Ação civil pública". *In:* VIANA, Márcio Túlio e RENAULT, Luiz Otávio Linhares (coords.). *O que há de novo em processo do trabalho*. São Paulo: LTr, 1997.

ECO, Umberto. *Como se faz uma tese*. Trad. Gilson Cesar Cardoso de Souza. 15. ed. São Paulo: Perspectiva, 1991.

ENGISCH, Karl. *Introdução ao pensamento jurídico*. Trad. J. Baptista Machado. 6. ed. Lisboa: Fundação Calouste Gulbenkian, s. d.

FADEL, Sérgio Sahione. "Ação civil pública". *In: Revista in verbis*. Rio de Janeiro, n. 2, ago./set. 1996, p. 17-20.

FARIA, José Eduardo (coord.). *Direito e justiça: a função social do judiciário*. 3. ed. São Paulo: Ática, 1997.

FERNANDES, António Monteiro. *Direito do trabalho*. 10. ed. Coimbra: Almedina, 1998.

FERNANDES, Francisco; LUFT, Celso Pedro e GUIMARÃES, F. Marques. *Dicionário brasileiro de língua portuguesa*. Vitória: A Gazeta, 1997.

FERNANDES, Iara de Toledo. "Tutela de urgência na ação civil pública". *In:* MAZZEI, Rodrigo; NOLASCO, Rita Dias. Processo civil coletivo. São Paulo: Quartier Latin, 2005, p. 349-361.

FERRAZ, Antônio Augusto Mello de Camargo; MILARÉ, Édis e NERY JUNIOR, Nelson. *A ação civil pública e a tutela jurisdicional dos interesses difusos*. São Paulo: Saraiva, 1984.

FERRAZ, Sérgio. "Provimentos antecipatórios na ação civil pública". *In Ação civil pública — Lei n. 7.347/85 — reminiscências e reflexões após dez anos de aplicação*. Coord. Édis Milaré. São Paulo: Revista dos Tribunais, 1995.

FERRAZ, Tercio Sampaio. *Introdução ao estudo do direito: técnica, decisão, dominação*. 2. ed. São Paulo: Atlas, 1994.

FERREIRA, Aurélio Buarque de Holanda. *Novo dicionário da língua portuguesa*. Rio de Janeiro: Nova Fronteira, 1975.

FERREIRA, Pinto. *Manual de direito constitucional*. 2. ed. Rio de Janeiro: Forense, 1992.

FERREIRA FILHO, Manoel Gonçalves. *Comentários à Constituição brasileira de 1988*. V. 3, São Paulo: Saraiva, 1994.

FIGUEIREDO, Lúcia Valle. *Mandado de segurança*. 2. ed. São Paulo: Malheiros, 1997.

_____. "Ação civil pública. Ação popular. A defesa dos interesses difusos e coletivos. Posição do Ministério Público". *In: Revista de Direito Administrativo*. Porto Alegre: Síntese, n. 208, abr./jun. 1997, p. 35-40.

_____. "Ação civil pública. A defesa dos interesses difusos e coletivos. Posição do Ministério Público". *In:* BASTOS, Evandro de Castro e BORGES JÚNIOR, Odilon (coords.). *Novos rumos da autonomia municipal*. São Paulo: Max Limonad, 2000.

FIORILLO, Celso Antonio Pacheco. *Associação civil e interesses difusos no direito processual civil brasileiro*. Dissertação (Mestrado) — Programa de Pós-Graduação em Direito da Pontifícia Universidade Católica, São Paulo, 1989.

_____. *Os sindicatos e a defesa dos interesses difusos no direito processual civil brasileiro*. São Paulo: Revista dos Tribunais, 1995.

_____. *Curso de direito ambiental brasileiro*. São Paulo: Saraiva, 2000.

_____. "A ação civil pública e a defesa dos direitos constitucionais difusos". *In:* MILARÉ, Édis (coord.). *Ação civil pública: Lei n. 7.347/85: reminiscências e reflexões após dez anos de aplicação*. São Paulo: Revista dos Tribunais, 1995.

_____. "A ação civil pública e o meio ambiente do trabalho". *In: Revista da Procuradoria Regional do Trabalho da 2ª Região*. São Paulo: Imprensa Oficial, n. 2, 1998, p. 61-75.

FIORILLO, Celso Antonio Pacheco; RODRIGUES, Marcelo Abelha e NERY, Rosa Maria Andrade. *Direito processual ambiental brasileiro*. Belo Horizonte: Del Rey, 1996.

FLEURY, Ronaldo Curado. "A massificação do processo trabalhista". *In: Revista Síntese Trabalhista*. Porto Alegre: Síntese, n. 79, jan. 1996, p. 37-39.

FONSECA, Ricardo Tadeu Marques da. "A tutela dos direitos individuais homogêneos pelo Ministério Público do Trabalho na ação civil pública". *Revista da Procuradoria Regional do Trabalho da 2ª Região*. São Paulo: Imprensa Oficial, n. 2, 1998, p. 77-80.

FRIEDE, Reis. "Direitos constitucionais fundamentais". *In: Coletânea Doutrinária*. Porto Alegre: Plenum, 1999. 1 CD-ROM.

FURTADO, Elisabeth Timbó Corrêa. *Ação popular: mecanismo de controle dos atos da administração pública pelo cidadão*. São Paulo: LTr, 1997.

FURTADO, Emmanuel Teófilo. "Direitos humanos de primeira, segunda e terceira geração e o enquadramento da ação civil pública trabalhista". *In: Revista LTr*. São Paulo: LTr, v. 59, n. 4, 1995, p. 498-503.

GALVÃO, Ilmar. "Ação civil pública e o Ministério Público". *In: Jornal Síntese*. Porto Alegre: Síntese, n. 40, jun. 2000, p. 3-5.

GAZDA, Emmerson. "Ação civil pública: atuação do Ministério Público do Trabalho". *In:* PIOVESAN, Silvonei Sérgio (org.). *Doutrina em fascículos*. (encarte mensal de Trabalho em Revista). Curitiba: Decisório Trabalhista, n. 1, ago. 2000, p. 757-760.

GIDI, Antonio. *Coisa julgada e litispendência em ações coletivas*. São Paulo: Saraiva, 1995.

GIGLIO, Wagner D. *Direito processual do trabalho*. 10. ed. São Paulo: Saraiva, 1997.

GONÇALVES, Aroldo Plínio. "A ação civil pública na justiça do trabalho". *In: Revista LTr*. São Paulo: LTr, n. 10, out. 1994, p. 1.225-1.229.

GONÇALES, Odonel Urbano. *Direito processual do trabalho*. São Paulo: LTr, 1999.

GRECO FILHO, Vicente. "O interesse público que justifica a intervenção do Ministério Público". *In: Revista do Ministério Público do Trabalho em São Paulo*. São Paulo: Imprensa Oficial, n. 1, dez. 1995, p. 25-35.

GRINOVER, Ada Pellegrini. *A marcha do processo*. Rio de Janeiro: Forense, 2000.

_____. "A ação civil pública no âmbito da justiça do trabalho: pedido, efeitos da sentença e coisa julgada". *In: Revista da Procuradoria Regional do Trabalho da 2ª Região*. São Paulo: Imprensa Oficial, n. 2, 1998, p. 49-60.

_____. *Da coisa julgada no Código de Defesa do Consumidor*. Rio de Janeiro: Instituto de Estudos Jurídicos, 1990.

_____. "A ação civil pública e a defesa de interesses individuais homogêneos". *In: Revista do Consumidor*. São Paulo: Revista dos Tribunais, n. 5, jan./mar. 1993, p. 206-229.

_____. "Uma nova modalidade de legitimação à ação popular. Possibilidade de conexão, continência e litispendência". *In:* MILARÉ, Édis (coord.). *Ação civil pública: Lei n. 7.347/85: reminiscências e reflexões após dez anos de aplicação*. São Paulo: Revista dos Tribunais, 1995.

_____. *et al. Teoria geral do processo*. 9. ed. São Paulo: Malheiros, 1992.

_____. *et al. Código brasileiro de Defesa do Consumidor: comentado pelos autores do anteprojeto*. 5. ed. Rio de Janeiro: Forense, 1998.

GUERRA, Isabella Franco. *Ação civil pública e meio ambiente*. Rio de Janeiro: Forense, 1997.

GUERRA FILHO, Willis Santiago. "Direitos fundamentais, processo e princípio da proporcionalidade". *In*: GUERRA FILHO, Willis Santiago (coord.). *Dos direitos humanos aos direitos fundamentais*. Porto Alegre: Livraria do Advogado, 1997.

GUGEL, Maria Aparecida. "O interesse público e o interesse coletivo". *In: Revista do Ministério Público do Trabalho em São Paulo*. São Paulo: Imprensa Oficial do Estado de São Paulo, n. 1, dez. 1995, p. 51-55.

_____. "Discriminação positiva". *In: Revista do Ministério Público do Trabalho (Brasília)*. São Paulo: LTr, n. 19, mar. 2000, p. 19-36.

GUIMARÃES JÚNIOR, João Lopes. "Ministério Público: proposta para uma nova postura no processo civil". *In:* FERRAZ, Antonio Augusto Mello de Camargo (coord.). *Ministério Público: instituição e processo*. São Paulo: Atlas, 1997.

HERKENHOFF, João Baptista. *O direito processual e o resgate do humanismo*. Rio de Janeiro: Thex, 1997.

KELSEN, Hans. *Teoria pura do direito*. Trad. João Baptista Machado. 6. ed. São Paulo: Martins Fontes, 1998.

KOCHER, Eva. *A ação civil pública e a substituição processual na justiça do trabalho: verbandsklagen no direito brasileiro*. São Paulo: LTr, 1998.

LARENZ, Karl. *Metodologia da ciência do direito*. Trad. José Lamego. 3. ed. Lisboa: Fundação Calouste Gulbenkian, 1997.

LAURINO, Salvador Franco de Lima. "A aplicação do procedimento do Código de Defesa do Consumidor na tutela dos interesses individuais homogêneos no processo do trabalho". *Revista LTr*. São Paulo: LTr, v. 59, n. 3, mar. 1995, p. 313-319.

_____. "A função social da justiça do trabalho na tutela dos interesses coletivos". *Revista do Ministério Público do Trabalho em São Paulo*. São Paulo: Imprensa Oficial, n. 2, out. 1998, p. 31-37.

LEAL, Márcio Flávio Mafra. *Ações coletivas: história, teoria e prática*. Porto Alegre: Sergio Antônio Fabris Editor, 1998.

LEAL, Ronaldo Lopes. "A substituição processual do artigo 8º, III, da Constituição Federal — aplicação ao processo do trabalho das normas de procedimento das Leis ns. 7.347/85 e 8.078/90 (Código de Defesa do Consumidor)". *In: Revista do Tribunal Superior do Trabalho (Brasília)*. Porto Alegre: Síntese, v. 66, n. 1, jan./mar. 2000, p. 15-19.

_____. "Competência do Ministério Público do Trabalho — Ações civis públicas, com ênfase na segurança bancária e na segurança e saúde no trabalho". *In: Revista do Tribunal Superior do Trabalho (Brasília)*. Porto Alegre: Síntese, v. 65, n. 1:55-68, out./dez. 1999.

_____. "O processo do trabalho e os interesses difusos". *In: Revista LTr*. São Paulo, v. 59, n. 1, jan. 1995, p. 28-31.

LEITE, Carlos Henrique Bezerra. *Curso de direito processual do trabalho*. 4. ed. São Paulo: LTr, 2006.

______. *Contratação ilegal de servidor público e ação civil pública trabalhista*. Belo Horizonte: RTM, 1996.

_____. *Ministério Público do Trabalho: doutrina, jurisprudência e prática*. São Paulo: LTr, 1998.

_____. *Constituição e direitos sociais dos trabalhadores*. São Paulo: LTr, 1997.

_____. *Mandado de segurança no processo do trabalho*. São Paulo: LTr, 1999.

_____. *Curso de direito do trabalho*. 3. ed., 2 v. Curitiba: Juruá, 2000.

_____. "Legitimação do Ministério Público do Trabalho para promover a ação civil pública". *In:* BASTOS, Evandro de Castro e BORGES JÚNIOR, Odilon (coords). *Novos rumos da autonomia municipal*. São Paulo: Max Limonad, 2000.

_____. "Execução de termo de ajuste de conduta firmado perante o Ministério Público do Trabalho". *In: Revista Genesis*. Curitiba: Genesis, n. 80, ago. 1999, p. 177-190.

_____. "Tendências do direito processual do trabalho e a tutela dos interesses difusos". *In: Repertório IOB de Jurisprudência*. São Paulo: IOB, n. 12, jun. 2000, p. 224-230.

_____. "Ações coletivas e tutela antecipada no direito processual do trabalho". *In: Revista LTr*. São Paulo: LTr, n. 64, jul. 2000, p. 854-862.

LEITE, Douglas Guimarães. "Ação civil pública e a defesa dos interesses sociais na Constituição Federal de 1988 — uma questão de legitimidade". *In: Revista do Ministério Público da Bahia*, n. 1, 1998, p. 17-34.

L'HEUREUX, Nicole. "Acesso eficaz à justiça: juizado de pequenas causas e ações coletivas". Trad. Vera M. Jacob de Fradera. *In: Revista de Direito do Consumidor*. São Paulo: Revista dos Tribunais, n. 5, 1993, p. 5-26.

LIEBMAN, Enrico Tulio. *Manual de direito processual civil*. Trad. Cândido Rangel Dinamarco. V. I. Rio de Janeiro: Forense, 1984.

LOSSO, Iros Reichmann. "A ação civil pública na justiça do trabalho". *In:* COUTINHO, Aldacy Rachid e WALDRAFF, Célio Horst. *Direito do trabalho & direito processual do trabalho: temas atuais*. Curitiba: Juruá, 1999.

LUHMANN, Niklas. *Sociologia do direito*. Trad. Gustavo Bayer. 2 v. Rio de Janeiro: Edições Tempo Brasileiro, 1983.

MACEDO JÚNIOR, Ronaldo Porto. "Ministério Público brasileiro: um novo ator político". *In:* VIGLIAR, José Marcelo Menezes; e MACEDO JÚNIOR, Ronaldo Porto. *Ministério Público II: democracia*. São Paulo: Atlas, 1999.

MACHADO, Antônio Alberto. *Ministério Público: democracia e ensino jurídico*. Belo Horizonte: Del Rey, 1999.

MACHADO, Antônio Cláudio da Costa. *A intervenção do Ministério Público no processo civil brasileiro*. São Paulo: Saraiva, 1989.

_____. *Tutela antecipada*. 3. ed. São Paulo: Juarez de Oliveira, 1999.

MACHADO, Paulo Affonso Leme. *Ação civil pública (ambiente; consumidor; patrimônio cultural) e tombamento*. São Paulo: Revista dos Tribunais, 1986.

MAIA, Jorge Eduardo de Sousa. "Os interesses difusos e a ação civil pública no âmbito das relações laborais". *In: Revista LTr*. São Paulo: LTr, n. 8, ago. 1997, p. 1.044-1.047.

MAIOR, Jorge Luiz Souto. "Ação civil pública e execução de termo de ajuste de conduta: competência da justiça do trabalho". *In: Revista LTr*. São Paulo, n. 10, v. 62, out. 1998, p. 1.332-1.339.

MALLET, Estêvão. "Ação civil pública". *In: Revista da Associação dos Magistrados da Justiça do Trabalho da 2ª Região*. São Paulo, n. 2, abr. 2000, p. 19-24.

_____. *A antecipação de tutela no processo do trabalho*. São Paulo: LTr, 1998.

_____. "Antecipação de tutela — o processo do trabalho e o cumprimento da tutela antecipada". *Revista Síntese Trabalhista*, n. 116, fev./99, p. 13-19.

MANCUSO, Rodolfo de Camargo. *Ação civil pública: em defesa do meio ambiente, patrimônio cultural e dos consumidores*. 4. ed. São Paulo: Revista dos Tribunais, 1996.

_____. "Ação civil pública trabalhista: análise de alguns pontos controvertidos". *In: Revista do Ministério Público do Trabalho (Brasília)*. São Paulo: LTr, n. 12, set. 1996, p. 47-78.

_____. *Interesses difusos: conceito e legitimação para agir*. 4. ed. São Paulo: Revista dos Tribunais, 1997.

_____. "Sobre a legitimação do Ministério Público em matéria de interesses individuais homogêneos". *In:* MILARÉ, Édis (coord.). *Ação civil pública: Lei n. 7.347/85: reminiscências e reflexões após dez anos de aplicação*. São Paulo: Revista dos Tribunais, 1995.

_____. *Manual do consumidor em juízo*. 2. ed. São Paulo: Saraiva, 1998.

_____. *Comentários ao Código de Defesa do Consumidor (arts. 81 a 100)*. *In*: OLIVEIRA, Juarez de (coord.). São Paulo: Saraiva, 1991.

_____. "Execução da sentença na ação civil pública". *In: Revista do Ministério Público do Trabalho em São Paulo*. São Paulo: Imprensa Oficial, n. 2, 1998, p. 81-92.

MANUS, Pedro Paulo Teixeira. *Direito do trabalho na nova constituição*. São Paulo: Atlas, 1989.

_____. *Direito do trabalho*. 5. ed. São Paulo: Atlas, 1999.

_____. "A substituição processual pelo sindicato no processo do trabalho". *Revista do Programa de Pós-Graduação em Direito da Pontifícia Universidade Católica de São Paulo*. São Paulo: Max Limonad, n. 1, 1995, p. 155-171.

_____. "Substituição processual no processo do trabalho". *In*: PAMPLONA FILHO, Rodolfo (coord.). *Processo do trabalho: estudos em homenagem ao Professor José Augusto Rodrigues Pinto*. São Paulo: LTr, 1997.

MARINONI, Luiz Guilherme. *Novas linhas do processo civil*. São Paulo: Revista dos Tribunais, 1993.

_____. *Questões do novo direito processual civil brasileiro*. Curitiba: Juruá, 2000.

MARSHALL, T. H. *Cidadania, classe social e* status. Rio de Janeiro: Zahar, 1967.

MARTINS, Ives Gandra da Silva. "Direitos individuais disponíveis e a ação civil pública". *In: Revista Ciência Jurídica*. Belo Horizonte: Nova Alvorada, n. 62, mar./abr. 1995, p. 11-22.

_____. "Ação civil pública — limites constitucionais". *In: Revista do Ministério Público do Trabalho (Brasília*). São Paulo: LTr, n. 9, 1995, p. 19-30.

MARTINS FILHO, Ives Gandra da Silva. *Processo coletivo do trabalho*. 2. ed. São Paulo: LTr, 1996.

_____. *Manual esquemático de direito e processo do trabalho*. 3. ed. São Paulo: Saraiva, 1992.

_____. *Ação civil pública trabalhista*. Recife: Nossa Livraria, 1997.

_____. "A defesa dos interesses difusos e coletivos da sociedade". *In: Revista do Ministério Público do Trabalho (Brasília)*. São Paulo: LTr, n. 4, set. 1992, p. 13-16.

_____. "Um pouco da história do Ministério Público do Trabalho". *In: Revista do Ministério Público do Trabalho (Brasília)*. São Paulo: LTr, n. 13, mar. 1997, p. 23-51.

_____. "O princípio ético do bem comum e a concepção jurídica do interesse público" *In: Revista Jurídica Virtual da Presidência da República: Suchefia para Assuntos Jurídicos*. Brasília, n. 13, jun. 2000. Disponível em: <*http:www.planalto.gov.br/ccivil03/revista/Rev-13/princ-etico.htm*>. Acesso em: 10 nov. 2000.

_____. "Ação civil pública e ação civil coletiva". *In: Revista LTr*. São Paulo, v. 59, n. 11, nov. 1995, p. 1.449-1.451.

MAXIMILIANO, Carlos. *Hermenêutica e aplicação do direito*. 12. ed. Rio de Janeiro: Forense, 1992.

MAZZILLI, Hugo Nigro. *O ministério público na constituição de 1988*. São Paulo: Saraiva, 1989.

_____. *Regime jurídico do Ministério Público*. 2. ed. São Paulo: Saraiva, 1995.

_____. *A defesa dos interesses difusos em juízo*. 12. ed. São Paulo: Revista dos Tribunais, 2000.

_____. *O inquérito civil público*. São Paulo: Saraiva, 1999.

MEIRELLES, Hely Lopes. *Mandado de segurança, ação popular, ação civil pública, mandado de injunção,* habeas data. 18. ed. São Paulo: Malheiros, 1997.

_____. *Direito administrativo brasileiro*. 17 ed. São Paulo: Malheiros, 1992.

MELO, Raimundo Simão de. "Termo de compromisso tomado pelo Ministério Público do Trabalho. Execução. Controvérsias". *In: Revista Genesis*. Curitiba: Genesis, n. 80, ago. 1999, p. 215-223.

MENDES, Gilmar Ferreira. "Os direitos fundamentais e seus múltiplos significados na ordem constitucional". *In: Revista Jurídica Virtual da Subchefia para Assuntos Jurídicos da Presidência da República*. Brasília, n. 14, jul. 2000. Disponível em: <*http://www.planalto.gov.br/CCIVIL/revista/Rev-14/capa.htm*>. Acesso em 30 jun. 2000.

MENEZES, Cláudio Armando Couce, BORGES, Leonardo Dias. *Tutela antecipada e ação monitória na justiça do trabalho*. São Paulo: LTr, 1998.

MILARÉ, Édis (coord.). *Ação civil pública: Lei n. 7.347/85: reminiscências e reflexões após dez anos de aplicação*. São Paulo: Revista dos Tribunais, 1995.

_____. *A ação civil pública na nova ordem constitucional*. São Paulo: Saraiva, 1990.

MINISTÉRIO PÚBLICO DO TRABALHO. Relatório do Exercício de 1999. Brasília, 2000.

MIRANDA, Jorge. *Manual de direito constitucional*. 3. ed. , t. II. Coimbra: Coimbra Editora, 1996.

MORAES, Paulo Valério Dal Pai. "O Ministério Público e a legitimidade para a defesa dos interesses coletivos decorrentes de questões tributárias de massa". *In: Revista de Estudos Tributários*. Porto Alegre: Síntese, n. 11, jan./fev. 2000, p. 133-152.

MORAES, Voltaire de Lima. "Ação civil pública". *In:* MILARÉ, Édis (coord.). *Ação civil pública: Lei n. 7.347/85: reminiscências e reflexões após dez anos de aplicação*. São Paulo: Revista dos Tribunais, 1995.

MORAIS, José Luis Bolzan de. *Do direito social aos interesses transindividuais: o Estado e o direito na ordem contemporânea*. Porto Alegre: Livraria do Advogado, 1996.

MUSETTI, Rodrigo Andreotti. "Neoliberalismo, globalização e direito à educação da não exclusão". *In: Artigos jurídicos on line*, n. 8. Disponível em: <*http://www.artjur.locaweb.com.br/artigos/trab.html*>. Acesso em 20 ago. 2000.

NAHAS, Thereza Christina. "Da legitimidade dos sindicatos para as ações coletivas". *In: Revista Síntese Trabalhista*. Porto Alegre: Síntese, n. 108, jun. 1998, p. 18-27.

NALINI, José Renato. *O juiz e o acesso à justiça*. 2. ed. São Paulo: Revista dos Tribunais, 2000.

NASCIMENTO, Amauri Mascaro. *Curso de direito processual do trabalho*. 15. ed. São Paulo: Saraiva, 1994.

NAZAR, Nelson. "Novas ações judiciais da procuradoria da justiça do trabalho — 'Ministério Público do Trabalho'". *In:* ROMITA, Arion Sayão. *Curso de direito constitucional do trabalho: estudos em homenagem ao prof. Amauri Mascaro Nascimento*. São Paulo: LTr, 1991.

NERY JUNIOR, Nelson. *Princípios do processo civil na Constituição Federal*. 4. ed. São Paulo: Revista dos Tribunais, 1997; 6. ed. São Paulo: Revista dos Tribunais, 2000.

_____. "A ação civil pública". *In: Revista de Processo*. São Paulo: Revista dos Tribunais, n. 31, jul./set. 1983, p. 225-232.

_____. "O Ministério Público e sua legitimação para a defesa do consumidor em juízo". *In: Justitia*. São Paulo, n. 54, out./dez. 1992, p. 244-250.

_____. "Aspectos relevantes do Código de Defesa do Consumidor". *In: Justitia*. São Paulo, n. 53, jul./set. 1991, p. 72-95.

_____. "A ação civil pública no âmbito da justiça do trabalho e o Código de Defesa do Consumidor". *In: Revista da Procuradoria Regional do Trabalho da 2ª Região*. São Paulo: Imprensa Oficial, n. 2, 1998, p. 17-30.

_____. "O processo do trabalho e os direitos individuais homogêneos — um estudo sobre a ação civil pública trabalhista". *In: Revista LTr*. São Paulo: LTr, n. 64, fev. 2000, p. 151-160.

_____. "O Ministério Público e as ações coletivas". *In:* MILARÉ, Édis (coord.). *Ação civil pública: Lei n. 7.347/85: reminiscências e reflexões após dez anos de aplicação*. São Paulo: Revista dos Tribunais, 1995.

_____. "Condições da ação". *In: Revista de Processo*. São Paulo: Revista dos Tribunais, n. 64, out./dez. 1991, p. 34 ss.

_____. "O sistema do processo coletivo e o interesse público". *In*: SUNDFELD, Carlos Ari; e BUENO, Cassio Scarpinella. *Direito processual público*. São Paulo: Malheiros, 2000.

NERY JUNIOR, Nelson; FERRAZ, Antônio Augusto Mello de Camargo e MILARÉ; Édis. *A ação civil pública e a tutela jurisdicional dos interesses difusos*. São Paulo: Saraiva, 1984.

_____. e NERY, Rosa Maria Andrade. *Código de processo civil comentado e legislação processual civil extravagante em vigor*. 4. ed. São Paulo: Revista dos Tribunais, 1999.

NUNES, Luiz Antonio. "Dano coletivo: o dano e os interesses difusos". *In:* DINIZ, Maria Helena (coord.). *Atualidades jurídicas*. São Paulo: Saraiva, 1999.

OLIVEIRA, Francisco Antonio de. *Ação civil pública: enfoques trabalhistas*. São Paulo: Revista dos Tribunais, 1998.

_____. "Da ação civil pública: instrumento de cidadania". *In: Revista LTr.* São Paulo, v. 61, n. 7, jul. 1997, p. 887.

_____. *Consolidação das Leis do Trabalho comentada.* São Paulo: Revista dos Tribunais, 1996.

_____. "Ação civil pública: execução do compromisso de ajustamento de conduta". *In: Revista Genesis.* Curitiba: Genesis, n. 80, ago. 1999, p. 191-195.

PANDELOT, José Nilton Ferreira. "Enunciado n. 310 do TST". *In:* VIANA, Márcio Túlio e RENAULT, Luiz Otávio Linhares (coords.). *O que há de novo em processo do trabalho.* São Paulo: LTr, 1997.

PASOLD, César Luiz. *Função social do Estado contemporâneo.* 2. ed. Florianópolis: Estudantil, 1988.

PIOVESAN, Flávia. *Direitos humanos e o direito constitucional internacional.* São Paulo: Max Limonad, 2000.

_____. "Direitos humanos e globalização". *In:* SUNDFELD, Carlos Ari e VIEIRA, Oscar Vilhena (coords.). *Direito global.* São Paulo: Max Limonad, 1999.

PIZZOL, Patrícia Miranda. *Liquidação nas ações coletivas.* São Paulo: Lejus, 1998.

RÁO, Vicente. O *direito e a vida dos direitos.* São Paulo: Max Limonad, 1952.

REALE, Miguel. *Teoria tridimensional do direito.* 5. ed. São Paulo: Saraiva, 1994.

_____. *Questões de direito público.* São Paulo: Saraiva, 1997.

_____. *Lições preliminares de direito.* 24. ed. São Paulo: Saraiva, 1999.

_____. *Nova fase do direito moderno.* 2. ed. São Paulo: Saraiva, 1998.

_____. *O estado democrático de direito e o conflito das ideologias.* 2. ed. São Paulo: Saraiva, 1999.

RESSEL, Sandra Maria da Costa e SANTOS, José Aparecido das. "Ações coletivas e o Código de Defesa do Consumidor". *In:* DALLEGRAVE NETO, José Afonso. *Direito do trabalho.* São Paulo: LTr, 1997.

RIBEIRO, Lélia Guimarães Carvalho. "Procuradoria da justiça do trabalho — ação civil pública". *In: Revista LTr.* São Paulo, LTr, v. 57, n. 03, mar. 1993, p. 274-276.

ROCHA, Ibraim. *Ação civil pública e o processo do trabalho.* São Paulo: LTr, 1996.

RODRIGUES, Marcelo Abelha. *Elementos de direito processual civil.* V. 2. São Paulo: Revista dos Tribunais, 1998.

_____. Ação civil pública e meio ambiente. Rio de Janeiro: Forense, 2003.

RODRIGUEZ, Américo Plá. *Princípios de direito do trabalho.* Trad. Wagner D. Giglio. São Paulo: LTr/EDUSP, 1978.

ROMITA, Arion Sayão. *Globalização da economia e direito do trabalho.* São Paulo: LTr, 1997.

_____. *Sindicalismo, economia, estado democrático: estudos*. São Paulo: LTr, 1993.

RÜDIGER, Dorothee Susanne (coord.). *Tendências do direito do trabalho para o século XXI*. São Paulo: LTr, 1999.

RUSSOMANO, Mozart Victor. *Comentários à Consolidação das Leis do Trabalho*. 17. ed. Rio de Janeiro: Forense, 1997.

SAAD, Eduardo Gabriel. *Direito processual do trabalho*. São Paulo: LTr, 1994.

_____. "Temas trabalhistas: equiparação salarial e grupo econômico, ação civil pública e o Ministério Público do Trabalho". *In: Suplemento Trabalhista*. São Paulo: LTr, n. 152, 1997, p. 839-843.

_____. "A ação civil pública na justiça do trabalho". *In:* PAMPLONA FILHO, Rodolfo (coord.). *Processo do trabalho: estudos em homenagem ao Prof. José Augusto Rodrigues Pinto*. São Paulo: LTr, 1997.

SALLES, Carlos Alberto de. "Entre a razão e a utopia: a formação histórica do Ministério Público". *In:* VIGLIAR, José Marcelo Menezes e MACEDO JÚNIOR, Ronaldo Porto (coords.). *Ministério Público II: democracia*. São Paulo: Atlas, 1999.

SALOMON, Décio Vieira. *Como fazer uma monografia*. 2. ed. São Paulo: Martins Fontes, 1993.

SANTOS, Boaventura de Sousa. "Introdução à sociologia da administração da justiça". *In:* FARIA, José Eduardo (org.). *Direito e justiça: a função social do judiciário*. 3. ed. São Paulo: Ática, 1997.

SANTOS, Cézar. "Do direito subjetivo de defesa do consumidor em juízo". *In: Revista Ciência Jurídica*. Belo Horizonte: Nova Alvorada, n. 41, set./out. 1991, p. 29-41.

SANTOS, Moacyr Amaral. *Primeiras linhas de direito processual civil*. São Paulo: Saraiva, 1981.

SAUWEN FILHO, João Francisco. *Ministério Público brasileiro e o estado democrático de direito*. Rio de Janeiro: Renovar, 1999.

SILVA, Antônio Álvares da. *Questões polêmicas de direito do trabalho*. V. 2, São Paulo: LTr, 1993.

SILVA, De Plácido e. *Vocabulário jurídico*. 4 v., Rio de Janeiro: Forense, 1996.

SILVA, José Afonso da. *Direito ambiental constitucional*. 3. ed. São Paulo: Malheiros, 2000.

______. *Curso de direito constitucional positivo*. 9. ed. São Paulo: Malheiros, 1993.

______. *Aplicabilidade das normas constitucionais*. São Paulo: Revista dos Tribunais, 1991.

SILVA, Luiz de Pinho Pedreira da. *Principiologia do direito do trabalho*. 2. ed. São Paulo: LTr, 1999.

SILVA, Octacílio Paula. *Ministério Público*. São Paulo: Sugestões Literárias, 1981.

SIMÓN, Sandra Lia. "A legitimidade do Ministério Público do Trabalho para a propositura de ação civil pública". *In: Revista Síntese Trabalhista*. Porto Alegre: Síntese, n. 86, 1996, p. 139-146.

______. "O Ministério Público do Trabalho e a ação civil pública". *In:* FREDIANI, Yone (coord.). *Tendências do direito material e processual do trabalho*. São Paulo: LTr, 2000.

SIQUEIRA NETO, José Francisco. "Direito do trabalho e globalização: particularidades nacionais". *In*: SUNDFELD, Carlos Ari e VIEIRA, Oscar Vilhena (coords.). *Direito global*. São Paulo: Max Limonad, 1999.

SIRACUSA, Francesco. *Il pubblico ministero*. Torino: Unione Tipografico-editrice Torinese, 1929.

SLAIB FILHO, Nagib. *Ação popular mandatória*. 2. ed. Rio de Janeiro: Forense, 1995.

SÜSSEKIND, Arnaldo *et al*. *Instituições de direito do trabalho*. 17. ed. São Paulo: LTr, 1997.

SUXBERGER, Antonio Henrique Graciano. "Interpretação conforme a Constituição". *In: Revista Âmbito Jurídico*. Disponível em: <*http://www.ambito-juridico.com.br/aj/dconsu0002.html*>. Acesso em 28 out. 2000.

TEIXEIRA, Sálvio de Figueiredo. "O aprimoramento do processo civil como garantia da cidadania". *In: Revista do Ministério Público do Rio Grande do Sul*. Porto Alegre: Ajuris, n. 40, jan./jun. 1998, p. 219-234.

TEIXEIRA FILHO, João de Lima *et al*. *Instituições de direito do trabalho*. 17. ed. São Paulo: LTr, 1996.

TEIXEIRA FILHO, Manoel Antonio. "Curso de processo do trabalho: perguntas e respostas sobre assuntos polêmicos em opúsculos específicos". *Ação civil pública*. São Paulo: LTr, n. 23, 1998.

TELLES JÚNIOR, Goffredo. *Curso de lógica formal*. São Paulo: Bushatsky, 1973.

TEPEDINO, Gustavo. *Temas de direito civil*. Rio de Janeiro: Renovar, 1999.

THEODORO JÚNIOR, Humberto. *Curso de direito processual civil*. 24. ed. Rio de Janeiro: Forense, 1998.

_____. *Direitos do consumidor*. Rio de Janeiro: Forense, 2000.

TORRES, Ricardo Lobo. "A cidadania multidimensional na era dos *direitos*". *In:* TORRES, Ricardo Lobo (coord.). *Teoria dos direitos fundamentais*. Rio de Janeiro: Renovar, 1999.

TUCCI, José Rogério Cruz e. *Class action e mandado de segurança coletivo*. São Paulo: Saraiva, 1990.

TUCCI, Rogério Lauria. "Ação civil pública: falta de legitimidade e de interesse do Ministério Público". *In: Revista dos Tribunais*. São Paulo: Revista dos Tribunais, n. 745, nov. 1997, p. 75-100.

VELLANI, Mario. *Il pubblico ministero nel processo*. Bologna: Nicola Zanichelli, 1965.

VENTURI, Elton. *Execução da tutela coletiva*. São Paulo: Malheiros, 2000.

VERONESE, Josiane Rose Petry. *Interesses difusos e direitos da criança e do adolescente*. Belo Horizonte: Del Rey, 1996.

VÉSCOVI, Enrique. *Teoría general del proceso*. Bogotá: Temis, 1984.

_____. "La participación de la sociedad civil en el proceso. La defensa del interés colectivo y difuso. Las nuevas formas de legitimación". *In:* MOREIRA, José Carlos Barbosa (coord.). *Estudos de direito processual em memória de Luiz Machado Guimarães*. Rio de Janeiro: Forense, 1997.

VIANA, Márcio Túlio. "Interesses difusos na justiça do trabalho". *In: Revista LTr*. São Paulo: LTr, v. 59, n. 2, fev. 1995, p. 182-184.

VIGLIAR, José Marcelo Menezes. *Ação civil pública*. 2. ed. São Paulo: Atlas, 1998.

_____. *Tutela jurisdicional coletiva*. São Paulo: Atlas, 1998.

VILANOVA, Lourival. *As estruturas lógicas e o sistema do direito positivo*. São Paulo: Max Limonad, 1997.

VILHENA, Paulo Emílio Ribeiro de. "Ação civil pública e a tutela do trabalhador". *In: Revista do Tribunal Superior do Trabalho* (Brasília). São Paulo: Síntese, v. 66, n. 1, jan./mar. 2000, p. 41-60.

WALD, Arnoldo. "A recente evolução da ação civil pública. Usos e abusos. Análise de sua patologia". *In:* MEIRELLES, Hely Lopes. *Mandado de segurança, ação popular, ação civil pública, mandado de injunção,* habeas data. 18. ed. São Paulo: Malheiros, 1997.

WAMBIER, Teresa Arruda Alvim. "Apontamentos sobre as ações coletivas". *In: Revista de Processo*. São Paulo: Revista dos Tribunais, n. 75, 1994, p. 276-283.

WATANABE, Kazuo. "Acesso à Justiça e Sociedade Moderna". *In:* GRINOVER, Ada Pellegrini. *Participação e Processo*. São Paulo: Revista dos Tribunais, 1988.

WATANABE, Kazuo *et al*. *Código brasileiro de Defesa do Consumidor: comentado pelos autores do anteprojeto*. Rio de Janeiro: Forense, 1998.

______. "Apontamentos sobre tutela jurisdicional dos interesses difusos (necessidade de processo dotado de efetividade e aperfeiçoamento permanente dos juízes e apoio dos órgãos superiores da justiça em termos de infra-estrutura material e pessoal)", *in Ação civil pública — Lei n. 7.347/85 — reminiscências e reflexões após dez anos de aplicação*. Coord. Édis Milaré. São Paulo: Revista dos Tribunais, 1995.

WEIS, Carlos. *Direitos humanos contemporâneos*. São Paulo: Malheiros, 1999.

WIEHWEG, Theodor. *Tópica e jurisprudência*. Trad. Tercio Sampaio Ferraz Júnior. Brasília: Ministério da Justiça, 1979.

WINTER, Marilena Indira. "Proteção jurídica do hipossuficiente no direito do trabalho e no direito do consumidor". *In:* DALLEGRAVE NETO, José Afonso (coord.). *Direito do trabalho: estudos.* São Paulo: LTr, 1997.

WINTER, Vera Regina Loureiro. "Ação civil pública, uma nova abordagem na justiça do trabalho". *In: Revista Síntese Trabalhista.* Porto Alegre: Síntese, n. 65, nov. 1994, p. 17-26.

ZAMORA, Cláudio Venegas. "Las acciones colectivas y difusas como herramientas de participación de los consumidores en una sociedad democrática". *In: Revista Virtual Âmbito Jurídico.* Disponível em: <*http://www.ambito-juridico.com.br/aj/dconsu0002.html*>. Acesso em 30 jun. 2000.

ZAVASCKI, Teori Albino. "Defesa de direitos coletivos e defesa coletiva de direitos". *In: Revista do Ministério Público do Trabalho (Brasília).* São Paulo: LTr, n. 10, set. 1995, p. 28-50.

_____. "O Ministério Público e a defesa de direitos individuais homogêneos". *In: Revista de Informações Legislativas.* Brasília, n. 30, jan./mar. 1993, p. 173-186.

_______. *Cognição no processo civil.* São Paulo: Revista dos Tribunais, 1987.

_______. *Antecipação de tutela.* 2. ed. São Paulo: Saraiva, 1999.

Produção Gráfica e Editoração Eletrônica: R. P. TIEZZI
Capa: FÁBIO GIGLIO
Impressão: ASSAHI GRÁFICA E EDITORA